パブリック・リレーションズの歴史社会学

PUBLIC

RELATIONS

パブリック・リレーションズの歴史社会学

アメリカと日本における〈企業自我〉の構築

河 炅珍

HA Kyungjin

岩波書店

目次

第二部　二〇世紀アメリカ

序章　パブリック・リレーションズ＝ＰＲとは何か

一　問題の所在――膨張するＰＲ、空洞化するＰＲ

マーケティングとＰＲの量的膨張

今日、我々はパブリック・リレーションズ Public Relations（以下、ＰＲ）の時代に生きていると言っても過言ではない。企業をはじめ、政府や自治体、政党と政治家、大学、宗教団体、市民団体まで、ほぼ全ての社会組織がＰＲ、あるいは、広報と称される活動に取り組んでいる。テレビ、新聞、雑誌などのマス・メディアやソーシャル・メディアにおいてもＰＲという言葉が頻繁に用いられている。

ＰＲプランナーの本田哲也は、米国と日本における広告とＰＲの市場規模を比較し、両国の経済規模を考慮してもアメリカの一〇分の一に過ぎない日本市場（約七〇〇億円）の問題を取り上げた。(1) 本田が論じたところでは、ますます複雑化する環境に応じて多くの企業が最先端のマーケティングとして「戦略ＰＲ」に積極的に取り組むようになったことで、日本企業の弱点となるマーケティングの、ひいては企業のコミュニケーション活動の大きな「穴」がここ五年間で急速に埋められている。

本田によれば「戦略ＰＲ」とは「商品そのものにフォーカスしたＰＲ活動ではなく、世の中の時流と商品をつなぐテーマを開発。そこから話題喚起し、世論をつくり出す「空気づくり」を行い、その盛り上がりを商品の販売に落とし込む手法」である。[2]「空気をつくるＰＲ」という説明は非常に魅力的に聞こえるが、行動に際しては、調査・分析、報道、口コミ、広告、店頭施策など、従来の手法を適度に組み合わせることが重視される。むしろ注目すべきは、こうした「戦略ＰＲ」のような言説が浮上し、拡散するようになった今日の社会状況、背景である。本田は、二〇〇〇年代以降におけるＰＲブームは情報通信メディアの急速な発展・普及と軌を一にしていると言っている。[3]

メディア環境の多角化は、二〇世紀的社会が成熟した先に来る未来社会の基盤となる可能性を孕むものとされるが、他方では、これまでの社会を支え、動かしてきた諸メカニズムが作動できなくなる危険性をも露にした。そうしたなかで、マス・メディアに対する評価が切り下げられ、従来のマス・メディア型の広告効果が疑問視されるなかで、どうすれば人々(世論や消費者)を動かすことができるかという悩みから企業の関心が「戦略ＰＲ」のような、いわゆる進化型マーケティングに集まるようになったと考えられる。

情報社会化に応じて企業が従来のマス広告や販売促進術だけに依存せず、広範囲なコミュニケーション活動に取り組み、それを体系化していく動きは、一九九〇年代以降、とりわけ統合型マーケティング・コミュニケーション Integrated Marketing Communication(ＩＭＣ)論の台頭により急速に拡散している。[4] ノースウェスタン大学のドン・シュルツ(Don Schultz)らによって提唱されたＩＭＣとは、簡単に言えば、従来、個別に行われてきた広告 advertising、ＰＲ・パブリシティ publicity、販売促進 sales promotion、人的販売 personal selling などの諸機能をマーケティングの下で統合する構想である。

ＩＭＣ論は、今日の企業が「コミュニケーション」という概念をいかに捉え、構造化しているかを物語っている。

詳しくは第一章で論じるが、マーケティング・コミュニケーションの革新は、マス・コミュニケーションの変容とも深く関係しており、ジャーナリズム、パブリシティ、販売促進、広告、プロパガンダなど、二〇世紀社会を支えてきたコミュニケーション機能がメディア環境の変化と新たな秩序によって再編成される運動の一部を呈示しているのである。

「戦略PR」と言われ、新型マーケティングとして注目を浴びる最近のPRブームは、このようにマーケティング・コミュニケーション全体の再編成と同時的に現れている。すなわち、市場におけるPRの量的膨張は、その裏面では、広告などと同様に、PRがマーケティングという上位領域に包摂され、遍在化する現象を表しているのである。

現代社会とコミュニケーション

このような日本の事情に対応するかのように、本田がPRの先進国と評価した米国でもPR概念の空洞化が進んでいる。アメリカでは一九八〇年代以降、コーポレート・コミュニケーション Corporate Communication（CC）という言葉がPRに代わって普及するようになった。この言葉をはじめて用いたとされる *Fortune* 誌はCCを「企業が社会的責任を果たしつつ、長期的な安定成長を期待するとき、欠かすことのできない考え方」として定義し、「市場や重要訴求対象、事業活動のルールを含めて、企業を取り巻く環境は急変する要素に満ちており、これらに即応しつつ効果を挙げなければならない」という問題に応じて考案されたと説明する。(5)

だが、CCは、本当に新しいだろうか。一部では、CCがPRと全く異なる――つまり、PRを克服するために発明された「新しい」コンセプトではなく、ウォーターゲート事件によりPRに被せられたネガティブなイメージを払拭するための代替品である――とも言われている。アメリカのPR会社、バーソン・マーステラ社の設立者の一人であるハロルド・バーソン（Harold Burson）は、ウォーターゲート事件後、「PR」ではなく「コミュニケーション」という言葉を意識的に使うようになったと回想している。(6) 要するに、窮地に追い込まれた業界がＣＣという新武器を投入した結果、ＰＲ概念は過去の遺物として切り捨てられることになったのである。

それだけではない。企業の社会的責任 corporate social responsibility（ＣＳＲ）、企業文化、メセナ、コーポレート・ガバナンス、環境コミュニケーション、コンプライアンス、リスク・マネジメントなどの諸機能の確立と強化が示しているように、今日の企業は経営／マネジメントの全面に「コミュニケーション」を掲げる体制を整えている。現代社会では企業だけではなく、政府、大学、病院まで、あらゆる組織が独自のブランドを築き上げ、資産を確保しつづけるためにコミュニケーション活動を至上目標の一つとしている。

メディアとの関係を形成することから、利害関係者を把握し、世論の同意と支持を導き出すためのコミュニケーション戦略こそが組織の存続と発展を可能にするのだという認識が広がっている。そのような活動は経営者個人の信念や宗教的価値観に左右された伝統的な慈善事業とは異なる性格を帯びているように思われる。それらの活動は、経営者はもちろん、従業員を含む組織全体の構成員が協力し、全社的に取り組むべき課題とされる。それゆえ、コミュニケーションは、組織の管理に直結する問題として問われるようになってきた。

ＰＲからＣＣへの移行は、コミュニケーションが経営／マネジメントの全面に浮上し、現代社会とその組織にとってきわめて重要な問題となる現状を映し出している。だが、ＰＲがＣＣという概念に代替されていく転回それ自体は、現代社会の組織に対してなぜコミュニケーションが欠かせないのかという問いを明らかにしているわけではない。それどころか経営／マネジメント論に基づき、従来のＰＲ概念が切り捨てられ、ＰＲからＣＣへの連続性が見失われ、マーケティングの手法となっていく昨今の傾向は、現代社会の特徴を究明する手がかりとなるはずのＰＲ概念を、現在から切り離して過去に閉じ込めてしまう。それによって我々の直面している現象が深く理解される道を塞いでしまうかもしれないのである。

PR、広告、プロパガンダ

たしかに我々は空前のPRブームを経験している。前述したようにPRは、マーケティング戦略とされ、量的に膨張し、マネジメント論に包摂され、「コミュニケーション」へまで言葉の外延が拡張している。だが、それにもかかわらずというべきか、そのような拡張は、反転してPR概念を空洞化させていくのだ。ますます多くの組織がPR活動に取り組み、マス・メディアや人々がPRを日常語のように使っているが、逆説的に我々は「PRとは何か」という問いに対して明確な答えを持っていない。

このような問題をもたらした結果の一つであり、同時にそれがいまだ解決できていない理由の一つとして、広告、プロパガンダといった諸概念とPRの間における曖昧な境界が挙げられる。PR研究に比べて、広告やプロパガンダに関しては多くの研究が蓄積されてきた。広告研究は、PRを消費市場の複雑性に対応するための広告の補助的機能として捉える。すなわち、PRは、通常の広告が作動しにくい状況において消費者と世論の注目を惹く「変則的広告」と見なされる。前述した「戦略PR」も、一面でこのような見方を継承している。

「戦略PR」流の言説は、PRを広告から切り離し、マーケティングの中核的機能として再定義しようとするが、その基底にあるコミュニケーションについての考え方はマス・コミュニケーションの効果を説明する伝統的な説得理論に通じるものである。それゆえ、手法の面でも従来の広告、販売促進と一線を画するパラダイムに立っているとは言い難い。むしろ上述したように、PRを従来の広告を超えた「新しい広告」として売り込み、結果的にはPRと広告を同一視する見解をさらに強化してしまう。

他方で、戦時体制の一部として確立された大衆動員システムが、戦後社会において連続／断絶しているという問題に注目する議論では、PRとプロパガンダの関連性が問われてきた(7)。プロパガンダ研究は、PRを「平和時のプロパガンダ」として説明する[8]。例えば、ノーム・チョムスキー（Noam Chomsky）は、PRはつまるところ企業と政府のプロパガンダであると批判する[9]。PRが健全な公共圏の成立を妨害すると捉えるハーバーマス的な考え方の根底にも「PR＝プロパガンダ」という意識が伏在していると言えよう[10]。

広義のPRは、広告、または、プロパガンダと同じであるという意見もある。本書はそれらの見方を真正面から否定するつもりはないが、歴史を見ていくならばPRと広告、またはプロパガンダはたしかに相互に模倣しながらも、しかしどれか一つに完全に吸収されることのない、奇妙な関係のなかで不可分のコミュニケーション領域として発達してきた[11]。

多くの研究が広告やプロパガンダをPRに先行する概念として説明してきたのに対して、本書は、あえてこの順番を問うならば、歴史的に逆であったと考えている。産業革命とともに現れた告知する広告がマーケティングのなかに組み込まれて行き、プロパガンダが大量説得の武器として注目されはじめるのはいずれも一九二〇年代以降のことである[12]。これに対してPRは一九世紀末にその姿を現し、第一次世界大戦の前にすでに成立していたのだ。

PR、広告、プロパガンダの三者の歴史を顧みるのは、単にPRの誕生が先立っていたことを指摘するためだけではない。PRが広告やプロパガンダに後発する派生的な領域（代替品）ではなく、それらに先行する、あるいはそれらの基盤となる領域として二〇世紀社会において発展してきたと考えられるならば、その次に求められる分析的作業は、それぞれの形成過程と構造的な差異を検討することである。本書の狙いは、PRと広告、プロパガンダが存立する場の位相的な違いを際立たせ、それゆえ共存できた理由を歴史的に解明することにある。

PR研究の方向性／視座

以上では本書の基礎に流れる問題意識を述べてきた。今日のPRブームは、我々が生きている現代社会の変容——

市場と消費者を対象に起こっているマーケティング革新、企業をはじめとする社会組織の経営／マネジメントにおけるコミュニケーション志向――を映し出している。だが、すでに指摘したとおり、ブームとともにＰＲの量的膨張、ＣＣやＣＳＲも巻き込んだ仕方での言葉の外延の拡張が起こる裏面で、ＰＲ概念の空洞化も同時に進行している。現代社会と組織、コミュニケーションの関係を紐解くパズルのピースとなるはずのＰＲ概念の本質が明らかにされるどころか、ますますＰＲ自体の内実が曖昧になっているのである。

ＰＲ研究の必要性は、まさにこのような状況から生じていると言えるが、そこにおいて採られるべき方向性／視座には下記の二つがあると考えられる。

第一に、最近のＰＲ研究によく見られるような、社会の変化を敏感に捉え、来るべき未来社会を視野にいれながらこれからのＰＲのあり方を構想する視座がある。この視座を採用する研究は、急変するメディア環境とともに進化してきた経営理論、マーケティング論を参照しながらＰＲ概念を探り、その手法の精巧化を試みる。第一の視座においては、しばしばＰＲ概念の遍在化が自明視され、結果的に経営／マネジメント論などの上位領域に対する道具化が行われる。つまり第一の視座は、現在の状況に応じてＰＲがどのような機能を果たし得るかという問題を議論の出発点とする。だが、そうすることによってＰＲ概念をそもそも成立させてきた歴史的文脈が忘却されがちとなる。

これに対して考えられる第二の方向性／視座は、ＰＲが社会的に形成されてきたことを前提に、その形成過程を歴史的に辿って再検討することである。このような立場からすれば、ＰＲは現代資本主義社会の構造的特徴と不可分の領域であり、今日のＰＲブームは決して新しい現象ではなく、二〇世紀の歴史を通して繰り返し現れ続けてきたものである。第二の視座は、社会とＰＲの間に結ばれてきた背景に注目し、二〇世紀初頭の社会と現在を繋ぎ合わせ、我々の直面している現象を理解する糸としてＰＲ概念の構造的位相を究明する可能性を切り開く。

本書は、ＰＲ概念を探求する上で考えられる二つの方向性／視座のうち、後者の視点に立つ。すなわち、二〇世紀初頭まで遡り、ＰＲ概念の社会的形成を検討し、その構造的位相を歴史的に再構成しようと試みる。

一九世紀末のアメリカで誕生したＰＲは、約一世紀の間、ジャーナリズムをはじめ、広告、プロパガンダなどと交流しながら巨大企業を中心とする現代社会の主体とその構成員の関係形成に関与してきた。また、マーケティングやマネジメントの理論に統合される前は、ＰＲは、第一次世界大戦を前後にして社会心理学の影響を強く受け、広告の市場化、市場調査の科学化と密接にかかわりながら発展してきたのである。本書の視座は、このようにＰＲの成立と発達過程を長い歴史的スパンと広い社会的文脈において検討するためのものである。

以上で論じてきた問題意識とＰＲ研究の視座に基づきながら各章を通じてＰＲ概念の究明を試みる。具体的な分析に入る前に、序章の後半ではＰＲ概念の分析のために、その捉え方を検討していく。ＰＲの概念的整理を行うことで、本文中で議論するＰＲの理論的、歴史的、社会的分析の大まかな枠組みを提示しておきたい。

二　ＰＲ概念の捉え方――「パブリック」＋「リレーションズ」

ＰＲをめぐる様々な定義

まず、これまでＰＲに対して下されてきた定義を見てみよう。辞書的定義としては、次のようなものが挙げられる。「ある組織や人に関する情報を公開する仕事、または組織と公衆の間における関係とその状態」[13]、「組織が行う仕事に対して公衆の承認を得るための仕事、または組織に対して公衆が抱く意見」[14]。

業界ではＰＲは、公衆の利益に基づき、組織の政策過程を明らかにし、公衆の理解と承諾を得るための機能として説明される[15]。国際ＰＲ協会 International Public Relations Association（ＩＰＲＡ）は、ＰＲを、時代の傾向と変化を分析し、そのような傾向と変化がもたらす結果を予測して組織と経営者にアドバイスを行う、組織と公衆の利益を保証するための芸術かつ科学であると定義したこともある。また、全米ＰＲ協会Public Relations Society of America（ＰＲＳＡ）は、ＰＲを最高経営者に助言を提供し、組織の戦略的計画を実現させる経営機能として捉える。

これに対してアメリカを中心に発展してきたＰＲの理論的研究は、ＰＲを組織の経営／マネジメントに直結する機能として説明してきた。例えば、「組織と公衆の間をつなぐコミュニケーションの管理活動[16]」、「組織とその組織の成否を左右する公衆の間に相互利益的な関係を築き、維持する管理機能[17]」、または、「組織と多様な環境との関係を調査・分析し、影響を与えたり再考したりする多段階のコミュニケーション管理機能[18]」、さらには「組織の目的を達成し、組織の哲学を定義し、組織の変化をより円滑に図る経営機能[19]」などの定義が挙げられる。

一方で、広告やプロパガンダと比較され、ＰＲの説得的側面が強調される定義もある。ＰＲを、対抗する世論を治めたり、望ましい世論を強化したりする、計画された説得行為であるとみなす観点[20]は、アメリカの代表的なＰＲ専門家の一人であるエドワード・バーネイズ（Edward Bernays）の議論ともつながるところがある。バーネイズは、*Public Relations*（1952）のなかで政党と労働団体、企業は皆、公衆の支持を得るために既存の考え方を強化させたり、または古い考え方を新しいものへ入れ替えたりしており、ＰＲはそのような権力闘争のツールであると説明した[21]。

他方で、ＰＲ概念はそれが誕生したアメリカ社会との関連性からも問われてきた。ジョン・ピムロット（John Pimlott）は、多民族で構成された移民社会であるアメリカにおける政治的特徴を観察した上で、ＰＲがアメリカ社会に満ちている、相反する態度や思考、制度、人間性などの衝突を解決する一つの方法として形成されたと説明した[22]。ピムロットからは、アメリカ政府がその国民に対して一貫性のある発言を行う必要性が注目され、ＰＲと民主主義の関連性という問題が提出されている。

概念の共通要素

以上で取り上げたもののほかにも、ＰＲの定義は山ほどある。ＰＲ概念の科学化を試みてきた研究者集団はもちろん、ＰＲ活動に取り組んでいる企業や専門家集団、マス・メディアもまたそれぞれ自己流の定義を創り、ＰＲという言葉を新たな流行として消費している。

あまりにも多くの意味が付与されるようになったことで、逆にＰＲという概念を理解することが困難になったという指摘もある。そのような見方はしばしば、ＰＲの普遍的で統一的な定義を絞り出すことをやめて、実践にもとづきＰＲの範疇を幅広く捉えようとする。[23] ＰＲを言語的表現の狭義の範囲を超えた多義的、多層的概念として用いることで、無数の定義があることは問題とならなくなり、ＰＲの本質が明らかにされない現状もそのまま受け入れられるというのだ。[24] このような見方は全く妥当性が欠如したものではないにせよ、ＰＲ概念の空洞化が起こると同時にその定義が氾濫する問題に対して、それでもＰＲとは何かを究明したいと考える本書にとって突破口にはならない。

たしかに、現状においてすべての定義の有効性や是非を個別に検討・判断し、そこから全てを網羅する普遍概念を抽出することは、ほぼ不可能に近いだろう。だが、そのような「総合」の代わりに、従来の定義を構成している「共通分母」、すなわち基礎となる概念や思想を抽出することは可能であり、それを手がかりにしてＰＲとはいかなる概念であるかを推論することはできるはずである。

レックス・ハーロウ(Rex Harlow)は、一九〇〇年代から一九七六年までの間に出された、ＰＲに対する四七二個の定義を集め、分析し、ＰＲとはコミュニケーションを媒介した組織と公衆の相互作用である、と結論づけた。[25] ハーロウの仕事は、ＰＲをめぐる各様の説明が実はいくつかの共通する概念、すなわち、「コミュニケーション」(または、相互作用)、「組織」、「公衆」からなっている事実を明らかにしている。ジェームズ・ハットン(James Hutton)もまた、⑴公衆、⑵組織、⑶コミュニケーションの三つの要素に基づいてＰＲ論が発達してきたと指摘する。[26]

これらの共通要素に注目するならば、ＰＲとは、公衆と組織がコミュニケーションを交わし、ある関係を構築していくプロセスであると、とりあえず定義することができる。ＰＲ／コミュニケーションの究極的目標は長期的に友好的な関係を形成し、維持・発展することであるというハットンの説明[27]を拡大すれば、ＰＲ／コミュニケーションは組織と公衆の間における関係の進行形であり、そのような関係はＰＲ／コミュニケーションの結果物であるとも言える。

ハーロウとハットンが提示したＰＲ概念における共通要素は、ＰＲ実践を理解する上でも有効である。今日、ＰＲと呼ばれる活動は、様々な小分野と手法を含んでいるが、ＰＲ領域の拡大が無秩序に行われているわけではない。それは、上述した共通要素を中心に拡張している。社員関係、財務関係／株主関係、業界関係、政府関係、言論関係、地域社会関係などの小分野は、主な公衆は誰か、という問いによって分化している。また、経営者向けカウンセリング、争点管理 issue management、危機管理 risk management、マーケティング、文化政策およびロビー活動などは、コミュニケーションの目的とそのゴールである関係の性質に応じて細分化している。このように、普遍的定義がなくてもＰＲ概念を構成している意味の最小単位、つまり、「組織」、「公衆」、「コミュニケーション」を手がかりにＰＲ概念を捉えていくことが可能である。

「パブリック」から見る公衆の系譜

ＰＲ概念を捉えていく作業は、この言葉を構成している意味の要素を確かめることから始められる。ＰＲ、すなわち、パブリック・リレーションズは、「パブリック」public と「リレーションズ」relations（リレーションの複数形）の、二つの単語から成っている。

最初に来る「パブリック」には、形容詞の「公の」、「公共の」、「公衆の」、「社会（全体）の」という意味と、名詞の「一般の人々」、「公衆」、「大衆」の意味などがある。前掲したＰＲの定義では、この言葉は主に具体的な社会組織・

集団を指して「公衆」と解釈される。

「パブリック＝公衆」は、ＰＲ概念を考察する上で一つの出発点となりうる。「パブリック＝公衆」をめぐる概念的系譜は、一九世紀ヨーロッパにおける社会心理学の発展、とりわけガブリエル・タルド（Jean-Gabriel de Tarde）の公衆に関する議論から始まっている。タルドは、印刷術をはじめ、情報・通信・交通の発達による文明の急進、なかでもその集成物となるジャーナリズムの拡散と日常化によって人々は無数の暗示にかけられ、模倣の機能が活性化されると論じた。(28) タルドは、暗示と模倣により人々の間における相互作用／相互催眠によって従来にはなかった新たな共同体が形成されると考え、当時、新聞を通じて遠い地域に散在する無数の読者が同じ考えを共有するようになる現象を説明するのに「公衆」という概念を取り上げる。

よく知られているように、タルドの公衆論は、群衆 crowds という概念を用いて政治権力の変容を説明しようとしたギュスターブ・ル・ボン（Gustave Le Bon）の考え方に対して提案されたものである。ル・ボンが広場など、同じ空間における直接的な接触を通じて熱狂が伝染されると人々は理性を失い、平常時とは全く異なる人格を持つ暴力的な集団に変じると主張したことに対して、タルドは物理的人間集団ではなく、メディアに媒介され、間接的接触を通じて無限に広がる精神的集団を説いたのである。

だが、タルドは、群衆という「窓」を通じてル・ボンが見ていた世界を全面的に否定していたわけではない。ル・ボンが群衆行動の非合理性を強調するようになった根底には、産業社会と民主主義が象徴する新たな社会に対する恐怖と不安が横たわっていた。具体的には、鉱山や鉄道会社で、工場で労働者の組合が組織され、労働争議が繰り返し起こり、民衆の不満が爆発し、それが政治、経済、社会における圧倒的な力となっていく現象をル・ボンは観察し、そこから群衆という新しい人間像を描き出していた。(29) タルドもまた、ル・ボンと異なる論調ではあったものの、公衆という概念を通じて世紀末の動揺する社会とそこにおける人間像を描写している。

清水幾太郎によれば、非理性的な群衆の出現を主張したル・ボンや、マス・メディアに催眠にかけられる傾向のある公衆の概念を示したタルドに共通していたのは、新しい世紀の人間に対する危惧であった[30]。二人ともこの新しい人間像を、個人と集団の間に挟まれた中間的存在と見なし、独立的で理性的な指導者によって正しい方向に導かれるべき対象であると考えたのである[31]。このような考え方は、その後の社会心理学ではもちろん、ウォルター・リップマン（Walter Lippmann）やデイヴィッド・リースマン（David Riesman）などがアメリカ大衆社会に対して行った批判にも継承されているように思われる[32]。

以上を踏まえて言えば、「パブリック＝公衆」は、一九世紀末から二〇世紀にかけての社会的言説を通じて構築されてきた新しい人間像とそのイメージとして理解することができる。「パブリック＝公衆」からなるPR論は、世紀末から二〇世紀初頭にかけて視界の先に現れた社会集団と他者一般の形成過程に重点を置くものである。本書は、この社会集団、新たな人間、他者の誕生が、アメリカ社会における政治的、社会的機能といかに重なっていたかを追跡していく。それは、PRによって／を通じて「パブリック＝公衆」がいかに想像／創造されてきたかを検証することでもある。

「リレーションズ」が映し出すPRの主体

次に、PR概念を構成するもう一つの要素について検討してみたい。「リレーションズ」（リレーションの複数形）は、一般的に、事物や人間、国家間の関連・関係として訳される。それは、あるものが他のものに対して与える影響、要するに「原因と結果」によって説明される状況を表す。ここでは「リレーションズ＝関係」の意味論的、哲学的考察には深入りしないで、「パブリック＝公衆」との関連性からPR概念に潜在する、PRする行為における主体の問題を考えてみたい。

従来のPRの定義では「リレーションズ＝関係」は、組織と公衆の間において同意が形成されたり、葛藤が解消されたりした状態を指す[33]。言い換えれば、「同意」や「葛藤」は、組織と公衆の間における、ある原因に対する結果、あるいは、ある結果をもたらした原因となる。組織と公衆は、互いにとって、相手が原因となり、結果ともなる関係にあることを意識する。「リレーションズ＝関係」は、組織と公衆の相互的な作用、つまり、コミュニケーションを通じて形成される。

「リレーションズ」に注目したとき、PRという概念は「パブリック＝公衆」の側からだけではなく、それと相対してある状況／関係をつくっている主体の問題からも明らかにならなければならない[34]。ここにおいて、PRという言葉の表面には登場しない、PRする主体（担い手）が問題の焦点となるのである。本書におけるPR概念の探求は、公衆への関心という以上に、その主体に光を当てる。

$$\frac{\text{組織(organization)} + \text{公衆(public)}}{\text{関係(relations)}} = \text{PR}$$

図序-1　「パブリック」と「リレーションズ」から成るPRの概念式

前掲したPRの定義では、公衆の対応する項として「組織」organizationという言葉が一般的に用いられている。PRする主体／組織には、企業だけではなく、政府や市民団体、医療機関、大学などがあり、組織と言ったとき、二人以上の個人の集まりまで、広範囲の多様な主体が考えられる。従って、PRの主体を具体的に見ていくためには、その性格を限定し、類型的に描き出しておく必要があろう。

簡単な式を用いてPRにおける主体の性格を考えてみよう（図序-1）。まず、公的な性格を帯びる組織が公衆と関係を形成する場合を仮定してみたい。具体的には、政府や自治体などの行政機関が国民、または住民を対象に行う活動が想定され、そのとき、PRは公衆と公的な組織の間で、ある関係が形成されるコミュニケーション過程を意味する。一方で「個人的」、または、「私有」、「私営」、「民間」などと訳される私的性格の強い組織が[35]、公衆を相手に何らかの関係を形成することも考えられる。

このようにPRする主体を類型化する上で指摘しなければならない点は、PRを通じて主体との関係に置かれる公衆が、実際に存在する人々を直接、投影しているわけではないことである。ここで言っている〈公衆〉は、公的、または私的である組織に対して、公的な価値を表す他者として抽出された概念であり、言い換えればPRする行為の対象として相対化された、想像された他者なのである。それゆえ、〈公衆〉は、PRの言説のなかでは常に公的である[36]。

以上の推論からすれば、〈PRする主体〉にはおおむね二つの類型があると言える。つまり、公的 public な主体によるPR活動があり、私的 private な主体によるPR活動がある。このような二つの類型のうち、いずれかだけに該当する組織もあるが、両方の特徴を備え持つ第三の類型に当てはまる組織が存在することも考えられる。すなわち、公的でありながら同時に私的でもある、二面的で、両義的な性格を帯びる組織もPRする主体となりうる。実際、歴史のなかではそのような両義的な性格を帯びる組織こそ、いち早くPRの担い手として覚醒された。一九世紀半ばから二〇世紀初頭にかけて公共事業に関わり、巨大産業を築いてきた一部企業が、第三の類型における典型的な組織である。

三　PRする主体とその自我

イメージと自我

「パブリック＝公衆」と「リレーションズ＝関係」に基づくPR概念の考察は、必然的にその裏面に隠された、PRを行う主体を浮かび上がらせる。本節では、二面性と両義性を持つ主体の成り立ちについて考察し、PRにおける主体性の問題を掘り下げてみたい。

その上で本書は、〈企業自我〉という概念を設定する。本書で論じる〈企業自我〉は、ＰＲする主体（企業）が、〈公衆〉を関係形成の過程において自らのなかに見出し、それを手がかりとして構築する自己についての意識を指す。このように企業が自己を意識し、〈自我〉を構築する過程は、外側にいる他者に対してだけではなく、組織の内側にいる他者、例えば、労働者・従業員などの組織構成員にも及んでいる。企業自我とＰＲの関係については、第二章で理論的解説を行うため、ここではごく簡単に説明しておくに留めたい。

むしろ、ここで注意しなければならないことは、企業自我 Corporate Identity（ＣＩ）という言葉が、マーケティングやブランディング分野ですでに常用化している事実である。すなわち、本書に登場する企業自我という言葉には、一方ではそれ自体分析対象となる当事者言語としての、他方ではＰＲという現象を分析し、その概念を脱構築するための道具としての二重の意味がある。〈企業自我〉が構築される過程であるＰＲ／コミュニケーションに対しても意味の二重性が指摘できる。

業界では、企業自我を「企業イメージ」corporate image とほぼ同意語として使ってきた(37)。デイヴィッド・バーンスタイン（David Bernstein）によれば、企業自我は、人々が企業の存在を認知し、他から差別化することを助けるあらゆる視覚的合図の集合体である(38)。この言葉には、ロゴをはじめ、レイアウト、タイポグラフィ、配色、空間デザインなどをはじめ、年間報告書、パンフレット、レターヘッド、インボイス、名詞、報道資料などの印刷物、さらにはビルディング、運送手段、制服・作業服、製品のパッケージに関する全てのデザインが含まれる。

このように、企業自我＝企業イメージは、デザインに注目し、とくに広告や印刷媒体における視覚的表現を通じて人々の印象と感情を統合的に管理する戦略となった。企業自我がマーケティングの一分野として考えられるようになった背後には、この言葉が第二次世界大戦以降、主にブランド戦略を手がけるようになったコンサルティング会社を中心に普及された事実が絡んでいる。当時のイメージ産業を主導した一人であるウォルター・マーギュリス（Walter Margulies）によれば、企業自我は、デザイン革命から成立した概念であり、企業ブランドの広告的、商業的価値をさらに高め、市場における差別化を図っていく戦略とともに考案された(39)。(40)

レイモンド・ウィリアムズ（Raymond Williams）のイメージに関する説明や疑似イベント pseudo event を分析したダニエル・ブーアスティン（Daniel Boorstin）の指摘から示されるように、現代社会における企業活動はイメージと切り離せない関係にある(41)。イメージとしての企業自我の普及が、そのような関係を示していることは間違いない。だが、企業イメージは、企業自我を果たして完全に説明しているだろうか。企業イメージは、視覚的自我 visual identity として、企業自我の表象の部分ではあるが、〈企業自我〉の生成にかかわる全過程を示すものではない。

法人と人格

このように、企業自我と言った時、それはマーケティングの分野では視覚的意味が強いが、この概念は、他方では、企業とその経営者における社会的役割や倫理的側面を重視する観点から、企業という社会組織の存在意義を正当化する概念としても論じられてきた(42)。

そのような見方は、とりわけ、「法人」corporation をめぐる諸言説から議論されてきた。法人という概念は、企業という組織を、生きている人間に喩え、その社会的営みを個人のそれと同一視した上で法律的な権利を与える(43)。佐藤俊樹によれば、法人は「法や経済などの制度運営の上で、組織や施設など生物学的に人間でないものに疑似的に「人格 persona」を設定して、所有の権利や損害賠償の責任を付与したもの」であり、「ヒトでもモノでもなく、制度的な構築物」である(44)。

法人概念に端を発して、法律的権利における企業と個人の類似性だけではなく、存在の社会性に関する類似性を議論することができるかもしれない。つまり、企業という社会組織の営みが、人間／個人のそれと比較できるならば、企業自我は人格性を持つ概念――常用されている言葉で言えば「企業人格」corporate personality――として説明できるだろう。

心理学では、人格＝パーソナリティは、個々人に特徴的な、まとまりと統一性をもった行動様式として説明されるが、人間ではない企業という社会組織にとってそのような安定的で統一的な人格の構築は果たして可能であろうか。たしかに企業の人格と個人の人格が、全く同質的であると断言することは難しいかもしれない。だが、そうであっても個人だけではなく企業においてもある種の人格性が現れる可能性までもが全面的に否定されるわけではない。

まさにこのような問題に対して本書は、人格＝パーソナリティの概念が個人のレベルだけではなく、社会や組織のレベルにおいても存立することを理論的、かつ歴史的に呈示することを試みる。すなわち、我々が日常生活のなかですでに何らかの形で識別している企業の人格／自我の存在を、そしてそれが形成される過程を科学的に立証することが本書の狙いである。

企業を、人格性を持つ存在として捉える場合、その自我が社会構成員との間でコミュニケーションを通じて経験されるということに注目する必要がある。企業の人格性は、単なる視覚的合図の集合体でもなければ、法律のなかに書き込まれているわけでもない。企業による人格／自我の獲得・構築は、アーヴィング・ゴッフマン(Erving Goffman)が日常的演出・演技の分析から明らかにしたように(45)、組織の日々の行動と、外部と内部の他者との接し方などを通じて行われる。

企業にとって自我の構築は、最高経営責任者はもちろん、労働者・従業員といった組織構成員となる個々人の集合という地平を通じて行われる。そのため、組織のコミュニケーションは事前に十分に企画され、組織構成員に対する教育や啓発、慰安を通じて体系的に、かつ戦略的に実施される。企業自我は外部にいる他者との関係においてだけではなく、内部においても、制度化されたコミュニケーションを通じて形成される。

本書は、〈企業自我〉の形成・構築において、外部と内部の他者に対して行われる、制度化されたコミュニケーションが、ＰＲであると捉える。ＰＲは、私的でも公的でもある性格を帯びるようになった巨大企業が自己をまるで一個の人格／自我を持つかのような存在として意識したとき、現れる。企業はＰＲを通じて外部他者と組織の内部にいる他者を公衆として発見し、彼らを自己のなかに包摂していく。ＰＲは、企業の経済的な営みを正当化する側面がある。だが、それだけではない。企業は利益を創出し続ける以上に、存続しなければならない(46)。その上でＰＲは、企業が一種の人格的存在として社会の一員となることを可能にするのである。

近代企業の両義性

組織と公衆、両者の関係を考察する上でキー概念となる〈企業自我〉の説明を踏まえ、今度はこれまでの仮定を実際の歴史事象に当てはめて考えてみよう。企業と公衆、そして両者を内包する関係が、ＰＲというコミュニケーションを通じて定義／再定義される、長い時間をかけた運動が二〇世紀とともに展開されはじめたのである。

詳しくは第三章と第四章で論じるが、一九世紀末から二〇世紀初頭にかけてアメリカ社会でＰＲが姿を現した時、その主な担い手となったのは公共事業にかかわる企業であった。石炭、石油、鉄鋼などの資源、電信電話、鉄道などの交通・通信をはじめ、それらの企業はアメリカ産業社会を支える「インフラストラクチャー」として急速な成長を成し遂げた。

近代企業の成長は、一方では組織の内側で起こっていった。この時期、所有と経営が分離し、専門的投資が増加し、株式会社化が進むなど、組織運営に関する様々な改革が行われた。また、企業間の大型合併や買収運動により創立者とその一族が運営してきた中小規模の工場は、一時に多くの作業ラインが稼働できる巨大工場へ、大企業へと変わっていった。事業の拡張、労働の分化、従業員数の急増は、家族的、宗教的共同体を基盤にして営まれていた労働環境をも急激に変容させた。

他方で、巨大企業の発達は人々の生活とも密接に関わっていた。企業の影響力は、都市全体、さらにはアメリカ社会全体に及ぶほど莫大となり、組織の維持は、オーナーや専門経営者といった少数の人間の責任範囲を越えて、労働者・従業員とその家族、株主、地域住民、世論といった無数の他者へ広がり、彼らとの有機的関係が重要な問題となって台頭した。

このように、ＰＲが世に姿を現した頃、アメリカ社会と近代企業の根本を揺るがす変化が起こっていたのである。企業は、少数（創立者や投資家）の利益を最優先する組織から、産業化社会の諸変革によって前例を見ない規模で膨張したおかげで、それまで注目してこなかった社会の様々な他者を発見することになり、他者との関係を経営の重要な変数としていかなければならない組織へと再認識されるようになった。すなわち、ＰＲの誕生は、私的でありながら同時に公的でもある二面的・両義的な性格を帯びるようになった近代企業の転換期と重なっているのである。

一部の研究は、ＰＲする行為とその主体の起源を、近代企業が現れる前の時代の政治組織や宗教団体にまで遡って見出している[47]。中にはアメリカにおけるＰＲの原点を、独立戦争やトーマス・ジェファーソン（Thomas Jefferson）の大統領在任中から探し求めるものもある。だが、本書の観点からすれば、アメリカ政府が実質的なＰＲの主体として登場してくるのは一九三〇年代以降、とりわけ、ニュー・ディール以降である。フランクリン・ルーズヴェルト（Franklin Roosevelt）はそれまでの自由放任主義から脱却し、テネシー川流域開発公社 Tennessee Valley Authority（ＴＶＡ）を設立し、市場経済に積極的に介入した。アメリカ政府はニュー・ディールの正当性をあらゆるＰＲ活動を通じて訴えかけたが、その歴史は民間企業を真似て経済主体となる「政府の企業化」を表している。このような出来事もまた、二〇世紀初頭の大企業に見られる「私」と「公」のせめぎ合い／共存という二面性・両義性を示している。

各章の概要

これまで述べてきたように、ＰＲという概念、現象は「パブリック＝公衆」と「リレーションズ＝関係」を形成しようとする働きであり、本書は、そのような関係を形成する〈ＰＲする主体〉を、公的でありながら同時に私的でもある二面性・両義性を持つ組織と捉える。具体的には前述したように、一九世紀末から二〇世紀初頭にかけて産業化社会の担い手となった巨大企業に光を当てる。

繰り返し言うと、巨大企業は、私的利益を追求する本来の属性に加え、公共事業体として社会の多数の公的利益にもかかわるようになり、その結果、労働者・従業員、地域住民、顧客・消費者、株主などの他者との関係を自らの存続と経営戦略における重要な問題と見なすようになった。企業がこのような変化に対応していく上でＰＲは導入され、「私」と「公」の相反する利益／価値を調整する機能となったのであろう。ＰＲ／コミュニケーションによる調整機能を通じて、企業と公衆は互いに結びつき、両者の関係から〈企業自我〉が現れたと考えられる。

本書は、以上の仮説に基づきながら〈企業自我〉の構築を、ＰＲという概念とその技術の歴史社会的変容を通じて検討する。

まず、第一部では、歴史的分析に入る前に理論的考察を通してPR研究のフレームワークを模索する。第一章では一九八〇年代以降、アメリカを中心に成立したパブリック・リレーションズの理論的研究を批判的に取り上げ、ＰＲ概念の理論化に表される傾向を、マネジメント論とコミュニケーション論から読み返すことを通して本研究の視座と方向性をより明らかにする。第二章では広告、プロパガンダと比較しながらＰＲにおける独特な関係性を問い、それを手がかりにして〈企業自我〉を理論的に説明する。とりわけ、ジョージ・ハーバート・ミード（George Herbert Mead）による社会的自我論を参照し、ＰＲ研究の新たな方法論を模索する。

次に、第二部では、アメリカ社会に成立した〈企業自我〉とPRを歴史的に分析していく。第三章では、一九世紀末から二〇世紀初頭におけるPRの普及を、鉄道や電信電話などの公共事業に関わった企業の例から検討する。第四章では大恐慌がもたらした経済危機を克服しようとしたルーズヴェルト政権とニュー・ディールを機に一九三〇年代以降、〈PRの主体〉がいかに拡大、拡張したかを考察する。このような分析を通じて、巨大企業はなぜ〈PRの主体〉となったか、PRを通じて試みられた究極の狙いとは何であったか、といった問いに答えていく。第三章と第四章では、企業のほかに、企業のPRする行為を代理した専門家集団をもう一つの〈主体〉として取り上げる。PRの実践と専門職における「学的」言説が二重螺旋を描きながらいかに影響し合ったかを検討し、PRする行為とその技術の発達を通じて〈企業自我〉の構築という問題を重層的に議論する。

第三部では舞台を戦後日本に移し、占領期から高度成長期にかけてPRの移植と受容をめぐる過程を明らかにする。第五章では占領期におけるPRをめぐる実践と言説に注目する。GHQとそれによって啓蒙された政治的、経済的主体の間でPRがいかなる概念として模索されたかを、戦前との比較を通じて問うていく。第六章と第七章では日本の産業と企業がPRの担い手として本格的に浮上してくる一九五〇年代以降の具体的資料を読み解きながら、戦後日本における〈企業自我〉の特徴を究明していく。とくに電力産業のPRに焦点を当て、PR映画とPR誌のなかで戦後という「リアリティ」がいかに再構成されたかを浮かび上がらせてみたい。

最後に終章では、各章の分析を踏まえ、第二次世界大戦以降、アメリカニズムに伴うPRの世界的拡張という問題を、米日の〈企業自我〉を比較しながら論じていく。

第一部／理論的考察

これまでの研究は、「ＰＲとは何か」という問いにどのように答えてきただろうか。第一章では、ＰＲ概念の理論化を進めてきた米国パブリック・リレーションズ研究を批判的に読みながら、マネジメント論とコミュニケーション論とのかかわりを捉え返し、歴史社会学的考察の必要性を提示する。第二章では、ＰＲ研究における新たな分析枠組みを模索していく。コミュニケーション様式としてのＰＲを対話や語りかけのレベルに落とし込んで考え、その特徴的な関係性を理論的に検討する。とりわけ、ジョージ・ミードの「社会的自我論」の援用と再解釈を通して、ＰＲを〈企業自我〉の象徴的構築過程として捉えることを提案する。

第一章　アメリカPR研究の批判的検討——歴史的研究の位置づけ

一　「理論」の誕生

1　グルニックと双方向対称モデル

「PR学」の成立と二つの流れ

PRは、一九世紀末から二〇世紀初頭にかけてアメリカで成立し、第二次世界大戦後のアメリカニズムの拡大とともに世界的に普及した。そのようなPRの「学的」考察であるPR研究、とりわけその理論的研究もまたアメリカを中心に発達してきた。PRに関する過去数十年間の研究は、PR学が胎動し、その土台が築かれたアメリカに集中してきたが、さらに言うなれば、アメリカへの集中は、同時に一つの研究への集中を伴ってきた。その研究とは、本節で検討するジェームズ・グルニック(James Grunig)の理論を指す。

グルニック理論の浮上と普及は、第二次世界大戦以降のPR研究における二つの流れを示している。第一に、社会心理学やマス・コミュニケーション論の系列が挙げられる。PRの実務家たちは、マス・コミュニケーションとメディアの効果に関する諸議論に影響を受け、PRの効果を主張し、測定することに主な関心を注いできた。[1]後に詳しく述べるが、PRは広告などと混同され、コミュニケーションの下位分野に位置づけられてきた。そのような状態に対し、グルニック理論はPRを独自の領域とする課題に応じるものとなった。

PR研究における第二の流れは、グルニック理論の浮上によってさらに鮮明に表されるようになった。グルニックによれば、PRは、経営／マネジメントにおける管理機能の一つであり、このような主張はPR研究における問題関心を組織論やシステム理論へ移動させた。メディアが全ての問題の解決策ではないという見方が共有されるようになり、組織が異なる環境に応じて異なる方法を用いながらコミュニケーション・プロセスを「管理」しようとする試みにより重点が置かれるようになったのである。

このようにグルニック理論は、マス・コミュニケーションと経営／マネジメントの言説を折衷しながら、PRとは公衆という社会集団を管理し、組織の目標達成に貢献する機能であると定義した。グルニック理論はPRをマス・コミュニケーションの下位分野から解き放し、組織の意思決定に影響を与える戦略的機能として定義することで業界の実務家はもちろん、研究者に対しても普遍的思考の枠組みを提供したと評価されるようになった。[2]

「状況理論」と四つのモデル

一九八二年一月、国際PR協会（IPRA）は、PRが専門性を強調すべき社会科学であるとし、それに相応しい研究・教育が必要であると述べ、その上で実践的要綱と学問的理論の両方を導出しなければならないが、両方を満足させるPR研究が欠落していると報告を行った。この問題の解決に向けてPRを大学教育のなかに位置づけ、研究分野として促進する活動が奨励された。一九七〇年代以降のＰＲ研究の量的、質的向上は、ＰＲがビジネスから「学」の領域へと拡大する動きと対応している。

そのような動きのなかでも最も代表的な論者であるグルニックは、*Managing Public Relations*(1984)のなかでＰＲが組織のために何をするか、その効果をどのように測定し、評価するかという問題を掲げ、理論と戦略を組み合わせたＰＲ概念の体系化を試みた。(3)

初期のグルニック理論は、組織が置かれた環境によってＰＲのあり方や仕方が異なると主張し、それぞれの組織と状況に最も相応しい四つのＰＲモデルを導出した。この「状況理論」contingency theory の基底には進歩主義史観が流れている。一九五二年に歴史学者であるスコット・カトリップ(Scott Cutlip)は、アメリカ社会を貫いてＰＲが発展したと主張し、その変遷を諸段階に区分した。(4)その時、カトリップがＰＲの発展過程の最高次段階の特徴として指摘した双方向コミュニケーションは、グルニックが一九七六年に発表した状況理論(四つのＰＲモデル)でも重要な論点となっていく。

グルニックの状況理論は、カトリップが説明したＰＲの段階的発展論をさらに洗練させ、四つのＰＲモデルを導出した。各モデルは、背景としている時代と代表的人物(ＰＲの実務家)から説明され、一八五〇年から一九〇〇年の間、隆盛した「言論代行／パブリシティ・モデル」に対しては興行師としても名高いフィニアス・バーナム(Phineas Barnum)が、一九〇〇年代に始まる「公共情報モデル」についてはジャーナリスト出身のアイヴィ・リー(Ivy Lee)が紹介され、一九二〇年代以降に普及した「双方向非対称モデル」ではエドワード・バーネイズ(Edward Bernays)の名前が挙げられている(表１-１)。

表 1-1　グルニックによる4つのPRモデルとその特徴(Grunig and Hunt, 1984, p. 22)

PR モデル	**言論代行／パブリシティ**(Press Agentry/Publicity model)	**公共情報**(Public Information model)	**双方向非対称**(Two-Way Asymmetric model)	**双方向対称**(Two-Way Symmetric model)
目的	宣伝(propaganda)	情報の拡散	科学的説得	相互理解
コミュニケーション・方向性	一方向(one way)真実が必須ではない	一方向(one way)情報の真実性が基準	双方向(two way)不均衡な効果発生	双方向(two way)均衡的効果発生
コミュニケーション・モデル	Source→Rec.(情報源から受信者へ)	Source→Rec.(情報源から受信者へ)	S←F→R(受信者からfeedback測定)	Group←→Group(組織と組織間の交流)
研究調査有無	研究数はきわめて少ない，観覧者数の調査	研究数は少ない，文章の難易度や読者数を測定	態度変化に関する調査・研究実施	相互理解に関する調査・研究実施
歴史的人物	Phineas Barnum	Ivy Lee	Edward Bernays	教育者，専門家
実施組織	スポーツ業界，劇場や製品などのpromotion	政府／行政機関，非営利機関，企業	競争的企業	政府の規制下にある企業(公社など)
実施割合	15%	50%	20%	15%

PRのヒエラルキー

グルニックの状況理論(四つのPRモデル)を丁寧に読み解いていけば、各PRモデルの間の優劣がはっきりとされ、ヒエラルキーが存在していることがうかがえる。四つのPRモデルは、コミュニケーションにおける「方向性」や「対称性」・「均衡性」といった性質の違いに基づいている。すなわち、一方向(one way)であるか双方向(two way)であるかによって、非対称・不均衡(asymmetry)であるか対称・均衡(symmetry)であるかによって分けられるのである。

一方向性／双方向性はマス・コミュニケーションをめぐっても重要な論点であったが、[5] グルニックもそれを意識しながら、双方向性をPRコミュニケーションの重要な特徴として捉えている。さらに、シンメトリーかアシンメトリーかというもう一つの軸を加え、「双方向対称モデル」を四つのPRモデルのなかで最高次レベルのPRとして提唱している。

状況理論が進歩主義的史観に基づいていることは前述したとおりであるが、しかし「双方向対称モデル」

は厳密に言えば歴史的モデルではない。グルニックによれば、同モデルは一九六〇年から一九七〇年代にかけて普及するようになり、状況理論が発表された当時はまだ普及途中にあった。[6] そのため、代表的人物や歴史的事例などが挙げられておらず、代わりに同モデルの優秀さを説く上で他の三つのモデルとの比較が用いられている。

すなわち「双方向対称モデル」は、単なる情報提供や説得とは異なって相互理解を図り、その上で一方向ではなく双方向のコミュニケーションを目指し、組織と公衆の間で、対称的で均衡的な関係を形成することを目的とする。そのために、他のモデルではほとんどないに等しかった科学的調査手法を導入し、倫理性を備えた専門家集団や研究者によって遂行されるのだ、とグルニックは言う。[7]

「双方向対称モデル」とそれを頂点とするヒエラルキーは、PRを組織の経営／マネジメントに貢献する機能として訴えかけるグルニック理論の核心である。グルニックの主張からすれば、PRは、究極的には双方向コミュニケーションと対称的関係を志向するものであり、公衆の態度や行為に働きかけるだけでなく、最高経営責任者をはじめ、組織全体を対象とする。組織と公衆の相互理解を図るためには高度の専門的知識と技術が必要とされ、それゆえ、PR研究者を中心とする科学化が求められるのであった。[8]

2　理論の改良

「卓越理論」の展開

初期の状況理論からすでに示された結果であったが、グルニック理論は、「双方向対称モデル」を全面に映し出す「卓越理論」excellence theory へとシフトした。このような移行は、PRの普遍理論を探し求める側からは支持されたが、同時に批判も呼び起こした。グルニックはそのような批判のほとんどが「双方向対称モデル」を正しく理解し

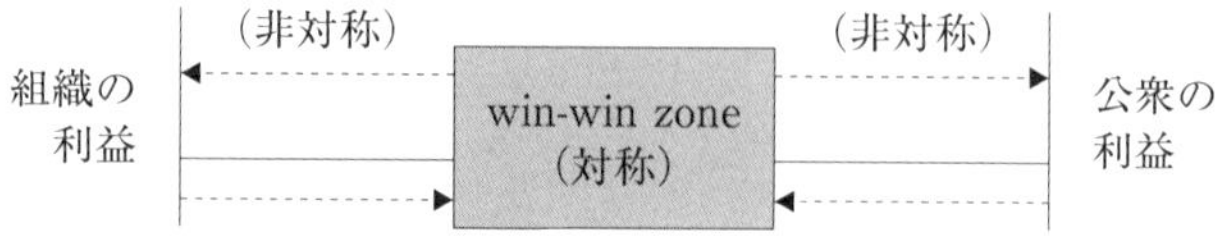

図１-１　改良された双方向対称モデル（Grunig, 2001, p. 26）

ていないがゆえに招かれた「誤解」であると説明し、理論の改良を行った。

グルニックは一九九五年に新しい双方向対称モデル（正式名称は、New Model of Symmetry as Two-Way Practice）を発表し、組織の利益だけを擁護することだけでなく、逆に公衆の利益を組織に押し通すことも非対称的で不均衡的であると言い、「双方向対称モデル」が公衆の利益を組織の利益よりも優先するという考え方は間違いであると主張した。

このような説明に基づいて改良されたモデルでは組織と公衆の両方の利益を増進させるためにＰＲによる「交渉」negotiation と「協力」collaboration の働きが強調され、「相互有益地帯」（win-win zone）が示された。これらの機能により組織は自己利益を守りながら同時に社会的責任を果たすことが可能であると、グルニックは説明する（図１－１）。

理論の改良は、「双方向対称モデル」を正当化する一方で、そこにおける限界をも明らかにした。同モデルがＰＲの担い手となる組織ではなく、公衆の利益により配慮しているのではないかと疑問を呈する批判が多かったことは、それが組織と公衆を平等な関係で捉えているように見えたからである。だが、理論の改良からグルニック自ら行った「解明」は、ＰＲにおける「双方向性」や「対称性」、「均衡性」といった特徴を、組織と公衆の相互作用を通して議論されるべき問題から組織の社会的責任に依拠する副次的問題へと変質させているのである。

ＩＡＢＣ財団と卓越研究

状況理論から卓越理論へ、双方向対称モデルの改良へと進んできたグルニック理論は、組織と公衆の関係を組織側の変数に応じて捉え、ＰＲが経営管理の視角に収斂されていく様子を示しているのではないだろうか。このような問題を「卓越理論」が誕生するきっかけとなった研究プロジェクトを取り上げて検討してみたい。

状況理論の発表後、グルニックはPR実践を理解し、説明する方法として科学的モデルを導入したことが高く評価され、(9) 一九八五年に国際ビジネス・コミュニケーターズ協会 Foundation of the International Association of Business Communicator (IABC) より研究依頼とともに約四〇万ドルの助成金を与えられ、仲間と一緒に「卓越研究」に着手した。(10)

IABC財団が望んだのは、ビジネス組織の効率性とPRの相関関係を究明することであった。つまり、ビジネス組織にとってPRがいかなる価値を生み出すかを「科学的」に示すことが求められた。さらにその結果、組織が成果を得るためにはどのようなPRコミュニケーションを計画し、管理すべきかについて提案することが求められた。PRの優秀性、卓越性を明らかにする課題は、組織内におけるPR部門の予算確保に直結する問題でもあり、PR業界のニーズとも一致していた。(11)

グルニックの研究チームは、「卓越性」をキーワードに、経営学、組織社会学、心理学、政治学などの諸分野における先行研究を検討し、アメリカ、カナダ、イギリスにおける三二一の組織(企業や非営利団体)を対象にアンケート調査とインタビューを実施した。それを通じて研究チームは双方向対称モデルに取り組んでいる組織がそうではない組織と比べて、コミュニケーションの効果や影響力の面で約二倍以上の高い効果を上げていると報告した。(12)

卓越研究の結果は、一九九二年まで多数の論文を通じて報告され、双方向対称モデルは規範性の高い理論的モデルとしてはもちろん、実際の企業活動においても十分に検証できる実効的モデルであると主張された。(13) 卓越研究は、一方ではビジネス組織におけるコミュニケーションの効果を明らかにしようとしたIABC財団の意図と、(14) 他方ではPRの普遍理論を構築しようとするグルニックおよびPR理論研究の試みが交差する場となって、(15) グルニック理論が状況理論から卓越理論へ発展していく決定的な契機となったのである。

3　アメリカＰＲ研究の反響と批判

グルニック理論の反響

モデルの改良を通じて自己修正を重ねてきたグルニック理論は、グローバリゼーションに伴い、世界に拡散し、アメリカだけでなく、世界各国のＰＲ研究の支配的なパラダイムとなった[16]。だが、前述したようにグルニック理論に対する批判や異議も増え、その代案となる研究視座の必要性が問われるようになった。

多くの批判は、双方向対称モデルの卓越性があまりにも強調され、他のモデル、とくに双方向非対称モデルの効果がきちんと評価されず、ネガティブに捉えられていると指摘し、グルニック理論がコミュニケーションにおける説得機能を軽視していると反駁した[17]。また、グルニック理論が主張した組織と公衆の間における「意見一致」が必ずしも葛藤が解消された状況を意味しているわけではないとの指摘もあった[18]。

批判は、組織の利益をめぐる議論へと広がり、ローレンス・サスキンド(Lawrence Susskind)は、葛藤は根本的価値がぶつかる状況であり、妥協は組織にとって信念を諦めることであると主張し、グルニックの言う「交渉」や「協力」が事実上、無意味であると批判した[19]。グレン・カメロン(Glen Cameron)は、米国に拠点を置く大手化学会社のデュポンと国際環境ＮＧＯのグリーンピースの事例を取り上げ、双方向対称モデルの考え方は組織が自己利益を放棄するように働きかけ、本質的に誤った判断を下す危険性があると指摘した[20]。

これらの反論や異見の多くは、双方向対称モデルが理想主義に基づいており、非現実的であると批判し、企業の利益をより積極的に弁護する説得理論やマーケティング・モデルを支持するものである。すなわち、批判の的は、グルニック理論が進めてきたＰＲ概念の理論化における本質的問題ではなく、企業のコミュニケーションをめぐって従来とは異なる秩序がもたらされようとする不安にあったのである。[21]

批判的研究の登場

グルニック理論をめぐる諸議論の中には、アメリカを中心に発達してきたPR学そのものに対する批判もあった。例えば、マイケル・カルバーグ(Michael Karlberg)は、パブリック・ディスコースの参加者全員が十分に自己主張できるコミュニケーション技術や資源を必ずしも持っていないと指摘した。[22]つまり、組織と公衆の間にある政治的、経済的力の格差や相違からすれば、グルニックが言う「均衡」や「対称」とは、大企業や政府と結託しているPRビジネスの暗闇の部分を正当化しようとする言い訳に過ぎないと批判した。

他にも、双方向対称モデルは企業にとって望ましくない行為を正当に見せかける空想的試みであり[23]、多元性や平等、調和などの概念をただ借用しているだけであるという批判がなされてきた。[24]なかにはアメリカのPR研究に疑問を提示し、それが大学教育、研究におけるPR学の地位を向上させる狙いと深く結びついてきたことを憂慮する声もあった。[25]

このような議論は、前述した説得理論やマーケティング・モデルからの批判とはまた異なる視点から双方向対称モデルとグルニック理論、さらにアメリカPR研究を根本から捉え返そうとする。すなわち、PR研究の支配的パラダイムは説得理論なのか、それとも双方向対称モデルなのかという争いが重要なのではなく、アメリカを中心に発展してきたPR研究そのものに内在する問題を突き止め、議論の俎上に載せていこうとするのである。

例えば、マグダ・ピエズカ(Magda Pieczka)は、アメリカに集中してきたPR研究の理論的土台が、組織理論に偏向している現状を踏まえ、その裏面に産業心理学者によるシステム理論やマネジメント論の調合があることを指摘した。[26]ピエズカの主張によれば、双方向対称モデルによって説明される「卓越」の概念ではPR概念の本質を理解することが難しいにもかかわらず、それがＰＲ実践を規律する概念として言説化している現状に対して代案となる視座とフレームワークが求められる。

グルニック理論とアメリカＰＲ研究に対抗する代案的視座の模索は、一九九〇年代以降、主に欧米を中心に活発になったが、代表的研究者として上述したピエズカやジャッキー・レタン（Jacquie L'Etang）などが挙げられる。ＰＲの批判的研究は、ユルゲン・ハーバーマス（Jürgen Habermas）をはじめとするフランクフルト学派の影響を受け、近年は公共性や公衆に関する研究、組織と公衆の相互依存性、意味作用を究明する課題を掲げ、広がってきている。カント以降のドイツ社会学、文化人類学、シンボリック相互作用論などの視座が援用され、アメリカ流科学主義を超えてＰＲ学を再考するためのフレームワークが模索されている(27)。

今まで、ポスト・グルニック世代による議論を踏まえ、グルニック理論の意味と限界を検討した。グルニック理論は、ＰＲを経営／マネジメントの機能として定義し、その地位を向上させる上では成功したかもしれないが、ＰＲを経営／マネジメントに示唆される組織の本質的な営みと不可分の領域として捉え返すためには、企業と他者の関係をめぐる言説をより綿密に検討しなければならない。さらに、組織と公衆の相互作用と関係性は、ある一つの理想的モデルから問われるべき問題ではなく、企業と社会をめぐるコミュニケーションが二〇世紀を貫いてどのように変容してきたかを理解した上で議論されなければならない。このような問題を念頭に置きながら、ＰＲ概念を究明していく上で二つの流れとなる経営／マネジメント論とマス・コミュニケーション論を検討してみたい。

二　ＰＲ研究における二つの流れ ―― マネジメント論とコミュニケーション論

1　経営／マネジメント論とＰＲ

ＰＲ研究と経営学の包含関係

ここでは、ＰＲ概念の形成に影響してきた二つの流れ、すなわち、経営学やマネジメントに関する言説および、社会とコミュニケーションのかかわりについての視座を検討する。最初にグルニック理論がこれらの言説や視座をどのように採用してきたかを簡略に述べ、しかしそれでは十分に捉えられない二〇世紀社会を貫く顕著な特徴をＰＲ概念との関連性から浮かび上がらせていく。

グルニック理論は、組織の内側と外側に存在する様々な公衆――従業員、消費者、地域社会、住民、メディアなど――との間でコミュニケーションを企画し、実施し、管理するプロセスとしてＰＲを説明するが、このような見方は、組織の経営管理を重視する視座に基づいている。グルニック理論は、アメリカを中心に発達してきた経営学、とりわけ経営管理の思想史や言説史に位置づけられる。四つのＰＲモデルを中心とする状況理論は、一九六〇年代にアルフレッド・チャンドラー（Alfred Chandler）が主張した「組織の条件適合理論」と主な思想をともにしている。[28] 双方向対称モデルの卓越性を強調するグルニックの後期理論は、オイルショック以降、不景気が続くなかで模索されたアメリカ企業の研究と通じるところがある。つまり、トム・ピーターズ（Tom Peters）とロバート・ウォーターマン（Robert Waterman）が『エクセレント・カンパニー――超優良企業の条件』（*In Search of Excellence*, 1982）のなかで主張した優良企業の成功する原則の議論とも類似している。[29] さらに、ＰＲ研究の古典と呼ばれるグルニックの著書、***Managing Public Relations*** で重視されている「目標による管理」は、ピーター・ドラッカー（Peter Drucker）がマネジメント論で説いた経営の核心でもある。[30]

このように、グルニック理論をはじめとするアメリカPR研究は、企業の存続目標を定め、組織の遂行能力を問うてきた経営学、とりわけ経営管理のパラダイムと言説から理論的枠組みを採用し、その上でPRを組織の経営に密接な機能として説明してきた。このような傾向によりPR研究は、経営学という大理論の下に小理論として従属させられる側面があり、経営の一手法という道具的解釈から距離をおきながらPRを社会的概念として読み解いていく可能性が遮断されてしまう。

結論から言えば、経営とPRの間には「大理論」と「小理論」の関係では説明しきれない問題が横たわっている。つまり、近代的企業という社会組織を対象にする経営／マネジメントという二〇世紀の思想と技術と、これもまた二〇世紀とともに現れた社会的産物としてのPRとの間により本質的な関わりを見出すことができるのである。ここでは、とりわけ、企業という組織の存続目標と社会の他者との関係性をめぐって、経営／マネジメントの命題とPRの命題を同一線上において検討してみたい。グルニック理論をはじめ、従来の研究が試みてきた「経営からPRへ」ではなく、その逆向きの「PRから経営へ」の可能性を考察していく。

経営の誕生――労働者／他者を管理する技術

経営、すなわち、資本主義社会の主な経済主体である近代的企業の運営および市場におけるその活動全般を、体系的、科学的、規範的に捉える枠組みが浮上したのは、一九世紀末である。だが、その発展初期においては企業とその社会的機能に関して各国の産業現況によって認識が異なっていた。

イギリスはいち早く産業革命に成功したが、実用的学問に対し軽視する風潮（貴族主義）が大規模な近代的企業の登場と発展を遅らせ、経営思想や管理技術の普及が遅れる原因となった。(31) 一方でドイツでは不景気とインフレーションの問題を解決するために、国家主導の経済成長計画が立てられ、経営学は「経営経済学」と見なされるようになった。(32)

企業は私的利益ではなく社会全体の、公共の利益を創出する機関であり、企業と労働者は協力的関係を形成する利益共同体であると考えられた。

ドイツの経営学が利益の創出だけでなく社会的再分配を強調し、その上で企業と経営者の役割を重視したことに対して、アメリカの経営学は、資源、とりわけ労働力の科学的、合理的管理の方に焦点を当てながら発展した[33]。一九世紀末から株式会社制度が普及すると、主要産業の企業が膨大な資本を吸収し、巨大化し、さらに企業同士の合併や買収を通じてトラストに象徴される産業巨人たちが誕生した[34]。このような変化は、組織のなかに急増する労働者を管理し、拡大する事業を総合的に管理する手法を求め、その結果、製品の単一化や生産工程の細分化、作業の単純化などを図る運動が展開されるようになった[35]。

一九世紀末から二〇世紀初頭にかけてアメリカ社会では今日の経営／マネジメント論の原点ともなる総合的で合理的思考と技術が広がり、労働者／労働力の徹底的管理が目標となった。多様な文化的基盤を抱える移民国家において、人種や言語を超えて労働者を資源／費用として処理する科学的システムの開発が推し進められたのである。

アメリカ企業では、分業化、能率改善、作業対比効率・生産性の向上(費用削減)、賃金・報酬制度の見直しなどが図られていった。作業の細分化を通じて労働過程の合理化を追求した「科学的経営」の提唱者、フレデリック・テーラー(Frederic Taylor)や動作の分節化による測定方法を考案したフランク・ギルブレース(Frank Gilbreth)などはアメリカ産業化社会を導き、労働力／労働者の管理を企業経営の重要な問題として浮かび上がらせた。

すなわち、アメリカにおける経営学は、労働者に象徴される他者(とりわけ他者における価値)に対する工学的手法による理論化、言い換えれば「他者の管理学」として成立したのである。労働者をはじめ、社会に存在する多数の他者を、企業にとって価値ある資源として創造し、そのような他者の管理機能を経営に結びつけていく試みは、二〇世紀最初の数十年間だけに限る特徴ではなかった。このアメリカ経営学における顕著な特徴は、二〇世紀を貫いてさらに二一世紀においても企業や経営者にとってきわめて重要な課題としてあり続ける。

膨張する他者と言説

経営をめぐる言説を概観していくならば、「他者の管理学」という思想や技術が、企業に包摂される他者の拡大・膨張を軸にして変遷してきたことがうかがえる。前述したように一九〇〇年から一九二〇年代までの主な議論は、労働力を合理的に運用し、費用を削減し、生産性を高めることに集中された。産業エンジニアリングの台頭とともに事業の計画、組織、資源統合の全プロセスにおける管理の試みが強くなる一方で、ヘンリー・フォード（Henry Ford）は大量生産における労働者の意義や役割を改め、企業の経済的営みに密接な存在として捉え返した[36]。だが、この時代の労働者は、企業と一体化せず、経営者（オーナー）にとって排他的他者であった。

労働者／労働力を生産工程の部品や機械と等しく扱う見方は、労働者を「人間」として捉える観点の拡散によって変容していく。一九二七年にはじまったホーソン実験は、作業効率の向上が作業仲間同士の関係や社会的地位、満足感などの人間的感情と深くかかわっていることを明らかにし、一九三〇年代以降、経営における人間関係論が浮上するきっかけとなった[37]。組織理論は、労働者だけでなく、専門経営者という他者へと射程を広げていった。チェスター・バーナード（Chester Barnard）は企業における経営者層の役割を強調し[38]、デール・カーネギー（Dale Carnegie）の人間関係論は経営者のリーダーシップに大いに重点を置いた。

このような展開は、社会心理学の影響を受け、両次大戦を通して行動科学に焦点を当てる諸議論に継承されていく。アブラハム・マスロー（Abraham Maslow）の欲求段階説（一九五四）やフレデリック・ハズバーグ（Frederick Herzberg）による動機付け・衛生理論（一九五九）などは、心理学をベースに労働者・従業員の欲求を明らかにし、それに相応しい報酬体系を構築することを企業に助言した[39]。つまり企業が、労働者・従業員という他者を「機械」ではなく、欲求を持つ「人間」と捉えることを促したのである[40]。

組織のなかの他者だけでなく、他者の集合体となる組織そのものに対する見方も変容した。一九六〇年代以降、企業を「人間的」存在として捉えようとする視点、とりわけ組織の意思決定論や企業行動論が浮上し、企業の有機体としての構造性を数量的・統計的分析を通して究明し、それにより経営／マネジメント論の理論化、科学化が一気に進んでいく。

一九六〇年代以降の経営／マネジメント言説におけるもう一つの大きな出来事は、マーケティング革新であった。テッド・レビット(Ted Levitt)はマーケティングを単なる販売技術ではなく、組織の革新を担う重要な機能であると主張した[41]。企業にとって他者の枠が大きく変わり、消費者・顧客が社会全体へ拡大されていく様子を鋭く捉えたレビットの議論は、顧客から価値を見出すことに重点を置くマーケティング論、ブランディング論の展開を導くものとなった。

他者志向という接点

以上では、ごく簡略に経営／マネジメントをめぐる言説の変容を概観した。アメリカを中心に発達してきた経営学史——経営思想と技術の歴史——は、近代的企業が他者を発見し定義／再定義しながら、それに合わせて諸機能を捉え直してきた歴史であるとも言える。すなわち、労働者・従業員、専門経営者、株主、顧客など、組織の内側と外側にいる他者が、資本家に並んで企業という組織を色付けていく言説構図がアメリカ近代経営史と学説史を通じて映し出されているのである。

他者は、企業や経営者にとって排他的存在、訓育対象、意思決定に無関係な存在から、経営／マネジメントに欠かせない存在と見なされるようになった。バーナードは、組織の遂行能力を決めるのはオーナーではなく被雇用者であると説明し、ダグラス・マックレガー（Douglas McGregor）は企業の存続における従業員の役割を強調した。[42]「知識労働者」という言葉を流行させたドラッカーが、経営の目標は収益ではなく顧客を創出することであると論じたことはあまりにも有名である。[43]これらの議論は全て、近代的企業における「他者志向」を表し、経営／マネジメントが組織とその他者の関係を捉える思想と技術として発達してきたことを語っている。

企業の営利に重点を置く経営／マネジメント論が、組織を捉える上で他者をめぐる解釈を絶えず修正しながら意味を付与してきたことはアイロニーに聞こえないだろうか。経営思想と技術において、そして、それを必要とする近代的企業にとって、他者の問題がなぜ重要であるか。本書は、PR概念がこのような問題の切り口となると考えている。

他者を捉え、管理する技術と思想としての経営と、公衆を見出して関係を形成していくコミュニケーションであるPRは、概念的に非常に近い。近代的企業が現れ、経営管理の必要性が問われた一九世紀末から二〇世紀初頭のアメリカ社会にPRがその姿を現した歴史的事実も、「他者」を軸にして企業とPRの問題を考察することを促している。アメリカ経営史に重要な功績を残した多くの企業が、PR史において先駆的存在として取り上げられるのは偶然ではなく、両者が相互に強く結びつきながら発展してきたからであろう。

PRと経営は、経営学研究の体系化が進んでいく第二次世界大戦以降、さらにPR研究の理論化が推し進められた一九八〇年代以降、従属的関係が成立する前から、他者をめぐる思想と技術という接点を持っていたのである。本書は、グルニック理論をはじめ、従来のPR研究が示してきた経営／マネジメント論に従属される枠組みを超えて、歴史的、社会的な観点からPR概念を近代的企業と結びつけ、明らかにしていく。

2　コミュニケーション論とPR

PR研究とマスコミ研究の包含関係

グルニックはPRからなるコミュニケーションを通して組織の各部門と外部がつながると主張し[44]、それを主管する機能の専門性を強調した。その上で、企業コミュニケーションにおいてPRの実践を広告などの隣接機能と差別化する必要が生じた。組織にとってのPR独自の効果を証明しなければならない課題を掲げ[45]、PRが組織に与える効果を、広告が市場占有率や売り上げなどの数値で表すように、科学的方法によって提示し、証明することが求められたのである[46]。

グルニックは、PRの効果を公衆の行動から推測することは間違いであると主張し、企業に対する態度や感情の形成により重点をおいた。さらに、PRの目標は説得や洗脳ではなく、相互理解を増進させ、対話を重視することにあると説明したが[47]、そのような議論の基底にはマス・メディアの効果をめぐる議論が流れている。つまり、マス・メディアの即時的反応を呼び起こす強力な効果を捉える理論から、マス・メディアは人々の態度や意識、感情に対して制約的で条件付きの変化を引き起こすと見なす観点への移行が、グルニックにとってPRの効果を評価する指標を提供していたのである。

すなわちPRを軸に組織のコミュニケーションを捉え返そうとしたグルニックの試みは、社会との関係においてコミュニケーションの諸機能が変容していくプロセスの一部を捉えたに過ぎない[48]。以下では、企業にとって「コミュニケーション」という領域がいかに拡張してきたかを確認しながら、PRが隣接機能とどのような相関関係を形成してきたかを検討してみたい。

企業コミュニケーションの拡張

経営／マネジメントの一機能として説明される前は、PRとその主な手法であるパブリシティは、広告、人的販売、

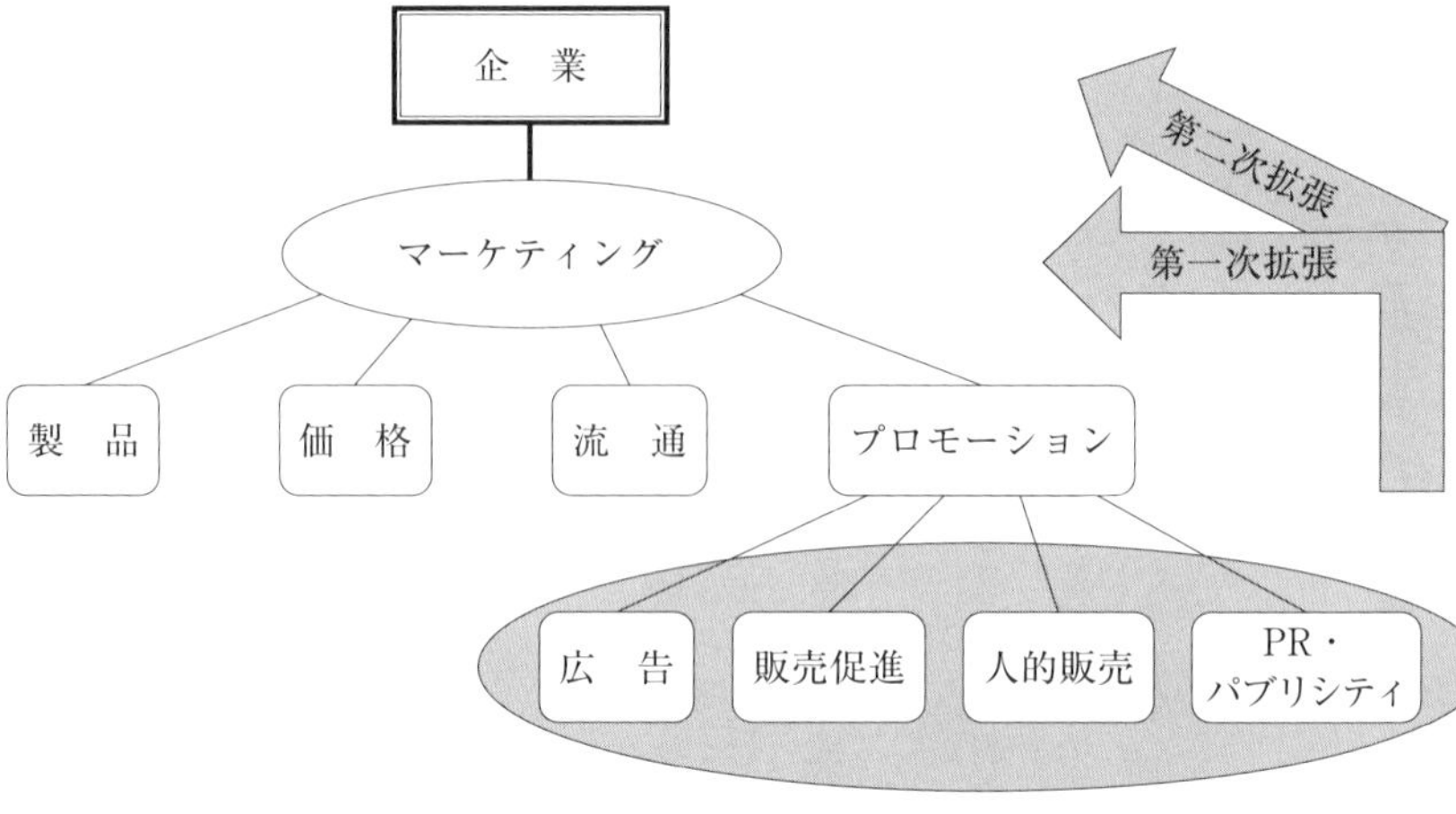

図 **1-2**　企業コミュニケーションの拡張

販売促進と並ぶプロモーション傘下の下位機能と見なされてきた。すなわち、企業の各事業・部門のなかでも第二次世界大戦後、急速に発達したマーケティングの一つの柱であるプロモーションにぶら下がり、大量消費を促進し、消費市場を攻略する一技術として考えられてきたのである（図１－２）。

広告、人的販売、販売促進、ＰＲから構成される販売促進部門に集中されてきた企業コミュニケーションは、一九七〇年代以降、前述したマーケティング革新によって一気に格上げし、より上位の領域に結びつくようになった。新しいマーケティング論を提唱したフィリップ・コトラー（Philip Kotler）は、マーケティングは、大量生産商品を売り込むための単純技術ではなく、商品やサービスの企画段階から生産、価格決定、流通の全過程にかかわり、市場を創出するのだと主張し、この総合的プロセスの中心に顧客を位置づけた。企業コミュニケーションは、顧客の満足や忠誠度（loyalty）を導く機能に重点が置かれるようになった[49]。

企業コミュニケーションはさらに拡張し、近年はマーケティングよりさらに上位の領域、つまり経営／マネジメントに直結する機能として議論されるようになった。グルニック理論や米国ＰＲ研究は、まさにこのような現象と重なり合う議論の一つである。一方で、マーケティングそのものの地位向上を目指す議論も現れた。序章でも触れたIMC論は、とりわけ顧客に焦点を当ててコミュニケーションを通して経営／マネジメント全般に働きかけていこうとする議論である。[50]

このように、企業コミュニケーションの拡張は、一方ではマーケティングの進化とともに、他方ではPR学の発達とともに語られているが、両者に共通して示されているのはそれが組織にとってますます重要な領域となっている事実である。だが、これらの議論は「コミュニケーション」を組織／企業の問題として限定された範囲から捉える傾向がある。PR概念の輪郭を描いていくためには、従来の言説に示される、とりわけ「マーケティングからPRへ」という前提だけでは不十分であり、以下ではコミュニケーション概念がマーケティングの手法化する段階を浮かび上がらせ、PRとの比較を行ってみたい。

広告、宣伝、PRの相関関係

コミュニケーションの拡張は、企業の実践領域から社会歴史的文脈へと射程を広げて考えれば、PR、広告、ジャーナリズム、プロパガンダなど、二〇世紀コミュニケーションの諸概念の境界が曖昧になり、統合／再統合され、秩序化していく過程から問うていくことができる。

広告、プロパガンダ、PRの関係は各時代においていかに変容してきただろうか。第二次世界大戦の戦雲が漂っていた一九三〇年代後半にはプロパガンダが広告とPRを含む支配的なコミュニケーションであると考えられた。だが、ハロルド・ラスウェル（Harold Lasswell）が主張したプロパガンダの包括性は、戦後、消費社会が成熟していくなかで衰弱していく。国民ではなく消費者が的となる消費市場というバトルフィールドではプロパガンダではなく広告がコミュニケーションの母集団となったのである。しかし、概念間の包含関係は一九八〇年代半ば以降、再び変容し、今度はPRがプロパガンダや広告を包摂する概念として考えられるようになった。

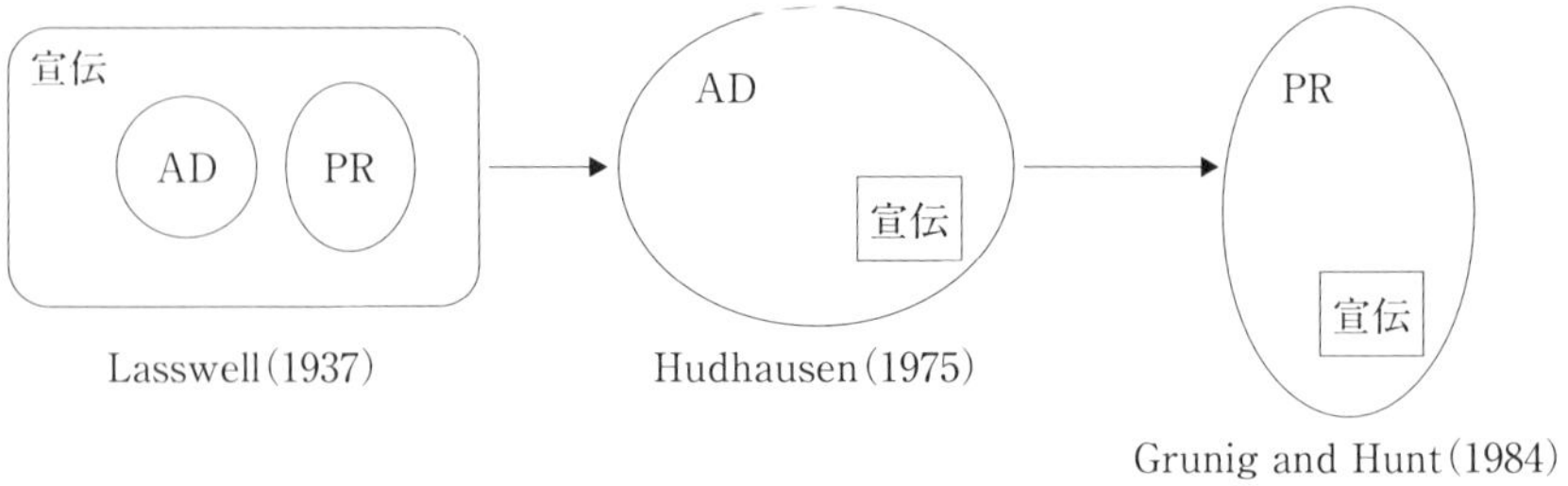

図 **1-3**　PR, 広告, 宣伝／プロパガンダの関係変化(佐藤, 2003, p. 9)

歴史を見ていくならば、ＰＲ、広告、プロパガンダの関係は固定されたものではなく、各時代と社会的状況に応じて変容してきたことがうかがえる。戦時期にはプロパガンダが、消費社会では広告が、グローバリゼーションが進んでいく今日の組織社会／企業社会ではＰＲが、それぞれ他の概念を網羅する包括的概念として捉えられてきたのである（図１－３）。

以上の議論に加えて、ＰＲ、広告、プロパガンダが発達する土壌でもあったジャーナリズムを視野に入れれば、一九世紀半ばから二〇世紀にかけて諸概念がどのように絡み合ってきたかがより鮮明に示される。

図１－４には異なる二つの円が重なったり、離れたりする様子が描かれている。グレーの円はジャーナリズムとプロパガンダを、白い円は広告、ＰＲを含む。前者のジャーナリズム、プロパガンダが、社会と世論、または国家と国民の間で主に行われるとすれば、後者の広告、ＰＲは、社会と世論を対象にしている。すなわち後者の背後にはコミュニケーションを仕掛け、金銭的な代価を支払い、その行為をより専門的な営みとして発達させていこうとする主体がいる。便宜上、前者を「社会コミュニケーション」とし、後者を「企業コミュニケーション」と呼ぶことにしよう。

企業コミュニケーションは、コミュニケーションの諸概念が絡み合っていく歴史の最初には社会コミュニケーションの一部として現れた。アメリカ社会では一九世紀末から一九二〇年代にかけて新聞や雑誌など、マス・メディアの急速な発達により情報社会、大衆社会が現れた。膨大な読者に基づき、世論を浮上させるジャーナリズム、

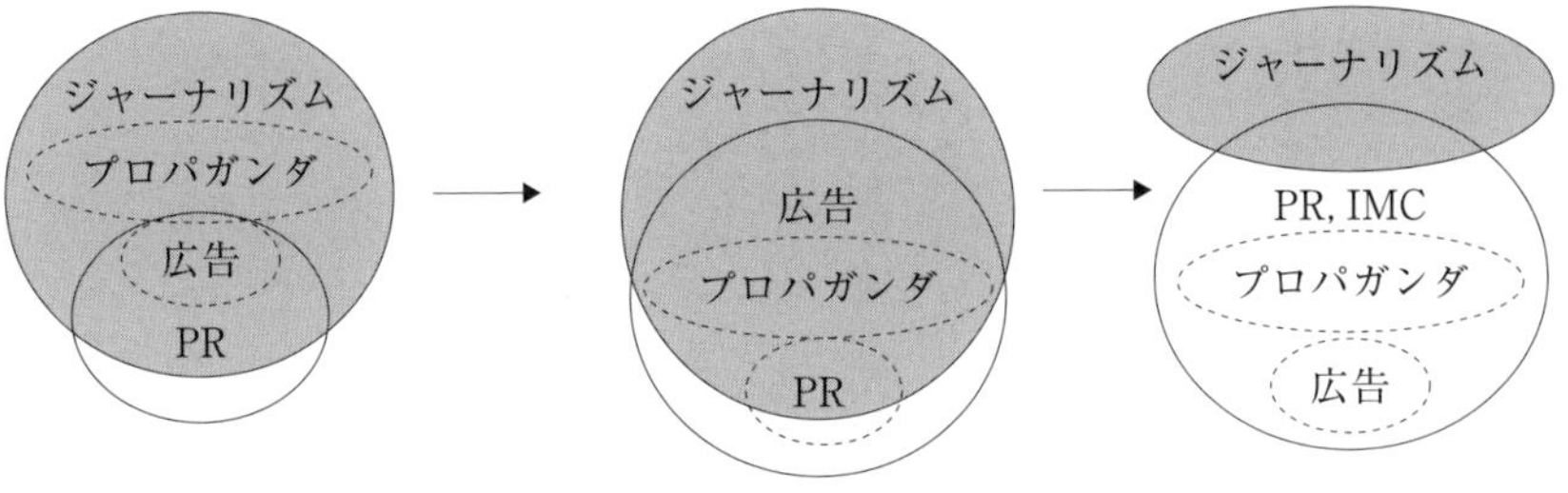

図 1-4　社会と企業をめぐるコミュニケーションの変化

とりわけ、商業的ジャーナリズムがこの時代における主流のコミュニケーション様式となった。そのようなジャーナリズムの周縁で、一方では新聞や雑誌の紙面を売り込む広告が、他方ではニュース・ソースを取り扱うパブリシティ（初期ＰＲの主な手法）がそれぞれ専門分野として誕生したのである。

だが、途中から両者はほぼ重なっていく。相互に非常に密接でありながらも独自的領域を築いてきたジャーナリズム、広告、ＰＲの関係は、前述したように両次大戦を経てプロパガンダを中心に統合され、消費社会においては広告に軸を変え、続けられた。さらに、企業コミュニケーションはすなわち社会コミュニケーションとされ、場合によっては前者が後者を包摂する逆転した関係へ変容／変質した。そして、新しいメディア環境とコミュニケーション技術の発展により大衆消費市場の神話が崩れ、マス・メディアの効果が再考され、広告がもはや支配的コミュニケーションではなくなるとＩＭＣやＰＲが注目されるようになった(51)。

このような変化が何を意味するかについては、第二部以降で詳しく論じるため、ここではごく簡単に見ておく程度に留めておくが、ここで指摘しておきたい問題は、諸概念の絡み合いが示す、社会と企業をめぐるコミュニケーションの変容／変質である。

コミュニケーションの主体と他者

社会と企業をめぐるコミュニケーションの変質は、ＰＲと広告、プロパガンダ、ジャーナリズムの関係を読み解く鍵が「主体」、「主体性」であることを示唆する。この問題を、マス・コミュニケーション研究との比較を通じて考えてみよう。

マス・メディア(新聞、雑誌、ラジオ、テレビ)を通じて大量に複製されるメッセージは特定/不特定多数の人々にどのように受信され、受容されるか。マス・コミュニケーション研究はこのような問題に焦点を当て、「送り手」と「受け手」の間におけるメッセージの伝達、解釈、受容の過程とそこから起こる反応を究明することに重点を置いてきた。その際、「送り手」は主にマス・メディア――出版社や放送局、新聞社などの組織体とその構成員など――であり、「受け手」は、マス・メディアを通じて集団行動的に把握できる人々/オーディエンスや世論である。第二次世界大戦を前後して急速に発展してきたマス・コミュニケーション研究は、マス・メディアの効果に注目し、「受け手」という他者が現れる過程を解明しようとしてきた。

一方で、他者が現れる社会的文脈においてはマス・メディアという送り手の他に、様々な政治的、経済的主体とその動機が働いている。すなわち、メッセージの「送り手」となるのはマス・メディアだけではない。例えば、企業や企業を代理する専門家集団も送り手となりうるのであり、企業コミュニケーションはまさにこのような主体によって行われる。

企業コミュニケーションは、マス・コミュニケーションと比べて、「他者」という共通のキーワードを持つが、その捉え方が異なっている。企業コミュニケーションにおいて他者は主体である企業の観点から想定される。つまりPRにおける「公衆」とは、企業の利害関係によって選別され、細分化される他者であり、企業が直面した問題の一部として象徴される存在である。そして当然ながら公衆=他者の相対的概念となるのは、マス・メディアではなく企業という主体である。言い換えれば、企業が社会と他者の形成に密接にかかわることになるのである。

本書ではこのような企業コミュニケーションの典型としてPRを捉え、それを企業という主体の観点から他者を創造する技術としてだけでなく、他者を通じて主体/自己が構築される技術としても論じていく。次章ではそのような主体と他者の関係を理論的に説明し、第三章以降では二〇世紀の歴史を通じてPRと広告、プロパガンダ、ジャーナリズムの概念的整理を行っていく。その前に本章の最後に、グルニック理論の批判的検討から示されたPR概念の脱歴史化、超歴史化の問題に話を戻し、PR概念の探求における歴史的、社会的考察の必要性を明らかにしておきたい。

三　PR研究における歴史的アプローチの可能性

1　PR概念の脱歴史化、超歴史化

普遍理論の問題

これまでの議論を踏まえて言えば、グルニック理論は機能主義的観点に立ち、PR概念の体系化と同時にその道具化・科学化を進めてきた。経営／マネジメントに貢献するPRの実効性が強調され、あらゆる社会組織に対するPR戦略の必要性が説かれ、PRを独自の研究・教育分野として訴えかける試みが、アメリカPR研究を中心とする理論の構築と普及を通じて行われてきた(52)。

グルニック理論は、実際に多くの組織がPR活動に取り組んでいる事実から組織がPRを行うべきであると前提し、主にPRをいかに科学的手法によって企画・遂行し、評価測定を行うべきかについては説明している。しかし、そもそも組織はなぜPRというコミュニケーションに取り組むのかという問いに対しては根本的な解答を与えていない。また、グルニック理論は、PR現象の究明というより、その「あり方」(双方向対称)を強調するあまり、組織と公衆の間で行われる相互作用や両者の間に構築される関係／関係性を規範的、倫理的に捉えてしまう傾向がある。そのよう

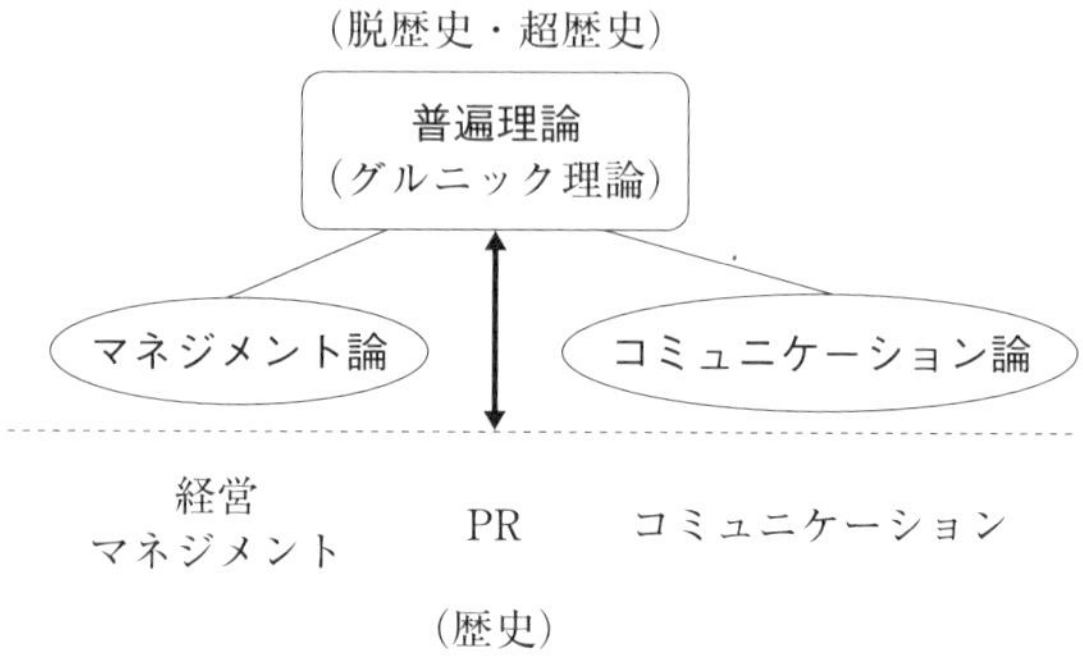

図 1-5　PR 概念の脱歴史化，超歴史化

な特徴は、組織がＰＲに取り組む一部の理由にはなりうるが、全体のメカニズムを解明するものではない。最も重要な問題は、グルニック理論が「規範的思考」と「理想的モデル」に基づいてＰＲ概念やその実践を、普遍性の獲得による「科学」の領域に見出していることにある。

　企業が他者を発見していく過程において発達した経営／マネジメント思想・技術や、大衆社会や消費社会の成熟に伴い変容してきたコミュニケーションをめぐる諸議論が示すように、ＰＲをめぐる問題は歴史的であり、社会的に形成されている。経営／マネジメント論とコミュニケーション論は、企業とそのコミュニケーションの拡張を通じて相互に密接に絡んできた言説であり、ＰＲ概念の探求は、現代社会におけるこの顕著な特徴に焦点を当て、その歴史的展開を分析することから始めなければならない。

　それにもかかわらず、グルニック理論を中心とする米国ＰＲ研究は、組織に貢献するコミュニケーション・モデルの開発に重きを置き、経営／マネジメント論やマス・コミュニケーション論をＰＲ概念の普遍化の上で援用してきた。ＰＲ実践における主体性やジャーナリズム、プロパガンダ、広告などとの相互関連性が問われる代わりに、科学化や理論化が推し進められた結果、ＰＲ概念の歴史的構築物としての性格が薄くなっていく、脱歴史化、超歴史化という問題が指摘されるようになったのである（図1-5）。

歴史の規格化／モデル化

本書は、ＰＲ概念の脱歴史化、超歴史化を進めてきたグルニックの普遍理論とは異なる立場から、歴史的研究の可能性を模索するものである。ＰＲ研究における歴史的アプローチを打診していく前に、アイロニカルにもグルニックの普遍理論が、理論研究だけでなくＰＲの歴史的変容を対象とする研究にも影響を与え、理論と歴史を問わずに支配的パラダイムとなってきた事実を指摘しておきたい。

一九九〇年代以降、ＰＲ研究とその需要が国際化し、アメリカを中心とするＰＲ理論研究は世界的に普及した[53]。とりわけ、ＰＲの実態を四つのモデルから説明したグルニックの状況理論が日本や韓国をはじめ、各国のＰＲ実践を評価する分析フレームとして用いられ、その最高次モデルであった双方向対称モデルは各国におけるＰＲ概念の歴史的発達を評価する「基準」となった。

韓国の場合、シン・インソブとオ・ドボムが、グルニック理論を軸にして、韓国社会におけるＰＲの変遷を四つの段階に区別した。すなわち、第一段階の「軍国主義の侍女時代」（一九四五年以前）、第二段階の「政府代弁人・公報の時代」（一九四五年以降、米軍政期から一九六〇年まで）、第三段階の「祖国近代化の旗手・企業広報の時代」（一九六一年五・一六軍事クーデターから一九八七年民主化大転換期直前まで）、第四段階の「民主、開放のＰＲ時代」（民主化大転換期から現在まで）がそれであり、このような区分の基底には進歩主義的思想が流れている[54]。

非常に類似した研究が日本のＰＲ史に対しても行われた。井之上喬はグルニックの状況理論を用いて近代日本におけるＰＲの生成と発展過程を次の段階に区分した。第一段階の「ＰＲの発芽期」（一九二五年－一九四五年）、第二段階の「ＧＨＱによる行政への導入期」（一九四七年－一九五二年）、第三段階の「米国型ＰＲの啓発期」（一九五〇年代以降）、第四段階の「高度経済成長時代におけるＰＲの低迷期」（一九五〇年代後半－一九九〇年）、第五段階の「グローバルＰＲへの過渡期」（バブル経済崩壊後・一九九一年以降）がそれであるが、ここでもＰＲ概念の漸進的発展が前提とされていることがうかがえる。

これらの研究はグルニック理論に学び、組織と公衆を媒介するコミュニケーションが一方向から双方向へ、非対称的・不均衡的なものから対称的・均衡的なものへと進歩してきたと捉える。その上で日本や韓国におけるＰＲの歴史を、状況理論の四つのモデルに当てはめながら説明し、双方向対称モデルから見て自国のＰＲ実践が未だ発展過程にあると評価した[55]。グルニックの理論は、各国におけるＰＲの歴史を再構成する上でも支配的モデルとなっているのである。グルニック理論を中心とするアメリカＰＲ研究の普及は、このような歴史の「規格化」、「モデル化」を通じてアメリカだけでなく、各国におけるＰＲ概念の脱歴史化、超歴史化を促すのである[56]。

ＰＲ概念の脱歴史化＝脱空間化

アメリカＰＲ学の世界的拡散とＰＲ研究の国際化によりＰＲの普遍理論が普及し、それによりＰＲ概念が脱歴史化し、脱空間化する問題が浮かび上がってくる。政治体制、市民社会の成熟度、経済状況や開発水準、メディア環境の違いなどにもかかわらず、一つの理論が各国のＰＲ実践における卓越性を問う基準となってＰＲの歴史的変容を再構成するフレームワークとして援用されていることについて、グルニック自身どう捉えただろうか。グルニックは、「自民族（アメリカ）中心主義的」理論でもなければ、「世界各国の文化に沿った多中心主義的」理論でもないＰＲの規範理論を主張してきた[57]。

実際に、経営／マネジメントにおける科学的機能を目指す普遍理論は、ＰＲ概念をそれが誕生したアメリカという歴史的、社会的文脈からも剥離していった。ＰＲ学の誕生国であり、ＰＲ学の根源地でもある「アメリカ」は、ＰＲキャンペーンのなかで挙げられる企業名や市民団体の名称、またはＰＲ研究の文献を通じて引用される大学や研究機関名として語られるようになった。それらは、アメリカの企業、団体、組織であることから意味を獲得するのではなく、他国の企業、団体、組織に対しても応用できる普遍的ＰＲ理論／モデルを裏付ける一事例として意味が与えられる。すなわち、アメリカのPR理論研究は、PR概念の成立条件である「アメリカ」を忘却することで理論の説得性を獲得してきたのである。

各国のPR研究が、PRの成立と変容を歴史社会的に考察する独自の分析枠組みを持たないまま、とりわけアメリカの歴史的、社会的文脈からも切り離された理論/モデルを手がかりとしてPR概念を捉えようとする。このような現状は、PR概念の脱歴史化=脱空間化が世界規模で行われる問題と同時に、アメリカ以外の国ではPR概念の究明や実践がアメリカにおける理論研究を中心に秩序化していくという問題を浮かび上がらせる。(58)

グルニック理論におけるPR概念の科学化/道具化、そして脱歴史化=脱空間化は、二〇世紀社会を通じて変容してきたPRの本質を理解する上で様々な認識を鈍らせる。(59) このような問題に対して、PR概念を捉え返し、脱構築していくための視座を模索する必要がある。以下ではPR概念を歴史的に探求した研究を取り上げ、グルニック理論に集中してきたPR研究の周縁で、歴史研究の立場からいかなる問題提起がなされてきたかを検討する。

2　歴史的研究を求めて

PR研究における史観とイデオロギー

ロン・ピアソン(Ron Pearson)は一九九〇年に発表した論文のなかで、アメリカPR学における科学主義・機能主義への傾倒、理論的研究への依存を批判した。(60) 実践を本質とするPR概念を科学的モデルとして説明することは疑わしいところがあり、ピアソンはこのような問題を受け、代案的研究としてPRの歴史的変遷を探求してきたいくつかの研究を紹介した。

ピアソンは、これまでに行われてきたPRの歴史的研究が大きく、進歩 progressive、反進歩 counter-progressive、

表1-2　PRの歴史的研究における4つの史観（Pearson, 1990をもとに作成）

史観	代表的研究	研究者（年度）
進歩主義（progressive）	*Courtier to the Crowd: The Story of Ivy Lee and the Development of Public Relations*	Ray Hiebert（1966）
反進歩主義（counter-progressive）	*Public Relations and American Democracy*	John Pimlott（1951）
	Keeping the Corporate Image: Public Relations and Business, 1900–1950	Richard Tedlow（1979）
新左派主義（new left）	*Dependency Road: Communications, Capitalism, Consciousness, and Canada*	Dallas Smythe（1981）
新右派主義（new right）	*Corporate Public Relations: A New Historical Perspective*	Marvin Olasky（1987）

新左派new left、新右派new rightの四つの史観に基づいていることを指摘し、各史観を代表する研究を取り上げ、解説しながら、PRの歴史を捉えていくための方法論を模索した（表1－2）。

ピアソンによれば、進歩史観に基づく研究はPRを民主主義の発展に密接にかかわるコミュニケーション様式・技術と見なす傾向がある。代表的研究として挙げられたレイ・ヒーバート（Ray Hiebert）は、情報公開の原則を宣言したアイヴィ・リーの生涯に焦点を当て、長い間、秘密主義に固執してきた巨大企業がPRに取り組むようになり、情報の公開が円滑になったことからPRがアメリカ社会の民主化に貢献すると主張した[61]。ピアソンは、進歩史観に基づくPR研究が、健全な公共圏を形成する機能としてPR概念を強調してきたと説明する。

一方で、反進歩史観を採用する研究は、機能主義や道具主義の観点からPR概念の形成と発達を捉え、組織が社会の変化に応じて公衆とコミュニケーションを行っていく過程で発生する専門的職能として定義する。ジョン・ピムロット（John Pimlott）やリチャード・テッドロー（Richard Tedlow）などは、PR概念を倫理的に語る代わりに、企業史やPR業界の変遷史を通じて明らかにしようとした[62]。すなわち、民主主義の発展というイデオロギー的解釈から距離を置きながらPR概念を説明しようとする。

進歩主義や反進歩主義とは全く異なる解釈が、新左派史観からのPR研究を通じて展開された。ダラス・スミス(Dallas Smythe)のような研究者は、二〇世紀初期の独占企業と資本家が批判的世論を沈ませ、搾取の構造を精巧化するためにアイヴィ・リーのようなPR専門家を雇用し、嘘の情報を流してきたとし、そのような悪質なメディア戦略がPRの起源であると批判した(63)。このような見方は、前述の進歩史観とは正反対の評価を下しているが、ピアソンによればこのような主張は一九六〇年代以降、PRの需要が巨大企業だけでなく、非営利組織や市民団体にも拡大したことにつれて、説得力を失っていった。

新右派史観に基づく研究も政府や巨大企業の行うPRに対して批判的であるが、新左派史観との違いはPRの固有機能まで否定していないことにある。マーヴィン・オラスキー(Marvin Olasky)は、本来PRは個人の自由を尊重し、政府や企業の干渉を最小限に留めておこうとしてきたアメリカ社会の固有精神と密接であると主張する。PRは米国独立革命期における市民の自主的働きや連帯作り、問題の自治的解決などのボランタリズム精神を継承するはずであるが、現状では政府と産業が築き上げた強力な連帯を擁護し代弁する産業へと変質してしまったと、オラスキーは批判した(64)。

多様性と不整合性

以上ではピアソンの議論を手がかりに、従来の歴史的研究における特徴を、それぞれに示される史観から検討した。PR概念の歴史的形成・変容を探求してきた諸研究において進歩史観、反進歩史観、新左派史観、新右派史観の様々な観点が採用されてきたことは、アメリカPR学が理論的研究に集中されてきた問題を受け、代案となる視座を模索しようとしたピアソンにとって、多様な可能性を示唆するものだったと考えられる。

だが、あえて批判的に言えば、このような多様な史観/観点は、PRの歴史的研究のなかで互いに共存できる関係にあるだろうか。四つの史観、すなわちPR概念を解釈していく上で中核となる価値観は、実際には二律背反の関係にある[65]。

進歩史観と反進歩史観は、ＰＲ概念を経営／マネジメントの管理機能と見なすと同時に、ＰＲを社会と公衆にも貢献できる規範的実践として捉えるグルニック理論がそうであるように、相互補完的関係を形成することができるかもしれない。しかし、ＰＲが民主主義社会に奉仕する概念であると考える進歩史観は、それが巨大企業や資本家による搾取の道具であると批判する新左派史観とは真正面から対立している。さらに、反進歩史観と新左派史観、または新右派史観も対抗する。反進歩史観は、ＰＲを企業の生産性や効率の向上に役立つ価値中立的技術として考えるが、新左派史観や新右派史観は、ＰＲが市民社会を支配しようとする巨大権力と不可分の関係にあると捉える。

このように四つの史観は、ＰＲの歴史に関する観察と分析を通じて抽出されたものであるが、ＰＲ概念を再構成していく上では価値軸として、イデオロギーとして働いている。それゆえ、ある史観を採用することは、他の史観から示唆されるはずのＰＲ概念の特徴が抜け落ちてしまう問題を抱えることになる。ＰＲ概念の歴史的研究における視座の多様性を活かしながら、このような問題を克服することはできないだろうか。

新たなフレームワークの必要性

ピアソンが分類したＰＲ研究における史観は、さらに単純化、抽象化すれば、二つの対立する視点にまとめられる。まず、企業が社会や世論の要求に応じ、絶えず自己修正を行っていく上でＰＲが発達してきたとする見方（視点①）がある。次に、それと正反対の立場から企業が社会や世論を操作する目的に応じてＰＲが発明され、用いられてきたとする見方（視点②）がある。歴史的研究はもちろん、ほとんどのＰＲ研究が、ＰＲとは何かという基本的な問いについていずれかの視点を採用している。視点①は、ＰＲを、社会の維持や発展を助ける必須的機能として捉える研究のなかで強く示され、視点②は、ＰＲと現代社会の関係を批判的に捉え、プロパガンダと比較する研究などによく見られる。

この二つの視点は、交差することなく平行線を描いているように見える。だが、実際に組織が行うＰＲ活動を考えれば、果たしてそうだろうか。ある組織がある問題を抱え、ＰＲを行う場面を想定した時、問題の解決のために設けられる目標は、大まかにいえば二つある。第一に、組織が問題の原因を内側から検討し、内省的、自省的に解決することが考えられ、これらの活動はどちらかというと視点①に近い。第二に、組織は問題の原因を外側から探り、マス・メディアなどを利用し、自己の立場を正当化し、人々を説得する行為により重点を置くこともできるが、その時のＰＲは社会と世論に働きかけるものであり、視点②に近い。

実際のＰＲ活動はこの二つのどちらかだけで成り立っているわけではなく、むしろ両方の特徴を持ち合わせる場合が圧倒的に多い。すなわち、視点①と視点②は、実際のＰＲ活動においてはＰＲを行う主体の問題に応じて相互補完的な関係にあるため、四つの史観、あるいは、二つの視点のうち一つだけを採用し、他を排除することではＰＲ概念とその現象を構造的に究明することが難しいのである。

本書は、従来の歴史的研究に学び、それらを資料として参考にしつつも、ＰＲする行為が、ＰＲする主体による社会と他者(公衆)に対する働きかけであると同時に、主体の自己を変えていく運動であると捉え、そのメカニズムを解き明かすことを目指したい。ＰＲする主体の動機に注目し、ＰＲする主体とその相手が切り離せない関係にあることを理論的、歴史的に明らかにする。その上で、まず次章ではＰＲする主体とその相手の間にある独特な関係／関係性を検討し、それを解読する理論的土台を構築し、ＰＲの歴史社会学的考察のためのフレームワークを提示することにしよう。

第二章　〈企業自我〉の理論的探求——ＰＲ研究のフレームワーク

一　ＰＲの語りとその形式

1　「私」と「あなた」を結びつける関係

対話レベルの分析

本書は、ＰＲと広告、プロパガンダ、ジャーナリズムを区別する鍵が、コミュニケーションを行う主体とその相手の間における関係／関係性にあると考える。企業という主体と、公衆と呼ばれる他者の間で行われるＰＲというコミュニケーションは、広告やプロパガンダとは明らかに区別される固有の特徴を有する。言い換えれば、広告、プロパガンダ、ＰＲは、いずれも他者の問題を取り扱うが、その他者と主体が結びつく形式においてそれぞれ異なる性格を帯びるのである。

ここでは主体と他者の関係を、それがはじめて成立する地点となる対話レベルで捉え、ＰＲの語りの構造と文法を分析してみたい。主体と他者の間の語りかけの形式をめぐって広告やプロパガンダと比較することで、「他者の管理」や「他者の大量生産」といった視点からは浮かび上がらなかった、ＰＲが内包する独特なコミュニケーションのあり方を探求する。このような作業は、輪郭がぼやけていくＰＲ概念の特徴をはっきりさせると同時に、それを理論的に考察していく枠組みを構想する上でも重要な手がかりを与えるだろう。

広告の「ＢＵＹ ＭＥ」

近年の広告は、マーケティング戦略の高度化によりそのメッセージや表現のスタイルが多様化しているようにうかがえる。だが、日常生活のなかで我々がもっとも頻繁に接する広告の表現、言い換えれば、陳腐な広告表現は、だいたい次に挙げる定型の構造を持っている。

「私（商品やサービス）を買ってください。私を買うことによってあなたはより魅力的なあなたになれます。全てが満たされ、昨日に比べて一段と伸びた最高の生活に恵まれた、とても素敵で特別なあなたです」

広告主によってはもう少し地味なメッセージが好まれるかもしれない。

「わが社は、あなたにこのような素晴らしい製品（またはサービス）を紹介します。わが社が提供する製品・サービスによって、あなたはもっと素晴らしい人生を手に入れることが可能になるでしょう」

このような広告の語りは、基本的には「BUY ME」の構図をとっている。そこには、製品やサービスを売ろうとする企業／「私」（I）と、その売り物である製品やサービスからなるもう一つの「私」（ME）、そして話しかける相手である「あなた」（YOU）が登場する。「私」と「あなた」の関係は、製品・サービスの購買と消費という行為（潜在的な行為も含め）を通じて成立する。広告の語りは、そのメッセージに触れる全ての人を「あなた」として捉えるのではない。広告メッセージに触れた人が、広告を通じて語りかけられる対話のなかで「真」の相手となる瞬間は、「私」を買う時であり、現在も未来も購買行動を起こさない相手は「あなた」と見なされない。

広告の語りのなかには、「あなた」が「私」を選択し、所有する行為、つまり購買と消費の行為を促進する説得の構図が敷かれている。つまり、「私」と「あなた」の関係は、モノとそれが与える価値に媒介される、条件付きの差別的関係を通じてのみ、可能になる。このような差別的関係は、他人と自己の区別を欲望する消費者の心を刺激する。

プロパガンダの「OBEY ME」

広告の条件付きの差別的関係に対して、ナチス・ドイツや今日では北朝鮮のプロパガンダには無条件的差別関係が表される。すなわち「残忍無道で打倒すべき敵」に対して「わが祖国」と「わが兵」は完全無欠で善良な存在と描かれ、「敵」か「味方」という二極化された、排他的関係が示される。

そのような語りにおいては、発話の主体である「私」が絶対的な権力を握っている。「わが祖国」、「わが兵」、「わが人民」の指導者としての「私」は、味方となる「あなた」を守る一方で、敵や敵に従う者を断固として処罰すると宣言する。神のような全能な存在となる「私」に比べて、その語りが向けられる「あなた」は選択の自由が許されておらず、「私」に従うことが強要される。要するに、「OBEY ME」の構図であるが、典型的なプロパガンダの語りとして、次のようなものが考えられる。

「私（国家やその指導者）はどのような場合においても正しいため、あなたは私の言葉を信じ、私に従いなさい。私たちに逆らい、敵に従う者は指弾し、徹底的に叩き潰さなければならない」

「私」に服従しないものは正当性を失い、この世から追放されるという警告がプロパガンダのメッセージには含まれている。プロパガンダの語りにおける「私」と「あなた」の関係は、購買行為を条件とする関係に比べて、はるかに不平等なものである。広告が「私を買わないとあなたはこんなに素敵な毎日が送れないよ。だから私を買うべきです」と口説くものだとするならば、プロパガンダは「私に従わないとあなたはもはや存在できなくなる」と脅迫するのである。

PRの「LOVE ME」

広告の語りは受け手に相対的な剥奪感や除外感を感じさせ、プロパガンダの語りは受け手を脅かす。これに対してPRは「私」と「あなた」の平等で、無差別的、無条件的関係を描く。企業が発行する投資家・株主向け報告書や一般家庭に送られる手紙、新聞やテレビで見かける企業広告（PR広告）などは、次のように語りかける。(1)

「わが社は、○○○のような仕事をしてきました。あなたがわが社の活動に関心を持ち、心から支援してくれるだけでも大きな力になるでしょう。わが社とともに世の中をより良いものに変えて行きませんか？——あなたの友だちより」

このような語りの中で「私」は「あなた」に特別な行為を求めたりはしない。むしろ、「私」の活動は、無条件的で無償の活動であることが強調されている。

「わが社は、○○○の活動に誰も興味を示さなかった時から、その重要性を確信し、長年の間、一生懸命に取り組んできました。売り上げを伸ばすことが目的ではありません。あなたの家族として、そばにいる友だちとして、また地域社会の一員として、この静かな試みをこれからも続けていくことがわが社の望みです」

PRの語りにおいて発話者である「私」は「あなた」に即時的行動を求めるどころか、「私」の活動に協力してほしいとも言わない。「あなた」に対する唯一の望みは、「私」への関心と愛情である。PRの語りは、「私」(企業)が「あなた」(従業員、地域住民、顧客、株主など)を親しみ愛していることを伝え、「私」と「あなた」が友だちであることを知ってもらいたいという気持ちに満ちている。

これは、我々が日常生活において家族や友人に対して感じる関心や愛情、共感などと非常に似ている。言ってみれば、PRの語りは「LOVE ME」の構図をとるのである。すなわち、相手の「行動」ではなく「感情」や「態度」が関係の目印となっている。無償の、無条件的な関係は「私」と「あなた」を差別的に捉えるのではなく、愛されたい「私」とその親愛なる友として「あなた」を平等な立場に置く。PRの語りのなかで「私」は常に謙遜した姿勢を保ち、そのメッセージに触れる相手を心理的に圧迫しないことはもちろん、この関係の決め手は「あなた」であるという印象さえ与える。

「BUY ME」の広告と「OBEY ME」のプロパガンダに対して、「LOVE ME」の関係を求めるPRの語りはきわめて独特で、奇妙なものである。(2)「LOVE ME」の前提となるのは、「I LOVE YOU」である。つまり「I LOVE YOU」は「YOU LOVE ME」と相互依存的である。「私」を愛する「あなた」は、「私」が愛する「あなた」、つまり「私」が愛を注ぎ、愛されたいと思う相手として見出される「あなた」なのである。PRの、広告やプロパガンダともっとも異なる特徴は、差別や服従ではない形で、他者と自己の間にある距離感が除かれ、両者が一体化していくなかで「私」が見出されているところにある。

2　主体と他者の関係／関係性

語りと現実の間

以上で見てきたように、広告とプロパガンダにおける語りの構造は、PRのそれと全く異なるものである。それにもかかわらず、これまでPRの語りにおける固有性が注目されず、むしろ広告やプロパガンダの変種であると考えられてきたのはなぜだろうか。

それぞれの語りのなかで「あなた」にとってもっとも強い刺激・反応があるのは、プロパガンダ、広告、PRの順である。これは「私」(主体)の「あなた」(他者)に対する力が強い順でもある。広告の語りにおいて「私」は「あなた」に対して比較的上位(取引をかけてくる立場)にあり、プロパガンダの語り手である「私」は「あなた」の存続を脅かすほど強力な存在である。これに対してPRの語り手は、相手を友だちと見なす。

このような特徴は、現実における主体と他者の関係とどのように呼応しているだろうか。広告やPRの主体となる企業は、労働者・従業員、株主、消費者・顧客、地域社会・住民などを他者との間で、雇用契約や投資などの利害関係に応じて一時的で、条件付きの関係を形成することが一般的である。一方で、国際社会の対立や戦争・紛争の場でプロパガンダの主体となる国家とその相手となる国民は、生まれながら半ば自動的に主権をめぐる契約関係に置かれ、両者の関係は他人同士の選択的関係に対してはるかに強い拘束力を持つ(3)。

企業と政府がそれぞれの他者と結ぶ関係は、根本的に異なるものである。プロパガンダを用いる主体は、他者を「他者」として分別できないほど自分の中に抱え込むため、自他関係は当然視され、そこから離脱することは許されない。逆に、異質な者を通じて自己と他者の関係を構築しようとする企業は拘束力の代わり、関係そのものを魅力的に見せ、他者を惹き付けなければならない。プロパガンダの「あなた」を抑圧する語りの基底には最初から主体が他者を自らの一部と見なす考え方が流れており、PRの「あなた」を友とする語りの背後には他者を主体と異なる存在と捉える考え方が横たわっていると言える。

さらに、PRの語りから示される無差別で平等な関係が、現実においては利害関係に沿って公衆を細分化し、管理する戦略的手法からなることも指摘しなければならない。広告が語りの水準では差別的関係を示しながら、市場では均一な消費者を大量に生産してきたように、それぞれの語りにおける関係性と各機能が実際に稼働するシステムの間にはギャップがある。このようなギャップを理解するためには、理論的考察だけでは不十分であり、実際の歴史を綿密に検討することが必要となる。この問題については、第三章以降で詳しく論じることにする。

PR的語りの遍在化

広告、プロパガンダ、PRの語り手／主体は、それぞれ異なる関係性に基づいて様々な相手／他者を立ち上がらせ、他者を通じて自己を捉え、呈示する。本書は、なかでも異質的な他者を「友だち」として語りかけてきたPRする主体に光を当て、それによって生まれてくる他者と自他関係が形成される有様を明らかにすることを課題とする。

前述したようにPRの語りは、一見するとインパクトが弱いように思われるが、広告やプロパガンダの語りに吸収されたり、代替されたりすることなくあり続けてきた。むしろ、近年ではPRの語りは広告やプロパガンダなどの領域に浸透し、底辺が広がっている。ＰＲ的語りの拡大は、前章で指摘した、コミュニケーション概念の相関関係における変容とも重なっている。

両大戦期を通じて隆盛したプロパガンダとその語りにおける「私」と「あなた」の関係は、ＰＲのそれと対極点にあるものであった。だが、冷戦期以降のアメリカを中心とする文化外交が示すように「戦時期におけるプロパガンダ」と「平和時におけるＰＲ」の境界は曖昧になった。(4) また、広告の語りは差別的関係を通じて消費者の心を刺激してきたが、近年は「ＢＵＹ ＭＥ」ではなく「ＬＯＶＥ ＭＥ」の形で語りかける広告が急増している。前章で見てきたように、マーケティングもＰＲの無差別的関係／関係性に似て、企業（「私」）の存在価値を消費者（「あなた」）から探し求め、両者の間にブランド忠誠度 loyalty などで表される信頼関係を構築することに重点を置いている。

さらに、ＰＲの語りから示される「私」と「あなた」の関係／関係性は、経営／マネジメントにも広がっている。権限の委譲 empowerment、企業統治 corporate governance、企業の社会的責任といった思考の流行は、企業が他者と社会の問題に配慮する組織となることを求め、このことを受け止め、実行する企業だけが社会に生き残れるのだと主張する。(5) 社会的存在となる企業という考え方は、過去にはごく限られた、批判的知識人の理想であったが、今日では経営／マネジメント論の中心部から、企業自らによって言説化されつつある。(6) このような現象は、ＰＲ的語りの拡張としても読み取れるのではないだろうか。もしそうであるとすれば、ＰＲの語りに示される主体と他者の関係性は、他の語りを包摂できるほど、強力な特徴を持っていると推論できる。

本節で検討してきたＰＲの独特な語りだけでも、他者に話しかける主体とそのような主体が想定する他者の特徴がある程度、浮かび上がってくる。だが、主体の動機がいかに形成され、両者の関係がどのような過程を経て形成されるかがまだ十分に解明されていない。次節以降では、主体と他者に関する理論を参照しながら、ＰＲにおける関係性の問題を究明するフレームワークを模索してみたい。

二　企業自我を読み解く――ジョージ・ミードの社会的自我論を手がかりに

1　視座――ＰＲ研究のパラダイム転換を目指して

企業自我＝社会的自我

本書は、ＰＲ概念を究明していく上で、分析の焦点を、「パブリック＝公衆」と「リレーションズ＝関係」を形成しようとする主体とその自我、すなわち〈企業自我〉に当てる。

「自我」と言った時、そこには自己同一性 identity だけではなく、自己 self や我 ego など、いくつかの概念が含まれる。本研究の狙いは、ＰＲする主体が公衆という他者との関係に基づいて自我を形成していく過程と、そのような自我形成の動機を明らかにすることにあり、そうした観点からするならば、アイデンティティの概念を軸に据えつつ、セルフとの関係を事例に即して理論化するのが適切だろうと考えられる。また、エゴは、関係以前の主体としての自我という意味合いを帯びてしまうという理由から本論では中心に据えない。

本書は、ＰＲ研究に〈企業自我〉の概念を導入する上で、アメリカの社会心理学者であるジョージ・ハーバート・ミード（George Herbert Mead）の理論を参照する。ミードの研究、とりわけ、社会的自我論は、自我が、他者を通じて社会的に形成されると説明し、自我の形成過程を有意味なシンボルに媒介されるコミュニケーションから捉える。本書は、自我と他者が切り離せない関係にあると説明するミードの自我論を援用し、ＰＲ研究の視点から読み解きながら〈企業自我〉を理論的に解明していく。

このような試みは、第一に、従来の研究が進めてきたPR概念の理論化における限界を超えることを目的とする。つまり、組織と公衆の間における双方向的コミュニケーションと相互作用を、組織の規範的行動の結果と見なす議論とは異なる仕方で捉え返していく。第二に、前節で見てきたPRの語りにおける「私」という主体と「あなた」という他者の関係性を理論的に精巧化することを目的とする。そうすることを通じて、第二部以降でPRする主体と公衆をめぐる歴史を分析していく際に必要となる概念や枠組みを模索してみたい。これから見ていくように、ミードの、自我と他者の関係を問うていく説明図式は、「PRとは何か」を究明していく上で重要な示唆を与え、非常に有用な道具としての概念に富んでいるのである。

その上で、本節と次節の位置づけと使い方について、少し説明しておきたい。ミードの思想と理論については、本文中で取り上げる船津衛の研究をはじめ、優れた先行研究が多くある。従って、本書においてミード理論の詳細な解説を行うつもりはないが、せめて、ミードの社会的自我論の主な概念が〈企業自我〉を理解する上でいかに解釈に広がりをもたらし、PR研究に貢献しているかについて説明しておく必要があろう。それらの概念は、上述したように、歴史的分析の道具としての概念として本書を貫いて繰り返し登場することになるため、多少、煩瑣ではあるが、読者にもお付き合いいただきたい。

なぜ、社会的自我論なのか

主要概念の説明に先立ち、〈企業自我〉のコミュニケーション的構築を明らかにする上で、なぜ、ミードの社会的自我論を援用するのかについて触れておきたい。

歴史的な文脈については次章以降で詳しく検討するが、PRする主体となった近代的企業は、一九世紀末から二〇世紀初頭にかけて、様々な次元において他者との緊張をはらんできた。(7) とりわけ、労働者・従業員に代表される他者の浮上は、組織の内部に限る現象ではなく、近代的企業が存在する環境そのもの、とくにその営みの基盤となる巨大都市全体に渡っていた。ニューヨーク、シカゴ、ペンシルヴァニアなど、大都市は多くの工場を抱え、経済的繁栄を物語る象徴となったが、同時に労働環境をはじめ、移民、衛生、貧困、治安、子供や女性などのマイノリティに関する問題など、アメリカ社会の闇の部分を企業の成長とともに可視化する舞台となった(8)。アメリカ産業社会のなかで、企業と個人(とりわけ労働者)は、新しい関係に基づいてお互いを意識するようになった。労働者はアメリカ産業社会を引っ張る力であり、企業の構成員であると同時に、強力な勢力となって経営に脅威を与える存在となった。企業は、労働者を雇用し、その家族を経済的に扶養すると同時に、そうした人々の生活環境を揺るがすところも大いにあった。

後に詳しく説明するが、初期PRは、企業が、労働者や都市民との切り離せない関係に直面し、それに働きかける技術として発達した。企業と他者の関係に注目したのは経営者や彼らによって雇われたPR専門家だけではなく、進歩的知識人、社会改革家、文化人、ジャーナリストたちもまた、アメリカ産業社会におけるこの独特な関係——企業と人々の相互依存的な関係——を見て取っていた。ミードもその一人であった。

ミードは、世紀転換期のアメリカ産業社会に生きている個人に焦点を当て、個人と社会の関係を究明しようとした。ミードの哲学的、社会学的考察とPR概念の浮上は、一九世紀末から二〇世紀初頭にかけてのアメリカ社会、とりわけ産業社会と大都市を中心とする同一の社会的地平において、相互に関連付けられることが不可能ではないはずである。他者/環境を通じて形成される自我、そしてそのような自我を持つ個人の出現を促した社会的状況は、同時に〈企業自我〉を生み出し、企業が公衆という他者を見出す技術としてPRが誕生する土壌でもあったとは考えられないだろうか。

ある現象を、それと同時代に構築された理論を用いて読み解くことには限界もあるだろう。だが、逆にPRが現れた時期とほぼ同じ時期に構築されたミードの社会的自我論ほど、〈企業自我〉の特徴をもっとも鮮明に浮かび上がらせてくれる理論はないかもしれないと私は考えている。二〇世紀初頭のアメリカ産業社会を生きた当事者でもあるミード自身も社会的自我を個人に限らず、国家や国際社会などへ広がる概念として構想していたことにも注目したい。すなわち、ミードが念頭においた国家自我や国際社会の自我と同じ文脈で、企業もまた社会的自我を有する可能性が十分に指摘できるのではないだろうか。

企業は、個人の自我が形成される上で影響を与える他者／環境であるが、本書の観点からするならば、そのような企業自身もまた、様々な他者を外側と内側に見出し、他者／環境との関わりのなかで自己を意識する存在となったのである。

2　構築される自我、一般化される他者

「主我」と「客我」

ミードは、人間は他者という鏡を通じてのみ自分自身を知ることができると考えたチャールズ・クーリー（Charles Cooley）をはじめ、ウィリアム・ジェームズ（William James）、ヴィルヘルム・ヴント（Wilhelm Wundt）、ジョン・デューイ（John Dewey）などの影響を受け、社会的相互作用を通じて形成される自我の概念を明らかにした。[9]ミードは、自我の形成にかかわる他者の存在を否定し、自我を孤立したものと捉えた近代的自我論に対抗して自我の社会性と主体性を強調する議論を展開した。[10]

ミードの自我概念は、「主我」（I）と「客我」（ME）の二つの側面から構成される。[11]自我は、主我としては現れることができず、客我としてのみ現れることができる。[12]ミードによれば、客我は自分が話しかける自我であり、主我によっ

て観察される自我として、経験や感覚的反応の記憶イメージによって構成されたものである。[13] 客我は、主体の周辺にいる人々の社会的行為から影響を受け、「他者の期待をそのまま受け入れたもの」である。[14]

主我と客我の関係は、自我における他者を通じて自分自身を対象化する特徴を示唆する。後に詳しく見ていくが、ミードは、自我の形成における他者の意味を強調し、自我を主我と客我に分けて説明することを通じて、自我と他者の切り離せない関係を論じている。[15] すなわち、「自分が自分自身であろうとするならば、他者にならなければならない」[16]という問題が、自我概念のなかから浮かび上がってくる。

「主我」と「客我」は、ＰＲという概念を読み解く上では、どのように解釈できるだろうか。ミードの説明を踏まえて言えば、外側から観察できる自我は、客我であり、客我は主体を取り巻く環境／他者に影響を受けて現れる。このような特徴を持つ客我に該当するのは、〈企業自我〉とそのイメージの構成物であろう。一方で、客我に対して反応し、客我を観察している主我は、〈企業自我〉そのものというより、それが作られるプロセスと関連していると考えられる。本書で用いる言葉で言えば〈ＰＲする主体〉に主我の機能があると言える。

「意味のある他者」と「一般化された他者」

次に、他者の概念について見ていこう。ミードによれば、我々は、他者を通じて自我を形成する。このような特徴は、単なる模倣本能とは異なっており、集団の成員が社会環境の一部として知覚され、他者を意識することから始まる。[17] 他者の役割と期待を取得していく過程を、ミードは子供の自己意識が発達する過程、すなわち「プレイ時期」と「ゲーム時期」を取り上げながら説明していく。[18]

プレイ時期において子供は、親、先生、牧師、店員、警官など、周辺にいる他者を演じ、彼らの役割を獲得しようとする。この時期の他者は、子供の生活に密接にかかわる身近な存在、すなわち「意味のある他者」significant othersである。[19] 社会的行為を「意味のある他者」の反応に大いに依存していた時期を経て、[20] ゲーム時期になると、子供は「特定の他者の役割を取得するだけではなく、ゲームに参加するものすべての多様な役割を取得して、それにもとづいて」自分の行為を律することになる。[21] 定められた手続きやルールに照らし合わせ、自分に対する「組織化された反応」を行為に取り入れ、「社会的な対象として、自我として現れることになる」のである。[22] その時の「組織化された反応」を、ミードは「一般化された他者」generalized others と呼ぶ。[23]

自我の形成において他者の役割と期待を取得することは、少数の緊密につながる「意味のある他者」を模倣して演じる「ドラマ的経験」から、より多くの他者の抽象的な反応を「組織化」する段階へ移行していくが、ミードによれば、このような移行、すなわち「一般化された他者」を想像し、組織化することこそ、自我の形成に欠かせないのである。[24]

社会的自我の条件となる他者は、ＰＲ研究に対しても重要な示唆を与えてくれる。

第一に、〈企業自我〉は、企業という組織と他者の切り離せない関係から生まれてくるものとして捉えられる。企業と公衆の間で関係を形成し、維持しようとするＰＲの営みは、言い換えれば、〈企業自我〉を形成するとともに、公衆という他者の役割・期待を取得していく過程である。

第二に、そのような過程において、他者＝公衆の期待と役割を取得して形成されるのは〈企業自我〉だけではない。自我は、他者を、実際に存在する対象から自己のなかに見出していく。要するに、「一般化された他者」が想像される過程は、ＰＲにおいては、公衆が創造される過程であり、そこでは〈企業自我〉と〈公衆〉が同時に定義／再定義され、それぞれの具体的イメージが造り上げられる。

第三に、〈企業自我〉の形成にかかわる他者＝公衆は、企業という組織の成長と発達に伴い、その性格と範疇が変わってきたことが推測できる。すなわち、企業の自我に影響を与える他者＝公衆は、ごく一部の投資家など、「意味のある他者」から、労働者・従業員、株主、顧客、地域住民のような「一般化された他者」へと広がってきたと考えられる。

「問題的状況」

企業は、いかなる理由と動機によってＰＲする主体となるのだろうか。〈企業自我〉の社会的形成にかかわる動機を理解するために、ここではミードによる「問題的状況」problematic situation の説明を検討してみたい。[25]

社会的自我論が他者の意味に重点を置いているのは、そこに人間が環境に適応するための鍵が潜んでいるからである。我々は、環境が複雑化し、従来の思考が継続できなくなると、社会の多様な要素、とりわけ、集団の中にいる他者を普遍的対象として統合し、状況を打開しようとする。ミードはこのような状況を「問題的状況」と呼び、それによって「内省的思考」[26]が活性化させられ、古い自我が解体され、新しい自我が現れると説明する。[27]

主体が、すでに形成された自我の存続・維持を脅かすものとなる問題的状況に置かれ、それを解決していく過程で、一般化された他者の拡大が起こり、従来とは異なる自我が現れてくる。[28]このような議論には、自我と他者の相互的関係が鮮やかに示されている。[29]要するに、問題的状況は自我と他者を強く結びつけ、他者の想像することに問題的状況の突破と自我の構築／再構築をめぐる可否がかかっているのである。

ＰＲ研究の観点からすれば、「問題的状況」は、〈ＰＲする行為〉、つまり企業が公衆という他者を想像し、他者を鏡として自己を捉えていくプロセスの動機を与える。問題的状況は、ミードの思想が熟していった一九世紀末から二〇世紀初頭のアメリカ社会においてはどのように抽出されるだろうか。

世紀転換期のアメリカでは、社会全体の枠組みが急激に変化し、巨大社会が出現しつつあった。大陸横断鉄道や電信、郵便制度の拡大、西部開拓によって大陸が空間的に物理的に広がり、人々の価値観と行動の根本における総合的

問題的状況 →刺激→ 内省的思考 →創発→ 一般化された他者《＝対応＝》新しい自我

図 2-1　自我の形成／再形成の過程

な変化がもたらされた。ミードが社会的自我論のなかで自我の放棄や修正が求められる理由の一つに挙げている「膨張する社会」が、現実に姿を現したのである。[30]

横軸での「膨張する社会」は、縦軸では「複雑化する社会」と相接していった。[31] 当時のアメリカでは廉価な大衆紙が大いに人気を博し、人々は新聞や雑誌に報じられる有名人や著名人の話を通じて自分を捉え、ニュースを通じて社会問題を考え、世論が大きな力を持つようになった。アメリカ人の意識構造を変化させたマス・メディアによって人々はお互いをより強く意識するようになったのである。当時のこの著しい現象をミードは「現代生活」の問題として指摘した。[32]

要するに、ミードによって社会的自我論のなかで理論化、抽象化された「問題的状況」とは、現実には産業化を通して膨張する社会であり、マス・メディアの発達によって人々の心理的距離が急速に縮んだ大衆情報社会であったのである。そして、一九世紀末からこのような特徴を顕著に帯びていったアメリカ社会は、ＰＲの歴史的形成における土壌でもあった。アメリカ社会という「問題的状況」は、急激な社会変化に余儀なく露出される個人だけでなく、そのような個人を抱えて成り立つ社会組織、とりわけ近代的企業に対しても共通する問題となっていたはずである。

前述したようにミードは、社会的に形成される自我を、個人に限定せず、国家や国際社会をも視野に入れて考えていた。[33] ただ、そのような広いパースペクティブは、自我概念の説明が主に個人、とりわけ子供の発達に集中したこともあり、あまり注目されてこなかった。しかし、周知のとおりミードは、シカゴを舞台に、労使問題の仲裁をはじめ、様々な社会改革に携わった進歩的知識人であった。[34] すなわち、ミード理論がアメリカ社会と都市における様々な問題に対する関心を通じて発展したとすれば、社会的自我の概念は、個人と企業が同じ空間／社会のなかで互いを、他者として

「問題的状況」として見出しながら自己を認識していく関係性のなかで議論できるのではないだろうか。

状況の再構成、リアリティの創造

本節の最後に、上述した問題的状況の「再構成」について検討し、〈PRする主体〉と〈企業自我〉の動機に関する理解を深めてみたい。

問題的状況の再構成は、「創発的内省性」emergent reflexivity という概念から捉えられる[36]。ミードによれば、状況の再構成が進んでいく過程は、古い自我と新しい自我の戦いというより、対立関係や利害関心が調和され、新しい世界の構築へ向かっていく現象である[37]。このような議論を解釈してみれば、問題的状況を克服することは、世界を自分自身や他者に対して受け入れられるものへと変えていくことであるとも言えるだろう。

状況の再構成、すなわち世界の再構築についてミードは、二つの相反する「現在」を取り上げて説明する。再構成される状況としての「リアリティ」は、自然科学的で物理学的な現在である「瞬間的現在」knife-edge present と差別化される概念であり、過去は記憶における「過去」として、未来は想像における「未来」として現在に位置づけられる世界、すなわち「見かけ上の現在」specious present である[38]。

ミードの社会自我論における状況の再構成、または「リアリティ」の創造は、主体と自我の究極的な創発性を表し、社会的に形成されると同時に、社会を形成していく自我概念のもっとも固有な特徴であると思われる[39]。

このような特徴を本書の関心に当てはめて考えてみるならば、〈PRする行為〉は、究極的には問題的状況を再構成して自我にとっても公衆にとっても受け入れられる世界を構築していこうとする働きに他ならない。〈企業自我〉はそうして構築された世界のなかで意味を獲得し、現象する。要するに、〈企業自我〉は、社会や他者に対して企業が一方的に働きかけた結果、発生するのではなく、自我と他者をめぐる様々なパースペクティブを組織化し、「現在＝リアリティ」を築き上げていく上で現れるのである。

3　社会的自我とコミュニケーション

社会心理学としての自我論

ミードの自我は、社会的に形成され、絶えず変容しながら、他者と世界を見出していく。この、きわめて流動的でダイナミックな概念には、実はもう一つの重要な説明軸がある。社会心理学者として、ミードは自我の問題を有機体の内面にある意識の世界から探求した。その上で、心理学的アプローチをとり、シンボルに媒介されるコミュニケーションを自我の形成における重要な特徴として捉える。

ミードによれば、「コミュニケーション」は、自分自身に向けられる内面的相互作用を含む連続的経験である。[40] PRというコミュニケーションを通して構築される〈企業自我〉を論じる上では、非人間的組織における自我形成のプロセスとその特徴を明らかにする必要があろう。とりわけ、PR／コミュニケーションが、公衆という他者に向けられると同時に、企業の内側にいる他者(労働者や従業員)に対しても行われることを理解しなければならない。ここでは、〈企業自我〉はいかに形成されるかを、ミードのコミュニケーションに関する議論を検討し、人間の心理領域と比較しながら考えていく。

その上でまず、「意味」、「ジェスチュア」、「意味のあるシンボル」の概念を取り上げ、次に、自我と他者の間で「同一反応」が引き起こされる領域となる「マインド」について検討する。それを踏まえ、コミュニケーションを通じて現れる「共通の意味世界」について考察していく。

ジェスチュアと意味のあるシンボル

コミュニケーションは、他者だけではなく、主体／自我をも対象にする。このような特徴を理解するためには、コミュニケーションを媒介する「シンボル」とそれによって運ばれる「意味」について知る必要がある。ミードによれば(41)、ジェスチュアは他者の一定の反応に対する刺激であるが(42)、それによって他者の反応が引き起こされた時、「意味」が生じてくる(43)。つまり「有意味性」significance は、他者の反応や態度に基づいて現れてくるのである(44)。

だが、ジェスチュアが他者における意味だけに照準しているわけではない。ミードは、人間が他者の反応を予測してジェスチュアを行うだけでなく、それによって自己の反応についても意識するようになると説明する(45)。すなわち、意味の共有は、主体／自我にとって自分自身の一般化や対象化を促し(46)、自分に対しても他者と同じ反応を引き起こす。要するに、「意味」の概念は他者における反応としての意味と自我を持つ主体（個人、有機体）の反応における意味の二つの次元から成り立ち、自我と他者を結びつけていく(47)。

以上の議論を踏まえてミードは「意味のあるシンボル」significant symbol という概念を提示している(48)。例えば、音声ジェスチュア(49)は、他者に発せられると同時に自分自身に対しても他者に向けられるのと同じ刺激を与える。音声だけでなく、サインや言葉（文字）などによって我々は他者が見たり感じたりするように、自分自身の身振りを見たり感じたりすることができる(50)。つまり、「シンボル」は自我と他者の間で意味の共有を助けるものなのである。

このようにミードは自我と他者の密接な関わりを明らかにする上で「ジェスチュア」や「シンボル」を取り上げ、意味が引き起こされる過程を説明する。主に個人自我形成過程に焦点を当てて論じられたコミュニケーションの特徴と機能は、〈企業自我〉の形成に際しては、ＰＲという独特なコミュニケーション様式として現れると本書は考えている。すなわち、様々なメディア／メッセージを用いながら企業とその公衆の間で意味を共有させていく、シンボリックなコミュニケーションがＰＲであると定義したい。

態度という指標

ＰＲをシンボリックなコミュニケーションと捉えていく上で、企業と公衆の間で共有される「意味」の概念をもう少し明確にしておきたい。

ミードは、意味が個人の内的、心的過程に閉ざされているわけではなく、他者や自分自身に対して開かれていると説明する。[51] ミードによれば、我々は「他者を刺激するのと同じように自分を刺激でき、他者の刺激に反応するように自分の刺激に反応できる」[52]のだが、その時、「反応」は実際の行為や行動における準備状態として、後に外的行動を生み出す可能性を含んでいる。[53] 内的反応である「態度」[54]は、「意味のあるシンボル」に媒介されながら他者と自分自身に対して意味が引き起こされる過程を捉える指標とされる。

このようにミードは、コミュニケーションを「行動」ではなく、「態度」という軸において探求した。[55] 第一章で触れたように、アメリカを中心とする理論研究は、ＰＲの評価指標を「売り上げ」から「態度」へ変え、ＰＲの差別化を図ってきた。ミードの議論からすれば、「態度」という指標は、ＰＲ産業の戦略的なレトリックである以上に、ＰＲというコミュニケーションにおける本質的な特徴としても解釈できるのである。

ミード理論における「態度」や「反応」という概念は、ＰＲを自我と他者が意味を共有していく過程として捉え返すことを促す。要するに、ＰＲというシンボリックなコミュニケーションの目的は、他者を訓育し、統制することにあるのではなく、公衆という他者のなかに自己を見出すために意味を共有することにあると言える。このような仮説を、歴史を通じて究明することができれば、近代的企業と社会の関係性を明らかにする上で新しい可能性が切り開かれるだろう。

マインドと意味世界

ミードは、コミュニケーションを通じて自我／主体と他者の間に同一反応が引き起こされ、意味を分け持ち、共有する場として「マインド」mindという概念を提示している[56]。ミードによれば、意味、態度、観念などは全てこの「マインド」という領域において、他者と自分自身が対象化される内省的思考を経て生み出されることになる。

そこでは「分析」と「表示」という機能が主となるが、「分析」とは、対象の個々の特徴を取り出し、それを反応や意味から分離したり、関連づけたりする働きであり、反応の対立に応じる働きでもある[57]。そのような「分析」の結果が、他者と自我に対して「表示」され、それを通じて意味の共有が行われる[58]。ミードは、「マインド」を「メンタル領域」に置きながら、客観的世界を志向するものとしても論じている。つまり、「マインド」は個人の内面に限定された領域ではなく、個人と他者、環境の間に存在するのだ[59]。

ミードの「マインド」に関する議論は、前項で検討した「問題的状況」が乗り越えられ、それによって自我が形成／再形成され、他者が想像されていく一連のプロセスがどのように作動するのか、という問いに対する答えとなっている[60]。すなわち「マインド」は、社会的自我とその相対的概念である他者が見出される場所である、というふうに理解できる。それゆえミードは、「自我のみがマインドをもつ」と語ったのであろう[61]。

さらに重要な点は、自我と他者の相互作用を主管するマインドを通じて浮かび上がる「共通の意味世界」universe of discourseである。「共通の意味世界」は、「シンボル」に媒介され、内省的思考における「分析」と「表示」の連続的作用によって他者と自我の反応／態度が調整され、意味の共有が行われることを通じて現れる。要するにシンボリックなコミュニケーションの結果として浮かび上がる世界であり、意味を共有する他者の拡大とともに拡散し、それに伴って自我の社会性も拡大する[62]。「共通の意味世界」は、「問題的状況」の再構成とともに現れる「リアリティ」と相応していると考えられる[63]。

「マインド」と「共通の意味世界」に関するミードの議論は、ＰＲ研究においてどのように解釈できるか。「自我のみがマインドをもつ」と言ったミードに従えば、〈企業自我〉の存在を主張することは、企業という〈ＰＲする主体〉において「マインド」(に相当する社会過程)が作動していることを前提にする。それでは企業にとって、自我が形成される領域はいかなる特徴を現しているだろうか。

結論から言えば、〈企業自我〉の形成にかかわる「マインド」は、主体の外側で、分業化され、制度化されたコミュニケーション・プロセスとして現れる。具体的には第二部以降の歴史的分析を通して論じるが、〈企業自我〉の形成には自我の持ち主である企業のほかにもう一つの主体が絡んでいる。すなわち、ＰＲを専門的に行う技術者集団が、第一の〈ＰＲする主体〉である企業と結びついて、「マインド」を統御する機能・役割を担い、コミュニケーション過程を主管するのである。

要するに、〈企業自我〉の形成にかかわるシンボリックなコミュニケーションとしてのＰＲは、企業組織と専門家集団という二重の主体に跨っており、この制度化されたコミュニケーションを捉えていく上では、ミードが主な説明例としている個人(とくに子供)の自我に対してとは少し異なる理解が必要となる。すなわち〈企業自我〉の究明にあたっては、ＰＲコミュニケーションを通して発せられるシンボルと意味の共有、他者の組織化、自我の相対化などのプロセスが、高度の専門的知識と技術によって行われることを念頭に置いておく必要がある。

次に、「共通の意味世界」に関する議論をＰＲ研究の見地から解釈してみよう。〈企業自我〉は、ＰＲというシンボリックなコミュニケーションを通して、制度化／専門化された「マインド」の働きを踏まえて「共通の意味世界」のなかに現れると考えられる。ＰＲにおける「意味世界」とは、公衆という他者が想像され、公衆と主体、自我の間で意味が共有される「リアリティ」であろう。(64) 本書は、「共通の意味世界」の構築こそ、〈ＰＲする主体〉の動機と直結し、〈ＰＲする行為〉における究極の目標点／到達点であると考える。

三　ＰＲ研究のフレームワーク

１　「自我」からＰＲを読み解く——社会的自我論の示唆

〈企業自我〉の構築過程

以上では、自我とそれが形成されるプロセスとなるコミュニケーションを、ＰＲ研究の立場から、つまりこれまでミードの社会的自我を論じていく上で前提とされてきた個人のレベルではなく、組織としての企業の視点から捉え、解釈してきた。だが、個人の自我と企業の自我を、まったく別のものとして考えることはできない。何度も述べてきたように、ミードが社会的自我論を通じて描いた新しい人間は、近代的企業とほぼ同一の歴史的地平のなかで現れたのであり、両者の〈自我〉もまた相互に作用してきたと考えられるからである。

我々が企業を自己の認識に影響を与える他者として捉えているのと同じく、企業は我々を一般化された他者として組織化し、公衆として想像する。〈企業自我〉と〈公衆〉は、ＰＲ／コミュニケーションを通じて構成／再構成された〈リアリティ〉のなかで、意味を共有しながら結びついていく。二〇世紀のアメリカ社会とそれに連なる日本と韓国の戦後社会は、ＰＲのようなシンボリック・コミュニケーションが築き上げる多種多様な意味世界のなかで個人の自我と企業の自我が交差する場として現象していたはずなのである。

このような問題については、第二部と第三部で歴史的分析を通じて引き続き、論じていくことにして、ここではこれまでの議論をまとめ、本書のフレームワークを確認しておきたい。

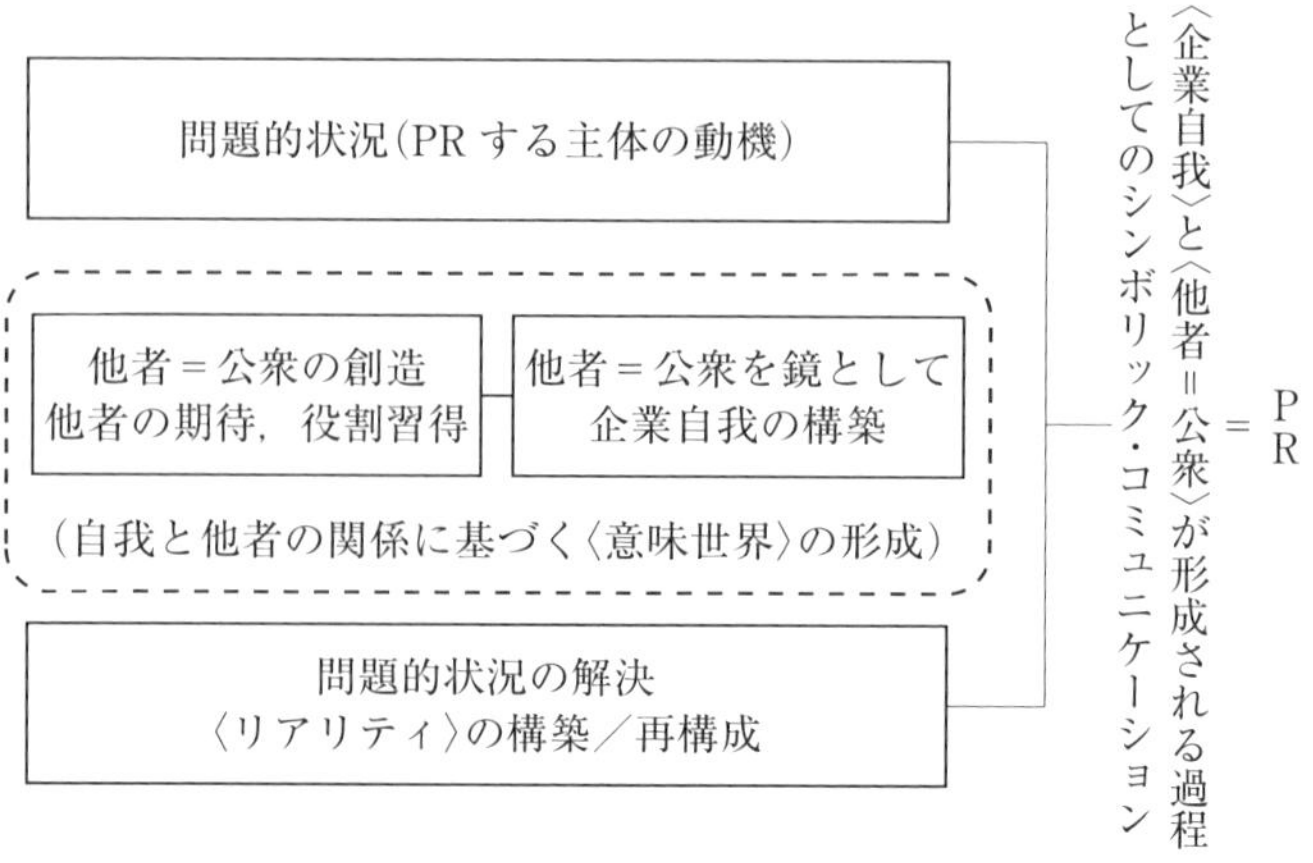

図 **2-2**　ミードの社会的自我論からみた〈企業自我〉のコミュニケーション的構築過程

〈企業自我〉は、ＰＲする行為を通して社会的に形成されるものである。その形成過程においては〈公衆〉という他者が想像、または創造され、〈企業自我〉と〈公衆〉の間で意味の共有が行われる。〈ＰＲする行為〉は、このような一連の過程を通じて遂行されるシンボリックなコミュニケーションであり、〈自我〉と〈公衆〉の関係に基づいて共通の意味世界を形成していく。主体と他者、〈企業自我〉と〈公衆〉は、ＰＲ／コミュニケーションを通じて再構成された〈リアリティ〉のなかで意味を獲得し、現象する（図２－２）。

このような視座を、本書は社会的自我論の援用と解釈を通じて抽出し、ＰＲ研究における新たなフレームワークとして提示したい。以下では、ミードの社会的自我論とその解釈が、ＰＲ研究、とりわけＰＲを社会的、歴史的に構築された概念として究明していく上で、どのような方法論的示唆を与えてくれるかを説明し、社会的自我論から〈企業自我〉を読み解くことの意義を、ミード理論の社会学的展開を視野に入れて論じてみたい。

社会的で創発的な〈企業自我〉

ミードの社会的自我論は、他者を自我の形成における絶対的条件と見なす。すなわち、自我は他者と切り離せない概念であり、自我は他者を通じて浮上してくる。それゆえ、自我は社会的なのである。一方で、他者は、自我の形成過程において、自我によって組織化される概念でもある。他者は、個体と独立し、実際の現実世界に存在する他者というより、個体の私的な経験として内面的領域において見出される存在であり、主体が置かれた環境、とりわけ、問題的状況の一部として再構成される。

このように、他者志向性、または他者依存性を持ちながら、同時に他者を想像＝創造していく自我概念は、矛盾しているように思われるかもしれないが、PR概念の探求に際してきわめて重要な示唆を与えてくれる。すなわち、このような入れ子構造をなす説明にこそ、公衆という他者が〈企業自我〉の形成においてなぜ重要なのかという問いをはじめ、公衆と企業が意味を共有することを通じて到達しうる目標点とは何か、さらにPRする主体の動機とは何かという問題に答える鍵が含まれているのである。

〈企業自我〉を社会的であり、同時に創発的である概念として捉えることができれば、第一章を通じて指摘した従来のPR研究が抱える限界を乗り越えていくことができるかもしれない。〈企業自我〉という概念は、〈PRする行為〉の担い手となる企業の社会性について、グルニック理論などに見られる規範性とは異なる角度からより根本的で、構造的説明を与えてくれるだろう。さらに、PRの歴史的研究において分かれてきた視角の解消が期待できる。これまで、一方では企業が社会と他者を洗脳し、操作するとする立場が、他方ではそれと正反対の立場から企業が他者の意見を受容し、社会の民主化に貢献する上でPRを用いるという見方が台頭し、競い合ってきた(65)。これに対し、PR概念を究明する際の分析の軸を社会的で創発的な性格を帯びる〈企業自我〉に移動させれば、〈PRする行為〉の重層性を理解することが可能になる。すなわち、他者を通じて形成され、同時に他者を想像＝創造していく〈企業自我〉の概念を通じて、企業と社会、他者の間における相互関係を紐解いていくことができるのである。

〈企業自我〉のコミュニケーション的構築

さて〈企業自我〉という概念を究明することは、それがコミュニケーション的に構築されるという事実を前提にする。近代的企業は、経営管理の思想と技術の発達により、膨大な労働者を内なる他者として包摂しながら拡大し、成長してきた。現実に発生した企業と労働者の関係とは別に、企業はPR／コミュニケーションを通じて意味の共有を試み、他者となる〈公衆〉を想像＝創造し、それを鏡として〈企業自我〉を見出し、築いてきた。さらに〈企業自我〉と〈公衆〉だけではなく、シンボルを通じて浮上してくる〈意味世界〉もまた、PR／コミュニケーションによって象徴的に構築されたと考えられ、分析対象として捉えることができる。

次に、すでに指摘したとおり、自我、他者、意味世界の構築過程は、〈企業自我〉の場合、人間のそれと異なる仕方で制度化、分業化される。企業という組織における内面的領域は、企業の外側で独立的に発生する、もう一つのPRする主体によって主管されてきたことも前述したとおりである。PR専門家たちは〈企業自我〉の形成過程で求められる他者、つまり〈公衆〉を想像＝創造することはもちろん、〈PRする主体〉を対象化し、相対化する役割を果たすものとなる。ミードの議論では、内省的自我やマインドの機能はほぼ瞬時的に行われるように見えるが、企業という組織においてはその過程は制度化され、分業的に機能するのだ。

実際に企業が行うPR活動は、最高経営責任者を含め、内部従業員を対象とする労使関係、消費者・顧客関係、地域社会関係、メディア関係、政府関係などに細分化され、特定の争点や危機に対応するための活動が集中的に実施される場合もある。そしてそれぞれの活動に際して、様々なメディア戦略や手法が組み合わされる。我々がPR活動と言う時、そこにはパブリシティ、イベント、広告などをはじめ、インタビュー、カウンセリング、社員教育、さらに世論調査や市場調査などの調査技術と分析手法まで、様々な専門分野と領域が含まれている。

すなわち、PRというシンボリックなコミュニケーションは、専門化され、分業化されている。PR／コミュニケーションの諸機能が、それを主導していく主体――企業自身である場合もあるが、多くの場合はＰＲ専門家たちによって、環境と他者に対応して組み立てられることを考えれば、〈企業自我〉を究明するためには、ＰＲ／コミュニケーションにおける専門的技術と職業の発展に焦点を当てる必要がある。二〇世紀を貫いて発展してきたＰＲの歴史は、企業と社会の間で作動するシンボリックなコミュニケーションとその技術の発展史でもあるのだ。

ＰＲ／コミュニケーションの分析点

では、ＰＲというシンボリックなコミュニケーションを分析していく上では、具体的にどのような点に注意し、いかなる分析対象に焦点を当てる必要があるだろうか。

ミードによれば、内省的思考を促す問題的状況は主体が置かれた環境にあるが、それを受けて他者を組織化し、自己を相対化し、意味の共有を試みながら世界を再構成していく過程は、主体の内側から行われる。だとすれば、ＰＲというシンボリックなコミュニケーションを通じて現れる〈企業自我〉の問題を考える際、光を当てるべき対象は、実存する他者ではなく、企業とその自我によって想像＝創造される他者としての〈公衆〉である。

〈企業自我〉の他者となる〈公衆〉は、経営者をはじめ、労働者・従業員、顧客・消費者、地域住民、メディアと世論など、様々である。〈公衆〉の想像＝創造は、経営者の発言や報道資料など、メディアに提供されるメッセージや各公衆に向けて緻密に企画されるキャンペーンなどを通じて行われる。それらは、意味の共有を助けるシンボルやジェスチュアを含んでいる。従って、本書では、ＰＲ広告や映画、雑誌などにおける言葉やイメージに注意を払いながら、他者がいかに組織化され、他者に対して〈企業自我〉がいかなる姿をしているかを分析していく。

次の論点は、ＰＲの「効果」という問題とかかわっている。〈企業自我〉のコミュニケーション的構築という観点から言えば、ＰＲの「効果」は、〈企業自我〉と〈公衆〉の間における意味の共有として分析される必要がある。前述したように、これまでのPR研究はPRが組織にもたらす機能を、広告の売り上げやプロパガンダの即時的行動変化と差別化してきた。ミード理論において「態度」は、客観的な世界を対象にしているというより、世界と他者を再構成する自我の内面領域における創発的な働きかけとかかわる概念であったが、PR言説のなかで「態度」は、PR実践における科学性、つまり科学的調査と深く絡んできた。

PRの担い手たちは、キャンペーンやイベントを計画し実施すると同時に、そのような活動がもたらす効果を明らかにすることを目指して、その上でPR活動の対象となる公衆の特徴を究明することを問題としてきた。詳しくは第二部の歴史的分析で論じるが、〈企業自我〉の構築において「態度」の問題は、一方では世論調査や市場調査などを通じて企業の外側に散在する公衆に向けられ、他方では企業の内側にいる経営者や労働者・従業員の意識啓蒙を射程に入れながら発展してきた。

〈企業自我〉と〈公衆〉の間で共有された意味は、実存する他者の「ありのままの声」と異なって、PRする行為によって抽象化され、分析された声として現れる。歴史を振り返るならば、PRは、ジャーナリズム、広告／マーケティング、プロパガンダはもちろん、世論調査や市場調査と密接な関わりを形成しながら発達し、社会と他者の声を抽出し、分析することに重点を置いてきた。「抽象化され、分析された声」を通じて、PR／コミュニケーションは、一方では〈公衆〉という他者を組織化し、他方ではそれを企業とその自我に向けながら、自我と他者の両方を覚醒させてきたのである。

2　ミード理論の新たな展開可能性

従来のPR研究における限界を克服するためにはパラダイムチェンジが必要であり、本章では〈企業自我〉という概念を切り口にしたPR研究の可能性とその具体的な方向性を検討してきた。本書は、ミードが提唱した社会的に形成される自我概念を手がかりに、PR概念を、〈企業自我〉が構築されるシンボリックなコミュニケーションとして捉え返すことを目的とするが、このようなスタンスは、社会的自我論の正統な継承とは異なる。本書の狙いは、PR研究における新しい理論の展開とフレームワークの構想にあり、従来のミード研究からなる系譜を継ぐものではないと言えよう。

だが、本書の試みを通じて、ミード理論のさらなる社会学的、経営学的展開に貢献するところが全く無いとも思っていない。かつて、シンボリック相互作用論者たちは、ミードの議論におけるコミュニケーションの特徴に注目し、それをさらに発展させ、個人と社会の問題を考察する上で新たな展開を見せてきた。仮に、非人間的で構造化された有機体である企業に対しても社会的自我概念の究明が可能だとすれば、ミード理論の社会学的展開の可能性は、さらに広がることになるだろう。

前述のように、ミードは、社会的自我を個人に限定せずに国家や国際社会へと拡大される概念として捉えたが、説明の上では個人と子供を主な事例としたため、ミードの理論とその問題意識は実際より狭く捉えられてきた。ミード理論とその問題意識は、それが生まれた二〇世紀社会の様々な問題——産業社会化と巨大企業の出現、大衆社会とマス・コミュニケーションの発達、都市における労働問題、マイノリティ・人種問題、移民問題など——ときわめて密接な関係にあったにもかかわらず、個人を超えて社会組織へと広がる自我のイメージを鮮明に浮かび上がらせることができなかったのである。

本書は、一九世紀末から二〇世紀初頭にかけてアメリカ産業社会に現れた近代的企業とその自我に問題関心を置き、ミードが視野に入れていながらも十分な実証的研究が行われてこなかった社会組織の自我、とりわけ〈企業自我〉を探求する。個人だけでなく企業という社会組織に対しても自我概念を議論し、〈企業自我〉の社会的形成を分析し、実証することができれば、ＰＲ研究は、ミード理論を新たな解釈と社会学的展開へと導く上で少しは貢献できるかもしれない。

これまでの説明を通じて、第二部以降でＰＲ概念の歴史的、社会的形成を実証的に分析していくための理論的枠組みと道具となる概念を十分、示してきたつもりである。本書がＰＲ研究のフレームワークとして、ミードの社会的自我論を援用した理由については、補論でもう少し論じることにしたい。

【補論】PR研究におけるパースペクティブの比較 ── ミード、ブルーマー、ゴッフマン

ミード理論の社会学的展開 ── シカゴ学派からシンボリック相互作用論まで

ミードの思想と理論は、社会学研究に大いに影響を与えてきた。ここでは、ミード理論の社会学的展開を視野に入れ、ミードの自我概念を手がかりにして〈企業自我〉を探求する本書の視座をより明確に示しておきたい。

ミード理論の社会学的展開は、シカゴ学派に対する影響から検討することができる。ミードは一八九四年からシカゴ大学で哲学や社会心理学などを教え、ロバート・エズラ・パーク(Robert Ezra Park)やウィリアム・トーマス(William Thomas)などとも緊密な関係を形成していた(66)。シカゴ学派は、大都市を社会学的探検の場と捉え、都市、人種、移民、労働に関する問題を集中的に研究した。ミードが描いた主体的で創発的な人間像や自我と他者の相互作用は、シカゴ学派にとって社会問題の究明に取り組む上で新たな可能性を提供するものだったと考えられる。

ミードの理論が再び社会学において注目されるようになったのは、一九六〇年代以降である。アメリカ社会学界の支配的パラダイムとなってきた機能主義理論に対抗して浮上したシンボリック相互作用論(67) Symbolic Interactionism、とりわけハーバート・ブルーマー(Herbert Blumer)がその立役者となった(68)。

ブルーマーは、自我の社会的形成と社会の創発的再構成を説いたミード理論を参考にしながら、「自分自身との相互作用」という概念を中心に独自の理論を築いた(69)。ミードが指摘したように、人間の自我はシンボルに媒介され、他者との相互作用を通じて形成されるが、ブルーマーは、その時、生み出される意味に基づいてお互いの行為が「解

釈」され、それによって自己の行為が形成されると考えた[70]。

ブルーマーによって試みられたシンボリック相互作用論は、ミードの理論を土台としながら、意味の解釈とそれによる行為の構成に注目する。言葉やジェスチュアなど、人間社会と生活における意味の領域を究明することを通じて、社会を固定された構造や文化、または単なる有機体と見なし、人間の行為がそれらの産物で、構造や文化の表現であると説明する機能主義理論に対抗しようとしたのである[71]。

準拠集団への人々の関わりや家族における相互作用を明らかにしたラルフ・ターナー（Ralph Turner）や「認識コンテキスト」という概念を通じて死の社会学を展開したアンセルム・ストラウス（Anselm Strauss）、「ドラマティズム」を提唱したヒュー・ダンカン（Hugh Duncan）、感情の社会学を試みたノーマン・デンジン（Norman Denzin）など、シンボリック相互作用論の多彩な研究は、準拠集団とコミュニティ、都市、文化、ジェンダーなどの社会問題を解明する上で有効な考察を提供してきた[72]。

シンボリック相互作用論は社会学の新しい地平を切り開いたと評価されてきたが、一方では相互作用の分析が個人のレベルに限定され、ミクロ社会学に傾いているとの指摘も受けてきた[73]。マクロ社会学的分析、すなわち人間の行為や生活の大枠となる社会構造を説明する上では不適切であるとする批判が提起されてきたのである[74]。

産業社会論とマクロ社会学 —— ＰＲ研究から見たミードとブルーマー

だが、シンボリック相互作用論には、潜在的に個人から社会とその組織へ、分析の地平が広がる可能性が伏在している。その可能性を、ブルーマーの産業社会論を手がかりにして検討してみたい。それを踏まえ、ＰＲ研究における示唆を、ミード理論との比較を通じて論じていく。

ブルーマーの研究を時系列的に見ていくならば、彼のシンボリック相互作用論が社会構造を視野に入れながら展開してきたことがうかがえる。社会の制度や階級、経済および政治的システムに対するブルーマーの問題関心が集約された『産業化論再考――シンボリック相互作用の観点から』(*Industrialization as an Agent of Social Change*, 1990)は初期産業化の時期に焦点を当て、産業化の性質と伝統的秩序、社会の変容を検討し、産業化を社会変動の要因として考察する各論から構成されている(75)。

ブルーマーによれば、産業化が都市化や家族問題、労使問題、人種問題などの社会的現象に直接に影響を及ぼしているわけではない。むしろ、それらの問題にかかわる人々における意味の解釈や行為の秩序によって、産業化の程度は影響されることになる。このような仮説からブルーマーは、産業化に伴う諸制度、階級問題、政治的・経済的システムを解明するために社会的行為/集団行動に注目し、個人と個人だけでなく、個人と集団、集団同士における意味解釈の図式を究明しようとした。

シンボリック相互作用論に対する批判は、社会的行為の行為者を「個人」と等置した場合には有効性を獲得するかもしれないが、前述したようにブルーマーは社会的行為の主体を広い射程から捉えており、行為者は常に個人であるわけではない。協同組合、民族集団、国際的カルテル・役員会、巨大な企業体まで、様々な形態の集合体が行為者となり、その活動も対面的な出会いから経済的市場や国際的関係にまで広がりを見せるのである(76)。

ブルーマーの産業化論においてシンボリック相互作用のキー概念となるのは、「行為」である。行為や行為をする単位(行為単位)こそ、ブルーマーのパースペクティブにおける「ルート・イメージ」(社会学的探求の存在論)の主軸である。個人だけでなく様々な社会組織へと広がる行為の観点から社会構造の実態と作用を解明しようとしたブルーマーの社会学は、社会における個人と集団の関係を分析する独自の方法論として発展したのである。

ブルーマーは、社会的自我概念と意味の呈示、解釈、共有の連続的体験となるコミュニケーションをミードと共通の関心事としているが、重点を置く部分が異なっている。すなわち、ブルーマーおよびシンボリック相互作用論者は、自我と他者の社会的形成を前提にして、分析の焦点を相互作用が発生する瞬間に当て、意味の解釈と行為の形成過程を明らかにすることに力を注ぐ。ミードにとってコミュニケーションが社会的自我の形成を説明する上で意味を持つのならば、シンボリック相互作用論者にとってはコミュニケーションそのものが問題の中核を成すのである。

言うなれば、ミードのパースペクティブにおける主軸は、社会的自我とその相対的な概念としての一般化された他者であり、ブルーマーの方は、社会的行為とそのような行為を形成する意味の解釈に重点が置かれる。二つのパースペクティブのうち、どれを理論的枠組みとして採用するかによってＰＲ研究が明らかにする対象や捉え方、分析アプローチが異なってくるだろう。

ミードの観点を採用する場合、企業における自我は、自我と他者の社会的形成と修正、再形成という一連の循環のなかで議論することができる。〈公衆〉という他者を想像＝創造し、それを通じて〈企業自我〉が形成されていく過程を比較的に長期に渡って、かつ広い空間軸から分析することが望ましく、ＰＲを行う企業・経営者や専門家集団における言説や実施された具体的活動が分析材料となる。

ブルーマーのシンボリック相互作用論的観点から〈企業自我〉を問う場合、焦点を当てるべき対象は、企業と社会構成員（個人や集団）の集合的行為（ジョイント・アクション）である。ブルーマー流のアプローチが有効性を獲得するのは、特定のケースを中心に、比較的短い時期に限定して企業と企業に影響を与える社会的他者の相互作用を検討する場合である。企業の行為に関連する様々な組織の行為の集合点を見出すためには、例えば、政府や市民団体などの各行為者についても多方面の資料を複合的に検討する必要がある。

ミードの影響を受け、独自の理論を展開してきたブルーマーの産業社会論は、ＰＲ研究に対して重要な考察と理論的枠組みを提供するものである。だが、これまで述べてきた本書の狙いからして、意味の解釈と行為の形成に焦点を当て、行為単位同士の多角的な関係形式を分析していくブルーマーの方法論より、ミードの自我概念の方がＰＲの歴史社会的形成と変容を追跡し、〈企業自我〉を探求していく上でより適切であると考えられる。

ゴッフマンの瞬時的自我 —— ＰＲ研究と広告研究における視座の差

ミードとブルーマーの比較に加え、シンボリック相互作用論におけるもう一人の代表的論者であるアーヴィング・ゴッフマン（Erving Goffman）の自己呈示と相互行為に関する研究を簡略に取り上げながらＰＲ研究との関わりを考えてみたい。

ゴッフマンは、『行為と演技』（*The Presentation of Self in Everyday Life*, 1959）のなかで行為／相互行為を通じて自分自身を何らかの形で相手に呈示しようとする人間の行動様式と絶えない自己呈示を通じて現れる自我を鋭く描いている。ゴッフマンによれば、我々は「日常生活における自己呈示」を行うが、そこにおいて重要なのは演技的性格を帯びている相互行為そのものであり、自我は相手に対する自己呈示の瞬間に見られるだけである[77]。

一方で、積極的な自己呈示と相互行為の裏面にある、他者による強要や烙印といった問題に対してもゴッフマンは興味を持っていた[78]。『アサイラム』（*Asylums: Essays on the Social Situation of Mental Patients and Other Inmates*, 1961）や『スティグマの社会学』（*Stigma: Notes on the Management of Spoiled Identity*, 1963）は、他者によって自我が強要され、形づくられていく過程を明らかにしているが、ここでも自我は二次的なものであり、主体的であるというよりは受動的な存在となる。このような副次的で受動的な特徴から、ゴッフマンの自我概念は相互行為に依存する変数の一つとしても解釈できる。言うなれば、ゴッフマンの自我は長期に渡って形成し、維持・修正されるのではなく、瞬時に成立し現象するため、一貫性を求めない。このような自我概念の周縁性よりゴッフマンは相互行為そのものに光を当て、相互行為／演技によって成立する瞬間の全体性を究明しようとしたのであろう。

ゴッフマンの理論は、広告を分析する際に代案的理論モデルとして効果的であるかもしれない[79]。広告という場＝舞台における自己呈示は、それぞれの広告における異なる自我の現れにつながり、恒常的で不変的な自我は存在しない。逆に、絶えず変容し、瞬時に成立する自我の方が、広告が仲介する相互行為においては求められるとも言える。このようなゴッフマン的自我／広告的自我は、産業社会のなかで構築され、維持されてきた巨大企業の〈自我〉を問うていく上ではあまり適切ではない。

マーケティングやブランディング戦略において企業の自我が多角化していく一九八〇年代以前まで、企業は安定し、統合された自我を構築し続けてきた。産業社会における資本の増殖という特徴から、企業は信頼できる、普遍的自我を築き上げ、それを中心に、ある範囲の他者を創造し、包摂してきた。すなわち、産業社会において生み出された〈企業自我〉は、相互行為を通じて常に変容するものとなっていく前に、まずは確固たる性格を持つものとして注意深く構築されなければならなかったのである。

ゴッフマンの研究は二〇世紀後半以降に現れた、分散する〈自我〉を探求する上では有効な手がかりを与えるかもしれない。だが、一九世紀末から二〇世紀にかけて、構築され、維持／修正され、再構築される過程を重視する当時の経営パラダイムのなかで誕生した〈企業自我〉を分析する理論枠組みとしては、ミードの視座の方がより効果的であろう。

第二部／二〇世紀アメリカ

二〇世紀アメリカ社会において〈PRする主体〉と〈企業自我〉はいかに浮上し、拡大していったか──。第三章では、鉄道や電信電話など、公共性の高い事業を展開していた巨大企業を中心に〈企業自我〉の構築とその上で不可欠な〈他者＝公衆〉の立ち現れ方を考察する。第四章では、ニュー・ディール政策をアメリカ政府の壮大なPRキャンペーンとして分析しながら、〈PRする主体〉によってつくられた〈意味世界〉が全米社会に膨張していく様子を明らかにしてみたい。さらに、第三章と第四章を通じて、もう一つの〈PRする主体〉として〈企業自我〉の形成に密接にかかわるようになった専門家集団に光を当て、PR／コミュニケーションにおける制度化と専門化の特徴を解き明かす。

第三章　ＰＲの幕開け——二〇世紀初頭の光景

一　〈ＰＲする行為〉の原点——鉄道産業を中心に

1　近代的企業の浮上

鉄道というインフラ＝シンボル

本章では、二〇世紀初頭のアメリカ社会を舞台に、ＰＲの誕生と成立にかかわる条件を検討する。とりわけ、ニューヨークをはじめ、シカゴ、ペンシルヴァニアなど、アメリカ主要都市を中心に発達し、近代的ＰＲ活動にいち早く取り組んだとされる鉄道産業[1]に光を当てながら、〈ＰＲする行為〉とその動機を解明していくための手がかりを探ってみたい。その上で、当時の鉄道会社が行っていた具体的活動を取り上げる前に、鉄道というインフラストラクチャーとその担い手である鉄道会社の近代的企業としての特徴を示し、〈ＰＲする行為〉における背景を検討することからはじめたい。鉄道という事業とそれを担う巨大組織という切り口から〈PRする行為〉が求められるようになった社会的状況を描き出していく。

鉄道産業とPRのかかわりを問うていく上でまず、その背後にあるアメリカ社会における鉄道という公共資源／インフラストラクチャーの持つ影響力や象徴性を考えなければならないだろう。鉄道は、大陸を横断し都市と都市、都市と郊外をつなぎ、アメリカ人の生活とその感覚を劇的に変えた(2)。大都市とその周辺部に労働者／労働力を移動させ、石油、鉄鋼、木材、綿花などの資源や商品を運送し、アメリカ社会の産業化を促してきたのが鉄道である。

一九世紀半ばに開通した大陸横断鉄道によりアメリカ大陸全体が開発の対象となっていくなかで、フロンティアは実質的に終焉したが、その代わりに西部開拓をはじめ、開発物語が「夢」として再生するようになった(3)。すなわち鉄道産業の発達は、空間的、物理的拡張を基盤としていただけでなく、人々の精神を資本と開発における新たな開拓地として浮かび上がらせようとする働きかけとも関連していた(4)。

このような歴史を考えれば、鉄道産業、つまり鉄道という社会的インフラストラクチャーは、次のような特徴を持つといえる。第一に、それはアメリカ大陸の空間的変容をもたらし、人々の経験、感覚を大きく変えるものとなった。第二に、アメリカ社会の精神を再定義するシンボルとなって人々の生活と意識に深く影響を与えた。

第一の特徴は、鉄道という公共資源の建設と維持の担い手である鉄道会社を社会的存在として浮上させた。つまり、事業によって発生しうる社会問題に対する責任が問われ、負のイメージを払拭しようとする動機が、鉄道会社に生まれたのである。次に、第二の特徴である鉄道の象徴性について、それが獲得されていく過程は、マス・メディアを通じて人々の意識と感覚が変容していく過程と切り離せないものとなった。マス・トランスポーテーションとマス・コミュニケーションの絡み合いのなかで、〈PRする行為〉の必要性とその可能性が示されたと考えられる。

近代的企業とその他者たち

このような特徴については後に詳しく論じることにして、ここでは〈PRする主体〉としての鉄道会社とその近代的企業としての特徴についてまず検討してみたい。

鉄道会社は、アメリカの歴史のなかでもっとも早くPR活動に取り組んだだけではなく、近代的組織としても先駆的存在となった。とりわけ、鉄道会社は膨大な労働者・従業員を抱えるようになったことで近代的企業として発展した。鉄道網がアメリカ各地の隅々へ伸びてゆくにつれ、事業が拡大・拡張し、現場労働者をはじめ、整備士などの技術者、監督者のような中間管理職まで多様な分野の労働者・従業員が必要となり、階級を形成しながら一つの組織のなかに吸収されるようになった。

膨大な数の、そして異なる分野の労働者・従業員が同じ組織の構成員として働くことになり、この問題は鉄道会社の経営者たちにとって組織の内部に散在する他者を効率的に管理する技術の必要性を感じさせる要因となった[5]。こうして一九世紀末から鉄道会社では、各分野・階層の労働者・従業員を統合し、それぞれ異なる目標を与え制御しながらも、組織全体として協働させ、調和させていくための方法が模索されるようになった[6]。繰り返し言えば、鉄道会社の内側において、労働者・従業員の爆発的増加と分業化が起こり、異質な他者の固まりから成る組織を管理する思想・技術が発展したのである。そのような思想・技術は、会計的手法などでも見られたが、他方で、従業員向けPR雑誌など、コミュニケーション・レベルでも試みられるようになったことに注目する必要がある。一九二〇年代まで、鉄道をはじめ、電気・電力、電信電話産業やそれに関連する製造業分野で、数多くのPR雑誌が刊行された[7]。

鉄道会社という近代的企業の他者は、組織の外側にも広がっていった。列車の乗客、手荷物や小包の持ち主、新聞や郵便を利用する個人はもちろん、石油、鉄鋼、木材、綿花など、資源や原材料を運び、製品を輸送する他の産業と企業という顧客を奪い合う鉄道各社の競争が激化した。[8] さらに、資金の調達のためには銀行や投資家だけでなく、小額の株主も重要になった。また、鉄道建設に際しては払い下げなど、土地の所有と利用をめぐって地域と住民との利害関係が問われるようになった。経済的補助と法律緩和を求めては州政府や連邦政府を相手に友好的関係を形成する必要があった。そして、これらの活動に影響を及ぼすものとして世論、とりわけ世論を抽出し可視化していくジャーナリストたちとマスコミもまた、企業が向かい合うべき相手となった。

このように近代的企業として鉄道会社は、諸方面で様々な他者に囲まれ、彼らを巻き込みながら事業を発展させていった。[9] 言い換えれば、組織体としての統一性を築き維持しながら利益を創出することに片足を置き、他方では経営上の意思決定に直接、権限を持たない他者にも応じなければならなくなったのである。すなわち〈PRする行為〉が成立する条件として、近代的企業がその他者と切り離せない関係に置かれるようになった事実が挙げられる。

2　主体と手法

手法の発達

では、当時の鉄道会社は、自己の内側と外側に散在する様々な他者（利害関係者、公衆）をどのように捉え、いかに働きかけただろうか。まず、鉄道各社は、組織の統合と管理のために前述したように労働者・従業員向けのPR雑誌を刊行した。また、事業を拡大する上で経済的支援を得て政治的、法律的問題を解決するために議会や政府機関向けのロビー活動も展開された。さらに、鉄道会社は、拠点とする地域とその住民はもちろん、全国に広がる様々な公衆を相手に鉄道事業が公的利益に貢献すると訴えかける活動にも取り組んだ。

鉄道各社は、世論の好感を得るために社会的影響力を持つ人々を包摂した。政治家、聖職者、大学関係者、記者に鉄道を無料で利用できるパスが発行され、彼らの遊説旅行、布教・伝道、研究・教育、全国各地での取材活動を支援する形で鉄道各社は公共の利益に奉仕しようとした。他に、地域大学への寄付、研究助成金の設置、大学新聞の後援など、鉄道企業に対する好意的感情を造成するための手法が多角的に模索されるようになった(10)。

鉄道会社は、自己の立場を強固にしていく上で、とりわけ世論を強く意識するようになった。世論を味方につけるためには、上述した諸活動を通じて社会的影響力のあるキーパーソンを包摂していくことも重要であるが、より直接的で確かな手法が考案された。鉄道各社は、新聞や雑誌に鉄道事業に友好的な記事を書かせ、お金を払い記事の内容や分量、形式まで指定しようとした(11)。

マスコミと鉄道会社の間で記事を売買する慣行は、一部記者たちによって辛辣に批判されたが、世論の形成は、鉄道産業の友たちによっても試みられた。鉄道会社の経営者と密接なかかわりを持つ政治家、文筆家、軍人などが、社交の場における演説をはじめ、著名な雑誌などへの寄稿を通して、個人的意見を装って、鉄道産業の重要性を強調し、鉄道各社の経営方針を擁護した(12)。

このような「代弁人」たちは、鉄道会社に代わって世論に働きかけていたが、それは「友情」に基づく行動であり、彼らはあくまで政治家や文筆家を本業としていた。すなわち彼らは、後に登場するジャーナリストから「ＰＲマン」へ転向した一群の人たちのように鉄道会社を顧客として〈ＰＲする行為〉を専門的に行ったわけではない。言い換えれば、当時、〈ＰＲする行為〉はまだ完全には専門化した領域として独立していなかったのである。だが、鉄道会社を中心に〈ＰＲする行為〉が着実に発展し、諸手法が考案されたことは事実であり、そのような試みが〈ＰＲする行為〉を専門的に行う集団に継承され、技術の発展と改良につながっていく。

経営者の世代交代

他者や世論に働きかけるという、当時の産業にとってはまだ新しかった思想と手法が、鉄道会社によって試みられたのはなぜだろうか。その理由の一つとして、一九世紀末に鉄道産業において、旧世代とは異なるヴィジョンと目標を掲げた新しい経営者たちが現れ、経営者の世代交代が起こったことに注目する必要がある。

新世代の経営者たちは、だいたい一八三〇年から一八四〇年の間に生まれ、一九世紀後半には鉄道各社の重役となり、産業全体を牛耳る勢力となった(13)。一八四四年に生まれ、シカゴ・バーリントン・アンド・クインシー鉄道の店員からはじめ、一八八三年にミシガン・セントラル鉄道の社長、一九〇五年には同鉄道の会長となったヘンリー・レッドヤード(Henry Ledyard)、一八三二年に生まれ、一八七七年にイリノイ・セントラル鉄道の社長となったウィリアム・アッカーマン(William Ackerman)、一八三一年に鉄道業界に入り、ラシーヌ・アンド・ミシシッピ鉄道、バッファロー・バートン・ブラゾス・アンド・コロラド鉄道を経て、一八七八年にシカゴ・バーリントン・アンド・クインシー鉄道の社長、一八八〇年にエリー鉄道の副社長、一八八四年にノーザン・パシフィック鉄道の社長などを務めたロバート・ハリス(Robert Harris)、一八四四年生まれで一八八三年にノーフォーク・アンド・ウェスタン鉄道の社長に昇格したフレデリック・キンボール(Frederick Kimball)などが挙げられる。

彼らは、鉄道会社の仕事は鉄道を建設し、国土を開発することであり、社会組織を援助することではないと信じた旧世代の経営者たちとは明らかに異なる意識を持っていた。例えば、レッドヤードは、企業に心がないというのは古い思考であり、鉄道会社は公衆の不満に応じてそれを調整していくことが求められているのだと主張し、アッカーマンも似たような思いから鉄道産業のリーダーたちが世論に積極的に対応すべきだと述べた(14)。

新世代の経営者たちは、企業本来の目的である利益・利潤の創出に直接的には影響を及ぼさない(と思われた)他者を視野に入れ、事業を公的利益に結びつけていく活動を展開した。このような方針の変化を経営者個人のモラルに起因する問題として解釈することは、当時の鉄道会社をめぐる事態の本質を的確に読み取ることを妨げる。そのような変化の背後にあったのは、企業の利益を公衆の利益に譲歩するという「思いやり」などではなく、むしろ公共利益と公的価値を事業の全面に映し出すことで、事業をさらに拡張し、より多くの利潤を生み出そうとする狙いだった。

公的利益に奉仕する裏面に、増殖する資本の本質が強く働いている特徴は、鉄道会社だけに限らず、一九世紀末から二〇世紀初頭にかけて、とりわけ公共事業を担ってきた巨大産業と企業に共通している。言い換えれば、そのような特徴は、巨大企業が切り開いた〈PRする行為〉と〈企業自我〉の構築における動機を解き明かす鍵なのである。

3　産業、政府、公衆をめぐる承認の循環

呪われるべき公衆

ニューヨーク・セントラル鉄道を支配していたウィリアム・ヴァンダービルト（William Vanderbilt）が、新聞記者とのインタビューのなかで「公衆なんか呪われてしまえ」public be damned と罵ったことは有名な話である[15]。この言葉は、PR史研究では、倫理的素養に欠ける経営者が公衆と望ましい関係を形成する重要性を十分に理解できず、犯した失敗談としてよく取り上げられる。

列車の延着、事故、運賃値上げなどをめぐって毎日殺到する不満や苦情、政府や世論から寄せられる利益を産めない地域への鉄道開設の要請などに耐えてきた経営者の剝き出しの鬱憤、という印象も与えるが、実は、この悪名高い言葉には、PRの本質を問うていく上で重要な手がかりが潜んでいる。この呪いの言葉を解くためには、少なくとも二つの点に注目しなければならない。

まず、ヴァンダービルトが、利益と利潤の創出に直接的に関与しない、それどころか邪魔になると思われてきた人

々を指して「公衆」public と呼んだことに注目したい。つまり、この怒りが入り混じった言葉は、顧客であると同時に、腹立たしい他者＝公衆が、経営者の目にどのように映っていたかを素直に表しているのである。

その言い方は、社会的責任を重視する今日の企業や経営者からすればあり得ないだろうが、当時は投資家でも株主でもない他者が企業の利潤・利益の配分について口を出すことこそあり得ないと思われていた。経営者にとってそのような他者は企業が配慮すべき存在ではなかったのだが、その認識が鉄道というインフラの圧倒的影響力により、それを公共財と見なす世論を前にして修正を求められ、経営者を圧迫してくる状況がヴァンダービルトの叫びからうかがえる。

常識的に考えて、より多くの利潤を生み出すためには、事業をさらに拡大していかなければならない。だが、事業の拡大に比例して他者の数と影響力も増加し、利潤と公共性の間でジレンマが発生する。当時の鉄道会社は、集約された私的資本の増殖、つまり投資銀行や株主の利益や配当金を増やしていくと同時に、経営上権限を持たないが、鉄道を生活基盤とする多数の他者の利益にも配慮しなければならない状況に置かれていた。このような矛盾が当時の経営者を悩ませたのであり、公衆を罵る言葉は、企業に対する社会的要求が膨らんでいく現状を憂慮する声としても解釈できるのである。

マスコミが仕立てる対立構図

次に、ヴァンダービルト自身はインタビューのなかで「公衆なんか呪われてしまえ」とは言っていないと反駁したことに注目してみたい(16)。ここで重要なのは、この言葉を彼が実際に話したか否かの事実確認ではない。それがヴァンダービルトの言葉として、社会に流布されるようになった背景と状況を理解することがより大事である。

もしヴァンダービルトの主張が正しいとすれば、この言葉をつくったのは、当時、インタビューをした記者であり、新聞社なのである。つまりマスコミが、鉄道会社とその経営者による公衆批判を煽り、産業と公衆の対立構図を仕立てたと考えられる。

当時の新聞や雑誌は、鉄道各社の激しい競争を風刺し、鉄道事業が社会や公衆の利益より、ジョン・モルガン(John Morgan)のような「強盗貴族」と呼ばれていた一部の投資家の金儲けを優先すると批判した。このような観点からして、列車事故の多発や発着時間の遅れは、個別のサービス云々の問題ではなく、個人の生活を超えて都市全体へ広がる人々の暮らしに直結する社会問題として叩かれた。

このような状況からすれば、鉄道産業に集中する巨大投資資本(私的利益)に対抗するものとなったのは、日々鉄道を利用し、生活基盤としている個々人というより、彼らを含む社会の声、つまりマスコミを通じて形成され、可視化する世論だったとも言える。そうすると、ヴァンダービルトの言葉における「公衆」とは、まさにマス・メディアに媒介される抽象的集団として理解しなければならない。

鉄道各社がニュースを装って、自己の声を社会の声のなかに混ぜ込もうとしたのは、このようなマスコミと世論の特徴を鋭く察知し、さらにその仕組みを逆に利用すれば、公衆の好感を得て批判的世論を回避することも可能であると考えたからであろう。[17] 鉄道会社によって体系化されたといわれる近代的PRの背後に、国家が行うマス・メディアの検閲や統制とは全く異なる仕方で、資本の増殖を軸にして私的利益と公的利益を対立させ、また調和させていこうとする複数の働きが交差していたことが分かる。

政府の承認＝公衆の承認

近代的企業が現れる前にも一部の経営者にとって公衆や公共性の概念が存在していた可能性が指摘できる。例えば、キリスト教徒としての信仰心に基づく、貧しい人々を助け恵む慈善事業活動などが考えられる。だが、そのような活動における推進力は、経営者個人の信仰や良心であり、鉄道会社とその経営者たちが、利益・利潤の創出に直接かかわらないと思っていた他者の声に応じてきた理由とは本質的に異なるものである(18)。

鉄道会社を先駆けとする一九世紀半ば以降の巨大企業にとって、公共の利益は、経営者個人の信念によってではなく、組織とその外側と内側に散在する他者との関係に基づく問題となった。すなわち、公衆は、救恤《きゅうじゅつ》の対象ではなく、企業とその事業にとって重要な意味を持つ存在、つまりパートナーとも言うべき他者となって、私的利益と公的利益の対立／調和を握る鍵として発見されたのである。

話を鉄道産業の方に戻そう。鉄道各社は、激しい競争から来る損害を避けるために運賃や開発計画を談合し、産業連合を結成した(19)。さらに鉄道の建設と維持にかかる膨大な費用を産業が完全に負担することはできないと判断し、政府に補助金を求める雰囲気が拡散した。すなわち、企業同士の自由競争や産業と政府の分離を重んじる古い考え方から脱却し、公共事業という側面を生かし、政府の経済的支援を積極的に受け入れ、それを持って事業をより拡大していこうとする思考が、経営パラダイムのなかに生まれたのである。

政府の援助を求めるために、前述したようにロビー活動も活発に行われたが、それだけでは政府との関係を安定化させていく上で不十分だった。アメリカ政府は、鉄道事業が公益に反していないかを議会を中心に定期的に調査し、世論を参考にして鉄道産業に対する方針を決めていた。すなわち、民主主義の政治システムを採用するアメリカ社会において、政府に正統性を与え、承認するのは有権者であり、統治を行う上で政府は有権者の声として抽出される世論に耳を傾ける必要があったのである。

要するに、鉄道産業が政府に対して経済的援助や法律的改善を求めていくためには、他方で、政府を承認する者としての有権者や世論を考慮しなければならなくなる。言い換えれば政府が鉄道産業の育成に関する正当性を確保するためには、鉄道会社が社会の多数を尊重し、公衆の利益に貢献する存在となることが条件となるのである。政府からバックアップを受け、より膨大な資金（税金）を事業に投入し、事業を妨害する法律を緩和したければ、その上で決め手となるのは、直接的には政府かもしれないが、このような承認の構造からすれば、政府の背後にある公衆なのである。

このように自己の営みにおいて他者の承認を求める心理的欲求は、本書が理論的枠組みとして援用しているジョージ・ミードと同時代を生きた社会心理学者、ウィリアム・トーマス（William Thomas）によっても指摘された[20]。トーマスがそのような欲求を産業化、都市化により他人を敏感に捉えるようになった個人の問題として説いたことに対して、ここでは、アメリカ社会における民主主義と資本主義の二つのシステムが両立し作動していくなかで、近代的企業に必然的に生まれた公衆の承認に対する欲求がうかがえるのである。

〈企業自我〉を分析する補助線

本書は、基本的にはミード社会的自我論を〈企業自我〉を分析する理論的枠組みとしているが、それに加えて前述した公衆の承認が補助線として使えると考えている。すでに述べたように、一九世紀半ばから二〇世紀初頭にかけてアメリカ社会では政府、産業、公衆が互いに承認しあう関係が形成されていた。そのような独特な関係のなかで鉄道会社をはじめとする巨大企業は、自己目的（資本の増殖）のために公的利益に注目し、それを象徴する他者を公衆として見出し、公衆を鏡として自己を構築する必要性に目覚めようとしていたのである。

このような特徴は、鉄道産業だけに限るものではない。鉄道会社は、近代的企業の先駆けとして、鉄道という社会インフラの担い手として、このような特徴がもっとも早くから示された事例の一つである。鉄道産業を原点として問うてきた問題は、これから検討していく電信電話、電気・電力など、公共事業に携わる企業にも共通している。〈PRする行為〉と〈企業自我〉を究明していく上で方向性を示してくれるこれまでの議論を踏まえ、PR概念の歴史的、社会的分析の視座を要約しておく。ＰＲは、近代的大企業がその外側と内側に散在する他者＝公衆を強く意識し始めた時に発達したコミュニケーション技術である。公衆は、私的利益と公的利益の対立という近代的企業のジレンマを解決する鍵としても発見された。さらに言えば、企業は〈ＰＲする行為〉において公衆という他者に焦点を当てるが、究極的には公衆の承認を通じて自己の問題に応じていこうとした。公衆の承認を求める過程から〈企業自我〉が現れてくる現象は、言い換えれば、企業が他者を通じてのみ自己を捉えることができる存在となる問題を表している。

このように〈ＰＲする行為〉は、近代的企業が自己の問題に応えていく上で、他者を想像し、他者を通じて〈自我〉を構築しようとする動機と欲求とに深くかかわっている。ＰＲ概念の歴史的で社会的な分析は、企業という担い手が、自己増殖する資本によって事業を拡大していこうとする本来の目的を、組織の巨大化につれて生み出された社会問題と絡み合わせ、公的価値や公共性という概念を突破口としていかに解決し再構成しようとしたかを明らかにする作業に他ならない。さらに、企業が、公衆を強烈に意識していく上で、マス・メディアや世論をいかに捉え、自己と公衆をどのような手法によって結びつけていったか、その独自のコミュニケーション技術が成立する過程を究明しなければならない。このような課題を念頭に置きながら、以下では鉄道以外の産業に射程を広げ、近代的企業が存立の不安をもたらす問題をいかに再構成し、他者を手がかりにして自己を定義したかを検討し、〈企業自我〉の現れを実証していく。

二　企業自我と公衆の立ち現れ ―― ＡＴ＆Ｔの事例から

1　巨大化と独占という問題

巨大企業の時代

一九世紀半ばから始まった大建設の時代において開発が本格化し、大都市を中心にインフラストラクチャーが拡充され、産業化が急進した。石炭、石油、鉄鋼、綿花などの資源、鉄道や電信電話などの流通・通信に関する産業が巨大化し、資本の集約とともに中小規模の企業が合併・統合され、巨大企業が出現した[21]。大建設の時代は、一方では大型合併の時代でもあり、寡占的産業の誕生期でもあったが、そうした流れのなかで出現したトラストは、巨大企業の時代を象徴するものとなった[22]。

このような時代的背景からすれば、当時の主要産業と巨大企業のほとんどが、〈ＰＲする主体〉となる条件を充たしていたともいえるかもしれない。前述した鉄道産業は、産業全体の発達に欠かせない大量の原材料と労働力、商品を輸送する役割を担ったことから他の産業に先立ってＰＲを導入するようになったが、鉄道と並んでいま一つの基盤的産業／インフラストラクチャーとして発達していたのが電信(後に電話)事業だった。

鉄道と電信電話は、相互に密接に関連しながら重要なインフラストラクチャーとしてアメリカ産業社会を支えた。鉄道というメディアを通じてアメリカ社会の空間感覚と時間感覚が再編成されていく上で考案された時間の厳格な管理手法は、電信の発明と常用化に基づいていた。鉄道会社が各地域と大都市を結ぶ、地に根付いたネットワークを形成したとすれば、電信電話産業は信号により地域を超えて大陸を結びつけ、統合していった。

鉄道と並んでアメリカ社会の開発を担い、人々の生活に影響を及ぼしながら事業を拡大してきた電信電話産業においても巨大組織が現れ、近代的経営手法が発達し、そしてＰＲが導入された。これから検討するように、アメリカ電話電信会社 The American Telephone & Telegraph Company（AT&T）は、〈PRする行為〉を体系化し、大規模の全社的PR活動に取り組んだ。

独占を続けるために —— 問題的状況の到来

AT&Tの事例を分析する前に、まず一九世紀半ば以降の大建設の時代＝大型合併の時代において、産業社会の担い手となり〈PRする主体〉となった巨大企業が置かれていた〈問題的状況〉を説明しておく。アイロニカルにも巨大組織を誕生させた産業社会の諸状況は、同時に経営を脅かす問題をも浮かび上がらせた。この矛盾した環境からくる問題を解決していこうとする試みが、企業を〈PRする主体〉に転身させていく。

資源の開発や社会的インフラストラクチャーの建設を担う企業に与えられた優先的権利保障である特許権期間が満了したのもそのような〈問題的状況〉の一つであった。新興企業が後発の走者として市場に進入し、競争が激しくなり、利益を分け合うことになった。これは、既得権を持っていた企業からしてみれば市場占有率を守ることが困難になる状況をもたらし、さらに市場の開拓や設備建設に投資した初期費用を考えれば、自由競争は決して望ましい変化ではなかった。そこで、多数ある競争企業を自己のなかに吸収し、または連合体の形で結束させておこうとする大型合併が繰り返し行われるようになったのである。

言い換えれば、市場は「見えない手」ではなく、冷徹な合併と買収を通じて動かされるようになったのであり、その担い手である巨大企業は、無分別な自由競争を抑えれば無駄な費用支出が減り、顧客や利用者に対しても品質の高いサービスを提供できるのだと主張した。だが、このような説明は、政治家や人々の目にはアメリカの高貴な自由主義精神に逆らう不合理な談合として映った[23]。当時の新聞や雑誌は、ロックフェラー、ヴァンダービルト、モルガンなど、産業と金融界の大物資本家を「強盗貴族」と呼び、彼らを嘲弄し贅沢で豪華な私生活をゴシップとして消費する一方で、違法的契約を繰り返す産業界の不祥事を暴露し、富と権力の過剰な集中を社会問題として報じた。世論の悪化を受け、一八九〇年にシャーマン法が制定され、トラストと独占に対する監視が厳しくなった。政府による制御は、経営者にとって産業の国有化という最悪の状況を連想させる事態であった。こうしたなかで企業を存続させ、利益を守り続けるための努力が、産業を公共の敵と見なす世論と衝突し、時にはそれによって阻止されるという状況が二〇世紀初頭の産業社会に繰り広げられていた。戦いの前線は、主要産業における企業同士の合併や買収、トラスト化が一段落した後、他者／世論の包摂へ移行した。

巨大産業の成立と変容をめぐっては、市場における私企業制度の存立、および私企業による利益追求の権利と、市民社会における公的価値が交差していた。前述したように、私的価値と公的価値は、巨大産業とそれに対抗する世論の、それぞれの議論のなかで方向転回しながら、企業と経営者の行動における判断基準となった。公共事業における巨大産業は、政府とのかかわりから世論の批判に対し、自己の事業を公的価値に結びつけようとした。

〈PRする行為〉は、私的価値と公的価値の間で、その対立を他者＝公衆との関係において調整し、それを通じて自己を定義／再定義しようとした巨大企業が置かれている〈問題的状況〉とその解決と切り離せない。電信電話分野の巨大企業となったAT＆Tもまさにこのような状況に置かれ、独占の正当化をめぐる〈問題的状況〉の解決を目指し、〈自我〉を構築するためにPRを用いた。

2　保線夫と交換手——人間化する企業

誰も知らない組織

一八九四年に特許権が満了するとAT＆Tの市場占有率は半分近くまで下落し、いずれ電信事業は国有化されるのではないかという不安が経営者を悩ませた[24]。このような問題的状況においてAT&Tの経営陣は世論に対して独占的事業体制を擁護し、正当化するにはどうすればよいか、という課題に直面した。自由競争の激戦から自社を守り、それまで築いてきた事業体制に社会的価値を付与し、公の承認を得ることの必要性を実感したのである。

このような意識が、当時の副社長であったエドワード・ホール(Edward Hall)の言葉から鮮明に表されている。ホールは、人々がAT&Tのことについて何も知らないことが問題であると考えた。人々はAT&Tを「見た」ことも「会った」こともない、どこにいるのか何者かも分からない。それゆえにAT&Tが提供する優れた品質のサービスについても当然ながら知らないのだとホールは述べ、多くの人々にとって「企業」とはそういう存在なのだと嘆いた[25]。独占の正当化の前に、巨大企業という抽象的存在を人々に知ってもらう必要性が生まれたのである。

強盗貴族の豪華な生活と不徳がスキャンダラスな記事となってマス・メディアに頻繁に取り上げられていたのとは対照的に、AT&Tのような、複雑で巨大な組織は一般の人々にあまり知られておらず、明確なイメージも持たれていなかった。人々の目に見えない、顔なき存在であり、人々の生活から遠く離れた存在であると思われたままでは、AT&Tに対する共感や理解を期待することはできないのである。

早速AT&Tという企業を人々に知らしめ、AT&Tの事業に対して世論の関心を集め、さらに好感を得るための活動が展開された。一九〇六年にスタートしたPRキャンペーンは、「一つの政策、一つのシステム、ユニバーサルシステム」One Policy, One System, Universal System をスローガンに掲げ、電信電話の利用者に最大の便益を提供するのは、単一システム(=独占)であると訴えた[26]。大手広告代理店(N. W. Ayer & Son)が手がけた全国広告をはじめ[27]、本や雑誌などの出版物、報道資料の配布、教育用PR映画やパンフレットが製作され、さらに地域社会向けプログラムや募金・寄付活動など、AT&Tの顧客、従業員、株主はもちろん農村地域と青少年集団を対象にした多彩な活動が組織された。

この壮大なキャンペーンのために、諸活動を企画し実施するだけでなく、その効果を測定し報告するための専門家が外部から迎えられた。一九〇七年、ボストンのプレス・エージェンシーPress Agencyからジェームズ・エルスワース(James Ellsworth)が引き抜かれ、その後、*World Work* 誌の編集長を務めたアーサー・ペイジ(Arthur Page)が赴任した[28]。

AT&TのPR体制は、一九二〇年代以降、ゼネラル・エレクトリック、ユーエススチール、デュポンなどが参考にするモデルとなったが、その背後にペイジのような専門家たちの存在があった。とりわけ、彼らに共通するジャーナリズムにかかわった経験が、PRを成立させたもう一つの条件となったが、その詳細を後ほど検討することにする。

従業員を使った企業の自己形成

独占に反対する世論や産業国有化をめぐる議論がもたらした〈問題的状況〉を打開し、自己の存在を大衆に知らしめようとしたPR活動の中身は、どのようなものだったのだろうか。ここではAT&Tの各キャンペーンを分析しながら、〈PRする行為〉を通じて〈企業自我〉とその他者となる〈公衆〉がいかなる姿をして現れていたかを見ていく。

初期の広告戦略は、黒い受話器と電信柱などの「モノ」をメインとして描き、電信電話が最先端の技術であることを強調するスタイルをとっていた[29](図3-1)。文明社会を導く科学技術としての電信電話とその先進企業としてのAT&Tを主張したこの戦略は、一九〇九年以降、変わっていく。

図3-1 黒い受話器を描いた初期のPR広告(Marchand, 1998, p. 60)

保線夫と電話交換手を企業の顔に取り立て、「人間らしさ」をアピールするようになったのである。男性の保線夫は、悪天候でも黙々と働くヒーローとし

図 **3-2**　保線夫と交換手を用いたAT&TのPR広告（Marchand, 1998, 左 p. 67, 右 p. 70）

て、女性の交換手は、人と人を優しくつなぐ母なる女神として描かれた。保線夫と交換手という内なる他者＝従業員が、ＡＴ＆Ｔという抽象的組織の公的な顔として前面に映し出されるようになった（図３－２）。

受話器や電線網のアイコンと比べれば、人間の形象をした保線夫や交換手は、親近感が湧く。また、裕福なビジネスマンや上流階級の人々ではなく、大衆的で庶民的な職業に就く人々をモデルとしていることからフレンドリーな印象を与えた。さらに当時、ＡＴ＆Ｔの従業員のなかでも高い割合を占めていた保線夫と交換手を企業の顔として前面に押し出す戦略は、従業員を結束させる上でも効果的な側面があった。従業員同士の共同体意識や愛社精神を刺激し、職業に対する自負心を養うことが期待されたのである(30)。

こうしてＡＴ＆Ｔは、「誰も知らない抽象的な存在」から「身近で親しみのある人間的企業」へと変身した。人々が鮮明に識別・認識できる「顔」を持つようになった企業の人間化は、裏返せば、内部従業員という他者が企業の自我の一部として見出されたことを示唆する。厳密には、ＡＴ＆ＴのＰＲ戦略に表されているのは、他者の創造を踏まえて構築される企業の自我である。このような発想は、従来の企業が行ってきた、創業者や経営者をメインモデルとして描くイメージ戦略とははっきりと異なっていた（図３－３）。

図 **3-3**　経営者の顔を前面に映し出した広告(Marchand, 1998, p. 32)

言うまでもないが、AT&Tの広告に登場する保線夫と交換手のイメージは演出されたもので、実際の仕事を正しく反映しているとは限らない。むしろ重要なのは、AT&Tという企業が人々に示したいと思う自己のイメージである。すなわち実際には経営者やPR担当者が考えたメッセージであるが、保線夫や交換手の姿を借りて人々に語りかけることによって、企業のコミュニケーションは硬直したものからフレンドリーで信頼感のあるものへと変わるのだ。他者のイメージを借りて構築された〈企業自我〉は、AT&Tにとって一連の問題を解決し、社会的状況を再構成していく上で出発点となった。

3　再定義される共同体と民主主義

スモールタウンの再構築

AT&TのPR活動は、内部従業員を超えて社会に散在するより多くの他者を捉えていった。つまり、AT&Tの〈企業自我〉は、人間らしい顔に満足せず、今度は公共的価値と自己を結びつけ、社会の一員に化けていく。第二章で検討したように、PRの独特な語りのなかで話し手は、聞き手の「友人」となる自己を呈示し、友好的関係を強調する。AT&Tは、電信電話事業が共同体精神を支えると主張し、共同体の「助力者」となる自我を構築していった。

当時の独占に反対する世論は、地域主義と中小規模商人を守るために展開されていたチェーンストア反対運動とも絡んでいた。単一システムこそ、顧客にとって最大の便益を提供すると主張したAT&Tの中央集権的経営方針は、

図3-4　スモールタウンに関するAT&TのPR広告（Marchand, 1998, p. 79）

チェーンストア反対運動からすれば、地域主義を妨害し全国規模の巨大な独占体制を築こうとするものであった。このような批判に対してＡＴ＆Ｔは、自らの事業体制は公共的価値を損なわない、むしろ共同体／コミュニティを支えているのだと主張した。

二〇世紀初頭におけるスモールタウンの衰退は、チェーンストア反対運動が主張したように巨大企業とその流通網が地域商圏を破壊した結果、もたらされたが、より根本的には大都市の発達に起因していた。都市に人口が転出し、多くのスモールタウンが昔のような賑やかさを失いつつあったのだ。ＡＴ＆Ｔはこのような問題に食い込み、一九一〇年以降、スモールタウンを舞台とする一連の広告物を製作した。そのなかで、都市の発達によって衰退していくスモールタウンを守っているのは電信電話であると主張し、電信電話のサービスを提供するＡＴ＆Ｔ自らを「ローカル・ホームタウン・フレンド」Local Hometown Friend と紹介し、住民の助力者であることをアピールした（図3－4）。

この時期、電話の加入者は都市部に集中しており、普及率や使用率も都市部の方が圧倒的に高かった。電話の利用は、ビジネス目的が多く、一回限りのものや短時間のお知らせがほとんどだった。このような状況を踏まえていえば、電話は家族同士や共同体構成員同士の精神的連帯を実質的に支える役割を当時まだ果たせていなかったのである。要するに、ＡＴ＆ＴのＰＲ戦略は、スモールタウンに居住する人々を新規電話加入者として募集することを目的としていなかったのである[31]。

代わりにそれは、地域主義を擁護する世論に対してＡＴ＆Ｔの立場を示し、電信電話という事業と共同体の友好的関係を主張することに焦点を置いていた。中央集権的な独占企業が、スモールタウンを結束する「ローカル・ホームタウン・フレンド」として自己を語る言説は、奇妙である。だが、その根底には、かつてアメリカ社会の生活様式を象徴してきたスモールタウンとそれを拠点とする共同体意識を変えていく、助力者でありながら同時に支配者でもある巨大企業の自己意識が潜んでいる。

企業と人々の関係が成立する空間としてPR広告のなかに示された「スモールタウン」は、アメリカ社会に存在する中小都市とは別の次元から成り立っている。すなわちそれは、AT&Tという企業／助力者が提供する電信電話というインフラと技術によって守られる共同体として想像され、実際の共同体とは異なるものとして創造されているのである。言い換えれば、AT&TのPRキャンペーンに現れるスモールタウンとは、〈企業自我〉が意味を獲得する〈意味世界〉であり、ミードの言葉を借りれば、再構築された〈リアリティ〉なのである。

株主民主主義という夢

アメリカ社会の公共的価値を軸にして〈PRする行為〉を通じてAT&Tの〈自我〉が成立し、〈意味世界〉が浮かび上がる様子は、株式に関するキャンペーンからも観察できる。第一次世界大戦後、電信電話事業の国有化をめぐる世論が再び浮上すると、AT&Tは小額でも株を持っていれば誰でも電信電話事業という公共サービスのオーナーであり、AT&Tの経営者であると主張するキャンペーンを展開した。一九一九年以降、製作されたPR広告には、資本家や富裕層、知識人に混ざって希望に満ちた表情をした労働者が人々の群れの前列に立っている姿が描かれているが、このようなイメージを通じてAT&Tが広めようとした「株主民主主義」の夢が強烈に表された（図3-5）。

AT&Tは、多数の平凡な人々が自社の株を所有することで、事業が生み出す利益・利潤がより多くの人々に分配され、公共性や公益性が促進されるのだと主張した。株主の増大がすなわち健全な国民経済の指標であると捉え、株

図 **3-5**　株主民主主義に関する AT&T の PR 広告(Marchand, 1998, 左 p. 75, 右 p. 76)

主拡大運動を標榜したが、その裏面には戦後、強力な勢力となった労働者集団を包摂し、反独占世論を鎮静化する狙いも絡んでいた[32]。実際のところ、ＡＴ＆Ｔの株は依然として少数の資本家に集中され、株主拡大運動は民主主義を実現したとは言い難い面があった[33]。

むしろ、株主拡大運動は、ＰＲというシンボリックなコミュニケーションの産物として理解しなければならない。株を持っていれば誰でも「我が社の主人」であるという、きわめて平等な関係が、企業とその株主／他者の間で仮構されている。この、株を買う行為を通じて階級上の差別が打破されるという理想は、表向きでは民主主義を志向しているが、裏面では前述したように産業国有化に対抗する目的があり、私的価値と公的価値を同置している。

株主拡大運動は、ＡＴ＆Ｔに対する投資を増加させる目的もあっただろうが、それよりも重要な問題として、ＡＴ＆Ｔという企業と自らの利益を重ねて考える経済的運命共同体を心理的次元で拡散させようとしたと考えられる。すなわち「株主」は、企業が創出する利益を分け合う権利を持つ人々を象徴しており、すぐには株主になれなくてもそれを望む人々まで含んでいた。ＡＴ＆Ｔは、そのような「株主」に対して健全な市場経済の精神を厳守する企業像を示し、事業の国有化論争を迂回しようとしたのである。

〈問題的状況〉に対応していく上でＡＴ＆Ｔは、ＰＲを通じて公衆を想像＝創造した。それまで株主といえば、経営において大事な役割を握る投資家や資本家を連想させ、彼らは少数の意味のある他者に近かった。だが、株主拡大運動は、AT&Tにとっての「株主」となる他者の範囲を、労働者、農民、女性に拡大させ、一般化された他者を見出したのである。そのように拡大された他者を鏡として、AT&Tの〈自我〉は社会に役立つ存在として構築された。

さらに〈企業自我〉と〈公衆〉だけでなく、両者が関係を築く〈意味世界〉も形成された。AT&TのPRキャンペーンを通じて、アメリカ社会における特徴的価値、とりわけ「自由主義」、「民主主義」、「資本主義」という概念が、再定義されていることに注目すべきであろう。「自由主義」は、AT&Tの株を買う権利が誰にもあるという意味から援用され、「民主主義」は、(実際には株の保有量に比例するにせよ)株を持つ者は誰でも企業の経営に平等に参与できるという意味において解釈され、これらの価値を妨害しない制度としてアメリカ資本主義とその担い手となる独占企業の正当性が説かれた。

〈企業自我〉の生成

保線夫・交換手からスモールタウン、株主民主主義というキーワードを通じてみるPR戦略の変容は、AT&Tという企業が、内部の労働者・従業員からコミュニティとその住民、さらに社会全般に広がる株主を〈公衆〉として発見していく過程を浮かび上がらせる。それは、主に反独占世論や法的規制などという〈問題的状況〉に応じて、AT&Tの〈企業自我〉が構築されてきた道程でもある。

AT&TのPRキャンペーンは、電信電話という事業の説明に焦点を当てるというより、AT&Tという企業に対して特定のイメージや性格を与えることに重点を置いた。各キャンペーンのなかでAT&Tは、従業員、地域コミュニティと住民、株主に対して彼らの「友だち」や「助力者」を自任してきた。このように、他者を鏡として自我を構築していく過程においてAT&Tは、自己の問題を解決する突破口を模索し、他者の期待(公的価値)に配慮する社会的存在へと姿を変えてきた。

このような感覚は、組織の中核にいる経営者にも広がった。後に検討するように、企業を社会的存在と捉えた経営者たちの言説は、「自己欺瞞」的であるというより、むしろPRする行為を通じて他者と自我の間で相互作用が起こったことを真に受けた結果だとも言えるのである。さらに、企業は、〈意味世界〉の言説や表象上ではもちろん、現実においても社会的存在となっていった。〈PRする行為〉を通じて自己を捉えることは、企業という社会組織が、もはや孤立した存在ではなくなり、言い換えれば、完全な私的利益の追求ができなくなったことを意味する。

これまで見てきたAT&Tの事例からうかがえるPRの歴史的展開を、ミードの社会的自我論から捉えれば、次のような説明ができる。第一に、〈PRする行為〉は、PRを行う主体である企業が自己とはいかなる存在かを認識していく過程の上で〈自我〉を構築していくプロセスである。第二に、そうした過程では必然的に自己が「誰」の目に映っているかが問われ、〈PRする行為〉は、〈企業自我〉の鏡として、相対的概念として〈公衆〉という他者が想像＝創造されていくプロセスともなる。第三に、このようなプロセスは、〈企業自我〉と〈公衆〉の間で意味を共有させ、〈意味世界〉を出現させる。それゆえ、シンボリックである。

三　技術と技術者の成立——もう一つの〈PRする主体〉

1　PRの揺籃——イエロージャーナリズムとマックレーキング

マス・メディアの産業化

ここでは、前節で指摘したPRの専門家集団に光を当て、〈PRする行為〉の制度化と科学化における特徴を検討する。まず、二〇世紀アメリカ社会を大衆社会＝メディア社会として捉え、ジャーナリズムとPRの関わりを明らかにし、〈企業自我〉が構築されるメディア的基盤と技術的・職能的土台を見出しておこう。

PR専門業の誕生は、マス・コミュニケーションの普及と深く結びついている。一九世紀末から二〇世紀初頭頃、アメリカ社会の顕著な特徴の一つは、新聞や雑誌を中心とする情報社会化だった。新聞は一九世紀半ばまで高価だったため、読者層が一部の人々に限られ、その性格も政論紙に近かった。だが、印刷技術の急速な発達により廉価新聞〈ペニー新聞〉が流行し、より多くの人々の興味を惹くような事件の報道に焦点が当てられ、新聞というメディアの大衆化、商業化が進んだ(34)。

このような雰囲気のなかで新聞各社の合併運動が活発になり、「新聞王」と呼ばれたウィリアム・ハースト〈William Hearst〉をはじめ、大手新聞の発行者・事業家たちは、地方に散在する中小規模の新聞社を次々と吸収していった。二〇世紀初頭にはほとんどの地方中小新聞が統廃合され、巨大新聞帝国に組み込まれ、全国的なニュース・システムが誕生した(35)。パッケージ化された社説や記事を中央の本社から地方の各社へ一括提供するチェーン・システムが構築され、このようなシステムは、雑誌業界にも広がった(36)。

マス・メディアの産業化とニュース・システムのチェーン化は、結果として読者の全国化と均一化をもたらした。地域の新聞が衰退するにつれ、ジャーナリズムにおける地域主義が薄くなり、全国の平均的読者層が拡大した。この均一化した読者を新聞各社が奪い合い、部数競争の激化とともにより刺激的で面白いニュースを探し求め、事件の捏造も躊躇わなかった。販売部数を伸ばそうとする煽情的で刺激的な報道からイエロージャーナリズムやセンセーショナリズムが流行し(37)、新聞、雑誌におけるニュースの価値は、取材と報道に加え、「リアリティ」を製造する性格を帯びるようになった。

ジャーナリズムの周縁

ニュースと読者を製造するシステムの構築は、ジャーナリズムのあり方を大きく変えただけでなく、その周縁でニュースや読者を軸とする新たなビジネス、とりわけ初期の広告業とPR業が展開するきっかけとなった。

初期広告業は、一般的に知られるように新聞や雑誌における紙面の仲介業 space broker から始まった[38]。社説や記事を除いて余った紙面を告知などの広告目的に利用したいと申し出る第三者に売り込み、その成功報酬を新聞、雑誌の各社から受け取るシステムだった[39]。だが、新聞、雑誌の種類と数が増加し、紙面に載せる「コンテンツ」の需要が高まるにつれ、紙面／枠を売り込むことに加え、どのようなメッセージやレイアウト構成がより説得的であるかを顧客に提案する仕事へと拡大するようになった[40]。

マス・メディアの代理人から、広告主の代理人への移行は、初期PR業とも共通している。PRの専門家たちは、顧客となる企業や団体、個人の意見や声明が、新聞や雑誌のなかで「ニュース」として掲載され、読まれるように仕かけた。PR業はこのようなサービスを最初からマス・メディアではなく顧客に提供し、読者を顧客の立場から捉えることで、ジャーナリズムから独立した。

そこにおける代理‐仲介業の特徴は、これから検討するPRの専門家集団の登場を理解する上で不可欠である。すなわち、PRという制度的コミュニケーションは、PRを行い、自我を構築しようとする主体／顧客と、その行為を実践のレベルで遂行する代理・代行者／専門的集団による二重の体制を通して成立する。このシステムが〈企業自我〉の構築においてどのように作動するかについては、後ほど詳しく論じることにする。

このように、二〇世紀初頭のアメリカ社会におけるマス・メディアの発展は、ジャーナリズムと並行し、企業コミュニケーションのあり方をも大きく変えた。言い換えれば、「コミュニケーション」という概念、現象、技術が、資本と結びつく結果をもたらしたのである。ニュースを製造するジャーナリズムの周縁で派生したＰＲ業は、やがて巨大企業とその〈自我〉が全米社会に広がり浸透していくことを可能にした。

マックレーキングという引き金

以上で検討したようにマス・メディアの発達は、ＰＲがジャーナリズムから派生し、専門的ビジネスとなる土壌をつくった。すなわち、巨大産業や企業がＰＲを通じて独自なコミュニケーションを仕掛け、世論に介入できる技術的基盤が整えられたのである。ここでは当時の企業や経営者が、ＰＲ専門業の「顧客」となったきっかけを、マス・メディアの商業化に話を戻しつつ、説明してみたい。

商業主義に根ざすジャーナリズムは、センセーショナリズムやイエロージャーナリズムの拡散によりスクープを探し求め、大物資本家の私生活や痴情をネタにしたが、同時に、そのような「強盗貴族」たちが牛耳っていた産業界の不祥事を告発し、大衆に訴える力のある記事にしていった。とくに後者の類の報道は、「マックレーキング」muckraking と呼ばれ、進歩の時代における象徴的ジャーナリズム運動となった[41]。

マックレーキングは、堆肥などをすき起こすという言葉に由来する。セオドア・ルーズヴェルト（Theodore Roosevelt）はニューヨーク市警察本部長として在任していた時、貧困や殺人、賄賂収受など、あらゆる事件を警察よりも手早くかつ執拗に掘り下げ、記事にする一群の記者を、若干の嫌みを込めて「マックレイカー」muckraker と呼んだ。マックレイカーたちは、大都市だけでなく全国各地のあらゆる醜聞を暴き、世論を掻き立てていった。巨大産業の独占、トラストの違法取引・不正、消費者を翻弄する製造業者の不祥事、拝金主義に踊らされる政治家の賄賂事件などが標的となった。マックレイカーの一人であったアップトン・シンクレア（Upton Sinclair）は、市民の健康を脅かす精肉業界の非衛生的な労働環境を暴露し[42]、イーダ・ターベル（Ida Tarbell）は、ロックフェラーをトップとするスタンダード・オイル帝国の不正取引を告発した(43)。

人々は、暴露物語を恐怖心に包まれながらも熱狂的に消費し、産業や政治家に対して怒りを噴出させた。マックレイカーたちの記事が連載された新聞や雑誌は飛ぶように売れ、単行本となって出版され、ベストセラーとなった(44)。このようなブームを受け、マスコミ各社はマックレーキングを組織的に計画し、マックレイカーたちを後援し、次から次へと新しい暴露物語をつくりあげていった。

マックレーキングは、新聞や雑誌というメディアとその読者における政治的力が、商業化の歯車として組み込まれていく断面を表す。前述したように醜聞暴露は、一方ではマスコミ各社の部数競争から生まれたものであるが、それによって探偵ジャーナリズムや潜入取材など、新しい報道のスタイルが誕生し、社会改革の雰囲気が鼓吹される側面もあった。言い換えれば、マックレイカーたちは商業主義の魂と切り離せない存在であると同時に、産業化と資本主義がもたらした社会問題を掘り下げ、事件を緻密に取材し、素早くニュースにしていくスタイルを構築し、社会改革運動の一翼を担っていたのである(45)。

一九世紀末、社会改革家たちは、産業化がもたらした様々な問題を解決していく上で民衆啓蒙の武器として、出版ジャーナリズム publicity に注目した。普通の人々にとって非常に複雑に見える社会問題でもその核心を分かりやすく説明し、正しい情報を流布すれば、民衆の政治的力を集結させ、社会問題の解決ができるのだと考えた(46)。社会改革家たちの夢は完全には実現しなかったが、代わりにマックレーキングが民衆を立ち上がらせる「手法」を継承し、世論の寵児となったのである。

社会運動の手法から学んだものは、他にもいた。大企業や資本家の間で、マックレイカーたちの暴露によって点火された世論の攻撃を受け、公共の敵と見なされたことに対して抗弁しようとする動きが表れた。企業や経営者は問題の核心が、時間の経過につれ自然と治まる人々の激しい感情や怒りではなく、マックレーキングのように世論を製造するシステムにあることに気づいた。言い換えれば、警戒すべきはマックレイカーたちというより民衆の政治的力が出版ジャーナリズムを通してマス・メディアに移譲され、「世論」となって形成されるところにあった。まさにこのような問題に対応する上で企業は〈PRする行為〉に取り組み、それをより専門的に行うもう一つの〈PRする主体〉が現れた。

2　パブリシティ――真実らしさを書く技術

目には目を、歯には歯を

スキャンダラスな報道に対して、産業帝国を築いた大物資本家たちは沈黙するか、記者を買収し事実の隠蔽にはしるかのどちらかの道を選んできた。しかし、この慣行は、二〇世紀初頭に入って変化した。それまで厳密に遮断された情報が企業自らによって提供され、公開されるようになったのである。とりわけ、マックレーキングの技術的、メディア的基盤を逆利用し、敵の技と同じ手法（出版ジャーナリズム）が採用され、そのような活動全般が「パブリシティ」publicity と呼ばれるようになった。

記者の自由な取材を許可し、報道する側が欲しがる情報を進んで提供することで隠蔽や買収ではない正当な方法で企業の意見を広める。さらに、企業からもニュースの製造過程にかかわるパブリシティの普及は、企業や経営者の意識が転回したことを表す。真実を知りたがる大衆の欲求が爆発し、大量の情報がマス・メディアを通じて流通され、消費される社会において、企業は、単なる自己弁護を超えて世論により積極的に介入しようとした。

企業による情報管理が「禁止と隠蔽」から「公開と流布」へと変わっていく様子が鮮明に映し出された事件が、長い間、強盗貴族としてマスコミから叩かれてきたロックフェラー一家をめぐって起きた。一九一三年の秋、コロラド州南部でコロラド・フュエル・アンド・アイアン・カンパニー Colorado Fuel and Iron Company（CF&I）の労働者数千人が参加するストライキが発生し、翌年四月に経営者側の武力鎮圧により労働者側のキャンプ地下に隠れていた婦人と子供十数人が窒息死する惨事が起きた。

この事件はアメリカ各地のマスコミによって「ラドロー虐殺」Ludlow massacre と称され、大々的に報道され、その残酷さに激怒した世論がCF&Iの大株主であったロックフェラー家に非難を集中させた。この事態を受け、議会調査が始まり、険悪な空気が漂うなかでロックフェラー二世（John Rockefeller, Jr.）は、先代の沈黙路線を断ち切り、パブリシティを取り入れて世論の鎮静化をはかった[47]。ロックフェラー二世は、経費を負担して全国各紙・誌の記者を事件現場に招き、取材させ、自らも事故現場に足を運び、労働者や住民と気安く話し合う場を設けた（図3-6）。

図3-6　ラドロー虐殺現場を訪れたロックフェラー二世（Chernow, 1998＝2000 下巻, p. 394）

その時に撮影された写真は、ロックフェラー二世を良心のある若手経営者として描き、その姿はさらなるパブリシティの材料として利用された[48]。写真のなかでロックフェラー二世は「強盗貴族」と呼ばれた先代の守銭奴で悪者のイメージとは程遠い、堅実な事業家の顔をしている紳士として写された。この紳士がいかにも誠実に事件の解決のために努力していること、そしてその努力が「虐殺」の罪に対する代価ではなく、彼自身の社会的責任に応じて果たされているのだというメッセージが、写真とともに提供される記事を通じて力説された。そして事態は、ロックフェラー二世の善良な心と地域住民の福祉政策に重点をおく計画によって、解決に向かっていった。

ロックフェラー二世のパブリシティ戦略は、企業経営にかかわる情報が外に漏れることを極度に警戒していた慣行を破る異例の公開政策と評価された。マスコミは、虐殺を傍観した企業の残酷性を厳しく突き止める意見とそれを根拠づける事実情報だけではなく、批判的世論の的であったＣＦ＆Ｉとロックフェラー家を友好的に描き、擁護する情報とが同時に交差する場となった。

この成功したパブリシティ戦略は、マス・メディアの産業化が築き、マックレーキングが作動してきたシステムを逆利用した結果だった。すなわち、攻撃的報道と批判的世論に対応する上で、読者を惹きつけるために新しいニュースを探し求めるマスコミに積極的に情報を提供し、さらに大衆の要望と需要に応じて自らもニュースを発信したのである。パブリシティは、巨大企業がニュースや情報をマスコミのなかに浸透させ、「疑似報道」を作動させていく構造を浮かび上がらせる。企業は、ジャーナリズムのシステムのなかにすんなりと入り込んだのである。

パブリシティという技法

パブリシティ活動は、ジャーナリズムの専門家に任された。ロックフェラー二世とＣＦ＆Ｉのパブリシティ戦略を主導したのは、ジャーナリスト出身のアイヴィ・リー（Ivy Lee）であった。「ラドロー虐殺」に対する世論を鎮静化する上でリーは、ロックフェラー家に有利に働く情報をまとめ、小冊子を製作し、地域住民や組合員はもちろん、全国の有名紙・誌の編集担当者、著名人や宗教指導者など、各界の人士宛に手紙とともに郵送するように指示した(49)。さらに、ＣＦ＆Ｉの労働者・従業員向けのＰＲ誌の刊行を提案した(50)（図３－７）。

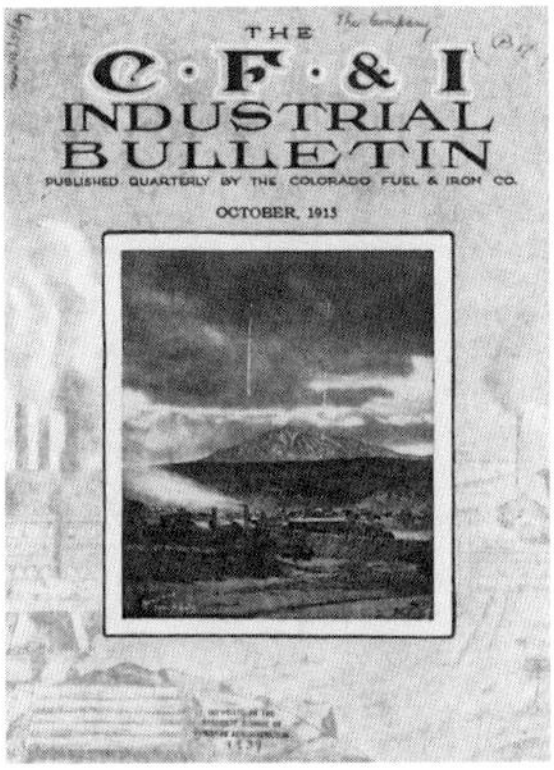

図 3-7　CF&I の労働者・従業員向け PR 誌（Brown, 2005, p. 133）

初期ＰＲ業の先駆者的存在として知られるリーは、一九〇四年に同じく新聞記者であったジョージ・パーカー（George Parker）と一緒に、アメリカ初のPR会社とされるパーカー・アンド・リー社 Parker & Lee を設立した。ロックフェラー家のPR顧問に就くまで、一九〇六年に無煙炭事業のスポークスマンを務め、ペンシルヴァニア鉄道会社のパブリシティを担当した。[51] リーは、そのような経験を通じて、印刷メディアを中心に情報を発信し、周知させる手法であるパブリシティをPRの核心的技術として興した。

一九世紀末から二〇世紀初頭にかけてパブリシティは本格的に専門化し、〈PRする行為〉そのものを称する言葉となっていった。一九〇五年にマックレイカーの一人であったレイ・ベイカー(Ray Baker)が *McClure's* 誌に掲載した記事は、当時のパブリシティがいかに組織されていたかをうかがわせる。ベイカーはシカゴのパブリシティ事務所を取材し、そこにおいて顧客の問題に関連する全ての記事が精密に読まれ、切り貼りされ、ファイリングされていると報じた。また、この事務所が、顧客にとって特別注意が必要な地域はもちろん、全国各地に調査員を送り込み、地元新聞や雑誌を対象に、発行部数、産業に対する評価(友好的であるか否か)、さらに編集者個人の政治的信念や宗教、アルコール問題など、ありとあらゆる情報を探り、記録していると告発した。[52]

アイヴィ・リーのパブリシティも技法の面においては、これらの活動と類似していた。マスコミに報じられた記事や関連する報道資料を切り貼りして顧客に提供するクリッピング・サービス news clipping service を中心にしながら、新聞、雑誌の各社が探し求めると思われる情報を事前に提供し、自社の宣伝なども合わせて掲載する小冊子を発行した。[53] リーは、このような活動が言論代行業などに顕著な捏造や誇張とは一線を画すもので、事実に基づき、即時に記事にできる内容を持つ、形式面でも整えられた情報のみを提供すると説明した。[54]

このような主張に対しては当時も今も疑いや批判がある。だが、リーが広めようとしたのは「事実」そのものではなく、事実という材料を加工した「ニュース」であり、パブリシティは、事実を新たな状況認識として再定義していくプロセスであった。[55] すなわち、顧客が置かれた〈問題的状況〉を把握し、それを顧客にとって望ましいものへ変えていくために世論を意識しながらニュースの製造過程に浸透する。そして提供された情報が実際にどのように拡散し、報道されたかを確認し、顧客に報告する。真実ではなく「ニュース」を、「真実らしさ」を書き上げる技術としてのパブリシティは、顧客との関係を除けば、その情報加工と流通方式は当時の記者や編集者たちが行ったそれとさほど変わらなかった。

3　ＰＲマンの育成所、ジャーナリズムの民兵隊

ＰＲマンの資格

〈ＰＲする行為〉の専門家たちは、いかに育成されたか。この問題を、まずジャーナリズムとのかかわりから考察してみたい。

パブリシティは、「ＰＲマン」にとって最も求められる技術だったが、その一面が映画『灰色の服を着た男』(*The Man in the Gray Flannel Suit*, 1956)からうかがえる。(56) 放送局のパブリシティ担当に就職した主人公トミーは、精神疾患を予防するＰＲキャンペーンを企画中の社長を手伝って演説文を作成する仕事を任される。トミーに対して上司は、演説文がきちんと書かれたならば精神疾患のキャンペーンを語る句や節がほとんどなくても演説が終わる頃には聴衆はそれが社会にとって絶対に必要な計画だと信じ、その適任者が我が社の社長以外、他にいないと考えるようになるだろうと説教する。(57)

映画のなかでトミーは、とある財団で働きながら投資者に送る手紙や報告書を専門に執筆した経験があり、文章を書くことにはかなり熟練している設定だが、企業のＰＲ担当に就いた以上は、単に書くだけでなく書くことを通じて世論を動かすことが求められる。これが、戦後アメリカ社会を舞台に描かれたこの映画に現れたパブリシティの技で

あり、「ＰＲマン」の資格要件だと思われた。だが、パブリシティが〈ＰＲする行為〉の主な技術となったのは、この映画が作られた一九五六年よりはるか前に遡る。

アイヴィ・リーの話に戻り、彼の実践を通じてＰＲ専門家における職能的条件を考えてみよう。一九一九年に設立されたアイヴィ・リー・アンド・アソシエイツ社 Ivy Lee and Associates は、*Editor and Publishers* 誌に掲載した求人広告のなかで、新聞社で働いた経験があること former newspaper man を入社志願者に求められる資質として挙げた。実際にこの会社で働いていたスタッフのほとんどが大卒者であり、社長であるアイヴィ・リーをはじめ、全員が元ジャーナリストだった[58]。

ジャーナリズムに携わった経験は、業界の大物であったリーの会社に集まった若手ＰＲマンに限られた、特別に厳しい条件ではなかった。それは、当時、ＰＲ業に広く行き渡った慣行だったのである。リーをはじめ、エドワード・バーネイズ（Edward Bernays）、ジョン・ジョーンズ（John Jones）、ジョン・ヒル（John Hill）、ウィリアム・ボールドウィン（William Baldwin III）、ロバート・ダンカン（Robert Duncan）、ハリー・ブルーノ（Harry Bruno）、ハリー・クレムファス（Harry Klemfuss）、ロジャー・リス（Roger Riss）などの多くが記者や編集長として働いた経験を持っていた[59]。

一九二〇年代以降のＰＲ業を盛り上げていった彼らの経歴をみていくと、軍の公報組織に入隊したことから第一次世界大戦後、民間ビジネスに移転してきた者もいるが、ほぼ全員が戦前から記者、または編集者として働いていたことが分かる。そしてこのようなある種の職業移民は、パブリシティという世論を形成する技術を駆使するための、すなわちニュースを製造し、企業の〈問題的状況〉を定義／再定義するための職能的条件に基づいていた。このように、パブリシティという技術は、ジャーナリズムからＰＲへの流れをつくり、多くのジャーナリストを「私立ジャーナリスト」へ変え、ＰＲ業という新しいビジネスを成立させたのである。

ジャーナリズムとPRの相補的関係

パブリシティを通じてPR業が成立したということは、言い換えれば、それまで新聞、雑誌というマスコミに限られた情報／ニュースの生産と循環が、他の組織に開放されたことを意味する。つまり、それまでジャーナリズムが象徴していた市民社会における公的機能が、企業に移転され、その利益の一部となっていく過程を示している。

市民の知る権利と公共の利益のために身を捧げてきた者（ジャーナリスト）が、巨額の報酬を払う依頼主／顧客と契約を結び、反独占世論を支えていた時と全く同じ技術とノウハウを使ってパブリシティを行い、独占を推進する世論を造成し、依頼主の利益を守ろうとする現状に、当時のジャーナリズムはどのように対抗したのだろうか。結論から言えば、敵対視するよりも期待を寄せる意見の方が多かったようにみえる。

情報の信憑性をめぐる問題や大衆操作の危険性を恐れる声が全く挙がらなかったわけではないが、それ以上にパブリシティとPR専門業に注がれた新聞、雑誌業界の憂慮は非常に現実的な問題と結びついていた。パブリシティからなる情報を採用し、それをニュースとして報道するか否かは記者や編集長の判断にかかっている。つまり、マスコミが情報を取り上げた場合でもその代価としてパブリシティの代理人やその顧客に対し、一定料金を支払うように要求することはできない。マス・メディア各社にしてみれば、広告を掲載した時のように固定の収入を得ることができなくなるのである。PR専門業の成長は、費用を払って新聞や雑誌に広告を掲載するより「無料」パブリシティを選ぶ企業が増えているという印象を与え、広告収入の損失を恐れる雰囲気を拡散させた。これを受けて一九〇八年、米国新聞発行者協会 American Newspaper Publishers Association は、PR／パブリシティに反対するキャンペーンを全国的に実施した(60)。

しかし、一方では、PR／パブリシティに期待を寄せる声も現れ、この新しい分野が提供してくれる実質的な便益に関心が注がれた。*Bookman* 誌によると、パブリシティはジャーナリズムにおける時間と資金、人手不足、取材拒否などの問題を解決し、入手困難であった情報を容易に提供する画期的なシステムであった(61)。*American Magazine*をはじめ、多くの新聞・雑誌は沈黙と秘密主義で閉ざされていた企業の情報がパブリシティを通じて公開されることは、大衆の知る権利に大きく役立つと評価した(62)。

このような期待と評価は、元同僚であり、マスコミ業界の生態をよく知っている「ＰＲマン」に抱く仲間意識に基づいていたと考えられる。それと同時に、ＰＲ／パブリシティをジャーナリストの仕事を効率化する上での補助的システムとして捉え、「ＰＲマン」たちをジャーナリズムの周辺部において動員できる組織と見なす風潮も示されているのである(63)。

ＰＲとジャーナリズムの関係は、世論を形成する技術をめぐって、きわめて相互補完的に発達してきたとも言える。ＰＲの専門家はジャーナリストの「民兵隊」として、ジャーナリズムはＰＲマンの「育成所」として、両者はまさしくアメリカ的とも言えるプラグマティックな価値観に基づいて互いを機能的に補う関係を築いていた。二〇世紀初頭におけるＰＲの歴史は、そのような事実を鮮明に浮かび上がらせるのである。

四　企業自我が構築されるコミュニケーション

1　公衆の創造をめぐる科学――心理学のアメリカ的解釈

他者概念の変化

〈ＰＲする行為〉における二重の体制は、〈企業自我〉の構築におけるプロセスが分化したことを意味する(64)。本書はこのような特徴を、〈企業自我〉のコミュニケーション的構築における制度化と称し、第一次世界大戦の前後におけるPR概念の科学化、とりわけ社会心理学やプロパガンダとの結びつきを手がかりに検討してみたい。

その上でまず、自我の構築に欠かせない他者に対する視点が、いかに変化したかを考えてみる必要がある。世紀転換期のアメリカ社会において、マス・メディアの商業化・大衆化は、均一的読者を大量に生産し、他者を固定不変で実在するものと見なしてきた伝統的な概念を一変させた。読者という他者、世論という公衆は、マス・メディアを通して創造される、流動的集団として見なされるようになった。公衆や世論を読者という母集団から抽出するジャーナリズムとパブリシティの考え方は、第一次世界大戦を前後にして、とりわけ心理学の流行によって再び、変わっていく。新聞や雑誌は、読者／公衆を世論として浮上させ、巨大企業に対抗する政治的主体にしていったが、心理学は、社会を人間の心理や本能的な特徴から説明し、新たな他者概念を提供した[65]。

人間の心こそ、あらゆる行動を決め、様々な反応を引き起こすための新天地であるという考え方がアメリカ社会に普及し、知識人の間だけでなく、市場における企業活動に関しても重要なテーマとなった。いうなれば、アメリカでは、ヨーロッパ社会において群衆や公衆に与えられた政治性と異なるプラクティカルな視角から他者を捉え、描くようになった。以下では、〈企業自我〉の構築にかかわるコミュニケーションの制度化を問うていく上で、〈PRする行為〉における公衆概念の変化を、広告やプロパガンダと比較しながら検討する。

広告科学運動

適切な手法を加えれば、人間の心理を操作することができるという考え方は、広告ビジネスによる心理学の応用から試みられ、心理学の市場における実用化の道を切り開いた。当時の広告分野では散在する人々を消費者として覚醒させ、新しい市場を開拓していくための「科学的道具」が求められ、心理学がその答えとなった。一九〇八年に *The*

Psychology of Advertising in Theory and Practice を発表したノースウェスタン大学のウォルター・スコット（Walter Scott）を中心に、広告業界の科学運動が展開されるようになった。

アメリカの広告業界は、市場を構成する人々の消費行動における原理を究明し、ターゲットの属性に目がけた広告を打つことができるなら、市場の操作も夢ではないと考えた。それを実現するために、心理学という「科学」が広告業界に広がった。*Modern Advertising* 誌や *Printer's Ink* 誌は、広告が、現代建築や音楽のように、芸術の領域から脱皮し、精密科学へと進化しなければならないと主張した[66]。これらの業界誌は、科学としての広告を顧客／広告主に説明するために、広告技術者は心理学の知識を学ぶ必要があると助言した。

心理学の応用を踏まえ、広告を「科学」として定義した広告科学運動の背後には、広告ビジネスに対するネガティブなイメージを改善し、広告技術者の社会的地位を向上させようとする意図も結びついていた。だが、科学を通じて広告の専門業を正当化しようとする試みは、言説だけでなく、行動のレベルでも実際のビジネスに反映され、明らかな変化を伴った。広告技術者たちは、人間の本能を科学的に刺激すれば消費を促進することが可能だと考えたウィリアム・マックドゥガル（William MacDougall）の本能理論 Instinct Theory や、アメリカで注目を集めたフロイトの著書を愛読し、それらの「理論」を消費市場において検証し、販売促進戦略に反映させていこうとした[67]。

心理学＝科学を軸とした広告業界の革新は、市場が遠隔化し、多様化する当時のアメリカ社会の状況を背景にしていた。つまり、心理操作を通じて消費行動を導き出せるという考え方は、交通の発展によって市場が膨張し、消費者がますます見えなくなっていく問題に対する突破口と思われたのだ。広告業界は、抽象化する市場とそこにおける消費者という他者の実体をつかみとる上で理論的には心理学に依存する一方で、その効果を証明する調査手法を模索し、その試みは消費社会の深化とともに市場調査分野の成立と発達につながっていく[68]。

PRマンと心理学

PRと心理学のかかわりは、主に第一次世界大戦後の社会状況を中心に議論されるが、広告業界の科学運動は、大量説得の心理戦とプロパガンダが注目される前からすべて心理学がアメリカ社会に広く浸透していったことを浮かび上がらせる。従ってPRの専門業における心理学の影響も、プロパガンダより先に広告との比較を通じて検討できるはずである。

広告科学運動の手引きとなった心理学理論は、同時代のPRマンによっても耽読された。リーはル・ボンやフロイトの著書を愛読し、ジョン・ジョーンズは社内の図書室にチャールズ・ハイアム（Charles Higham）やウォルター・スコットの著書を揃えていた。[69] 彼らは心理学の応用を通じて人々の社会的行為に至る動機を明らかにし、それをPRの実践に反映しようとした。例えば、大衆を「一時的群衆」crowdと「日常的公衆」publicに分けたフロイトの議論は、PRを依頼してくる顧客の〈問題的状況〉に応じてどのような手段を用いるべきかを決める上で理論的根拠を与えた。

こうした試みは、心理学に基づき、広告を科学として推進してきた広告業界とそのビジネス・モデルによく似ている。だが、両者が心理学というフィルターを通して捉えようとした対象は、根本的に異なる。すなわち、広告科学運動が市場を開拓し、利益の直接的創出を狙う上で消費者をターゲットにしていたのに対して、PRは公共性や公衆の性質を明らかにしようとした。PRマンにとって心理学は、公衆という他者を知るための科学だったのである。

このような特徴は一九一四年にアメリカ鉄道協会American Railroad Guildで行われたリーの講演からも示された。[70] リーは、「公共心」public mindという言葉を使いながら、人々の心を知ることは企業経営に欠かせない問題であると説明し、心理学的知識こそシンボルやフレーズに惹かれやすい人間の実体を明らかにするのだと主張した。このような議論を踏まえてリーは、公共心を捉えていく科学的手法としてパブリシティを売り込んだ。

リーのようなPRマンたちにとって心理学は、社会に散在する他者を企業や経営者の〈問題的状況〉にかかわる〈公衆〉として見出し、公衆の心＝公共心における本質を解釈していくための道具となった。広告科学運動に影響を受けながらも、広告とは異なる他者を捉えたＰＲ業界は、心理学という「科学的武器」を手に入れ、世論に浸透し、市民社会の公共圏に働きかける革新的技術としてＰＲ／パブリシティを定義した。その様子は、一九二〇年にコロンビア大学で行われた講義で、心理学的知はＰＲ業を科学的にするだけでなく、真の「公的サービス」public service へと導くのだと語ったリーの言葉から再び表された。[71]

2　第一次世界大戦とＰＲ言説

国家と国民の関係 ―― プロパガンダとの比較

心理学の流行は、他者の定義を変え、かつてル・ボンやタルドが注目した集団的他者（群衆と公衆）とその政治的力は、個人の本能や内面的欲求を通じて説明されるようになり、やがてマス・メディアを通じて操作可能だと考えられるようになった。アメリカ社会において心理学の言説がきわめてプラグマティックな方向に進み、実用化の道を歩んできたのは前述した通りである。[72]一方では消費を促進し市場を開拓し、他方では公共心をつかみとる上で注目された心理学は、第一次世界大戦を経て今度は国民という他者を捉えていった。

第一次世界大戦は、母国や同盟国および敵国における国民と兵士を相手に、戦争に関する思いや情緒、行動を誘導する技術の実験場となった。イギリス政府は、徴兵の対象となる男性だけではなく、女性と子供をもプロパガンダの対象として捉え、国民として「母国」の勝利に寄与することを強く訴えかけるキャンペーンを行った。全ての国民を戦争に直接的、間接的に動員していく一方で、アメリカの戦争介入を促すためにアメリカ社会の知識人を中心に世論を動かそうとした。

プロパガンダの浮上と拡散に深くかかわってきた主体は国家であり、国家という〈プロパガンダする主体〉が相手として捉える他者は、国民である。イギリス政府のプロパガンダ活動は、国家という主体が国民という他者に対してどのような関係を求めたかを示してくれる。徴兵ポスターによく使われた「母国はあなたを求める」という文句は、両者の間に働く非常に強い結束力を表し、運命共同体となる関係が前提される(73)。

このような国家と国民の関係／関係性からすれば、第一次世界大戦中にアメリカ政府が行った活動のなかにも確かにプロパガンダと呼べるものがあった。人種、文化、階級の各面で非常に異質な他者から構成されたアメリカ移民社会は、戦時中には「国家」と「国民」の関係に基づいて再定義され、アメリカ政府の広報委員会 Committee of Public Information（CPI）が国家と国民を強く束ねるプロパガンダの技術者となった(74)。

第一次世界大戦は、アメリカ産業社会を牛耳る大企業にとっては、広告からPRへとコミュニケーションの重点が一時的に移されるきっかけとなった。戦時中における国家統制の産業政策は、製品・サービスの軍需化をもたらし、企業は平和時のような広告活動の必要性を失った。代わりに戦争が終わり、再び自由市場経済が取り戻されるまでの間、人々の頭から自社の製品やサービスが消えないようにするために企業の存在感を高め、社会的役割や公共精神をアピールするPR広告が行われた。

要するに、第一次世界大戦期に国家を主体とするプロパガンダ活動が隆盛したのとは別に、産業や企業を主体とする企業コミュニケーション、とりわけPR活動も活性化されたのである。こうした変化は、戦後も続き、アメリカの繊維産業は一九二六年に綿織物協会 Cotton Textile Association という連合組織を発足させ、業界の結束を図った。とくにマスコミや世論に対する機能を強化し、繊維産業全体に関連するPRキャンペーンを実施したが、この構想は戦時期に鉄道事業の総監督を務めたウォルター・ハインズ（Walter Hines）によるものであり、ハインズは戦争から学んだ経験を活かそうとした(75)。

「操作する心理学」の拡散

第一次世界大戦を通じてプロパガンダに対する関心が高まり、人々の心を刺激し、高揚させ、操る〈操作する心理学〉が注目された。広告やＰＲの専門家たちは、それを平和時の市場や市民社会に導入し、ビジネスの拡張を模索した。第一次世界大戦がもたらした人間心理の操作可能性と大量動員の技術が、国家から産業へ、政府組織から民間企業へと拡大したのである。

戦時中に情報・公報活動に携わった者が、戦後、大挙してＰＲ業界に流れ込み、プロパガンダの心理操作を応用し、ＰＲにおける科学化をさらに推し進めた。それをうけた一九二〇年のＰＲ業の繁栄は、ある意味ではプロパガンダが寄与したともいえるだろう。

戦時中にイギリス政府の公報機関に配属され、プロパガンダという「ニュー・テクノロジー」の核心部にいたチャールズ・ハイアム（Charles Higham）は、著書 *Scientific Distribution*（1918）のなかでＰＲ業について次のような提案を行った。ハイアムによれば、「ＰＲマン」は、熟練した技術を持ち、心理学的インスピレーションに富み、科学的経営を追求する企業と経営者のニーズに応え、思考やアイディアを拡散させ、世論を啓蒙し鋳造する人々であった[76]。他にも、心理学の科学的見地に基づいて世論を操作することがＰＲビジネスの核心であり、顧客企業が期待するところであるという意見が開陳された[77]。ＰＲ業界は人間の心理に関する優れた理解と知識を持ち、科学的伝達技術を発展させることで、大衆をより望ましい方向へと導くのがＰＲマンの仕事だと主張した。

第一次世界大戦後の言説の多くは、ＰＲを〈操作する心理学〉、つまりプロパガンダの知と経験と結びつけたが、そのような傾向は、戦前から続いた「公衆とは誰か／何者か」という問いにも通じるところがある。例えば、ハリー・ブルーノ（Harry Bruno）はＰＲマンにとってもっとも大事な徳目とは人間の心を理解し、企業と公衆を仲介することであると説明し、ジョン・ジョーンズ（John Jones）は、公衆の正体の究明に努め、公衆の精神分析 psycho-analyzing of public を試みた[78]。

戦前と戦後の連続

プロパガンダを通じて拡大再生産された広告業やPR業における言説は、他者に対する企業のまなざしにも変化をもたらした。それを踏まえていえば、一九二〇年代以降のアメリカ社会における広告、PR、プロパガンダの関係は、次の二つの対照的見解から説明することができる。

第一に、プロパガンダの思想と技法が、戦後、アメリカ政府から民間企業に行き渡り、継承されたと考えられる。だが、このような見方は、戦後、アメリカ社会で「プロパガンダ」という言葉が急速に消えていく現象を説明する上では限界がある。CPIのトップだったジョージ・クリール（George Creel）は、一九二〇年に出版した『我々は、アメリカをいかに広告したか[79]』のなかで自らの活動を「プロパガンダ」ではなく、アメリカ主義の福音 Gospel of Americanism を地球の隅々に伝える「広告」として振り返った。

「プロパガンダ」という言葉が表で蒸発した背後に、戦争が付与したネガティブなイメージを避けようとする意図があったかもしれない。しかし、厳密にいえば、プロパガンダに対し、アメリカ社会の価値と真正面から対立する「悪」のイメージが色濃くなったのは、ドイツやイタリアの独裁政治が横行する一九三〇年代以降から第二次世界大戦にかけてであり、一九二〇年代のアメリカ社会における「プロパガンダ」の蒸発現象には別の原因があったと考えられる。

アメリカ政府は、戦争という特殊な非常事態下で主要産業を取り締まり、国民を動員し、戦争を正当化する上でプロパガンダを用いたが、戦争が終わり正常に復帰した社会ではそのような行為は認められず、意義を失うはめになった。すなわち、アメリカ政府を〈プロパガンダの主体〉として浮かび上がらせた社会的状況が変化し、国家と国民の関係を築くためのコミュニケーション＝プロパガンダも要らなくなったのである。

第二に、広告やＰＲがプロパガンダに包摂されず、それを踏み台にして発達したという解釈もできる。ＰＲ、広告、プロパガンダの関係を、戦前から戦後への連続から捉えれば、戦前にすでに形成された広告とＰＲの専門分野が、戦中期に一時的にプロパガンダの技術的インフラとなり、戦後はプロパガンダがそれらの分野に溶け込み、拡張を支えたとも考えられるのである。このような見解は、プロパガンダの主体であったアメリカ政府が、一九三〇年代以降、大企業に並ぶ〈ＰＲする主体〉となって浮上してくる歴史を見れば、より説得的である。

技術／技術者のつながり

第一次世界大戦を通じて育成されたプロパガンダの技術者たちは、戦後、広告やＰＲ業界に大勢、流れ込んだが、そのような現象が起こる前に、ＰＲマンや広告技術者の多くが第一次世界大戦中にＣＰＩに召集され、さらに多くがジャーナリズムやマスコミ業界を中心に自主的プロパガンダ活動を展開した(80)。

ＰＲマンたちは、戦中にはプロパガンダの専門家 propagandist に化け、戦後は再びＰＲマンに復帰した。例えば、リーは、第一次世界大戦中はアメリカ赤十字社の公報担当を務め(81)、彼のパブリシティの専門家としての技術とノウハウはアメリカ政府のプロパガンダにおいて活かされた。戦後、リーはＰＲビジネスに戻り、前述した綿織物協会のＰＲキャンペーンでハインズと組み、産業界のために働いた。

このような歴史が示すように、ＰＲが第一次世界大戦とプロパガンダによって直接的に触発された運動ではないことは自明である。確かにプロパガンダはＰＲの言説と技術に影響を与えたが、それを指摘するためには、技術と技術者の面で「ＰＲからプロパガンダへ」の影響関係も同時に検討されなければならない。戦前と戦後の連続性を十分に考慮しないまま、PRを「プロパガンダの代替品」や「ホワイト・プロパガンダ」と見なすことはできない。[82]

実のところ、PRとプロパガンダの関係は、戦前、戦中、戦後を代表する三人の人物の関係を通じても浮かび上がる。本書で何度も紹介したアイヴィ・リー、CPIトップのジョージ・クリール、そして一九二〇年代以降、PRビジネスをリードするようになっていくエドワード・バーネイズがその三人である。

リーとクリールは戦前にPRマンとジャーナリストとして出会った。リーはロックフェラー家のPR顧問を務めたことから、いくつかの事件で聴聞会に召喚されたが、その時、当時まだ若きジャーナリストだったクリールは、リーが特技とするパブリシティが社会に対していかに悪影響を及ぼすかを厳しく批判する立場にあった。しかしアイロニカルにも、クリールは第一次世界大戦の間、アメリカ政府の広報委員会を指揮し、自ら疑わしく思ったパブリシティもプロパガンダの一部として徹底的に使い込んだ。

「クリール委員会」とも呼ばれた広報委員会は、多くのジャーナリスト、広告技術者、PRマンを召集し、ジャーナリズム、パブリシティ、広告を網羅する総合的戦略としてプロパガンダを行うシンクタンクとなった。バーネイズは、CPIが輩出したクリールの教え子の一人だった。戦後、バーネイズは、プロパガンダ実践を通して得た経験を活かしながら、PR専門業を「パブリシティ」から「パブリック・リレーションズ・カウンセル」へと再定義していく。[83]この三人の関係が物語るように、戦前―戦中―戦後を貫いて、PRとジャーナリズム、プロパガンダは密接にかかわりながら変容してきたのである。

3　「パブリック・リレーションズ」と制度化されたマインド

パブリック・リレーションズ・カウンセル

これまで戦前に形成されたＰＲの専門業、つまり〈ＰＲする行為〉を代理・代行する集団が、心理学という理論的武器とプロパガンダの経験を踏み台にして底辺を広げていく過程を見てきた。ここでは、一九二〇年代以降のＰＲビジネスに光を当て、〈企業自我〉のコミュニケーション的構築における特徴をさらに掘り下げてみたい。

前述したエドワード・バーネイズは、戦後、ＰＲ業界に飛び込み、企業と経営者、政治家や文化人など、様々な分野の顧客を獲得し、戦後のＰＲビジネスを代表する人物となった[84]。バーネイズは、一九二〇年に *Printer's Ink* 誌および、自社発行の小冊子において新しいＰＲ業の誕生を訴え、それを「カウンセル・オブ・パブリック・リレーションズ」counsel of public relations と称した[85]。

「カウンセル」という言葉は、元々は弁護士の仕事に由来する概念であり、これを用いることでＰＲマンの専門性、とくに契約関係における顧客への守秘義務を強調しようとしたことがうかがえる[86]。だが、この言葉は、リーやジョーンズ、ガイ・エマソン（Guy Emerson）などのＰＲマンによっても用いられ、バーネイズに限る特徴ではなかった。

では、「カウンセル」の後にくる「パブリック・リレーションズ」はどうだろうか。バーネイズは著書のなかで自分が「パブリック・リレーションズ」という言葉を発明したかのように書いているが、実際にはリーが彼より早く、一九一〇年代半ばから「アドバイザー・イン・パブリック・リレーションズ」advisor in public relations という言葉を使っていた[87]。重要なのは、この言葉の所有権が誰にあるのかではない[88]。検討すべきは、「カウンセル・オブ・パブリック・リレーションズ」という言葉を用いてリーやバーネイズが訴えようとしたＰＲが、従来のそれとどのように違っていたかである。

バーネイズは、「パブリック・リレーションズ」がそれまでPR専門業を支えてきた「パブリシティ」と異なる概念・技術であると主張し、両者の決定的な差異が科学的調査にあると説明した。また、リーは、プロフェッショナルなパブリック・リレーションズは、書かれ話された公的な行為を受け、公衆が起こしうる反応を事前に予期し、公衆の想像力を刺激する働きかけであり[89]、それを遂行する上で必要なのは「人間の本能に関する科学的知識を巧みに利用する」ことであるという。

新しいPRの専門業は、心理学的知見に基づいて構想されたのである。その上では、第一次世界大戦で得た経験が影響を及ぼしたとも考えられるが、議論の核心となる科学性は、戦前からはじまった心理学の市場化とも通じる一面がある。とくにバーネイズは、二〇世紀初頭にアメリカで大流行した心理学の伝道師、フロイトの実の甥であり、伯父／叔父の著書を英訳し出版したことで心理学に関する知識を深めたとも言われている[90]。

パブリック・リレーションズ・カウンセルという言葉の拡散は、PR業界で自分の立場を固めようとしたバーネイズの戦略であったが、同時にジャーナリズムの周縁で発達したPR業とそれを代表する技術であったパブリシティが、アメリカ社会に広く浸透していく心理学言説を通じて変容していく時代の特徴を鋭く捉えていた。一九二〇年代以降、「書いて、編集して、演説して、出版する」パブリシティの外延は次第にぼやけて行き[91]、その場を「パブリック・リレーションズ」という言葉が占めていった。

新しい思考と社会の創造 —— アメリカン・タバコ社の事例

では、「パブリック・リレーションズ・カウンセル」は、具体的にはどのような実践を行ったか。一九二八年にバーネイズは、アメリカン・タバコ社の社長、ジョージ・ヒル（George Hill）の依頼を受け、同社が発売していたラッキーストライクのキャンペーンを手がけるようになった。タバコ市場は、第一次世界大戦後、急変し、とりわけ参戦中の男性に代わって工場で働いた女性たちや男女共学校に通う女子大学生を中心に喫煙者が増え、女性がタバコ市場の新たな消費者として浮上した。[92] バーネイズは、女性を攻略するためにタバコのダイエット効果を強調した。[93]「痩せるデザート」としてタバコを位置づける戦略は、ピーナッツバターやお菓子などの製造業者から猛反発を買ったが、ラッキーストライクの売り上げは三二〇〇万ドルも増加し、大成功を収めた。

個別製品の売り込みではなく、喫煙する行為に対する認識を変えようとしたバーネイズの戦略は、翌年の一九二九年には女権の伸張という社会問題に注目した。[94] 当時、公共の場所における女性の喫煙が禁じられていたが、バーネイズは、喫煙の自由を女性の権利に結びつけた。彼は、俳優志望の若い女性たちを数十名集め、復活祭の日曜日にタバコを吸いながら保守的教会などが集まるマンハッタン五番街を行進させた。このイベントは、全国の有名紙や雑誌に特筆大書され、様々な団体を巻き込み、賛否両論が激烈に交わされるきっかけとなった。

人々の思考を変えていく戦略はさらに続いた。アメリカン・タバコ社が実施したアンケート調査では、女性たちがラッキーストライクのパッケージ色である緑色を好まないため、購買しない可能性が示された。この調査結果を受け、バーネイズは緑色を流行させようと、一九三四年からファッション業界、インテリア業界、女性誌と組み、緑の舞踏会 Green Ball や午餐会 Green Fashion Fall Luncheon などのイベントを次々と企画した。[95]

人々が緑色を好むようにするために、バーネイズは色の心理分析まで行い、緑色が象徴する希望、勝利、豊かさ、平和の意味合いが女性たちの心を刺激するだろうと期待した。[96] バーネイズは自己の定義どおり、心理学的知見に基づいて「パブリック・リレーションズ」を実践したのである。[97] 緑色の流行をはじめ、社会的禁忌に対する女性の欲求や男性のようになりたいと思う心理を反映させようとしたマンハッタン五番街の行進は、フロイトの弟子であり、精神病医であったアブラハム・ブリル（Abraham Brill）博士の諮問を受け、企画・推進された。[98]

一九世紀末から二〇世紀初頭において〈PRする行為〉は、従業員管理と反独占世論の鎮静化に重点が置かれ、公共事業に携わる産業を中心に用いられてきた。だが、一九二〇年代以降の消費社会では、PR業界は、心理学的知見に基づき、タバコをはじめ、衣類や食品などを扱う企業をも顧客として見出した。(99)「パブリック・リレーションズ」が標榜した新しいPR実践における特徴は、規模の大きさにある。パブリシティが報道資料の配布に集中したのに対して、バーネイズはマスコミが自発的に取材にくるように話題性の高いイベントをつくりあげ、キャンペーンの舞台に記者はもちろん、各分野の著名人、専門家、さらには一般の人々をキャスティングし、巻き込んでいった。(100)

「パブリック・リレーションズ」の流行と拡散は、キャンペーンの氾濫をもたらした。様々なメディアをミックスして人々の生活におけるあらゆる側面からターゲットを攻略していく手法が普及し、企業はイベントやニュースの製造により積極的に挑むようになった。このような傾向は一見、PRが広告／マーケティングに包摂されたかのようにも見えるが、果たしてそうであろうか。

アメリカン・タバコ社のPRキャンペーンは、ラッキーストライクという個別商品／ブランドに関する情報を伝え、消費を促すことに重点を置いていなかった。期待される役割は、すでに成熟した男性喫煙者市場を攻める場合の、競合他社と比較しながら自社製品の特徴をアピールする広告的手法のそれとは異なっていた。すなわち、タバコというモノというより、喫煙する行為に対する社会と人々の認識を定義／再定義しようとしたのだ。(101)たしかにキャンペーン実施後、売り上げが増加したが、それは喫煙する行為に対する社会の認識が転換され、女性の喫煙における新しい文化が形成され、もたらされた様々な利益の一面として解釈すべきであろう。

消費社会における他者の探求

これまで見てきたように、「パブリック・リレーションズ」という言葉を通じて示される〈PRする行為〉は、モノではなく、新しい思考、それを受け入れるヒトと社会を形成する技術である。その主な関心は、消費社会に広がる他者を、巨大市場と企業にとって有意味な存在として想像＝創造することにあるともいえる[102]。

その他者とは、一九二〇年代のアメリカ社会においては、主に消費者であった。企業は、中産階級だけでなく、実際に購買力を持たない人々までを暫定的消費者として視野に入れ、彼らに対して新しい思考を吹き込もうとし、PR専門家を雇った。専門家たちは、第一次世界大戦以降に出現した膨大な他者に、消費者というフィルターを通じて照準をあてるようになった[103]。こうしたなかで〈PRする行為〉は、主体と他者の関係性において広告と異なる特徴を帯びるにもかかわらず、マーケティングの技術とされるようになった[104]。

「パブリック・リレーションズ」は、「パブリシティ」が捉えた読者と異なる性質・規模を持つ他者を〈公衆〉として見出した。パブリシティが新聞や雑誌の性格と発行部数を手がかりに他者の性格を想定したとすれば、バーネイズのようなパブリック・リレーションズの専門家たちは科学的理論に基づく実践を求めた[105]。

第一次世界大戦中にCPIで活躍し、自由国債運動のキャンペーンなどを担当したジョン・ジョーンズは、PRの科学的実践が、人々を実在するグループに置き換え分類する具体的手法の開発を通じて実現できるのだと考えた[106]。人口統計データを収集し、地域、年齢、職業、人種のカテゴリーを設け、その中から黒人指導者、大卒者、富豪、患者、メディア従事者などの特殊な集団＝公衆を絞り出す試みを通じて、ジョーンズは具体的データを根拠に、世論や大衆と呼ばれる漠然とした他者の実態を明らかにしようとした。

科学的実践の追求、つまり調査と分析を重んじる思想は、「PRマン」の自意識にも影響を与えた。最初の頃、ジョーンズ社の名称には、「パブリシティ」を中心とする表現 Organization of Publicity and Counsel が使われていたが、途中から「アナリシス」という言葉が付け加えられ Publicity Service Counsel and Analysis、やがてパブリシティは完全に消され、「市場研究」や「経済調査」Market Study and Economics Research、「統計分析」Statistical

Sales Analysisという表現が用いられるようになった。[107]

PR／コミュニケーションの制度化

これまで見てきた〈PRする行為〉とそれを代理・代行する専門家集団と技術の発達は、〈公衆〉が組織化され、〈企業自我〉が形成される過程の制度化を表している。とりわけ、PR専門業における科学的調査と分析の導入は、〈企業自我〉のシンボリックでコミュニケーション的構築を理解する上で重要であるため、その働きを、ミードの概念と照らし合わせ、確認しておこう（図3-8）。

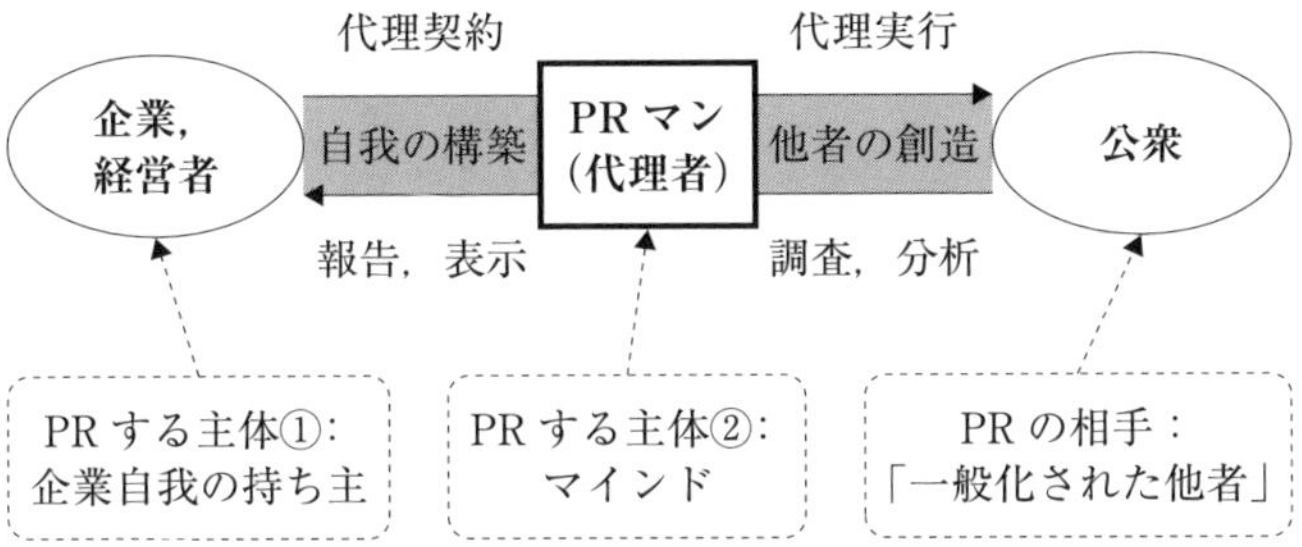

図3-8　PR／コミュニケーションのプロセス

〈PRする主体〉となる企業は、自己の〈PRする行為〉、すなわち〈自我〉の構築を外部にいるコミュニケーションの専門家集団に委任する。自我の構築に欠かせない〈公衆〉という他者を想像＝創造するのも、PRマンの仕事となる。彼らはPRキャンペーンを企画し、視覚的イメージや統計データ・数字、文字情報のなかにシンボルやジェスチュアを植え込み、公衆の反応を導いていく。こうした試みの進捗状況と効果は、調査と分析という手法を通じて顧客に報告・表示される。この過程を経て、企業は自己にとって重要な意味を持つ他者＝公衆を知ることが可能になると同時に、公衆に発せられたのと同じシンボルやジェスチュアが主体である企業や経営者にも向けられることになる。

すなわち、PRというコミュニケーションにおいて専門家集団は、自我の形成における「マインド」の機能を担うのである。こうして考えれば、PR専門家は、

〈企業自我〉の構築においてきわめて重要な役割を果たしている。

実際に、ＰＲ専門家は、公衆を究明するほか、それを踏まえて企業や経営者がどのような存在となるべきかを提案してきた。バーネイズのようなＰＲマンたちは、顧客を「社会の一員」corporate citizen や「公僕」public servant として説明し、公衆の理解と好感を得るためにいかなる行動をとるべきかを助言した。つまり〈ＰＲする行為〉は、公衆に働きかけると同時に、公衆という他者の期待と役割を吸収して構築される〈企業自我〉にも働きかけたのである。言い換えれば、この代理人＝マインドによる双方向の作用によって〈ＰＲする主体〉の〈企業自我〉が構築されることができたのだ。

〈ＰＲする行為〉とりわけ、マインドの制度化は、ＰＲ概念が現れて以来の特徴ではあるが、これまで見てきたように、第一次世界大戦以降におけるコミュニケーションの科学化への関心がＰＲの専門家集団の担う機能をさらに発達させ、複雑化させた。そして、そのような傾向は、一九三〇年代以降、世論調査の発達に伴い、さらにエスカレートしていく。

第四章　ニュー・ディールと〈企業自我〉の膨張

一　〈PRする主体〉の拡大

1　ルーズヴェルトとPRマンたち

産業から政府へ

一九世紀末から二〇世紀初頭にかけて成立し、発達してきたPRは、一九三〇年代以降、さらに変容する。とりわけ、PRを行う主体が巨大産業と企業から国家／政府へと拡大した。この問題を明らかにする上で、基本的には前章と同じ分析枠組みを用いることにする。

まず、〈PRする主体〉となったアメリカ政府が、問題的状況に直面し、それを再定義していこうとし、人々を〈他者＝公衆〉として想像し、創造する過程に分析の焦点を当てる。次に、他者がそれを鏡として構築される〈自我〉と表裏を成していることから、一九三〇年代のアメリカ社会に現れた他者を手がかりにしてアメリカ政府の〈自我〉を浮かび上がらせることができる。最後に、自我と他者の関係が形成される上で、両者を結びつけるシンボルに注目し、アメリカ社会を再構成された〈リアリティ〉として捉えてみたい。

〈自我〉の構築をめぐる一連のプロセスを政府という〈PRする主体〉に対して明らかにすることは、政府と企業という〈PRする主体〉同士の競争的、共助的関係の分析を可能にする。そのような関係は、他者の創造をめぐって共通するまなざしによって支えられたが、この問題を理解するためにも産業から政府へ、〈PRする行為〉がいかに広がったかを先に議論しておく必要がある。〈PRする主体〉の拡大を踏まえ、本章の最後ではPR／コミュニケーションにおける制度化と専門化の傾向を、前章に引き続いて検討する。

大恐慌という〈問題的状況〉

一九二九年の株式市場の暴落により経済が凄まじく崩壊し、アメリカ社会は混乱に陥った[1]。大恐慌がもたらした経済的、社会的問題は、アメリカ政府を新たな〈PRする主体〉として出現させた。アメリカ社会の目標は、消費と成長から復興へと急旋回し、経済学者のジョン・メイナード・ケインズ(John Maynard Keynes)の議論が注目され、政府が市場経済に積極的に介入し、自由放任経済の失敗を修正する必要性が指摘された。

政府こそが泥沼にはまったアメリカ社会を救済できるのだという声が広まり、アメリカ政府はアメリカ人民という他者を通じて、自己を他者の「救援者」として呈示する戦略を打ち出した。政府と人々の緊密な関係が訴えられ、それを正当化するために大々的なキャンペーンが実施された。アメリカ社会を建て直すこの試みは、ニュー・ディールNew Dealと呼ばれた。

アメリカ社会と人々を対象とする歴史的実験を指揮したのは、一九三三年に大統領に就任したフランクリン・ルーズヴェルト(Franklin Roosevelt)だった。ルーズヴェルトは、大恐慌の主因が過度な自由主義経済にあると批判し、市場経済の失敗を政府主導の計画経済システムによって挽回し、今後、企業の営利活動が放漫にならないように管理監督する必要があると訴えた。ルーズヴェルトは、一方では産業界を難詰し、他方では産業界が犯した失敗を政府が取り戻せるのだと主張した。つまり、産業界と企業が軽視してきた社会全体の公的利益を重視し、それに奉仕する政府と大統領の役割を強調することで、事態を解決する存在として自己を呈示することに重点を置いたのである。

ルーズヴェルトは、人々の目に、アメリカ政府が恐慌が露にした問題を根本的に立て直す「救世主」として映ることを期待し、大統領就任初期からＰＲに力を注いだ。多くの研究が指摘するように、ルーズヴェルトはイメージ戦略の鬼才であり、徹頭徹尾自己演出を行ったが、その背後には「ＰＲマン」の協力があった。ニュー・ディールの頭脳集団は、政治、経済、社会問題の専門家だけではなく、ＰＲの専門家をも多数、含んでいたのである。(2)

Washington Times の編集人を経て、第一次世界大戦中はＣＰＩ委員を務めたマーヴィン・マッキンタイヤー(Marvin McIntyre)は、全国の報道資料を集め、大統領に報告するプレス会議を設けた。一九三三年に新設された大統領報道担当官に就いたスティーブン・アーリー(Stephen Early)も元記者であり、世論の形成過程に詳しい人物だった。書く技術を通じてジャーナリズムとＰＲ業を横断していた専門家たちは、今度は政府に雇われ、ニュー・ディールの技術者としてルーズヴェルトを助けたのである。

ルイス・ハウ(Louis Howe)は、ルーズヴェルトの「ＰＲマン」たちのなかでも代表的人物と知られる。ハウは、一九一二年にルーズヴェルトがニューヨーク州議会議員選挙に出馬した頃からＰＲ顧問を務め、ルーズヴェルトの「庶民的」イメージづくりに大いに貢献した。(3)これから見ていく「炉辺談話」という戦略も、ハウが手がけた「民衆との対話」の変奏曲として考えられる。

炉辺談話が装う親密な関係

ルーズヴェルトを中心に、アメリカ政府は自ら「救援者」となることを可能にする〈問題的状況〉とそれを構成する〈他者〉に働きかけた。大恐慌の影響力が社会全体に及ぼしていた状況もあり、ニュー・ディールの〈他者＝公衆〉は、株主、労働者・従業員、地域住民などの区分を超えて「国民」のレベルで広がっていた。

全国に散在する他者に語りかけるために、アメリカ政府はラジオというマス・メディアを用いた。ラジオ放送は、電波が届くところであれば、一回の放送で膨大な人々にメッセージを伝達することができ、聴覚に頼るために識字能力の優劣にかかわらない点でも優れていた。このような特徴に注目し、政府は自らラジオ放送用プログラムを製作した。当時、ラジオ放送はまだ完全に商業化されておらず、新聞や雑誌に比べて公益的利用が重視された。さらに連邦通信委員会 Federal Communications Commission（FCC）の監督下に置かれることを恐れたラジオ各局は、政府に積極的に協力した。(4)

政府のラジオ・プログラムのなかでも花形となったのが、ルーズヴェルトの肉声による「炉辺談話」である。三一回に渡って放送され、深刻な経済問題や重大な社会改革に関する内容を含んでいたが、ここで注目したいのはその語りかけの特徴である。炉辺談話は、各家庭の居間でペチカの火を囲みながら交わす「私談」、つまり普段は対面的関係で行われる親密な対話のスタイルを模倣した。(5) その名からもニュー・ディールが構築しようとした他者との関係／関係性が鮮明にうかがえるのである。

ある地域で炉辺談話を聞いている人々を目撃した政府関係者の一人は、一家の全員がラジオから聞こえてくる大統領の声に、まるでルーズヴェルトが自分たちの居間のアームチェアーに腰をかけ、話しかけているかのように、うっとりとした表情で耳を傾けていたと回想した。(6) 炉辺談話を聞きながら、人々はルーズヴェルトを大統領以上に、祖父や父、または伯父／叔父のような親密な相手として感じ、自分たちを苦労から解放してくれる人だと信頼したかもしれない。そのような体験は、全国各地の家庭を中心に、商店や公共施設で繰り返されただろう。

炉辺談話を通じて、ルーズヴェルトは「私とあなたの大統領」you-and-me president となった[7]。その狙いが的中したのである。大量のオーディエンスに、同時多発的にメッセージを送るという非人間的行為は、アイロニカルにも人々の家、とりわけ居間というプライベートな空間における「対話」として受け入れられ、ワシントンのホワイトハウスに居座るルーズヴェルトと全国の一人一人を一対一に結びつける関係が構築されたのである。

ラジオというメディアを通して国民に訴えかける指導者の声は、同時代のヒトラーにも見られる特徴である。だが、家庭的親密性に基づいて提示される友好的関係は、ナチスの集会などで行われた熱狂的演説とは異なる性格を帯びているように思われる。炉辺談話は、聞き手／他者に対して彼らの救援者、助力者として政府を紹介し、話しかける独特な語りを採用し、それを仕かけたアメリカ政府はプロパガンダというよりＰＲの主体であった。

2　ニュー・ディールと忘れられた人々

忘れかけていた他者

大恐慌という〈問題的状況〉下でアメリカ政府は、「忘れられた人々」The Forgotten Man と呼ばれた〈他者＝公衆〉を発見した。「忘れられた人々」は、消費社会の特徴が顕著であった一九二〇年代まで政権与党であった共和党の諸政策から対象外とされた、つまり政府から見捨てられた人々を指す言葉だった[8]。経済成長の恩恵を得ることができなかった経済ピラミッドのもっとも底にある貧困層、とりわけ農民や賃金労働者、有色人種（黒人）が、大恐慌以降、ニュー・ディールの〈公衆〉として浮上した[9]（図４－１）。

ルーズヴェルト政権が「忘れられた人々」を包摂したのは、民主党と共和党の政治理念の対抗以上の意味を持つ。

図 **4-1** 「忘れられた人々」とルーズヴェルト（Clarence Batchelor が 1934 年に書いた漫画．Schivelbusch, 2005＝2009, p. 83）

大恐慌がもたらした社会問題の被害者であり、巨大産業に対する怒りや憤慨心が高かった忘れられた人々は、中産階級に比べて圧倒的多数であった。ニュー・ディールが掲げる経済的民主主義の実現に向けて、大義名分の上ではもちろん、政治的潜在力を持つ有権者としても改革を支える、実質的に重要な存在だったのである。

民主党政権にとって、社会問題を解決すること、すなわち「忘れられた人々」を救うことは、大恐慌の解決という課題を背負う政府自らを助けることでもあった。この切り離せない関係のゆえにルーズヴェルト政権は、「忘れられた人々」を新しいアメリカ社会の到来 New Deal によって救われるべき存在として想像＝創造したのである。

忘れられた人々の肖像

ニュー・ディールの各部局のなかでも、レックスフォード・タグウェル（Rexford Tugwell）の統率する再入植庁 Resettlement Administration（RA）が、公衆の想像＝創造においてもっとも重要な役割を果たした。失業者を農村地域に定住させる計画を実行した再入植庁は、荒れ地における移住労働者や小作農の貧しい生活を、約一〇万枚を超える写真におさめる活動を展開した。

社会問題の可視化に写真を用いる構想は、タグウェルがコロンビア大学で経済学を教えていた頃に芽生えた。一九二五年に出版された『アメリカの経済生活とその改善策』のなかでタグウェルは、文字による説明に加えてアメリカ社会と人々の生活を写した写真を多く取り上げた[10]。とくに、社会的意見を表明する道具として写真を捉えたルイス・

ハイン(Lewis Hine)の作品が多数使われたが、タグウェルは、教え子のロイ・ストライカー(Roy Stryker)に写真の選別とキャプションの作成を担当させた。

ストライカーとのパートナーシップは、一九三五年にタグウェルが再入植庁長官に就任した後も続いた。再入植庁の歴史担当部長としてスカウトされたストライカーは、「忘れられた人々」を撮影するプロジェクトを立ち上げ、ウォーカー・エヴァンス(Walker Evans)やドロシア・ラング(Dorothea Lange)など、後に写真ジャーナリズムを代表する著名作家となる新人写真家を大挙起用し、全国へ送り込んだ。(11) タグウェルとストライカーの指示を受けた写真家たちは、全国の「忘れられた人々」を発見し、その肖像を記録した。(12)

再入植庁が撮影した写真のほとんどはポートレイト法を採用した。カメラのレンズと被写体の間の距離を縮ませ、風景よりもそこにいる人々の顔に焦点を当て、カラーではなく白黒フィルムを用いることでジャーナリスティックな雰囲気が強調された。(13) このような工夫により、アメリカ社会に散在する「忘れられた人々」をよりリアルに映し出そうとしたのである。(14)

再入植庁の写真は、民主党大会をはじめ、連邦政府が管理する施設、郵便局や図書館、美術館、大学などで展示され、膨大な観客を動員し、記念切手やはがきまで作られた。(15) ニュー・ディールは、写真というメディアを巧みに利用し、「忘れられた人々」の素顔を作り上げた。ニュー・ディールの〈公衆〉がはっきりとしたイメージを持って現れたことで、彼らを救うアメリカ政府のイメージも鮮明になった。

かつて社会改革のツールと見なされた出版ジャーナリズムが、パブリシティというPRの技術として生まれ変わったように、写真ジャーナリズムはルーズヴェルト政権のPRを支えた。再入植庁歴史担当部が担当した機能は、ニュー・ディールの各部局に拡散し、農業安定局 Farm Security Administration(FSA)や戦時情報局 United States Office of War Information(OWI)に継承された。(16)

定義／再定義されるアメリカ人

再入植庁の写真が、消費社会の夢から排除された貧しい人々を、真なるアメリカ人として描いたとすれば、連邦美術計画Federal Art Project（FAP）は、ニュー・ディールの公衆となるアメリカ人の「アイデンティティ」を形成／再形成した。

連邦美術計画は、失業者救済と雇用促進、地域開発などの公共事業を一つにした芸術プロジェクトを目指した。ニュー・ディール精神を表す芸術作品の制作を所定の芸術家に委嘱し、その代わりに彼らの生活保護を行う政策が中心となったが、メキシコの壁画運動に影響された[17]民間事業局の公共美術事業計画がその前身であった[18]。

アメリカ独自の文化とアメリカ人のアイデンティティを構築する上で、芸術の質的向上と地域的拡大を目的とした公共美術事業計画には、約一三二万ドルが割り当てられ、一九三四年に廃止されるまで一万五六〇〇点以上の芸術作品が制作され、公園、駅、郵便局、裁判所などの公共施設で展示された[19]。公共美術事業計画の機能は、一九三五年に制定された緊急救済支出法によって発足した雇用促進局Works Progress Administration（WPA）に受け継がれた。

雇用促進局は、病院、学校、空港、道路などの建設プロジェクトとともに演劇、美術、文芸などを促進する芸術プロジェクトに約一〇〇億ドルの予算を配分し、福祉政策と景気刺激の両方を図った[20]。その傘下にあった連邦美術計画は、芸術家を雇用し、芸術作品の定期的納入を条件に給料を支払い、創作活動に必要な画材などを支給した。一九四二年に雇用促進局が廃止されるまで、約九年間、五〇〇〇人以上の芸術家が救済され、絵画一〇万点以上、壁画約一〇〇〇点、彫刻一万七〇〇〇点などの美術品が制作された[21]。

連邦美術計画が生んだ代表的作家の一人であるベン・シャーン（Ben Shahn）は、大都市の問題、農村地域への愛着、人種差別、古き良きアメリカへのノスタルジアなどをテーマに、数々の壁画を手がけた[22]。政府は、シャーンのような芸術家たちを雇用し、アメリカの歴史、その信念と精神、階層と人種、都市と貧困地域の対照などを表現するように奨励した。芸術家は、公共事業のために作品を「生産」する「労働者」と見なされ、芸術の生産管理システムの一部となってアメリカ人の美意識とアイデンティティを形成する上で動員された。

公共事業となった芸術は、純粋芸術と違って個人の情緒より社会問題を表現する媒介となり、ドキュメンタリー的リアリズムが求められるようになった[23]。その結果、絵画、壁画、彫刻を問わず、連邦美術計画を通じて創られた作品には、共通してテーマの社会性と表現の単純化という特徴が示されるようになった[24]。これにより、気難しい芸術作品は、大衆に親しまれやすいものとなって美術館の外へと広がった。

ロックフェラーセンターのラジオ・シティ・ミュージックホールの壁画をはじめ、郵便局、連邦住宅開発センター、社会保障会館など、公共施設が連邦美術計画の作品の展示場となり、都市全体がニュー・ディールの美学を広める美術館化した[25]。また、連邦美術計画は、普段芸術に触れる機会がない「忘れられた人々」の暮らしのなかに芸術を送り込んだ。南西部諸州の一〇七カ所にコミュニティ・アートセンターを建設するために七〇〇〇万ドル以上の予算がつぎ込まれ、アートセンターを基地にして巡回展覧会や美術教室が開催された[26]。連邦美術計画によって芸術は、「パブリック・アート」として再定義された。

芸術を通じてアメリカ人のアイデンティティを形成し、それを人々の生活と結びつけようとする計画は、アメリカン・デザイン総目録 Index of American Design の編纂からも試みられた。ニュー・ディールが訴える、世界のどの国よりも優れたアメリカ式生活様式を、具体的「物」と「形」で視覚化するために、五〇〇人以上の美術家が動員され、全米各地の生活用品と文化遺産が収録された[27]。この目録にある実用的美術と商業的デザインこそ、アメリカ独自の文化であり、アメリカ人の生活と意識を支える価値として賛美された。

3　救済と豊かさ ―― 再構成されるリアリティ

新しいコミュニティの建設

〈他者＝公衆〉の想像は、そのような他者を救済するアメリカ政府の〈自我〉が浮かび上がる〈リアリティ〉の構成／再構成につながった。ここからは、ニュー・ディールの一環として建設された二つの町――アーサーデール（Arthurdale）とノリス・タウン（the town of Norris）――を手がかりに、アメリカ人のアイデンティティと生活様式が、アメリカ政府の〈自我〉とどのように結びついていたかを検討する。

大恐慌という問題を解決していく上で、内務省の自給農場局 Division of Subsistence Homesteads を中心に農村の再生と失業者の救済を結びつける政策が考案された(28)。具体的には、食糧を自給自足できる農場と現代的住宅をユニットとする定着所帯を二五戸から三〇〇戸まで含む中小規模の町の造成が構想された。各所帯には住宅のほか、野菜や果物を植え付ける畑と数匹の鶏、豚、または牛が与えられ、賃借人は三〇年間、政府融資を受け、最終的に私有財産として所有することができた(29)。

このような構想は、二つのルーツを持っていた。第一に、それは大地へ回帰する運動 Back to the Land と深く絡んでいた(30)。農民や失業者の再入植をめぐる政策は、大恐慌がもたらした問題を、経済崩壊を招いた「金」ではなく、永久不変の価値を持つ「地」に根づいて解決しようとした。アメリカ人の心に神話として残り続けるフロンティア精神を蘇らせ、古き良き時代の伝統的コミュニティを建設する計画が打ち出された。

第二に、人的資源／労働力の合理的管理に関する問題が働いていた(31)。ニュー・ディールが建設した町は、都市の人口集中をコントロールするために考案されたイギリスの郊外都市をモデルにしていた。一八九八年にエベネジェ・ハワード(Ebenezer Howard)は、第一次世界大戦後、過剰人口を受容する住宅団地を構想し、緑地を都市の一部として含む田園都市を考案した[32]。アメリカ政府は、そのアイディアを借用し、失業者を郊外に一時的に配置し、経済が活性化すれば再び労働市場へ送り込むための物流倉庫となる新しいコミュニティを企画した[33]。

このように、ニュー・ディールは経済の混乱を突破する上で、農業と工業を補完的に捉え、都市と農村をつなげ、労働者であると同時に農民でもある柔軟な階層を生み出そうとしたのである。

新しい生活様式の展示場 —— アーサーデール

ニュー・ディールが建設したコミュニティのなかでももっとも象徴的な町が、ウェストヴァージニアにあるアーサーデールであった。一九三三年に建設がはじまり、数カ月後には数百棟の住宅が建てられ、ヴァージニア州のスカッツ・ラン(Scotts Run)から新しい家と職を求めて越してきた失業鉱夫とその家族を迎える町となった。

入植者たちは、貧しい炭坑村の非衛生的住居環境、栄養不良、高い犯罪率と死亡率から救われ、「小さな花が咲く平野と果樹園に囲まれたこぢんまりとして現代的な家」に住み、「慈善救護から渡されるパンではなく自らの手で生産した食糧で規則的な食事」をとり、政府が運営する工場で働き、余暇も充実した生活を送ることが期待された[34]。

アーサーデールで入植者たちは、「マイホーム」を持ち、「安楽な生活」を楽しんだが、この町は、単なる失業者の定着村以上の意味を持っていた。アーサーデールは、ニュー・ディールがその〈他者＝公衆〉に提供する新しい生活様式 A New Way of Life を披露する舞台であり、入植者たちを待っていたのは、政府が彼らを救済する様子を展示するためにつくられた、ニュー・ディールの実験場での暮らしだった[35]。

この構成／再構成された〈リアリティ〉の象徴となったのは、何より近代的住宅であった。*Journal of Farm Economics* によると、一九三三年から三七年まで「お手頃で快適、かつ魅力的な住宅」が一六五棟も建てられ[36]、「近代的な設備機器と品ある浴室」を含む、「都市の家に負けないほど魅力的」な居住空間が実現される予定だった(37)。

家具選びをはじめ、インテリアデザインは、ファーストレディのエレノア・ルーズヴェルト（Eleanor Roosevelt）の友人であったナンシー・クック（Nancy Cook）が担当した。リビングルームにはペチカと大きめのクローゼット、本棚が置かれ、各部屋は完璧に電化され、厨房にはアメリカ式生活様式の最大のシンボル、冷蔵庫が据えられた。さらに室内配管設備、浴槽と水洗式トイレ、洗濯用水のタンクが付けられ、暖房システムまで完備されていた(38)。

図 **4-2**　アーサーデールの住宅（Penix, 2007, 上 p. 39, 下 p. 42）

新しいアメリカ人の創造

アーサーデールでは、そこに展示される生活様式に相応しい新しい人間の創造も試みられた。自給農場局の初代局長だったミルバーン・ウィルソン（Milburn Wilson）によれば、この新しいコミュニティの住民は、人生や家族の価値について、それまでと全く異なる新しい観点を身につける必要があった(39)。入植者たちは以前暮らしていたスカッツ・ランでの無秩序な生活を切り捨て、大都市で流行したブルジョア文化や個人主義とも異なる、アーサーデールの一員となる人生を送ることが要求された(40)。新しいライフスタイルを普及させるために、政府が住民の身体的、社会的啓発に積極的にかかわることが議論され、これを、アーサーデールに格別な愛情を持っていたエレノア・ルーズヴェルトは「人間実験」と呼んだ(41)。

実験は、具体的には、教育改革を通じて行われた。アーサーデールのタウン・スクールは、エルシー・クラプ〈Elsie Clapp〉を初代校長に迎え、進歩的教育プログラムを実施した[42]。教育改革の対象となったのは、子供だけではなかった。移住者の会 Homesteaders Club を通して、全住民に対する家族歴、経済信用度、身体条件、居住地の状態、人格や態度などが調べられ、それに基づいて職業が割り当てられた[43]。このような「再教育」により、ニュー・ディールが救うべき「忘れられた人々」は、政府の救援を受け、「新しいアメリカ人」として創造された。

「新しい生活様式」を提示し、「新しいアメリカ人」を育成する「新しいコミュニティ」となったアーサーデールは、入植者たちを貧困と失業から救済し、豊かな暮らしと福祉・医療施設、コミュニティセンターにおける余暇活動を提供した。だが、住民の職業から住宅、融資、教育、余暇の内容に関する選択権や決定権は実質的には政府にあり、町はきわめて官僚的に運営された。このような二重性もまた、アーサーデールが、アメリカ政府の〈自我〉が人々の「救援者」として構築される〈意味世界〉だったことを物語っている。

広がる意味世界

〈意味世界〉は、マス・メディアを通じて全国へ拡散した。アーサーデールの成果は、*Saturday Evening Post* や *Harper's* 誌をはじめ、全国の新聞や雑誌に大々的に報道され、マスコミ向けのガイド・ツアーも頻繁に行われた[44]。ホワイトハウスの「イベント場」となったアーサーデールが大衆的関心の的とされ、全国各地から人々が押し寄せる観光地となっていくにつれ、住民たちのプライバシーはひどく侵害された。彼らは予告もなく政治家やジャーナリストに家を開放させられ、見知らぬ者に覗き見されるはめになった[45]。

マス・メディアはアメリカ政府とルーズヴェルト大統領、大統領夫人を、新しい社会をつくる入植者たちの「良き友」として描き、そのイメージを全国に広めた。しかし、アーサーデールがニュー・ディールの成功例として政府にもたらした効果を考えれば、実際に救済されたのは、鉱夫やその家族といった「忘れられた人々」だけではなく、ニュー・ディールとアメリカ政府自身であったとも言えるのである。

繰り返し言うと、アーサーデールは、アメリカ政府の〈自我〉が構築されるシンボリックな空間として建設された。それは、ミードの言葉を借りれば、再構成された〈リアリティ〉である。そして、この〈意味世界〉はマスコミを通じて全国に拡散し、豊かな生活を欲望する多くの他者を吸い上げ、包摂する役割を果たした。

4　草の根民主主義というシンボル —— TVAとノリス・タウン

TVAの起源

テネシー川流域開発公社 Tennessee Valley Authority（TVA）は、大規模な公共投資によりダムと水路を建設し、洪水予防のための治水と造林、土壌の改善を行い、再入植を促し、輸送業や農業をはじめとする産業を奨励し、工場や町、都市を建設した[46]。ニュー・ディールの華となったTVAは、まさに総合的開発事業となったが、何といっても中核はダムと発電所の建設を中心とする電力事業であり、電気の普及を通じてアメリカ人の生活を改良し、発展させたことが高く評価されてきた。

TVAの構想は、実は「全く新しい」計画ではなかった[47]。テネシー川とその支流が流れるアラバマ、ジョージア、ミシシッピ、ノースカロライナ、ケンタッキー、ヴァージニアの一部地域は、一九世紀末から過度な伐採により荒廃が進んだ。全国でもっとも貧困な地域となったテネシー川流域を開発しようとした最初の試みは、一九一七年、アラバマ州のマッスルショールズ（Muscle Shoals）におけるウィルソン・ダムの建設だった。アメリカ政府はダム建設を通じて軍需産業に必要な電力を生産しようとしたが、第一次世界大戦の終戦とともにこの計画は白紙に戻った。

それから四年後、マッスルショールズに新たな開発計画を持ち込んだのは、政府ではなく産業だった。フォードは、自動車の大衆化をはかっていく上で工業と農業を融合した田園都市の建設を夢見た。自動車の生産と消費が、労働者であり消費者である人々によって一体化されるユートピアには水力発電による電力生産が欠かせなかった[48]。しかし、この「電気のユートピア」は、産業から再びアメリカ政府の手に回っていく。

テネシー川流域をめぐる開発計画の変遷は、この地が、一九世紀末の木材・建設業から第一次世界大戦期の軍需産業、一九二〇年代における自動車産業まで、様々な主体の抱える夢を実現する空間とされてきた歴史を浮かび上がらせる。その系譜からすれば、テネシー川流域開発事業をニュー・ディールの独創的作品として評価することは難しいかもしれない[49]。だが、歴史を通じて繰り返されてきた夢を「現実」に変えたのがニュー・ディールであったことは確かであり、それには他の計画と区別される特徴があった。

電気のユートピア ―― ノリス・ダムとノリス・タウン

テネシー川流域の開発は、軍需産業や巨大産業とは異なる「公共事業」であり、それはニュー・ディールの〈他者＝公衆〉と切り離せない関係にあった。すなわちＴＶＡは、町と工場を建設し、電力の生産を通じて他者を創造し、それを鏡とするアメリカ政府の〈自我〉を構築するシンボリックな空間を目指してマッスルショールズを開発したのである。

フォードの計画を猛烈に批判し、開発を政府管理下に置くべきだと主張した上院議員のジョージ・ノリス（George Norris）の名前が付けられたノリス・タウンは、第二のアーサーデールだった。ノリス・タウンは、アメリカ政府が救援者となる上で「電気」というシンボルを用い、電気によって支えられる共同体をつくり、電化された生活様式を実現する前線基地となった。

「電気のユートピア」を目指したこの町は、ＴＶＡを代表するノリス・ダムの近くに建設され、住民たちは、電気がもたらす豊かな生活をデモンストレーションするモデルとされ、ニュー・ディールによって救われ、またニュー・ディールを救う〈他者＝公衆〉として創造された。ノリス・タウンの計画と運営を管掌したＴＶＡ理事の一人、アーサー・モーガン（Arthur Morgan）は、住民の生活習慣から宗教活動までを管理し、理想の共同体を建設しようとした。[50] 町には、一八世紀の田舎を思わせる田園風住宅が建てられ、アーサーデール同様、大衆の関心を集めた。同じくＴＶＡ理事であり、『ＴＶＡ――民主主義は進展する』（*TVA: Democracy on the March*, 1944）の著者としても有名なデイヴィッド・リリエンソール（David Lilienthal）もノリス・タウンに移住し、町の宣伝に積極的にかかわった。[51][52]

町とともにノリス・ダムも「電気のユートピア」のアイコンとなった。ノリス・ダムから生産された電気は、アメリカ人民の手によって、彼らのために作られたものであり、[53] 巨大都市で見失われた職人精神、共同体意識、真実性などの価値を取り戻す資源とされた。さらに、電気は、冷蔵庫や洗濯機という家電機器を通して生活全般を自動化、合理化し、自主的人間をつくりあげ、民主主義に貢献すると考えられた。[54]

電気と民主主義のシンボルとなったノリス・ダムには、全国各地から訪れる数百万の観光客を迎えるレセプションホール、展望台、観覧室がつくられ、「光の殿堂」と呼ばれた発電室のツアー・コースも設けられた。[55] その巨大なコンクリートの固まりからなる雄大な姿は、*Life* 誌をはじめ、全国の新聞や雑誌に紹介され、「ＰＲの建築」Architecture of Public Relations と呼ばれるようになった。[56]

アメリカ福祉社会のシンボル

アーサーデールとノリス・タウンの事例から分かるように、ニュー・ディールとＴＶＡは、恐慌がもたらした危機を解決することが、すなわちより多くの人々の生活を豊かにすることだと考えた。その上で電気という資源をブルジヨア文化から切り離し、「忘れられた人々」に平等に供給することで民主主義を進めようとした。

だが、「電力による人民の救済」は、アメリカ政府特有の課業ではなかった。とりわけ、それを推進する上で示された管理社会的性格は、同時代のソ連と共通する一面がある。実際に、「電気のユートピア」を建設するTVAの計画は、ソ連の大型地域開発計画や社会運動に影響を受けたものであった。[57]それにもかかわらず、「ソビエト権力＋電化＝共産主義」と「ニュー・ディール＋電化＝福祉社会」が差別化できるならば、その理由は、アメリカ政府が自己を呈示する上で用いた「民主主義」という概念にある。

アメリカ政府は、自我と他者を結びつけるシンボリックなコミュニケーションの材料として民主主義を再解釈し、修正した。TVAによる地域開発は、「分権化」decentralizationという概念から説明され、政府の電力事業は「公共財」として説かれた。リリエンソールは、政府主導の地域開発によって独立する共同体と住民を分権化の中核と見なし、彼らを「草の根民主主義」の担い手として立ち上がらせた。つまり、「大きなもの」（政府）が「小さいもの」（人々）を守るという考えに加え、「小さいもの」による自立と連携が訴えられたのである。

アメリカ政府は、この草の根民主主義を通じて、ソ連と差別化される形で人民との関係を築こうとしたが、それには政府と産業の密接なかかわりが暗示されていた。アメリカ政府が〈他者＝公衆〉を創造し、自己を定義する上で用いた「草の根民主主義」とその基底にある分権化の理念は、ニュー・ディールより先に巨大産業の経営合理化から発達した考え方でもあった。一九二〇年代にゼネラル・エレクトリック（GE）を中心とする産業界は、巨大化する組織を統治しながら、効率的に管理するために各事業部門を独立させ、分権化した。[58]

あえて言えば、ニュー・ディールとTVAを通じてアメリカ政府が自己を「救援者」や「助力者」として構築していくプロセスは、自ら激しく批判した巨大産業のそれと構造的にはさほど変わらない。アメリカ政府は、福祉社会という〈リアリティ〉を構築／再構築する上で産業界の考え方を積極的に取り入れたとも言える。

企業化する政府 —— 政治主体と経済主体の融合

大恐慌という〈問題的状況〉においてアメリカ政府は〈PRする主体〉となり、アメリカ人の「友」や「救援者」となる自己を呈示し、アメリカ社会＝福祉国家という〈意味世界〉を形成／再形成した。政府は、産業を経済危機の主犯であると批判したが、その自我構築のプロセスは産業界のそれと本質的には同一構造であり、両者の間には同型性が指摘される。やがて政府と産業は、〈PRする行為〉において非常に類似したまなざしを持ち、互いを「敵」ではなく「同盟」として捉えていく。この問題については次節以降で詳しく論じることにして、ここでは議論の的をニュー・ディールとTVAに絞っておく。

アメリカ政府は、収益の見込みが低い地域の開発を拒んできた電力産業の慣行を批判し[59]、反独占、反産業を煽る世論を後押ししただけでなく[60]、自らが電力産業に参入した。そのような試みは、TVAのような「公社」の設立を通じて行われた。

公社とは、政府の統制下で非国家的、非軍事的任務を担うために作られた国家所有の法的、または経済的な組織体であり、政府が軍需産業を効率的に管理し、巨大土木工事などを支援する目的から考案された概念である[61]。TVAは電気を生産し、安く売るだけでなく、電気の使用を促すために家電製品の消費を促進する政策も展開したが、これらの機能を網羅する公社の組織と運用は、経済的問題に積極的に介入し、「企業化」していくアメリカ政府の変化を象徴的に物語っている。

すなわち、政府は、放漫な自由主義経済と産業界を攻撃していくうちに、自己のアイデンティティを企業のそれと同一視して行き、電力産業における経済的アクターとなって家電市場にまでかかわり、「忘れられた人々」を「消費者」として生み出した。ニュー・ディールから示される政府と産業との類似性は、〈企業自我〉が〈政府自我〉の中に複製され、転移されたことを表すのだ。

〈PRする主体〉における政治性と経済性の融合は、〈自我〉の構築とともに創造される〈他者＝公衆〉を変容させた。貧しい人々を巨大産業の横暴から保護し、主体的生産者として育成するはずの計画は、失業者に家と職、さらに電気による便利な生活まで提供したが、同時に人々を真なる共同体から隔離し、市場に従属させる側面があった。人々は、ニュー・ディールがつくりあげた〈リアリティ〉、つまりアーサーデールやノリス・タウンのようなコミュニティに依拠するようになった。

このような変化は、裏を返せば、他者がより容易に創造／生産され、管理されるシステムが政府によって確立したことを意味しているのではないか。そして、このようなシステムを通じて、次節で検討するように政府と産業は共助的・協力的関係を築いていくのである。

TVAは、一九四〇年代以降、世界的に広がるPR現象を理解する上でも重要な手がかりを含んでいる。電力を確保するための地域開発（電気の生産）と、電気に支えられる豊かな生活（電気の消費）こそ「真なる民主主義」の条件であるという考えが、第二次世界大戦以降、アメリカニズムとともに世界各国に伝播された。「アメリカ式生活様式」と「草の根民主主義」のシンボルとなったTVAは、戦後社会の開発モデルとなって各国の〈PRする主体〉から参照され、他者の創造とそれを踏まえた各国の政治的、経済的主体の自我の構築に影響を与えていく。

二　競争し、共助する〈自我〉

1　PRの競い合い——全米製造業者協会の事例から

他者＝公衆をめぐる戦い

ニュー・ディールは、産業界にとって危機となったが、政府による産業統制は、初めて台頭した問題ではなかった。中央管理方式は、第一次世界大戦を通じて実験され、産業自ら自由競争を抑制しようとする動きも現れた。ニュー・ディールがもたらした危機の核心は、経済政策そのものを超えたところにあったと考えられる。

ホワイトハウスのPRマンたちは、ルーズヴェルトの「救援者」としてのイメージを際立たせるために悪役をキャスティングした。例えば、「青鷲運動」Blue Eagle Campaign は、国家復興法を中心とする政府改革に従わない者を批判した(62)。とくに、富を大都市に集中させ、都市を支配してきた「敵」と見なされた産業界は、アメリカ政府の成功のために悪役を強いられると感じ、経済危機に対する責任感はニュー・ディールの挑発を受けて脅威や怒りに転じた(63)。産業界は、自尊心を回復し、無罪を訴えるための活動を開始したが、それは「忘れられた人々」をめぐる政府とのPR合戦へと発展していく(64)。

反ニュー・ディール運動の代表的組織となった全米製造業者協会 National Association of Manufacturers（NAM）のロバート・ランド（Robert Land）会長は、一九三三年九月、労働組合の排撃を取り止めると発表した(65)。一九二〇年代までNAMに加入した多くの企業は、組合運動に武力で対応し、労働者を訓育の対象と見なした(66)。ランド会長の声明は、従来の慣行を断ち切り、労働者を「友」として受け入れる新たな方針を宣言するものだった。

ランドは、ジャーナリスト出身のウォルター・ワイゼンバーガー(Walter Weisenburger)を副会長兼、PR担当に任命し、PRキャンペーンの企画と実施を任せた(67)。一九三四年に同協会はPR委員会を発足させ、翌一九三五年には全国産業情報委員会を結成し、ワイゼンバーガーが統率するPRキャンペーンを全面的に支援する体制を整えた(68)。約三〇〇〇社を超える会員社から巨額の会費と寄付金が集まり、ニュー・ディールが与えた「汚名」をすすぎ、傷ついた自尊心を取り戻すことが期待された。

アメリカ企業家族

NAMのPRキャンペーンは、それが狙うべき対象とは誰かをはっきりさせる作業からはじまった。ワイゼンバーガーのPR部局は、会員社の製造業者が雇っている延べ六〇〇〇人の従業員・労働者に対して大規模調査を実施し、彼らが何を考え、求めているかを明らかにしようとした(69)。内科医師まで雇用され、労働者にとって望ましい勤務環境、公衆衛生、健康状態に関するデータが収集された(70)。

ワイゼンバーガーの調査は、一九二四年から三二年までウェスタン・エレクトリック社の工場で行われたホーソン実験とも似ており、当時のPRが科学化に重点を置いていた事実を浮かび上がらせる。PRの相手となる労働者という他者を知ることで、彼らに語りかけ、働きかけるもっとも効果的な手法が模索されたのである。このような試みによって労働者は、ニュー・ディールの「忘れられた人々」からNAMの〈公衆〉として再定義された。

NAMは、二〇〇万ドル以上の予算を注ぎ込み、新聞、雑誌、ラジオ、屋外広告などを網羅する全国的PRキャンペーンを展開した。多角的なメディア戦略を通じて、労働者・従業員は、産業界の「友」、アメリカ企業社会の「家族」として描かれた。例えば、ラジオ番組シリーズ、「アメリカ家族、ロビンソン」American Family Robinson は、架空の主人公を立て経営者を親密な存在として描きながら、企業に対する大衆の「誤解」を解きほぐそうとした。各エピソードでは「調和の心性」が強調され、連邦政府の規制ではなく自由主義市場経済のルールを尊重することこそ、穏健な労使関係をもたらすのだと主張した[71]。似たような物語が「アブナーおじさんが言ったよ」Uncle Abner Saysのような連載漫画や広告シリーズを通じて繰り返された[72]。

NAMは、労働者・従業員を思慮深く論理的な存在、それゆえ、経営者の「友」となりうる存在として想像＝創造し、彼らが本当に望んでいるのは政府による産業統制ではなく、健全な労使関係がもたらす豊かな生活であると訴えた。ランド会長をはじめ、製造業者たちは、アメリカの労働者が、どの国の労働者よりも多くの食料、衣類、贅沢品を確保できるのはニュー・ディールのおかげではなく、アメリカ企業の才能に起因すると主張した[73]。このような主張から分かるように、産業界もまた、ニュー・ディールが人々に約束した「豊かな生活」を担保に、労働者のパートナーとなろうとした。

覚醒される経営者

NAMはPRキャンペーンを通じて、労働者という他者を産業界の「友」として定義／再定義し、企業と経営者を豊かな生活の保護者・後援者として描いた[74]。その上で、消費者と労働者を区別し、後者を暴力的に抑えてきた従来の慣行が切り捨てられ、他者を自己の確立において重要な存在と見なす認識が拡散した。

ランド会長は、PRキャンペーンが産業界と人々の関係に対して新しい時代と新しい方式を切り開いたと評価し、大変満足した[75]。NAMの試みは、時代の勝者であったニュー・ディールに正面から勝つことはできなかったかもしれないが、明らかな成果を挙げていた。製造業者たちは、共通の目標を掲げることで、より統一された組織として成長した。数千社にも上る異なる企業・事業体が、一つの目的に向かって団結してキャンペーン展開した経験を通じて、

NAMはさらに強力な利害団体となることができたのである[76]。

このような経験は、会員社とその経営者のPRに対する認識を転回させた。しばらくの間、労働者に対する武力的対応は完全に無くならなかったが、PRの平和的手法が世論の攻撃を事前に遮断し、費用の面でも優れていることが証明され、経営者の間ではPRに関する肯定的な認識が広がり、やがてPR部署を設置する企業が増加した[77]。このような変化は、PR／コミュニケーションの専門家たちが経営者の意識をいかに変容させていったかを表す[78]。

消費市場の担い手として、販売を促進する技術(広告)を好んできた製造業者が、鉄道や電信電話のような公共事業体のように考え、ビジネスにおける社会的意義を求め、公的価値を守る存在として自己を呈示するようになった。この大きな変化をもたらしたのが、ニュー・ディールだった。すなわち、アメリカ政府は〈PRする主体〉の拡大において当事者だっただけでなく、より多くの企業が〈PRする主体〉として覚醒するきっかけとなったのである。

2　企業自我の段階的発展——GEの事例から

消費社会とPRの発達

NAMの事例から分かるように、一九三〇年代以降、新たな〈PRする主体〉となって浮上したアメリカ政府は、それまでPRと無縁だった企業を覚醒させ、そのような連鎖を通じて〈PRする行為〉は、広範囲に広がるようになった。この問題を議論する前に、歴史の針を巻き戻し、PRの発展、とりわけ〈企業自我〉の段階的発展を検討しておく必要がある。アメリカ政府がニュー・ディールを通じて広めようとした豊かな生活と福祉社会の夢は、実は、一九二〇年代の消費市場のなかで企業と産業によっても試みられたのである。

二〇世紀初頭のPRが反独占世論と政治的攻撃に対抗するために用いられたのに対して、一九二〇年代におけるP

Rは、企業本来の市場活動を促すツールと見なされ、前章で論じたように「パブリシティ」から「パブリック・リレーションズ」への移行が行われた。このような移行の背景には、企業に対する社会的雰囲気の変化があった。大型合併運動を通じてすでに巨大化した企業は、ジャズと繁栄の時代を主導し、人々の企業に対する態度も変わった。人々は消費者となる経験に基づいて巨大企業の存在を当たり前と思い、トラストやカルテルを憎む世論も次第に和らぎ、企業とともに生きることを決心したかのように見えていた(79)。

このような社会的雰囲気のなかで市場と世論に対する企業の認識も変化した。消費市場の競争が激しくなり、購買の選択肢が広がることで、膨大な情報が求められるようになった。各企業は、メディア露出を増やし、ブランドの認知度を高め、消費者の選択を促すことにコミュニケーションの軸を移動させた。

このような変化を念頭に置きながら、ここでは電力産業と電気事業に焦点を当て、とりわけゼネラル・エレクトリック社(GE)の事例を手がかりに、その〈自我〉が発達していく様子を追っていくことにする。それを踏まえ、一九二〇年代から三〇年代にかけて現れる「電気の夢」のルーツを探り、ニュー・ディールとTVAとの関係を論じてみたい。

内なる他者の統合——社内報の刊行

一九世紀末、ジャーナリズムからPRが派生し、成立して以来、その主体は大きく二つの理由からPRを用いた。第一に、膨大な労働者・従業員の管理が必要となり、第二に、シャーマン法のような規制を生み出す世論の鎮静化が求められた。これらの目標を達成する上で、PR/パブリシティは二つの異なるアプローチをとってきた。

アメリカの電気産業は、投資銀行の膨大な資本と科学技術の結合を通じて急速に成長したが(80)、GEは電力トラストのシンボル的存在であった。スタンダード・オイルなどの従来型トラストと異なってGEは、すでに統合された企業同士の合併から生まれた組織だった[81]。要するに、その傘下には多数の独立組織が含まれており、組織の統合を妨げる問題要素が常に潜在していたのである。このような問題的状況を解決しようと、ＧＥは内なる異質的他者である労働者・従業員を管理する活動に取り組んだ。

一八九七年に社内にパブリシティ部門が設置され、作業現場の風景や機械設備、労働者の顔写真を中心に掲載する社内報が製作された。科学者と高級技術者、ホワイトカラーや中間管理職、生産ラインの労働者、地方のディーラーなど、異なる分野で働く労働者・従業員と利害関係者に特化した雑誌が次々と刊行された[82]。

これらの社内報は、読者を厳格に区分し、限定された情報のみを与えた。科学者や技術者たちは、生産ラインで働く労働者の勤務環境について知ることはなかったし、逆に生産ラインの労働者たちが目覚ましい科学の進展による新技術に触れることもなかった。要するに、この時代のＰＲ／パブリシティは、管理の対象である労働者・従業員を組織の観点から統合しながらも、彼ら同士で意思疎通する回路を厳格に遮断することに重点が置かれていたのである。

自己隠蔽の戦略 ―― ＮＥＬＡの組織

このような閉鎖的特徴は、企業の外側に存在する他者に対するパブリシティ活動からも示された。労働組合の団結権や電気事業の国有化という重要な問題をめぐって形成された批判的世論を鎮静化するために多くの企業が巨大組織／トラストの利点を力説したのに対し、ＧＥは、自らの巨大な姿を隠す戦略を採用した。

その計画は、全国電灯協会National Electric Light Association（ＮＥＬＡ）という疑似組織を通じて行われた。一八八〇年代に設立されたＮＥＬＡは、二〇世紀に入ってからは、ＧＥやウェスティングハウス・エレクトリックのような巨大企業に対抗し、中小規模会社を支援する組織として成長した。だが、同協会は、実はＧＥの持ち株企業だった[83]。ＮＥＬＡは、このことを徹底的に隠蔽し、電気事業部門において健全な競争が維持されているかのような雰囲気を演出したため、GEはしばらくの間、政治と世論の裁きを免れることができた。[84]

GEとNELAの関係は、電気事業の統合における特徴を表すとともに、[85]二〇世紀初頭まで続いた巨大企業の秘密主義を露呈する。当時のパブリシティは、組織の内側と外側の公衆を隔離することを試み、労働者を差別的に扱い、企業とその経営に対する大衆の関心を回避させようとした。すなわち、他者と友好的関係を形成し、〈自我〉を構築することより、閉鎖的構図のなかで他者と距離を置くことが重視されたのである。しかし、GEのPRは、第一次世界大戦後、訪れた消費社会において積極的な活動へと変わっていく。

「Any Woman」の誕生

消費社会のパラダイムでは誰もが消費者であり、労働者もすなわち消費者となる。産業にとって「攻撃的世論」と「友好的市場」はもはや反意語ではなくなったことに伴い、市場を開拓し、大量の消費者を創出する手法が模索され、〈企業自我〉の構築にも変化が生じるようになった。

一九二二年、GEの会長に就任したジェラルド・スウォプ(Gerard Swope)は、反独占に対する政治的対応から離れ、市場中心主義に根ざした経営体制を整えることを決議した。[86]その上で、自己隠蔽型の従来のパブリシティ活動が見直され、消費者の信頼を獲得するためにGEの「巨大さ」を全面的に押し出す戦略が考えられた。

GEの大規模なPRキャンペーンを企画したブルース・バートン(Bruce Barton)[87]は、スウォプ会長に、人々が何らかの形で大企業とともに生きる決心をしているとすれば、その心に応えるために企業が成すべき仕事は、「自己の巨大さ」を「品質やサービスの偉大さ」として定義することだと助言した。[88]このような提案は、電気を賛美し、巨大企業を人類の進歩と捉えながらGEの〈自我〉が構築されるPRキャンペーンの曳光弾となった。

一九二三年にスタートし、四年間、全国規模で展開された電気意識に関するキャンペーン Electrical Consciousness Campaign は、巨大企業を人々の目から隠し、社会から隔離してきた従来の戦略とは正反対のアプローチをとり、GEという企業の存在を鮮明なイメージで描いた(89)。同キャンペーンは、電気に関する人々の認識を変えていくことはもちろん、電化暮らしを支え、人生の喜びと豊かさを実現するGEの企業像を提示した(90)。電気は、人々の生活を利便化・合理化し、アメリカ社会の民主主義を進展させるシンボルとされ、GEは、電気の恩恵に浴する公衆を鏡として〈企業自我〉を構築した。

その上で、まず女性に焦点が当てられた。GEは、家庭における電気利用と家電製品の購入に関する行動パターンを調査するために独自のリサーチ機構を設立し、労働者の妻であり、未来の主役である子供たちの母親として家庭に新しい家電製品を取り入れる際に主導権を握る主婦を〈自我〉の鏡として想像＝創造した(91)。

「Any Woman . . .」からはじまるキャッチ・コピーが大変な人気を博した同キャンペーンの広告シリーズは(92)、電気という「召し使い」が主婦の日頃の労働を軽減させ、彼女たちを肉体的苦痛から解放し、労働力の軽減を通じて経済効果をもたらすと訴えた（図4－3上）。さらに、バートンの才覚あるコピーと魅力的イラストは、電気の奉仕による

図**4-3**　GEのAny Woman広告（Marchand, 1998, 上 p. 159, 下 p. 158）
＊下：電気スイッチをおす女性の手と，選挙投票箱に投票用紙をいれる手が重なっている．

女権拡張にも目を付け、電気が解放した女性たちを「民主主義の主体」として描いた(図4-3下)。電気と女性たちの、身体的、資本的、精神的関係を通じて、GEはアメリカ家庭のごく平凡な主婦たちを「電気があれば誰でも満喫できる素晴らしき人生」の主人公として立ち上がらせたのである。

他者の無差別大量生産

GEは、女性、とりわけ主婦を電化の主体として見出すことで、彼女たちを肉体的にも精神的にも解放し、経済的便益と余暇を与え、生きる喜びをプレゼントする企業として自己を紹介した。このように他者の友となり、助力者となる〈企業自我〉の創造は、〈PRする主体〉となる企業や経営者に対してはいかなる効果を与えただろうか。

PRキャンペーンが挙げた成果について、スウォプ会長は、多くの合併を繰り返した巨大企業の経営にようやく統合と統制がもたらされ、家電市場においてGEの存在が可視化されたと自評した。[93] この言葉は、巨大企業が市場と世論を同一視することで、内側の他者と外側の他者への対応が、従来の分離型から一括管理型へと転じたことへの満足感を表しているようにも聞こえる。

「Any Woman...」シリーズは大成功し、自己複製された。「電気があれば万事オッケーな女性たち」は、「電気があればいつだって幸せな労働者たち」Any Industrial Workerとなった。この繰り返しを通じてGEは、アメリカ社会におけるほぼすべての他者、つまり女性や労働者だけでなく、株主、子供、住民などを次々と〈公衆〉として見出し、包摂していった。「誰でも」、すなわち「Any ○○○」の誕生は、PRを通じて創造される〈他者=公衆〉と〈企業自我〉の関係が無差別的になったことを示唆する。

GEのキャンペーンは、巨大組織が他者を大量に生産していこうとする試みを浮かび上がらせた。一九二〇年代、企業は、中産階級に限られていた消費者を奪い合う戦略から、消費者の範疇そのものを拡大させ、より大きな市場の創出を目指すようになった。このような方向転換は、人々がGEのような企業が繰り広げる〈意味世界〉に引き寄せられていく出来事と表裏の関係をなしていた。

やがてPRは、経済的恩恵に浴する者と、その友を自称する企業の関係を築くシンボリックなコミュニケーションとなった。だが、それと同時に／それによってPRは、消費社会のレトリックに埋もれ、大量の無差別公衆 mass を創造する技術とされ、広告／マーケティングとの境界が曖昧になった。この問題については後に議論することにして、以下では、産業界が注目した大量の他者を創造する技術を、アメリカ政府がいかに受け入れ、応用したかを検討してみたい。

3　GEとTVAの共助・協力

福祉資本主義と公的ビジネス

巨大企業と人々が共生する社会において「福祉資本主義」という流行語は、政治的なものと経済的なものの境界が曖昧になっていく様子を捉えていた。企業は、人類の福祉に関心を持たなければならない組織となり、経営者には「政治家のようなビジネスマン」の資質が求められ、製品とサービスは「公衆奉仕」public service の観点から定義／再定義されるようになった[94]。GEにとって福祉は、具体的には、アメリカの全家庭に電気が行き届き、人々がGE製品を喜んで使うことだった[95]。電気がもたらす便益／利益は、GEの株主に限らず、人類全体の偉業として語られるようになった。

このような言説が産業界に普及した背後に、第一次世界大戦後、急増した新中産階級 new middle class があった。戦後、従来の中産階級と労働者の差異が次第になくなり、消費市場の構造がピラミッド型からダイヤモンド型へと変わっていくなかで、労働者＝消費者と捉えようとする動きが拡散した[96]。企業は、ダイヤモンドの真中層 mass を狙い、そこに含まれる人々を消費者としてはもちろん、政治的力と結びつく公衆としても見出し、企業社会の主人公として浮かび上がらせた[97]。

労働者の福祉を重視する考えは、一九二〇年代以前のナショナル・キャッシュ・レジスター社やアイ・ビー・エム社のような企業にも見られていた[98]。だが、一九二〇年代の福祉資本主義は、消費する行為を、公的利益＝福祉に強く結びつける傾向があった。フォードが自動車を生活の必需品と見なし、一生に一台の品として売り込んだことに対して、ゼネラル・モーターズ（GM）は、毎年モデルを替え、自動車を流行品として捉え、買い替えるという新しい消費パターンを考案した[99]。GMにとって公共奉仕＝福祉とは、消費者が自己欲望に忠実になり、それが自動車の生産ラインを動かしていくエネルギーとなることだった[100]。かつて少数の企業と経営者が労使関係を安定化させるために導入した社員福祉は、消費市場では大衆の福祉へと変化し、人々を生産と消費のシステムのなかに取り込んでいった。

消費社会の企業は、異質な他者を組織から排除するのではなく、むしろ他者を組織の原動力として吸収した。私的利益を保持し、資本を増殖するという課題が、社会と公益に対する奉仕と同一線上に置かれることにより、企業の役割が「私的ビジネス」から「公的ビジネス」へと移り変わり、経営者の自己認識も改められた。

TVAが開拓した家電市場

以上で論じたように、一九二〇年代に産業界に広められた福祉資本主義の夢は、アメリカ政府とニュー・ディールの構想とも重なっている[101]。政府と産業は、それぞれ抱える〈問題的状況〉に応じていく上で、福祉資本主義／福祉社会という〈リアリティ〉を構築／再構築し、そのなかで自己と他者を見出した。同じ夢を抱える〈PRする主体〉は、〈自我〉と〈他者＝公衆〉を形成していく上でも共通のまなざしを持ち、それゆえ競争しながらも共助する関係を築いた。

言い換えれば、政府は、巨大産業や市場中心主義に対して常に批判的立場をとったわけではなく、ある面では産業と協働する体制を組んできたのである。

国家復興法や青鷲運動による自由市場経済への監視・管理、政府主導計画経済は産業界にとって脅威になると思われたが、ある者にとって政府は「敵」ではなく「同盟」に近かった。

GEは、ニュー・ディールが推進する新しい生活様式の特需を受け、一九三〇年代以降、家電市場を席巻していった。ニュー・ディールが推進する家電革命のシンボルとなり、電化暮らしの必需品とされた冷蔵庫市場のシェアは、一九二〇年代まではGMのフリッジデール(Frigidaire)をはじめ、コープランド(Copeland)、マジェスティック(Magestic)、ケルビネーター(Kelvinator)などのメーカーによって分散されていた。そのなかでGEは後発走者だったにもかかわらず、TVAを後ろ盾にして占有率を爆発的に急増させることができた[102]。

アメリカ政府は、電力トラストと競争し、各地域にTVAから生産された電気を販売し、供給する以外に、電気の需要を刺激し、供給電力量を増加するための計画を立てた。TVAの電力供給地域内の各家庭を対象に、電力消費を促すために家電製品を普及させる目的から家庭農場電化公社 Electric Home and Farm Authority が設立された[103]。家庭農場電化公社と電気製品製造業の連携体制が築かれ、GEは政府の提案を受け、「T型冷蔵庫」という低価格モデルを特別生産し、供給するようになった[104]。

さらに、人々が家電製品をより手頃に購入できる制度が、政府と産業の協力によって生み出された。アメリカ政府は、復興金融公社 Reconstruction Finance Corporation と各銀行の連携を通じて低金利ローンや割賦制を導入し、その結果、一九三八年までに二五〇〇以上のディーラーから一〇万件に上る新規割賦契約が結ばれ、一億五五〇〇万ドルを越える消費が家電市場において創出された[105]。低価格モデルの生産と低金利ローン、月賦式支払い制度を軸とする政府と家電産業、金融業界の連携は、一九三七年以降、全国の七つの河川流域にTVAを模した開発公社が建てられるにつれ、より広範囲に展開されることとなった[106]。

ニュー・ディールの教え

一九二〇年代まで消費市場は中産階級だけに焦点を当て、いくら気鋭な製造業者でも獲得できる消費者の総量には限界があった。その「狭い」市場の外枠は、ニュー・ディールとTVAによって取り壊された。

ニュー・ディールの経済実験は、電気による近代化を物やサービスの単純消費ではなく、各家庭を、本来支払える資産を越えたレベルまで資本化する方法を通じて達成しようとした[107]。その上で、階層、収入、都市／地方居住を問わず、国民のレベルに広がる消費者が創造されたが、この「消費者」の創出は、政府による「アメリカ人」の再定義に基づいていた。ニュー・ディールは、アメリカの再建と復興のために、その目印となる各家庭の電化のために、人々を消費市場へ送り込んだ。逆に言えば、アメリカ人を「アメリカ消費者」に変えることなしには、ニュー・ディールは成功できなかったかもしれない。

TVAと家庭農場電化公社は、どの階級でも、収入がいくらでも、アメリカ人であれば大量消費経済と大衆消費市場に平等に参加できるように経済力がない人々を支援した[108]。復興金融公社が導入した割賦制とローンにより消費することは、貯金ベースから借金ベースへ転換し、「現金」ではなく「信用」に基づく消費が発明された[109]。*Business Week* 誌は、それまで産業界が見向きもしなかった「忘れられた人々」を消費市場における「金の卵を生む鶏」に喩え、彼らに目を付けたニュー・ディールの政策を「革命的出来事」と評価した[110]。

GEのようにニュー・ディールと協力した企業は、リリエンソールが約束したように[111]、TVAが火をつけた「量のゲーム」、すなわち大衆市場がもたらす利益を一緒に享受した。膨大な広告予算や世論の鎮静化のためのパブリシティ費用も要らなくなった。GEのPRキャンペーンに代わってニュー・ディールとTVAが新しい生活様式を広め、

「忘れられた人々」の救済者を演じるルーズヴェルト大統領と草の根民主主義の伝道師、リリエンソールがＧＥの「ＰＲマン」を兼ねて市場を開拓したのである(112)(図４－４)。

ＴＶＡは、市場における無限の可能性を切り開き、多くの企業がＰＲキャンペーンを通じて訴えてきた福祉資本主義をほぼ理想に近い形で実現させた(113)。全ての人の中産階級化を目指したニュー・ディールの夢が、消費者と市場の拡大を狙う産業界の夢と重なり、アメリカ人の教育・啓蒙と消費者としての覚醒は、切り離せなくなった。

繰り返し言うと、ＴＶＡがアメリカ社会に与えたのは、単純に「電気」というエネルギー資源を超えている。それは、貧しい労働者と農民を電化暮らしの担い手として浮かび上がらせ、新しい生活様式を注入することで産業界だけでは実現できなかった巨大な大衆消費市場を創造した。豊かなアメリカ社会の一員として創造された公衆＝消費者の福祉が、すなわち公益とされ、政府と産業がその公益を守るヒーローとなっていくなか、〈ＰＲする主体〉の拡大と共助を通じて〈ＰＲする行為〉は福祉資本主義社会における「公的ビジネス」としての性格を強めることとなった。

ニュー・ディールと産業界が築いた競争と共助の関係は、大恐慌によって一度、断絶されたはずの巨大産業の時代と国家／政府の時代が、実は連続していた事実を浮かび上がらせる。政治主体と経済主体が〈ＰＲする行為〉に基づいて互いの〈他者〉と〈自我〉を模倣・複製しながら、融合していく問題は、第二次世界大戦以降、世界各国に拡散した。

図**4-4**　ニュー・ディールと家電広告(Tobey, 1996, appendix)
＊これらの広告は，ルーズヴェルトの顔写真を使い，NRAのシンボルマーク(青鷲)を用いた．

三　自我と他者を圧倒するＰＲ／コミュニケーション

1　他者の声を創造する

公衆の言葉を求めて

本節では前章に引き続き、他者を創造し、〈企業自我〉を構築するＰＲ／コミュニケーションの特徴について検討する。産業と政府の競争的で同時に共助的関係が〈他者＝公衆〉に対する共通のまなざしの上で成立していたことは前述したとおりだが、それを理論的、技術的に支えたのはＰＲ専門業であり、具体的には世論調査などの手法の発達に頼っていた。以下では、ＰＲ／コミュニケーションの科学化をめぐる言説が、専門家たちの営みを正当化する一方で、〈ＰＲする主体〉の自己認識をいかに変えたかを問うてみたい。

まず、公衆という他者の概念をめぐってどのような言説が流通するようになったか、から確認していこう。大恐慌という〈問題的状況〉が激化していくにつれ、ニュー・ディールに対抗するための鍵が他者にあるという意見が述べられた。モートン・ロング（Moton Long）は、経済危機が招いた不安を取り除くために政治家に依存する旧来の方法は信用できなくなったとし、企業の自衛手段の模索が必要だと主張した(114)。

ロングが指摘した問題を、トマス・ロス（Thomas J. Ross）はもう少し具体的な言葉を用いて表した。ロスによれば、企業という組織は社会の一部分であり、産業界に対する反感を和らげるためには人々の言葉に耳を傾け、それがいったい何を意味し、何を求めているかを学ぶことが重要であった(115)。ロスは、企業と社会の関係を友好的に保つための条件として、世論の研究、つまり「人々の声」を科学的に測定・解読する手法の必要性を訴えた。[116]

〈問題的状況〉を解決する上で、公衆の声の重要性に注目したのはロングやロスだけではなかった。ビジネス・ジャーナリストでもあったグレン・グリズウォルド（Glenn Griswold）は、ニュー・ディールに対抗する上でアメリカ企業の社会福祉を保障する役割を強調する必要性を指摘した。グリズウォルドによれば重要なのは、労働者や株主、地域社会など、様々な集団の声に産業界のメッセージを重ね、具体的証拠とともにその関連性を提示することだった。[117]

このような業界人たちは、公衆の声を究明することができれば、それに働きかけることも可能になると考えた。それゆえ、産業界と企業を苦しませる状況から救い出す最大の要領は、短期的市場利益に直接的につながらなくても世論の科学的探究にお金を投入することだと考えた。

Fortune 誌は、アメリカ産業の未来を懸念し、企業が私的利益だけではなく公共の利益を守り、社会に奉仕する組織・制度であることを自覚し、このような決心を人々に知らせていくことを提言した。[118] 同誌は、企業を日曜日の教会に喩えながら、自由市場の信仰により多くの信者を集めることが大事なのだと主張した。贅沢な都市生活を送る一握りの中産階級はもちろん、ニュー・ディールが見出した「忘れられた人々」にも、企業はきわめて重要な社会組織であり、アメリカ人の生活を支えているのだという印象を与えることが求められた。このような認識の転換は、企業が自己の主張を一方的に語り尽くすのではなく、公衆の声を聞き、さらにそれを受け入れていく必要性とともに指摘された。

世論調査とＰＲ言説

アメリカ産業界は、ニュー・ディールに対抗して「全米企業社会」Corporate America[119] を構築する重要性を強く意識するようになり、世論の科学的調査と測定に関心が集まった。[120] 一方で、アメリカ企業に世論の重要性を思い知らせた政府もまた、大規模な社会調査を実施し、公衆の声を積極的に収集した[121]。一九三六年にはジョージ・ギャラップ(George Gallup)が、わずか五〇〇〇人を対象にランダム・サンプリング技法による調査を行い、ルーズヴェルト大統領の再選を見事に予測し、大いに注目を集めた。

そのようななか、一九三七年、プリンストン大学のチャールズ・ハーウッド(Charles Harwood)教授を中心に*Public Opinion Quarterly*誌が創刊され、世論に関する様々な問題を探求する場となった。前述したロスをはじめ、調査分野の専門家たちが論文を寄稿し、調査の依頼主である産業と政府に対して提言を行った[122]。世論概念の究明より、その予測と操作に焦点が当てられ、非常にプラクティカルな議論が行われたのである。

世論研究に関する専門誌の誕生が示すように、一九三〇年代以降、調査業は急速に発達した[123]。その勢いはPR専門業にも影響を与え、PR実践における科学化の言説がさらに洗練化するきっかけとなった。心理学言説を軸に独自の理論を模索してきたPR専門業は、今度は世論調査や市場調査という技術を援用し、後に述べるように、公衆の明瞭化と分析手法の開発に重点が置かれるようになっていく。

一九三〇年代以降、研究と調査の対象となった「世論」は、一九世紀末から二〇世紀初頭にかけて巨大産業を悩ませた反独占世論に比べてどのように異なっていただろうか。反独占世論は、企業にとってその営利活動と区別される政治の領域で発生する現象と考えられた[124]。それに対して、ニュー・ディールとそれが促した労働運動、消費者運動、組合運動に応じて注目されるようになった「世論」は、その構成分母となる他者＝公衆の声が「疑似世論」としてつくられる問題を捉えていた。つまりそれが目をつけたのは、実在する他者の声というより、政府と産業の競争と共助のなかで政治主体と経済主体の境界が崩され、創造された他者の声だった。PRは、そのような「世論」の探求と分析に基づきながら、「企業の声」を社会に浸透させると同時に、「疑似世論」となる「公衆の声」を組織の内側に回帰させる働きをするようになった。

人間工学という思考

世論調査の発達、とりわけ、公衆という他者とその声を抽出する手法の変化は、ＰＲ専門業における科学化の言説にも影響を与えた。さらに、公衆の声を究明すると同時に、依頼主の声を社会に広めていく科学的手法の需要は、統計的分析の発達とともにエスカレートした[125]。

ギャラップが時代の寵児となるまでアメリカを代表する世論調査屋だったエルモ・ローパー(Elmo Roper)をはじめ、オピニオン・リサーチ社の創立者であるクロード・ロビンソン(Claude Robinson)、サイコロジー社の設立者、ヘンリー・リンク(Henry Link)などが、その科学的手法の専門家として企業の顧問を受け持った。

次世代の調査屋たちは、人々の言葉をただ単に学ぶのではなく、それを修正し、操作することに重点を置いた。リンクは、独自の調査を行い、その結果を踏まえて「自由企業」free enterpriseという言葉がもはやアメリカ人の関心を惹けなくなったと指摘し、企業と人々の一体感を形成するために新しい言葉の考案と流行が必要だと主張した[126]。

このような考え方は、他者を「工学的」に創造する道へ進んでいった。一九四三年、スタンダード・オイルは、ローパーにアメリカ人の情緒に関する調査を依頼した。調査報告でローパーは、一九二九年の恐慌以来、アメリカ社会は一五年間にわたり「感情的危機」に陥っていると述べ[127]、実際には産業界が雇用を担っているにもかかわらず、アメリカ政府が人々の雇用環境を安定化させるという認識が普及していると指摘した[128]。この調査報告は、ニュー・ディールによりアメリカ政府の、人々の救援者となる〈自我〉が成功裡に構築されたことを表していたが、スタンダード・オイルのような巨大企業にとっては、それまで以上に公衆の声を敏感に捉え、働きかける必要性を示すものとなった。

スタンダード・オイルは、組織の構造改革に関するローパーの提言を一部受容し、企業に対する人々の情緒を変えていく計画を取り立てた。スタンダード・オイルの役員だったユージン・ホールマン(Eugene Holman)は、その計画を「ヒューマン・エンジニアリング」、すなわち「人間工学」と名付けた。ホールマンによれば、同社は、採掘、精油、輸送、マーケティング分野では優秀な技術陣を確保していたが、ヒューマン・エンジニアリングの分野ではあるべき成果を挙げておらず、当該分野を強化する必要があった[129]。この計画は、スタンダード・オイルのPR部署を中心に行われ、外部の専門家としてアール・ニューサム（Earl Newsom）が招かれた[130]。公衆を工学的に創造する手法としてのPR機能の拡充は、やがて企業の営利活動、とりわけ、マーケティングとも深くかかわるようになっていく。

2　世論の理論化と市場化

世論という商品

反独占世論や暴露主義に対抗して企業はニュースを流通させる手法／パブリシティを発達させた。だが、心理学言説と科学的調査、とくに世論調査や市場調査の発達は、公衆概念の外延を拡張させ、世論を解明し、測定するだけではなく、それを操作し、造成することの可能性を切り開いた。消費社会の深化に伴い、マーケティングの延長線上で世論と公衆を工学的に創造することが期待され、従来の世論概念における政治性と消費市場における経済性の境界が曖昧になり、世論の市場化が求められるようになった。「パブリック・リレーションズ」という言葉は、まさにこのような考え方と技術の集成でもあった。

前述したようにスタンダード・オイルは、公衆の声を通して自己のイメージを形成することが市場競争に対応する上で有効であることを自覚するようになった。同社のセールス部長だったロバート・ハスラム（Robert Haslam）は、ローパーが提言した組織改革にはネガティブだったが、世論調査が示唆したヒューマン・エンジニアリングの必要性には同調し、ニューサムが指揮したPRキャンペーンに対して様々な支援を惜しまなかった[131]。ハスラムの協力を得て開催された定例のPR会議では収益や雇用、保障などの問題以上に、いかにすればスタンダード・オイルに対する人々の好感度を上げることができるかが議論された。

一九四〇年代以降、世論調査とPRをめぐる議論の多くが、セールスやマーケティング部門に集中された。世論＝市場の可能性を軸に、PRとマーケティングが相互補完的に捉えられるようになったのである。経済危機によって新たな〈PRする主体〉として浮上した政府とそれに対抗する産業の競争のなかで発展した他者を想像＝創造する技術は、公共的価値はもちろん、市場における実質的な利益を生み出すことにも貢献した。

第二次世界大戦と世論調査

第二次世界大戦は、ニュー・ディールの改革をめぐって激しく対立した政府と産業の関係が、再び和らぐきっかけとなった。戦争は、国内の他者をめぐる競争を国外へと移動させ、世界各国の市場と世論に射程を広げた(132)。この新たな展開を受け、「公衆の声」を解明する技術の改良がさらに進み、〈PRする主体〉の意識も変容した。

産業界は、戦後、アメリカ社会を「正常」な資本主義、市場中心主義に復帰させることを心配したが、一方では、第一次世界大戦の教訓から学んで、戦時中に確立された軍需生産と動員体制を戦後も引き続き、活用する可能性を模索した。このような計画を実現するために、産業と企業に対する人々の信頼、つまり世論の支持が欠かせないと考えられ、その根拠となる世論調査が実施された(133)。

一九四四年に開催されたNAMの全国会議に提出された調査報告書は、「生産と分配」という単純な経済目標を超えて、人々の物的ニーズだけでなく、産業界に対して人々が抱く感情を調べることが大事だと助言した(134)。同報告書は、政府の大々的なキャンペーンが個人や企業に対して国家主導の統制と規制といった価値を植え付けているが、戦争が終われば、そのような価値に代わって、市場経済や自由競争を擁護する声を拡散させなければならないと指摘した(135)。

このような報告を受けてＮＡＭは、戦時広報委員会 War Advertising Council を組織し、戦後も世論調査とＰＲ戦略をゆるめないことを決めた。

アメリカ政府の戦時情報局（ＯＷＩ）の指導下でＰＲ活動を遂行したＮＡＭの戦時広報委員会によれば、戦時中の情報活動を担ったのは実質的には、アメリカ企業だった[136]。これが事実だとすれば、第二次世界大戦において情報戦を仕切ったのは産業界だったとも言える。同委員会が、情報機能を担う責任を戦後も放棄することはできないと判断した背景には[137]、このような経験を通じて身につけた考え方、すなわち政府に協力し、アメリカ社会の夢を広める任務を継続することが、産業界にとっても圧倒的に有利だという計算があった。

戦時中に実施された世論調査が示すように世論は、民衆の利益に奉仕する企業を支持するはずであった。他者の声＝世論に対する産業界の関心は、ニュー・ディール以降、第二次世界大戦とその後の社会においても継続し、世論調査は、産業や企業にとって必要不可欠な、恒久的な機能となった。

他者の理論化

一九四〇年代以降、ＰＲ／コミュニケーションは、世論調査や市場調査、さらにマーケティングと一体化していく。ニューサムのような「調査屋」たちは、企業のＰＲ部門を統率する「ＰＲマン」であり、同時にマーケティング「戦略家」としても活躍した。このような専門家たちは、「公衆の声＝世論」を、市場の価値に基づいて変換させる役割を担った。

オピニオン・リサーチ社のロビンソンは、世論調査の結果が表すのは、すなわち労働者や消費者の心であると主張し、サイコロジー社のリンクは、アメリカ社会の豊かさを可能にする原理、思想、自由こそ、今後、アメリカ企業が売り込んでいくべき「新製品」であると訴えた[138]。これらの言葉は、政治的価値と経済的価値の境界が崩れ、世論が市場化し、市場が世論化していく様子を端的に表している。

アメリカ企業は、世論調査を通して「株主の声」、「労働者の声」、「消費者の声」に耳を傾けながら、他者に投影される自己のイメージと向かい合おうとした。だが、その時の「他者の声」は、実在する株主や労働者や消費者の声ではなく、それを分析し、表示する専門家集団によって、制度化されたコミュニケーションによってつくられたものである。すなわち、調査を通じて示された「公衆の声＝世論」は、〈自我〉の構築において他者を想像＝創造しようとする主体、つまり調査依頼主の問題を映し出しているにすぎない。

主体の声と他者の声が絡み合い、もはや誰の声なのかが分からなくなった「世論」は、第二次世界大戦以降、メディア技術の発達とともに急速に流行したマス・コミュニケーション理論と相接しながら、より広く、深く社会に浸透した。第一章で述べたように、マス・コミュニケーションの研究は、マス・メディアのオーディエンスを捉え、究明することを目指した。言い換えれば、「他者の理論化」を試みてきたのである。

これまでの議論を踏まえれば、他者の理論化は、ＰＲ／コミュニケーションをめぐって変容してきた言説の特徴でもある。すなわち、〈企業自我〉は、〈公衆〉という他者の創造、とりわけ「他者の声」を科学的、工学的に抽出する世論調査やマス・コミュニケーションの諸技術の発展と切り離せない関係において構築されてきた。このような考え方が妥当だとすれば、マス・コミュニケーションとＰＲ概念の包含関係、つまり前者が後者を包摂すると見なす従来の認識には、再考が求められる。

3　主体に浸透するPR／コミュニケーション

経営者の意識変化

他者の声は、他者を鏡として自己を捉える主体の理論化を促した。営利追求に直接かかわる消費者はもちろん、市民社会の構成員を満足させる「社会組織」として企業を捉え返し、PRを通じて経営者と労働者、アメリカ社会、さらには人類全体が一つとなる関係を構築するのだという主張が、産業界のリーダーたちを中心に拡散した[139]。

産業界は「公的ビジネス」や「公共奉仕」に名を連ねた活動を通じて、企業や経営者はもちろん、PRそのものに対しても人々から好感を持たれることを期待した。戦中に獲得した「非利己的」貢献のイメージを放棄すべきではないと主張したNAMの戦時広報委員会のように[140]、アメリカ産業界は「公衆の声＝世論」をつかみとり、自己とその代理人たちが公的存在と思われるようになったと評価した。

このような満足感と期待は、多くの経営者の口から繰り返し、語られるようになった。全米パブリック・リレーションズ協会Public Relations Society of America の会長を兼ねたゼネラル・フード社の会長、ハワード・チェース(Howard Chase)は、企業のシステムと人々の思考を融合させていく上でPRが有効な哲学を示唆してくれると述べた[141]。大手製薬会社、ジョンソン・エンド・ジョンソン社の会長、ロバート・ジョンソン(Robert Johnson)は、*Harvard Business Review* 誌の中で、企業は自らの利害と人々の利害を調和させる「社会的受託者」に過ぎないという意見を開陳した[142]。ジョンソン会長の言葉は、投資家からすれば多少過激にも聞こえる発言だが、そのような主張が最高権威の経営専門誌に掲載されたこと自体、経営者の認識が明らかに変化したことを表していた。

チェースやジョンソンのような産業人の言葉が示すように、企業は、少数の資本家の私的利益を守ることを第一目的として追求する組織から、社会と多数の利益に奉仕する社会的機関として定義／再定義されるようになった。「社会の一員」という意識が経営哲学や思想に深く浸透し、労働者・従業員、株主、地域住民、消費者など、様々な公衆を「鏡」とする社会的存在としての企業が構想されるようになった。

Fortune 誌のラッセル・ダベンポート（Russell Davenport）はアメリカ企業と経営者の自己意識の変化を歓迎し、鼓舞した。ダベンポートによれば、それまで公的利益の主導権を握っていたのは政府であり、それに対して企業は「私的個人」の利益を重視した[143]。だが、ニュー・ディール以降の社会状況においては、アメリカ企業と産業界は、全ての個人に捧げるだけでなく、さらに公的利益に対しても自己の権利を主張し、社会問題に積極的にかかわる必要があった[144]。

自他の相互依存的関係

経営者の言説は、「企業の利益」と「個人の利益」、さらには「社会の利益」が、ＰＲというフィルターを通して相互に交換され、一体化していく様子を浮かび上がらせる。このような変化は、「理解不能な変貌」のように思われるかもしれない[145]。しかし、本書の観点からすれば、それは〈企業自我〉のコミュニケーション的構築の特徴であり、結果でもあるのだ。

何度も述べてきたように、〈ＰＲする主体〉は、問題的状況を解決しようとする上で他者を創造するだけでなく、他者の期待と役割を取得して自我を定義／再定義していく。このような過程はシンボリックなコミュニケーションを通じて行われる。つまり、〈ＰＲする主体〉とその〈自我〉は、公衆に話しかけると同時に、そのメッセージを内面にも向け、自分自身にも話しかける。〈ＰＲする主体〉であり、こうして構築／再構築された〈企業自我〉の一部である経営者たちの言葉は、単なる「言い訳」ではなく、他者との相互依存的関係に基づく「自分自身」に対する明確な認識を含んでいるのである。

このような認識の変化は、〈ＰＲする行為〉、とりわけ、ＰＲというコミュニケーションが他者はもちろん、企業や経営者という主体にも及んでいたことを示唆する。企業と経営者は、もう一つの〈ＰＲする主体〉である専門家が主管する制度化されたコミュニケーションを通じて社会の期待と役割を獲得し、〈自我〉を形成するがゆえに、自ら想像＝創造し、働きかける他者——厳密には専門家によって分析され、表示された他者の声——に強く影響されてしまう関係に置かれるようになったのである。

企業は、一九世紀末に〈ＰＲする主体〉として目覚めて以来、数十年間に渡って私的利益を社会の公益に結びつけ、自己とともに様々な公衆を見出してきた。第一次世界大戦とニュー・ディールを経て、企業の声、または政府の声を公衆の声として広める技術がさらに改良されたが、そのような発展によりアイロニカルにも、企業という社会的存在の〈自我〉は、自ら想像＝創造した、公衆という他者なしには成立できなくなった。

ＰＲ概念の再歴史化、脱構築化

アメリカ企業が自ら「公益に奉仕する社会的機関」となったのは、様々な文化と人種から構成された移民社会を、物質的豊かさという唯一の共通価値に凝集させ、発達してきたアメリカ産業社会、消費社会と切り離せない特徴であろう。経営者、株主、労働者、有権者を問わず、全てのアメリカ人は、産業化と消費文化を共通の基盤とする巨大組織の公衆として見出され、アメリカ企業社会という〈意味世界〉のなかで生きる運命にあった[146]。だが、他者の創造は、自我を欲する主体の問題意識とも深くかかわっており、ＰＲを通じて創造されたのは公衆だけでなく、企業のアイデンティティも再生された。

一九世紀末の産業社会から、一九二〇年代に浮上した消費社会、ニュー・ディールが促した福祉資本主義社会、第二次世界大戦後、さらに深化していく大衆社会を経て、人々が、読者、消費者、株主、国民、市民、大衆など、「一般化された他者」として発見されてきた歴史は、アメリカ政府と企業がそのような公衆の「友」や「助力者」として自己を見直してきた道程と重なっている。

これまで見てきたアメリカ社会とＰＲの歴史は、公衆という社会的他者の創造を物語る以上に、〈ＰＲする主体〉、とりわけアメリカ企業と政府の創造物語として読み返すことができる。そう考えれば、公衆に働きかけると同時に、公衆の声に基づいて〈企業自我〉や〈政府自我〉を構築する総合的プロセスとしてのＰＲ／コミュニケーション、そしてそのような営みを実質的に主管してきたＰＲ専門家／業の歴史は、現代の経営理論と実践におけるルーツの一つであるといっても過言ではない。このような見方は、これまでのＰＲ研究が経営／マネジメント論に求めてきた認識と正反対の解釈を提示するだろう。

自我のコミュニケーション的構築を解き明かす研究は、一方では、公衆という他者の理論化、とりわけ大量の他者を包摂するマス・コミュニケーションの技術と、他方では、〈ＰＲする主体〉の理論化、つまり経営学における思想や基調的観点とかかわり、その両者が交差する地点を浮かび上がらせてくれる。

第一章で触れたように一九七〇年代以降、「学」として浮上したＰＲ研究は、経営／マネジメント論とコミュニケーション論を参照しながらＰＲ理論を構築してきた。そこでは第二次世界大戦以降、急速に発展したマス・コミュニケーションと、ほぼ同じ時期に現代経営学として構築されたマネジメントがＰＲの上位概念とされ、ＰＲは両者に含まれると説明されてきた。だが、企業による社会的自我の構築と公衆の創造をめぐる歴史は、従来の解釈を一部、ひっくり返すのである。それゆえ、マス・コミュニケーションと経営／マネジメントが、現代社会の顕著な特徴として注目される前に、二〇世紀を通じて企業と公衆を媒介してきたコミュニケーション様式として発展してきたＰＲ概念の脱構築化が必要なのだ。

このような議論の出発点がアメリカ社会であることは間違いないが、議論の対象はそれに限らないことも自明である。第二次世界大戦以降、アメリカをモデルとして形成された世界各国の戦後社会において、〈ＰＲする主体〉が次々と現れ、世論調査をはじめ、他者と自己を探求する技術が発展した。第三部では、議論の舞台を戦後日本に移し、ＰＲ概念の脱構築化における可能性を問うてみたい。

第三部／戦後日本

戦後日本におけるＰＲの導入とその変容の過程は、いかなる性格を帯びていただろうか。第五章では、戦前と戦後の連続／断絶を意識しながら、占領期における米国からのＰＲ概念の移植を検討し、戦後日本におけるＰＲの史的発展を〈自我〉と〈他者〉の関係／関係性から再構築してみたい。第六章では、高度成長期の産業ＰＲ、とりわけ電力産業の活動に焦点を当て、〈企業自我〉の構築を詳細に分析する。ＰＲ映画に描かれた〈企業自我〉と〈公衆〉、両者を結びつける〈シンボル〉を明らかにし、続いて第七章ではＰＲ雑誌のなかに広がる〈意味世界〉を探求する。それを踏まえ、ＰＲというシンボリックなコミュニケーションを通じて、戦後社会という〈リアリティ〉が再構成されていく様子を描き出してみたい。

第五章　戦後日本におけるＰＲの移植と変容

一　行政ＰＲの史的展開

１　戦前と戦後の連続／断絶

第三の視点

戦後日本におけるＰＲの導入と展開については、大きく二つの解釈がある。

第一に、第二次世界大戦後、連合国最高司令官総司令部 General Headquarters（以下、ＧＨＱ）、実質的には米軍による占領を受け、政府機関と地方官庁にＰＲ部署が設置されたことを原点とする見方がある。(1) このような考え方は、アメリカニズムの世界的拡散を背景にして、各国のＰＲ史をアメリカの政治、経済、文化の影響から捉える傾向がある。(2)

第二に、第二次世界大戦以前から日本にはPR（または、類似活動）が存在しており、戦争を通じて発達してきたとする見解がある。(3) このような考え方は、PR概念をアメリカ発の「輸入品」としてではなく、日本社会固有の政治、経済、社会的変容のなかで現れた機能として捉える。

二つの視点を比較する上で軸となる問題は、PRとプロパガンダの関係をいかに捉えるかである。前者の視点に立った場合、PRは、占領を通してはじめて日本社会に導入された、「民主主義」と切り離せない機能であり、表向きではGHQが打破しようとした軍国主義のプロパガンダと全く異なる概念である。これに対して後者の観点からは戦前と戦中期から続いてきた日本独自のPR／プロパガンダをめぐる可能性が示され、第二次世界大戦以降のPR現象もまた、戦前からの継承を通じて模索される。これらの相反する考え方をつなぎ合わせ、補完する第三の視点を示すことはできないだろうか。

当然ながら限られた紙面のなかで日本のPR史全体を網羅することは、不可能な作業であるが、日本におけるPRの歴史に関しては『日本の広報・PR一〇〇年——満鉄からCSRまで』（猪狩誠也編、二〇一一）をはじめ、先行研究がある程度、蓄積されている。それらの文献を二次資料として用いながら、本章では戦後日本における〈PRする主体〉とその他者をめぐる関係／関係性の構築を究明することに集中する。すなわち、アメリカ産業社会における〈PRする行為〉を通して論じてきた〈企業自我〉と〈公衆〉が、戦後日本においてはどのように形成されていたかを分析する。それを踏まえ、戦後日本における〈企業自我〉のコミュニケーション的構築を、アメリカと比較する土台をつくっておこう。

民主主義以外の条件

本書は、戦前と戦後のPRを区別する特徴が、占領期における〈PRする主体〉と他者を鏡として浮上する自我にあると考える。だが、この問題を掘り下げていく前に、戦前におけるＰＲの可能性を検討しておく必要があろう。

一般に、パブリック・リレーションズ Public Relations という言葉が日本に紹介され、本格的に普及したのは、一九四五年以降と言われる(4)。ＰＲ概念は、民主主義、とりわけアメリカ社会を中心に発達してきた政治的システムおよびイデオロギーと深く結びつけられ、日本にアメリカ型民主主義が移植される以前の状況は、ＰＲ史の認識から自動的に脱落する傾向がある。

だが、アメリカの歴史が語るように、民主主義は、ＰＲの唯一無二な成立条件ではない。ＰＲ概念とその手法は、産業社会と消費社会の浮上とともに発達してきたのだ。あえて言えば、民主主義は、自由主義やフロンティア精神などと同じく〈ＰＲする行為〉を正当化する価値とされ、ＰＲ／コミュニケーションにおけるシンボルとして用いられてきた。言い換えれば、ＰＲが現象する社会とは、政治制度上で民主主義社会である以上に、「民主主義」というシンボルが働く社会、つまり「私」と「あなた」の平等で「友だち」となる関係が基盤となる社会である。

産業社会と大衆社会という条件は、戦前の日本社会にも部分的に現れていた。言い換えれば、〈ＰＲする主体〉が登場し、〈ＰＲする行為〉に類似した試みが行われたとも仮定できる。このような可能性を念頭に置きながら、以下ではＰＲメディアの普及と満州における「弘報」活動を手がかりに、戦前のＰＲを考えてみたい。

社内報とＰＲ誌というメディア

戦前におけるＰＲ活動を検討する上でまず注目すべきは、産業社会と大衆消費社会が進んだ明治時代の出版物、とりわけ社内報とＰＲ誌の刊行であろう(5)。

社内報は、当時の資本家や経営者が労働者をどのように捉えていたかを示す資料でもある。明治維新後、近代国家とともに誕生した近代企業（財閥）は、事業の拡大に伴い、膨大な労働者を抱えるようになり、労働者・従業員を読者とする社内報の発行も活発になった。

最初の社内報として知られる鐘紡の『鐘紡の汽笛』(一九〇三)は、各地の工場で働く労働者を組織の一員として統合することを狙った。鐘紡は、社内報の刊行とともに、会社運営に関する社員・職工の提案制度、女工のための育児施設、消費組合組織、病気・負傷・死亡・退職時の共済制度など、福利厚生制度を設けた[6]。鐘紡のほかに、官営製鉄所の『くろがね』(一九一九)、日本鉱業の『日鉱』(一九二〇)、日本製鋼所室蘭工業所の『鋼の友』(一九二二)などが刊行され、各産業における労使関係のあり方が描かれた。

当時、社内報を発行していた産業は、繊維、鉄鋼・製鉄、鉱業など、いずれも日本の近代化を担う基幹産業であり、熟練職工をはじめ、多くの労働者を確保することが課題となっていた。このような状況からすれば、社内報の出版は、産業社会のなかで労働者が重要な存在として浮上したことを示す[7]。だが、それが、企業と経営者にとって労働者・従業員が平等な立場において語りかける相手として認識されたことを意味しているかどうかは、別問題である。

当時、日本企業は、経営者と労働者を親子のような強い共同体として捉える家族主義に基づいており[8]、労使関係では位階秩序による権力の違いが認められた。労働者(=子)を、経営者(=父)から教育と指導を受け、保護・管理されるべき存在と見なす考え方は、アメリカ企業が「民主主義」というシンボルを通して広めてきた経営者と労働者の友だちとなる関係とは異なる関係性を含んでいる。

しかし、このような戦前の労使関係は、戦後の占領政策によってドラスティックに変化する。労働者・従業員が強力な他者として浮上し、経営者の内省を促し、〈企業自我〉の構築/再構築に影響を及ぼすようになっていく。社内報に映し出される労使の関係も、戦後、劇的に変わっていったと考えられる。

一方で、PR誌というメディアは、当時の日本社会におけるマス・メディアの発達と大衆社会、消費社会と深くかかわっていた。映画や音楽レコードなど、メディア産業が隆盛し、日刊紙や週刊誌の発行部数が増え、読書層が厚くなり、出版を商売的メディアとして活用できる土台がつくられた。

丸善の『学鐙』(一八九七)をはじめ、三井呉服店の『花ごろも』(一八九九)など、百貨店や服飾メーカーによってPR誌が発行された。三井呉服店の高橋義雄は、アメリカやイギリスの百貨店を視察し、『花ごろも』(後に『時好』)を創刊したが、同誌には営業案内をはじめ、当時の流行柄の紹介、尾崎紅葉など、文人による連載小説なども掲載された。[9]

戦前のPR誌は、電力やガス、鉄鋼などの基幹産業が中心となった戦後のPR誌と比べて商業的機能、つまり販売を促進し、消費者を対象とする活動に重点が置かれていたことがうかがえる。当時の企業がPR誌の発行を通して経営を社会との関係に位置づけ、消費者以外の他者を積極的に自己の存在に結びつけていこうとしたかは確かではない。

満鉄弘報から総力戦プロパガンダへ

戦前のPRの特徴が、より複雑な形で表されたのが満州国だった。一九〇六年に、運送と資源産業、地域開発を網羅する総合的計画を進めるために設立された南満州鉄道株式会社(以下、満鉄)は、一九二三年に社長直属に弘報係を設置した。文化事業の一環として地域図書館が設立され、人材育成制度も実施されたが、博覧会や共進会の開催など、商業的効果を狙う活動も多く行われた。[10] 満鉄の弘報は、文章による宣伝のほか、映画、写真、絵画、図案の作成などによる宣伝、公演、ラジオ、レコードなどによる宣伝に細分化され、国内外に広がっていた[11](表5-1)。

満鉄の「弘報」は、プロパガンダの影響を受けたと言われるが、[12] その内容は広告やプロモーション活動とも類似しており、現場担当者も商業的意味を込めた「宣伝」とほぼ同義語として「弘報」を捉えていた。[13] 満鉄の弘報が大衆消費社会における観光や娯楽とかかわる機能だったとすれば、同時代のアメリカ社会と比較することもできるかもしれない。

満鉄は、ロンドンで社債を募集して米国製の車両を購入し、弘報係が設置された一九二〇年頃からはアメリカでも

表 5-1　南満州鉄道株式会社による弘報活動(小川, 2008 を参考に作成)

ポスター	中国的色彩豊かな図様のものを国内や海外に毎年配布
団扇	1928 年から, 満州の風景や漫画を使ったものを製作
写真	1933 年からグラフ PR 誌『満州グラフ』を発刊
映画	1909 年「電気遊館」内の「電気館」で映画上映開始. 1923 年から映画班を新設し, 記録映画を撮影. 1931 年の満州事変の際は, 宣伝映画班をつくり東北各地を巡回しながら日本軍向けの宣伝映画を上映.
中国風物紹介	一種の文化事業として大阪博覧会(1928 年)に中国の古典劇の名優, 韓世昌の一座を派遣し, 1930 年に大阪の三越デパートを借りて中国風物展覧会を開催. 中国絵画と名人も紹介.
博覧会	「満蒙館」設置
歌謡	野口雨情作詞の「満州前衛の歌」など
名士招待	夏目漱石の他, 著名な作家, 俳人, 詩人, 画家, 漫画家やジャーナリストなど, 多くの文芸人を招待.
刊行物	グラフ誌『満州グラフ』のほかに,『満州と満鉄』,『満州と日本』,『満州産業事情』など発刊. 1939 年以降は『満州鉄道発達史』,『満鉄と調査』を発行. その他, 作家, 久米正雄による PR 小説「白蘭の歌」が『毎日新聞』に連載.

社債を発行し、製鉄技術の導入を考えるようになった[14]。さらに一九二二年からは満鉄のニューヨーク事務所を通じて満州国に関連する情報をアメリカのマスコミに配布し、記者を招いたパブリシティ・イベントを開催するほか、日本側の著名人の渡米とラジオ放送などへの出演も積極的に支援した。

満鉄の事業がイギリスやアメリカを舞台に行われた歴史からすれば、資料の検証が必要ではあるが、戦前の弘報とアメリカのPRの間で何らかの影響関係があったことを推量することができる。一九二〇年代のアメリカ消費社会では、PRはすでに広告／マーケティングと絡み合う概念となっていったが、そのような特徴は満鉄弘報とも通じる一面があるのだ。

産業社会から消費社会への移行を通じて発達し、開発主義と結びついてきた戦前のPR／類似PRは、しかし、一九三〇年代後半以降、変質していく。一九三六年七月一日に内閣情報委員会(後に、内閣情報局)が新設され、「情報収集、報道および啓発宣伝。ならびに国家総動員法二十条に基づく勅令新聞紙等掲載制限令(一九四一年一月一〇日)の規定する処分及びマス・メディアに対する指導取締まり」が実施された[15]。満鉄の弘報も宣撫活動に軸を移し、総力戦体制下のプロパガンダに位置づけられるようになった[16]。

第二次世界大戦は、満鉄弘報だけでなく、日本のジャーナリズムや広告産業、映画産業などを戦争の勝利という一点の目標に集中させた[17]。あらゆるコミュニケーション分野がプロパガンダを上位概念として集約され、弘報のような戦前の類似ＰＲも情報戦の一手法として解釈された。内閣情報局は、情報戦のために関連書籍を海外から入手し、翻訳したが、その過程でＰＲは、国際社会の世論を操作し、国内の戦争ムードを造成するための技術として理解されるようになった[18]。

戦前と戦後の相違

戦前の日本社会に現れた諸活動を、戦後ＰＲの原点として考えることは、社内報やＰＲ誌のようなメディアの水準では不可能ではない。だが、少なくとも本書が究明しようとする〈企業自我〉の構築という問題に対しては限界がある。一九二〇年代の日本と満州においてアメリカと比較できる〈ＰＲする主体〉と〈ＰＲする行為〉が現れていた可能性はあるが、それらの活動は、一九三〇年代後半から総力戦体制によってプロパガンダに統合された。戦前と戦後のＰＲをめぐる断絶を生み出したのは、占領の先に総力戦であった、という言い方もできるだろう。

戦前と戦後のＰＲは、認識論的パラダイムにおいて異なるものである。こう考える理由を、冒頭で説明した二つの視点／史観と比較しながら確認しておこう。

一方で戦後日本におけるＰＲのはじまりを占領軍による、アメリカ型民主主義を促進する手法の導入から探し求める視点は、戦前と戦中期の諸活動をプロパガンダと見なし、徹底的に否定する。このような解釈は第二次世界大戦後、冷戦期を経て普及し、定着した。だが、戦前と戦後のＰＲをめぐる違いは、イデオロギーの内容そのものにあるのではなく、〈ＰＲする主体〉と他者の関係認識にある。

他方で、戦後ＰＲのルーツを満鉄弘報辺りまで遡って、総力戦体制とのかかわりから模索するためには、ＰＲを戦前、戦中期のプロパガンダと連続的経験として捉えていく必要がある。だが、前述したように満鉄の弘報がすなわちプロパガンダであると決めつけることはできない。さらに、他者を「排撃すべき敵」と「母国のために献身する味方」に二分化するプロパガンダの関係性は、主体と他者を「友だち」として語る戦後ＰＲの関係性とは明らかに異なっている。

戦後、プロパガンダが示す自他関係ではなく、ＰＲが示す自己と他者の関係が日本社会に広がり、〈ＰＲする行為〉を中心に、様々な主体と他者を結びつける新しい関係性が構築された。以下では〈ＰＲする主体〉とその他者を取り巻く〈問題的状況〉に光を当て、占領期におけるＰＲの導入と変容の過程を追跡していく。それを踏まえて〈企業自我〉が構築される土壌が戦後、いかに形成／再形成されたかを論じてみたい。

2　ＧＨＱとＰＲ

民主主義というシンボル

前述のように、戦後日本においてＰＲはＧＨＱによって導入されたと言われる。そのような歴史を〈ＰＲする主体〉の特徴から再度、区分すれば、占領期の〈ＰＲする行為〉についてはさらに二通りの解釈が可能になる。まず、日本国民を対象に、ＧＨＱが直接行ったコミュニケーション活動が考えられ、次にＧＨＱによって〈ＰＲする主体〉として覚醒された戦後日本の政治的、経済的組織が行った活動が考えられる。

ＧＨＱを主体とするＰＲ活動は、大きく、世論調査の実施、マス・メディア、マス・コミュニケーションに対する検閲と統制、日本国民向け教育・文化政策が挙げられる。GHQは、占領統治による政治的、社会的制度の急変を受けた日本国民の意識と感情を把握するために、占領初期から世論調査を実施した[19]。GHQの世論調査を、日本人の意見を積極的に収集し、占領政策に反映しようとしたものと捉えて評価し、戦後PR史のなかで「民主的」政治制度の一環として位置づける意見もある[20]。

だが、GHQの試みが必ずしも「民主的」だったわけではない。新聞、出版、通信、映画、演劇に対する戦時統制が廃止され、言論の自由を保障する法令が発表されるなど、帝国日本の「非民主的」統制が除かれたが[21]、それと同時に占領政策の遂行を妨げる内容に関する検閲制度も設けられた[22]。とくに、民間検閲局 Civil Censorship Department を中心に、プレス・コードやラジオ・コードによるマスコミの指導が行われた[23]。

このように占領期におけるメディアとマスコミ政策は、戦時中の国家統制を緩和する一方で、占領軍による新たな検閲制度を設けるという両義的性格を帯びていた。すなわち、占領軍が戦時体制を否定し、それを解体する上で言論の自由が与えられつつ、その裏面では戦時体制の延長線上で柔らかなバージョンの統制と言論の取締りが図られる二重性が示されていたのである。

この矛盾的態度は、民間情報教育局 Civil Information and Education（以下、CIE）の報告からもうかがえる。CIEは戦前から続いてきた記者クラブ制度が政治ニュースの自由な構成と伝播に有害な（非民主的）影響を与えると指摘しながらも、プレス・コードや事前検閲が占領政策を広報する上で利用価値があることに注目した[24]。GHQの世論調査やマスコミ政策が強調した民主主義は、占領を正当化するシンボルとしての性格が強かったとも言える[25]。

CIEの教育・文化政策

民間情報教育局（CIE）は、日本国民の再教育にも取り組んだ。CIEは[26]、民主主義というシンボルを広め、占領軍のイメージを改善し、占領政策を円滑に遂行することを試みた。

その上で日本人の意識変革が推し進められ、「戦争の有罪性と責任」War Guilt and Responsibility、「戦争捕虜と復員」Prisoner of War and Demobilized Troops、「占領の進展」Progress of Occupation、「民主的傾向の奨励」Encouragement of Democratic Tendencies など、数々のキャンペーンが展開された。(27) 戦争有罪キャンペーンは「総ての日本人に対して敗戦の事実、戦争犯罪、現在及将来の日本人の苦難と欠乏とに対する軍国主義者の責任」を思い知らせる目標を掲げ(28)、他のキャンペーンを通じては占領の正当性が日本社会の民主化とともに訴えられた。(29)

文化や芸能の面でも「民主化」が進められた。(30) 例えば、映画の製作に関しては自由主義的傾向が促され、「平和な国家の建設に協力する日本人を表現するもの」、「日本軍人の市民生活への復員を取り扱ったもの」、「国民生活の各部門における戦後の諸問題を解決するため、各自が率先して実行し、企画すべきことを実証するもの」、「労働組合の平和的で建設的な組織を助成するもの」、「政治問題に対する自由な討論を奨励するもの」の製作が奨励された。(31) ニュース映画に対しては、「戦争犯罪人を攻撃する政府指導者の演説。戦争の真相を語る復員軍人。日本のさまざまな問題を討論する労働団体、産業団体、農業団体の会合など」を主に描くことが指示された。

映画というメディアは、CIEの活動のなかでも重要な戦略を担っていた。軍部隊が撮影したフィルムに日本語字幕を入れて配布するほか、CIEはアメリカ映画を上映し、「アメリカ文化」への露出を図った。(32) 技術面での支援も行い、一九四八年から各都道府県に一六ミリ映写機が配給され、全国の公民館や学校などで占領政策とアメリカ文化に関する映画が上映されるようになった。(33)

CIEの諸活動は、GHQという占領権力が、統治の対象となった日本国民をいかに捉えていったかを表す。〈PRする主体〉の自我が構築される上で、その鏡となる他者が定義／再定義され、両者の関係が構想されていく様子がうかがえるのだ。占領する主体の〈自我〉とそれから想像＝創造される日本国民という〈他者〉がどのような姿をして現れたかについては、三節で詳しく論じることにする。

3　啓蒙される主体

PRする行為の指示 ―― PROの設置

ＧＨＱは、占領期の〈ＰＲする行為〉において強力な担い手だったが、その動機となる占領が特殊な状況であることを考えれば、その座は一次的であって不変的に続くものではないことが考えられる。従って、戦後ＰＲ史の考察に際してはＧＨＱが直接行った活動のほかに、占領政策によって直接的、間接的影響を受けた日本の政治的、経済的主体の活動にも焦点を当てる必要がある。

ここからは、戦後日本の様々な主体がＰＲ概念をいかに捉え、受容し、実践したかを検討する。ＰＲの導入をめぐっては、行政機関、経営者団体、証券業界、広告・マスコミ業界という四つのルートが説明されてきた[34]。本書ではこの分類を参考にしつつ、各主体が置かれた〈問題的状況〉とそれに応じる〈ＰＲする行為〉がどのように異なっていたかを明らかにしてみたい。

行政機関を中心とするＰＲは、一九四六年一一月、ＧＨＱが各地方の軍政部を通じて各道府県庁に送った文書からはじまった[35]。パブリック・リレーションズ・オフィス Public Relations Office（以下、ＰＲＯ）の設置を求めるこの文書により、戦後日本における行政広報・広聴活動が本格化したと言われる[36]（図５－１）。

この文書は、ＧＨＱによる様々な種類の通達や指令のなかでもっとも強制力の弱い「サゼッション」の形式をとっていた[37]。南博によれば、戦前から戦時中にかけて形成されてきたマス・コミュニケーションを解体する上で占領政策は、「消極的な禁令」と「積極的な呼びかけ」を重視した[38]。

・当軍政部ハ，県行政ノ民主的ナ運営ヲ推進スルタメニ，知事室ニP･R･Oヲ設置サレルコトヲ希望スル．
・P･R･Oハ政策ニツイテ正確ナ資料ヲ県民ニ提供シ，県民自身ニソレヲ判断サセ，県民ノ自由ナ意識ヲ発表サセルコトニツトメナケレバナラナイ．
・P･R･Oハ知事ガ外来者トノ面接ニ要スル時間ヲ，可及的ニ少ナクスルコトニツトムベキデアル．
・P･R･Oノチーフハ，次ノヨウナ条件ヲ備エルコトヲ必要トスル．
　―知事ノナソウトスル施策ガヨクワカル人デアルコト
　―人好キサレ，押出シノキク人デアルコト
　―新聞報道ニ理解ガアリ，新聞記者ニ親シマレル人柄デアルコト
　―アル程度，英語ガワカルコト

図5-1　PRO（Public Relations Office）設置に関する指令（原典は，樋上亮一，1959「官庁PR草分けのころ」『調査と技術』電通．濱田，2008，p. 87より再引用）

このような状況を踏まえて言えば，PROの設置命令は，戦時中の隣保制度のようなプロパガンダ体制の解消を狙い，それを「サゼッション」という消極的な指令を通じて実施するものであった。それと同時に，官庁と住民の間における「民主的コミュニケーション」に重点を置き，政策の説明，資料の収集と配布，住民意見の調査などを行う上で，地方行政の自主的実施を求める積極的な呼びかけも兼ねていた[39]。

だが，占領期にGHQが握っていた絶対的権力を考えれば，PROの設置は，強制力の弱い「サゼッション」であったとは言え，それを受け入れる側にとっては拒絶できない義務と思われた。当時，富山県渉外課長を務めた樋上亮一は，PROの実施について「占領当時のGHQがどのような権力をもっていたかは，いまさらいうまでもない。いわゆるオールマイティからの示唆だから一議に及ばず設置しなければならない」と回想した[40]。

一九四九年頃までにはほぼ全国の各地方官庁にPROが設置され，活発なPR活動が行われた[41]。例えば，埼玉県は報道室を中心に，『埼玉メガホン』（壁新聞），『埼玉メガホン画報』（写真壁新聞），『広報埼玉』（小冊子）を製作・配布するほか，「埼玉メガホン号」と呼ばれた巡回広報車を使い，ニュース放送や映画上映を行った[42]。埼玉県の活動はGHQから高く評価され，行政PRのモデルケースとして全国に紹介された[43]。

各道府県庁がGHQの指令を受け、PR活動に取り組んでいった裏面に、それを主管する担当者の心理的葛藤があった。「困ったことにカンジンのPRという言葉がハッキリしない。よくわからないのだから」という樋上の言葉が示すように、各道府県庁の担当者たちは体系的知識を持たないまま、GHQの指令に従って一日でも早くPR活動に取り組まなければならなかった。その矛盾した心から、行政PRの定着過程で様々な用語の乱立がもたらされた。PROの設置にあたりPRというアメリカ的概念を日本語に翻訳する作業が混乱し、結果的に「広報」、「広聴」、「公報」、「報道」、「情報」、「情訪」など、各道府県庁の間でそれぞれ異なる言葉が用いられるようになった。(44)

PRする行為の教育 ── CIE講習会

GHQは〈PRする行為〉を命令しただけでなく、教育も行った。全国各地でPROが設立され、行政PRが展開されていくにつれ、担当者の技術教育や各地域間の連携の必要性が浮上し、「全国都道府県報道主管課長研修会」(一九四九)をはじめ、PR関連研修会が開催されるようになった。

そのようななか、一九四九年七月から一〇月にかけてCIEによる講習会が開かれた。(45)「広報の原理と実際」と訳されたこの講習会の原題は、Principles and Techniques of Public Information in Japan であり、行政PRにおける公共情報 public information の提供と収集機能に重点が置かれた。CIE部長のドン・ブラウン(Donald Brown)は、講習会の趣旨について政府と国民の相互効果を強調し、国民が政府の行う政策や人口調査、農業資料などに関する情報を知り、政府は国民の期待を把握し、公衆衛生などの諸運動を展開し、国民の協力を導くために公共情報が必要であると説明した。(46)

各省次官、広報担当者をはじめ、各分野の関係者一四〇人が参加したCIE講習会は、一三回にわたって行われ、(47)CIEスタッフ、読売新聞、朝日新聞、NHKなどマスコミ関係者、婦人運動家、政治家、官僚などが講師を務めた。(48)

表 **5-2**　CIE 主催 PR 研修会のプログラム（濱田, 2008, pp. 91-92）

大分類	各講義のタイトル（講演者）
第 1 講 総論	政府広報部存在の意義（CIE 情報部長，ドン・ブラウン）
	政府広報機関は如何に活動すべきか （CIE 政策企画課長，J. F. サリヴァン）
第 2 講 企画	企画の重要性（CIE 政治広報官，J. R. オブライアン）
	企画の樹立および施行（建設省広報課長，藤原節夫）
第 3 講 大衆理解	大衆理解の心理（CIE 世論社会調査課，ハーバード・パッスイン）
	理解力向上のための試験方法（CIE 世論社会調査課，松宮和也）
第 4 講 新聞	正しい記者会見の行い方 （CIE 新聞出版課新聞広報官，ジョーン・スプレーン）
	効果的な記者発表記事の調整 （CIE 農事情報官，ジェームス・エマーソン）
第 5 講 ラジオ	ラジオと広報活動（CIE ラジオ課長，ドワイト・ヘリック）
	如何にして官庁はラジオによりよく協力できるか （日本放送協会編成局長，春日由三）
第 6 講 視覚資料	視覚による広報伝達計画の樹《ママ》て方（CIE 展示課長, フランシス・ベーカー）
	視覚資料の配布について （第八軍司令部民事部民間情報課，シリング中尉）
第 7 講 出版物	効果的な出版物製作の 12 段階 （CIE 農事情報官，ジェームス・エマーソン）
	政府刊行物印刷の改良方法 （朝日新聞社刊行物研究室調査局主任，長島貫一）
第 8 講 映画	映画製作手順及び基準（CIE 教育部，フランク・ジャドソン）
	娯楽映画の一般への影響（CIE 映画演劇課，ハーリー・スロット）
第 9 講 団体	民間団体と政府の広報計画（CIE 婦人広報官，エセル・B. ウィード）
	広報媒体としての教育団体（CIE 成人教育官，ジョン・ネルソン）
第 10 講 雑誌及び図書館	広報計画に於ける雑誌の地位（CIE 新聞出版部, エリザベス・スペンス）
	広報機関の図書館利用法（CIE 図書館課，エリオット・ハーダウェイ）
第 11 講 特別媒体	経費の少ない，しかも効果的な特別媒体 （CIE 企画課，バーナード・デイクル）
	パブリック・リレーションズ（CIE 企画課長，J. F. サリヴァン）
第 12 講 演劇, ニュース映画	広報媒体としての演劇（CIE 映画演劇課，ウイラード・トンプソン）
	媒体としてのニュース映画（CIE 映画演劇課，ハーリー・スロット）
第 13 講 都道府県関係	都道府県における広報問題（総司令部民事部, フレデリック・イェーツ）
	中央地方政府間の協力（茨城県広報課長，石山信之介）
	職業としての広報（CIE 情報部長，ドン・ブラウン）

プログラムから分かるようにＣＩＥは、都道府県の行政機関を対象に、広報・広聴機能の重要性とその企画力、大衆理解の必要性を訴え、新聞、ラジオ、雑誌、映画、視聴覚資料などを用いたメディア戦略、社会団体や民間組織の活用案などをテーマに教育を行った（表５－２）。

ＧＨＱは戦後日本の政治主体、とりわけ各地方の行政機関を〈ＰＲする主体〉として立ち上がらせ、〈ＰＲする行為〉を移植し、教育した。その拠点となったＣＩＥ講習会は、一方で、ＧＨＱの射程に入らない様々な〈ＰＲする主体〉が覚醒するきっかけともなった。

前述したように同講習会には、各地方の行政広報関係者をはじめ、検察庁、労働省、農林省、厚生省など、中央政府機関とその関係者が出席した。それに加え、日本銀行、東京電力の前身にあたる関東配電[49]、証券処理委員会、日本電報通信社（現、電通）、アストラ広告、日本放送協会の関係者も多数、参加していたことに注目する必要がある[50]。すなわちＣＩＥ講習会は、経済主体にとってもアメリカのＰＲ概念と実践を学ぶ場となったのである[51]。

企業とその経営者、産業人たちは、行政機関と異なる動機を持って〈ＰＲする行為〉に取り組んだ。占領という問題的状況を捉え返すためにＰＲに目を付けたのである。以下では、このような差異に注目し、ＧＨＱと行政ＰＲを中心に描かれてきた占領期のＰＲを、経済産業界という〈ＰＲする主体〉に光を当てて捉え返してみたい。

二　経済民主化とＰＲ運動

１　経済団体と「ヒューマン・リレーションズ」

占領改革と問題的状況

前述のとおり経済ＰＲの史的展開は、経営者団体、証券業界、広告・マスコミ業界（主に、電通）の三つの流れから説明される。民間企業がＰＲという概念を取り入れようとした背景には、戦後、政治だけではなく経済、社会、文化の全てが占領政策から影響を受け、日本社会の「アメリカ化」が既定の事実となる現状があった。経済産業界は、このような占領の行き先を捉え、対応していこうとする上でＰＲに注目した。

本節では、これらの〈ＰＲする主体〉が〈問題的状況〉をいかに捉え、〈他者＝公衆〉を見出し、〈ＰＲする行為〉を展開したかを分析する。その上で注目すべき特徴は、これらの主体が相互に緊密で協力的な関係を形成したことである。企業と経営者は資金の調達という面で株主を募る証券業界に大いに依存し、企業の事業を株主や一般の人々に説明していく上ではマス・メディアを利用する。すなわち、経済ＰＲは、独立・孤立した運動ではなく、連携を中心に行われたのだ。

経済ＰＲの史的展開は、占領政策と改革がもたらした変化と切り離せない。占領政策は、婦人の解放、労働組合結成の奨励、学校教育の民主化、秘密警察など秘密審問司法制度の撤廃、経済機構の民主化という五大改革から進められた[52]。そのうち、労働組合結成の奨励策は、経済産業界に直接的に影響を与え、企業と経営者を〈ＰＲする主体〉として浮かび上がらせる重要な〈問題的状況〉となった。

産業労働者を中心に団結権、団体交渉権、団体行動権が受容され、労働運動が活発になった。低賃金、雇用の不安定、無気力な職場生活に不満を抱く数百万の男女労働者が猛烈な勢いで労働運動に吸い込まれていった[53]。このような状況に対し、経営者たちは、賃金の引き上げ、労働組合代表を含む労使委員会の設置要求に応じなければならなくなり、一部企業では、終戦後の景気悪化によって見込まれていた労働者の解雇計画を見直すこととなった[54]。

GHQの奨励と支援を受けた労働組合運動は、いわゆる「逆コース」によって占領政策が転回するまで[55]、労働者の力が強化され、相対的に経営者の力が弱体化する決定的要因となった。財閥解体、戦争にかかわった経営者の追放など、経済機構の再編を目指した経済民主化の諸改革も、産業界を圧迫する〈問題的状況〉となった[56]。

経済同友会と新しい経営者像

労働者・労働組合の強化という〈問題的状況〉は、経営者像の修正を促した。一九四六年に、若手経営者を中心に経済同友会が組織された[57]。同会の「設立趣意書」からうかがえるように、経済同友会の経営者たちは自らを「経済職能人」や「経営技術者」と捉え、アメリカ流経営管理 management を取り入れ、経営理念を立て直そうとした。労働組合の経営参加を認め、資本主義精神と社会全体の公益の調和を求め、一九五五年には社会的責任や企業の公器性を新しい経営理念として掲げた[58]。

職能化する経営者と企業の社会的責任を重んじる経営理念は、占領政策により再編された経済界の雰囲気を反映するものであった。労働者・従業員に対する認識を急変させた〈問題的状況〉をもたらしたアメリカ、とりわけアメリカ型資本主義について考察が行われ、アメリカ企業の核心的ツールと見なされたPR概念に対する関心が高まった。

経済同友会の幹事を務め、労働問題研究委員会委員長でもあった野田信夫は、『企業の近代的経営』（一九五二）のなかで、ＰＲを「公共関係業務」と訳し、「アメリカ的修正資本主義運動の一環」であると説明した。野田によれば、アメリカ社会においてＰＲが急速に発展したのはニュー・ディール以降であり、民間企業と社会全体の間で私的利益と公的利益の調和が制度的に求められた修正資本主義と深くかかわっていた[59]。

同年に出版された『ＰＲの基礎知識』(佐々木吉郎編)のなかで野村証券社長を経て日本証券投資協会専務理事となった飯田清三は、ＰＲをアメリカ資本主義と結びつけ、経営理念にかかわる主要な機能として論じた[60]。同時に、飯田はアメリカ民主主義の核心が民衆の意志、つまり世論にあることを指摘し、世論が支配する社会的雰囲気のなかでＰＲの必要性が生まれるのだと主張した。

経済同友会を中心に繰り広げられたＰＲの言説は、経済機構の民主化と労働組合の奨励という外部の〈問題的状況〉に応じながら、企業や経営者の自己認識が変化していくなかで生まれた。すなわち、一方ではＧＨＱという超越的存在が浮上させた労働者という他者に照準しながら、他方ではアメリカ資本主義とアメリカ企業を日本企業と経営者の自我構築のモデルとして捉えたのである。ＰＲは、この二つの思いを縫い合わせる概念・技術として解釈された。

日経連とヒューマン・リレーションズ

土屋好重は、前掲した『ＰＲの基礎知識』のなかでＰＲを顧客と従業員、公衆を理解していく継続的過程であるとし、そこに二つの側面があると説明した。第一に内部に向けては自己分析と矯正の機能があり、第二に外部に対してはあらゆる表現手段が用いられるという。前述した経営者像と経営理念に関する言説が、前者の自己分析と矯正であったとすれば、他方で表現手段の模索が行われたことが考えられる。

実際に経済産業界は、ＰＲ概念の探求だけでなく、その手法と技術を経営一線に積極的に導入しようとした。そのような試みは、一九四八年に発足した日本経営者団体連盟(以下、日経連)を中心に実行に移された。日経連は、一九五一年にアメリカ企業の労使関係の実態を調べるために視察団を派遣した。その結果、労働者・従業員とのコミュニケーションを重視する視点がもたらされ、「ヒューマン・リレーションズ」Human Relationsが導入されるようになった。アメリカというモデルは、経営者のマインドを刷新する上ではもちろん、新しい理念を形にしていく上で科学的手法を提供した(61)。

この新しい労使関係の技術は、労働組合の情報宣伝活動(組合新聞やアジビラ)に対抗し、会社側の情報を発信することに重点を置いた。具体的には、社内報の発行、提案制度の設置、苦情処理などを中心とする管理技術、管理監督者の訓練などが行われた(62)。日経連は、ヒューマン・リレーションズを普及させるために「日経連PR研究会」を発足させた(63)。

労働者と企業のコミュニケーションを図る社内報や社内新聞制度は、日経連の視察団が渡米する前から一部企業によってすでに実施されていた(64)。さらに言えば、ヒューマン・リレーションズの手法は、戦前に鐘紡などが行った諸制度にも似ている。だが、手法の類似性とは別に、科学的経営管理手法の一環として、アメリカから直輸入したヒューマン・リレーションズを通じて構築する労使関係は、少なくとも認識論的に戦前のそれと異なっていた。すなわち、社内報を発行する企業も、それを受け取る労働者・従業員も、占領政策がもたらした新しい言説的文脈のなかでお互いを意識するようになったことが重要である。

2　証券業界とPR啓蒙

証券民主化とPR運動

経済PRのもう一つの流れは、経営資金の調達機能とかかわる株式取引分野から表れていた。GHQは、財閥本社と持ち株会社を解体し、個人を中心とする広範な分散型所有構造＝民主的所有構造をつくりあげようとし、そこにおいて証券の民主化が重要な課題となった。

証券取引所が再開されたのは一九四九年二月のことであったが、その前から証券業界はＧＨＱの支援を受け、様々な活動を展開した(65)。一九四七年一二月に開催された「証券民主化促進全国大会」をはじめ、全国各地で株式投資に関する講演会が開催された(66)。証券業界の中心的役割を果たした当時の野村証券社長、奥村綱雄の言葉から全国に広がっていった証券民主化運動が何を目指したかが推察できる。

証券民主化というものの、日本にあっては、まだ大部分の投資家はどの会社の株式を買えば儲かるか、損するかに関心がかかっている。その会社がどんな仕事をし、どのような資産内容であり、どの程度の収益をあげ得るかは二次、三次に扱われがちである。本当はその逆であり、社長の人柄をよく知り、会社全体の親しみを持ち、オレも一株主だという自覚と理解を持ってもらわねばならぬものである。こうした会社と株主との連帯感をつくろうというのが、株主へのＰＲ運動である(67)。

奥村によれば、「証券民主化運動」は株主となる人々が投資先となる企業に対して十分な理解と主人意識を持つように促すことを目的としていた。だが、啓蒙の対象は株主だけではなかった。奥村は「近代の企業は、公共の福祉に反するものは、その存在を否定される」と指摘し、証券民主化とはこのことを経営者に思い知らせ、「企業自体が自らを公衆に知ってもらい、その好意によって自らも発展しようとする」(68)考えを育む運動であると主張した。証券民主化運動は、株主／公衆に対する情報伝達の機能を超えて企業と経営者を啓蒙し、ＰＲの思想と手法を教育する狙いを定めていたのである。

PR講座と経営者教育

証券民主化運動の拠点となったのは、証券業界各社を取りまとめる連合組織、財団法人証券投資協会であった。同協会を軸にして証券業界は、各企業と経営者の間でネットワークを形成し、PR教育に力を注いだ。

一九五一年三月にはじまった証券民主化運動第一期は、「産業界の実情や証券に関する諸知識についてひろく一般の理解を得るため、PRの精神に則った証券民主化運動の展開」を目標として掲げた(69)。東京の全地域で約二カ月にわたって興国人絹パルプ、東日本重工、本州製紙、神岡鉱業、日清紡、日本郵船、NHK、野田経済研究所の社長および取締役による講演会が開催され(70)、『ダイヤモンド』、『東洋経済』、『実業之日本』、『パブリック・リレーションズ』などの雑誌とタイアップ式座談会が行われた。産業界の情勢、証券投資関係参考書などを紹介するパンフレットやリーフレットが配布され、ラジオ放送による講演会の随時実施、新聞広告の掲載、産業別主要会社の工場見学が企画され、日本世論調査研究所主催の「日本PR展覧会」への出展も行われた(71)。

証券投資協会のキャンペーンは、前述したように、一般大衆の理解を図ることを目的としていたが、経営者の交流と教育に焦点を当てた活動も展開した。東京と大阪で開かれた証券投資協会主催の「PR講座」には、前掲した飯田、佐々木、土屋をはじめ、『リーダーズ・ダイジェスト』の殖栗文夫、電通の小谷重一など、当時の「PR学(72)」を主導した産業人や知識人が登壇し、講師を務めた。

一九五一年二月一三日から三日間、東京で開催された「PR講座」の内容を見ると、一般講演と並んでPR映画の上映がプログラムの半分を占めている(表5-3)。企業関係者が集まる場において各社のPR映画を試写し、製作の観点と技術を共有するようにしたカリキュラムは、当時、映画が企業活動の中核的メディアとされたことをうかがわせる。実際に産業界をスポンサーとするPR映画の製作は、一九五〇年代半ばから急速に増え、六〇年代にかけて頂

表**5-3**　証券業界による「PR講座」プログラム(『パブリック・リレーションズ』1951, 3月号を元に作成)

第1日 2月13日 (火)	開会挨拶(東京商工会議所専務理事・吉阪俊蔵) 「PRの理念と性格――PRと株主」(日本証券投資協会専務理事・飯田清三) 「事業経営とPR」(明治大学教授・佐々木吉郎) PR映画『伸びゆく東洋レーヨン』全4巻(東洋レーヨン株式会社提供) 閉会挨拶(日本経済新聞社・前田梅松)
第2日 2月14日 (水)	開会挨拶(日本経済新聞社・前田梅松) 「外国におけるPRの歴史」(リーダーズ・ダイジェスト広告部長・殖栗文夫) 「従業員とPR」(東京デパートメント協会経理部長・土屋好重) PR映画『飛騨のかな山』全3巻(神岡鉱業株式会社提供) PR映画『D・D・T』全2巻(旭硝子株式会社提供) 閉会挨拶(東京商工会議所業務部長・前田賢次)
第3日 2月16日 (金)	開会挨拶(東京商工会議所業務部長・前田賢次) 「官庁のPR」(建設省弘報課長・藤原節夫) 「顧客とPR」(日本電報通信社外国部長・小谷重一) PR映画『正倉院の薬物調査』全3巻(武田薬品工業株式会社提供) PR映画『明日への健康』全2巻(武田薬品工業株式会社提供) PR映画『造船』全5巻(株式会社播磨造船所提供) 閉会挨拶(日本経済新聞社企画部長・高松茂)

点に達した。日本証券投資協会はＰＲ映画ブームを予見したかのように、一九五九年から『ＰＲ映画年鑑』を刊行した。

雑誌『パブリック・リレーションズ』

以上で検討したように、証券業界の証券民主化運動は、占領政策から触発されたものであったが、表面的議論に留まらず、企業と経営者、株主を取り巻く社会的運動となった。日本証券投資協会は、この運動をさらに拡大し、ＰＲ概念と実践を普及することを目指して一九五〇年に雑誌、『パブリック・リレーションズ』を立ち上げた(73)。

創刊号の「発刊のことば」によれば、「パブリック・リレーションズは個人の人格を重んじ、社会連帯の思想の進んだ民主社会を基ばんとして発達したもの」であり、同誌は「パブリック・リレーションズを推進すること自体が逆に民主化を徹底することにもなる」と考えた。「発刊のことば」は、ＰＲが戦後日本の経済民主化を促進する概念であると述べ、この「自由競争のチャンピオンが身につけている技術」により「資本主義経済が洗練され、効率化されることは、今日のアメリカ経済の飛躍的な発展がこれを立証している」と主張した(74)。

このような説明から分かるように、証券業界は、民主主義と資本主義の二つの価値をPRという一つの概念・技術に集約させ、占領と民主主義という課題を、日本経済の復興と結びつけている。そして、その上でアメリカ型資本主義を日本経済のモデルとして取り上げた。『パブリック・リレーションズ』の各号には、アメリカ社会とPRの歴史、アメリカ企業のPR事例などが紹介され、PRを取り入れた経営管理の重要性が訴えられた。

同誌は、PRを「経営学」や「マネジメント」という概念から捉え、ヒューマン・リレーションズをはじめとする科学的実践を通じて企業と経営者のあり方を描いた。例えば、一九五一年一月号に紹介されたある座談会では、公共性を取り入れた経営が話題とされ(75)、人々と企業の間で「お互いを尊ぶ精神」と「愛する」気持ちを育むPR活動に重点が置かれた(76)。この座談会に参加した飯田清三の言葉を借りれば、PRを行う企業が目指すべきは、社会と公衆の「公僕」であった(77)。

PR概念の社会性や倫理性だけでなく、それを科学的に実践する手法に関する助言も行われた。PR活動の対象となる公衆を正しく究明し、潜在的株主や消費者の意識を調べ、理解するための世論調査と市場調査の重要性が強調され、その具体的方法と効果が紹介された(78)。そのほか、工場見学、ラジオ放送、企業広告(PR広告)、パンフレット、PR映画など、様々なメディアをいかに有効に利用するかについて、電通をはじめ、マスコミや放送業界の専門家によるアドバイスを掲載した(79)。このような試みを通じて同誌は、各企業のPR実践を奨励する一方で、PRそのものをより科学的行為として定義していった。

経営者の相対的他者である株主の啓蒙も重要な課題となった。同誌は、証券民主化の必要性を訴え、賛同を呼びかけるために、とくにアメリカ社会の株主情勢やアメリカ企業が株主向けに行った諸活動を紹介し、読者から熱い支持を得た(80)。株式投資に関するQ&Aコーナーが設けられ、「株主手帳」のようなコラムが定期連載されるほか、特別に主婦の立場からの株式投資に関する様々な疑問点に答える記事も掲載された。

3　電通とPR＝広告

PR＋広告

企業や経営者に対してPR手法やメディア利用に関する助言を行ったマスコミ業界は、PRという概念をどのように捉えていただろうか。ここでは、経済PRの最後の流れとして、広告を中心とするマスコミ業界の活動を検討してみたい。

一九五一年の『パブリック・リレーションズ』三月号に掲載された「PR広告をさぐる」という記事のなかで当時、電通営業局PR部長であった小谷重一は、アメリカの大手広告会社、ヤング・アンド・ルビカムの創立者、ジョン・ヤング(John Young)の言葉を借りて第二次世界大戦以降、広告に代わってPRが大進歩を遂げてきたと述べた。

小谷は、「所謂インスティテューショナル広告と称せられる」PR広告に際して「個々の商品と露骨に結び付けることは、その効果を台無しにしてしまう」と指摘し、商品広告との違いを強調した。小谷によれば、「PR広告」は、商品ではなく、広告主＝企業に対する人々の好感や信頼を刺激するものであるが、人々の感情を刺激することに成功すれば、広告主の製品・サービスに対する購買意欲を誘うことも容易になるはずであった。

同記事の中で小谷は、アメリカの大手製薬会社であるパーク・デイビス社や大手食品会社、ゼネラル・フードのPR広告を事例に挙げながら「ハウ・ツー・ピーアール」を訴える。つまり、企業が社会的責任を果たし、公衆の信頼を得るためにどれだけ頑張っているかを人々に知らせ、上手く見せるためにはどのような表現のスタイルが重要であるかに焦点が当てられている。

小谷の議論は、当時の広告業界に広がっていた考え方を表している。ＰＲは、従来の商品広告と区別されながらも、好感や信頼という別の要素を通じて購買意欲を誘う広告技術とされ、人々を進んで企業の代弁人とさせることで製品やサービスの宣伝効果が期待されていた。言い換えれば、小谷のいう「ＰＲ広告」は、広告と宣伝の抱き合わせである「ＰＲ＋広告」、さらには「ＰＲ＋広告＋宣伝」という概念として捉えられていたのだ。

ＰＲ導入をめぐる三人の電通マン

「ＰＲ広告」に見られる独特な認識が生まれた背景を、電通という企業を手がかりにして考えてみよう。電通は、一九四九年に社長直轄組織としてＰＲ部を発足させ、ＰＲ委員会を設立するなど、全社的事業課題としてＰＲを推進した。[81] ＰＲの導入をめぐってきわめて積極的姿勢をとった電通は、しかし、ほかの主体と比べて〈ＰＲする行為〉を生み出す問題的状況の強度が非常に弱かった。

当時、電通に勤めていた増山太郎の証言によれば、ＧＨＱの占領政策は電通の事業に対して直接的規制などは与えなかった。電通は、行政機関や経営者団体、証券業界などと違って、ＰＲを行わざるを得ない状況に追い込まれていたのではない。ＣＩＥから指示を受けたわけでもない。[82] それにもかかわらず、電通は、戦後の様々な主体のなかでももっとも積極的、かつ自発的にＰＲを導入したのである。

その背後には、他の〈ＰＲする主体〉と異なる動機が働いていた。電通は、占領政策がもたらした経済産業界の〈問題的状況〉を、広告業を拡大させる「チャンス」と見なした。一九四七年六月に電通の社長に就任した吉田秀雄は、ＰＲという概念が企業と消費者、社会をつなぐ新しい理論として広告の世界に革新をもたらすと考え、「当面の基本方針」のなかでＰＲを電通の事業体制に積極的に取り入れることを決めた。[83]

吉田の指示を受けて電通のＰＲ運動を主導したのは、当時、営業局外国部長であった田中寛次郎だった[84]。ＧＨＱとの渉外業務も兼ねていた田中は、民政局次長のチャールズ・ケーディス（Charles Kades）から *The Bird's Eye View of Public Relations* と *The Blueprint of Public Relations* の二冊のＰＲ関連書籍を借りて社員を集め、勉強会を実施した[85]。その成果は『電通ＰＲパンフレット第二集（パブリック・リレーションズの型――ＰＲを知らねば経営者の資格なし）』にまとめられた[86]。

田中は広告主や業界関係者を対象に講演を行い、ＰＲ概念の理論的な説明に力を注いだ。一九四九年の夏に開催された電通の夏期広告講習会で田中は、ＰＲを「個人なり、企業体なり、団体なりが、自己について第三者に説明し、第三者の好意と、好感の産物であるところの自己に有利な行為を招来しようとする一切の行為」であると定義し、その必要性を次のように述べた。

全ての企業体は、一般社会の認容がなければ存立し得ない。すなわち一般社会がその企業が存在することが望ましい――もっと正確に言えば望ましくなくない――と考える時、その企業ははじめて存在し得る。企業が社会の認容を得るためには、社会の利益福祉の線に沿って経営されなければならない。これが根本の問題である。しかしそのように経営されていることは、企業自身が社会一般に知らせなければ分からない。そこで第二の問題として、知らせるという仕事が必要である。根本の問題と第二の問題が実行されて、はじめてその企業体は社会の認容を得、存在可能となる。この全過程がＰＲというのである[87]。

田中の活動は、ＰＲ運動を通じて経営者の意識を転換させていこうとした証券業界のＰＲ運動ともつながる一面がある。また、ＰＲ概念に対する見解は、本書が問うている仮説、すなわち、〈ＰＲする行為〉を通じて企業の社会的自我が他者の期待を取得して構築され、コミュニケーションを通じて自我と他者の間で関係が形成され、両者を取り巻く状況が再構成されるという考えともかなり近い。

だが、田中によるPR概念の探求は、彼の後を継いで外国部長に就任し、後にPR部長、PR委員会委員長を兼務する小谷重一の時代にきて急速に衰退した。小谷ははやくも一九五二年に『電通月報』のなかで日本におけるPR導入の難点を指摘しながら、今後、PRは「恒久的なグッドウィルより、今直ちに製品が売れてくれなければ困る」広告主と市場に応じていかなければならないだろうと予見した[88]。小谷の見通しどおり、PRはマーケティング・プロモーションの手法とされ、電通のPR部は社長室直轄組織から営業局所属に変わり、売り上げの目標が課せられるようになった[89]。

マスコミ業界とPR――商業放送と市場調査

電通は、三越百貨店のPRイベントを企画し、大蔵省をはじめ、各省庁のPRキャンペーンを手がけるなど、戦後いち早くPR実践に取り組んできた[90]。また、「広告講習会」(後に夏期広告電通大学)を通じてPR教育を行い、CIE講習会の講義録を翻訳した『広報の原理と実際』(一九五一)など、PRテキストブック・シリーズを出版するほか、自社PRも兼ねた『電通報』も発行した[91]。このようにPRの普及に力を入れながら、電通はPRを軸とするマス・コミュニケーションの事業化・商業化を進めようとした。

一九四九年、吉田秀雄の提案により日本広報協会Public Relations and Information Service Association(以下、PRISA)が発足した[92]。同協会は、大蔵省をはじめとする主要省庁、日本銀行、共同通信、時事通信、朝日新聞、読売新聞、毎日新聞、日本経済新聞、日本放送協会、全日本観光連盟、日本貿易会、日本出版文化協会、第一物産などが参加する巨大な連合組織であり、吉田は一九五〇年に二代目会長に就任した[93]。

ＰＲＩＳＡは、官民を網羅するＰＲ実践を目標としたが、その上でマス・コミュニケーション、とくに放送通信分野の商業化の可能性が打診された。ＰＲＩＳＡの実質的事務局として連合体制を引っ張ってきた電通の構想は、一九四六年二月に発表された吉田の「当面の基本方針」にすでに表されていた。

終戦直後、電通の事業体制を明記したこの文書は、第一に「商業放送の実施促進とそれに必要なあらゆる企画と準備」、第二に「広告、宣伝の構想、企画を拡大するパブリック・リレーションズ（ＰＲ）の導入とその普及」を重要な方針として挙げ、続いて「調査部機能の拡充」、「表現技術の水準向上」、「媒体の多角化」、「印刷会社の設立」を述べ、戦後社会における広告業の拡大を意欲的に物語った[94]。このような構想を踏み込んで解釈すれば、商業放送を踏み台にして広告ビジネスを拡大する戦略の鍵が、すなわち戦後、新しい概念として注目されたＰＲであったと言える。

電通は「広義の広告」と「高次な目標」を掲げ、広告を「都市美」、「貿易」、「商業放送」、「世論調査」というテーマから広く捉えた[95]。この新しい広告＝ＰＲが行われる「場」として民間放送の開拓が重要であり、ＰＲＩＳＡを軸とするマスコミ業界連合は、一九四五年に一度挫折したラジオ商業放送の計画を一九五一年にラジオ東京（現、東京放送）の設立という形で実現した[96]。

電通が注目したもう一つの分野は、世論調査・市場調査であった。一九四七年に調査部が新設され、市場調査および広告に関する意識調査が行われた。電通や萬年社のような広告代理店以外にも、リーダーズ・ダイジェスト、時事通信社、世論調査機関を中心に、調査と統計的分析の専門的技術が模索され、拡散された[97]。

前述のとおりＧＨＱは、占領統治の対象となる日本国民を「民主主義の主体」として想像し、再教育する上で日本人の意識を把握し、政策効果を確認するために世論調査を行った。それに影響されながら、民間企業やマスコミ業界は、占領政策が立ち上がらせた戦後社会の他者を「顧客」、「消費者」、「視聴者」、「株主」として見出し、細分化していく上で合理的、科学的手法を求め、世論調査や市場調査を行うようになったのである。

電通のＰＲ運動は、一方では、戦後日本におけるマス・コミュニケーションの発達と、他方では、合理化と科学主義に基づく経営管理の発達と密接にかかわっている。そのような歴史は、本書の仮説からすれば、〈企業自我〉が構築されるシンボリックなコミュニケーションの制度化と専門化の特徴を浮かび上がらせる。

以下では、この問題を含め、これまで概観してきたＰＲの日本的変容を、理論的枠組みを通して考察する。占領という問題的状況下で〈ＰＲする主体〉は、どのような他者を〈公衆〉として創造し、自他関係を築いたか――。先行研究が明らかにしてきた歴史を、自我と他者、コミュニケーションの観点から組み立てなおし、戦後ＰＲを分析するフレームワークに書き換えてみたい。

三　戦後ＰＲのフレームワーク

1　戦前と戦後の切断面

ＰＲとプロパガンダ

ＰＲの成立条件を産業化社会と消費社会の諸特徴から探るならば、たしかに近代化が進んだ明治時代以降、ＰＲと呼べる活動が現れた可能性を指摘することもできるだろう。だが、メディアと手法面で類似していたにもかかわらず、〈ＰＲする主体〉とその〈自我〉が〈他者＝公衆〉と関係を形成する問題に関して、戦前と戦後は異なる特徴を示していたことを本書は主張してきた。

第二次世界大戦以降、占領軍は、日本のマスコミに対する統制と検閲を行うと同時に、民主的コミュニケーションを通じて日本社会の民主化を進め、ＰＲはその一環として各都道府県の官庁に導入された。本章の冒頭で述べたように、このような歴史に対しては、一方では戦後ＰＲが強力な軍部権力／ＧＨＱによって移植されたことに重点が置かれ、他方では民主主義の精神や政治的制度の移植に基づいて説明する意見がもたらされた。このような二つの解釈を軸に、戦後ＰＲを、プロパガンダの一種として戦前、戦中と連続的に捉えるか、それともプロパガンダはもちろん、戦前の類似活動とも一線を画す概念として断絶的に捉えるかについて意見の対立が見られるようになった。しかし、実際の歴史を見ていくならば、ＰＲ概念は、連続と断絶が絡み合いながら形成されたものであり、どちらかの見方だけを採用することは困難である。

戦前と戦後の連続／断絶については、とりわけ戦時中のプロパガンダ技術／技術者の問題が議論の対象となる。前述した電通の吉田秀雄、田中寛次郎、小谷重一に対しても戦前と戦後の連続性を指摘することができる。すなわち、吉田は広告ビジネスの拡大を試みてＰＲを事業体制のなかに取り込み、田中は公益的概念としてＰＲの理論化に励み、小谷はＰＲの商業化／マーケティング化を進め、それぞれ異なる関心を持っていたが、共通の基盤となったのは戦前の満州国、または総力戦体制にかかわる経験であった。

吉田は一九三三年に満州国の新京、大連で開かれた日本新聞協会大会に参加し、満州国の新聞事情やラジオ放送と広告業のかかわりについて調べて帰国した[98]。このような経験は、終戦直後に「当面の基本方針」を立てる上ではもちろん、「満州帰り」の人材を積極的に採用するきっかけとなった[99]。満鉄の旅客課長を務めた小谷も「満州帰り」の一人で、後に電通の外国部長、ＰＲ部長に就いた。田中も戦前の情報活動にかかわり、外務省の記者クラブに所属し、ロサンゼルス、ジャワ、マニラなどの海外特派員を経て一九三七年に内閣情報部情報官に任官された[100]。

このような歴史から見る限り、連続説に一定の説得力があるように思われる。戦後ＰＲがプロパガンダから派生し、総力戦体制と戦後がつながっていると論じる史的根拠となりえるかも知れない。しかし、アメリカのＰＲ史から確認したように、技術や手法の類似性、共通性が、ＰＲを広告やプロパガンダと同一視する上で必ずしも十分な根拠ではないのも事実である。すなわち、「プロパガンダからＰＲへ」の流れが存在するのであれば、逆方向の「ＰＲからプロパガンダへ」という関係もあり得ることは、すでに論じたとおりである。

実は、吉田、田中、小谷の三人にはもう一つの共通点がある。吉田は、一九三〇年代からアメリカの広告業界誌、*Printer's Ink* を取り寄せ、社内で勉強会を行い、同時代アメリカの広告事情を学び、新しい思想と技術を取り入れようとした[101]。小谷は、ワシントン州立大学に留学した経験があり、英語に堪能であったため、入社後は海外業務を担当し、英語文献や資料紹介にも長けていた[102]。田中もアメリカ社会と文化に詳しく、戦後はＣＩＥ新聞課長と交流を深め、ＧＨＱを窓口としてアメリカ本場のＰＲを導入することができた[103]。

このような共通点は、戦後のＰＲが満州国や満鉄弘報、または総力戦体制との関連性だけでなく、一九二〇年代のアメリカ社会の影響、さらに占領をきっかけに急速に拡散したアメリカ発マス・コミュニケーションの言説や技術と深くかかわっていたことを浮かび上がらせる。このような歴史を踏まえて言えば、戦後ＰＲの原点を、アメリカ民主主義か、戦中期の総力戦体制かのどちらかで一義的に判断することはできないのである。そこで本書は、戦後ＰＲの歴史的発展を捉える第三の観点として、主体／自我と他者の関係を軸とするフレームワークを提示する。

問題的状況の形成 ―― 日本国民という他者の創造

これまで何度も述べてきたように、戦後ＰＲが導入され、受容された背後には占領する権力となる「アメリカ」の存在があった。言い換えれば、戦後の政治的、経済的主体による〈ＰＲする行為〉は、何らかの形でＧＨＱやアメリカという審級に媒介されていた。とりわけ〈ＰＲする行為〉が促され、〈自我〉の構築が求められる〈問題的状況〉そのものが、占領政策によって形成／再形成されたことが重要である。

占領という〈問題的状況〉は、日本社会を再編した。戦後日本の〈問題的状況〉は、占領がもたらした新しい言説的空間でもあった。そこにおいて占領の究極的目標となる「日本の民主化」が問われ、日本国民が「民主主義の主体」として想像＝創造された。この〈問題的状況〉を乗り越えていこうとする日本の政治的、経済的組織は、占領権力が立ち上がらせた他者を捉え、その他者を鏡とする自我を形成した。このような連続的経験とそれに基づく自他関係が、占領期に建て直されたことに注目する必要がある。

GHQという占領の主体は、占領の対象となる日本人を「民主主義の主体」として想像＝創造することで自己の正当性を獲得しようとした。占領政策の成功は、日本国民をいかなる存在として創造／再創造していくかにかかっていたとも言える。占領の対象であり、占領政策に協力する他者として、GHQがつくりあげる様々な物語のなかで「民主主義の主体」となった日本国民の様子が、一九四五年九月に発表された映画製作に関する指令からもうかがえる。[104]

戦争犯罪者を攻撃する「政治家」、市民社会に復員した「軍人」、建設的な「労働者」や「農民」、政治に参加する「女性」といった、新しい時代における日本人、日本国民を描くことが命じられた。

このような指示は、「忘れられた人々」という「アメリカ人」を創造し、アメリカ政府を彼らの「救援者」や「救世主」として呈示したニュー・ディールの戦略とも似ている。アメリカ政府が「草の根民主主義」と豊かな消費生活が融合された福祉社会を出現させ、構築した自他関係とそれを支える技術が、ニュー・ディーラーを多く含んでいたGHQの占領政策においても生かされた可能性が指摘される。[105]

さらにGHQは、日本国民という他者の創造において、ニュー・ディールの〈他者＝公衆〉を鏡として利用した。戦後日本人のモデルとなったのは、CIE映画などが映し出した、アメリカ社会の農民、有権者、女性、子供であり、[106]「民主主義の実現」という課題は、一方では「アメリカ式生活」American Way of Life への欲望と結びついていたのである。[107] GHQは、敗戦国の人々からすれば、まるで夢のような生活を送っている自国民を登場させ、彼らを守り、

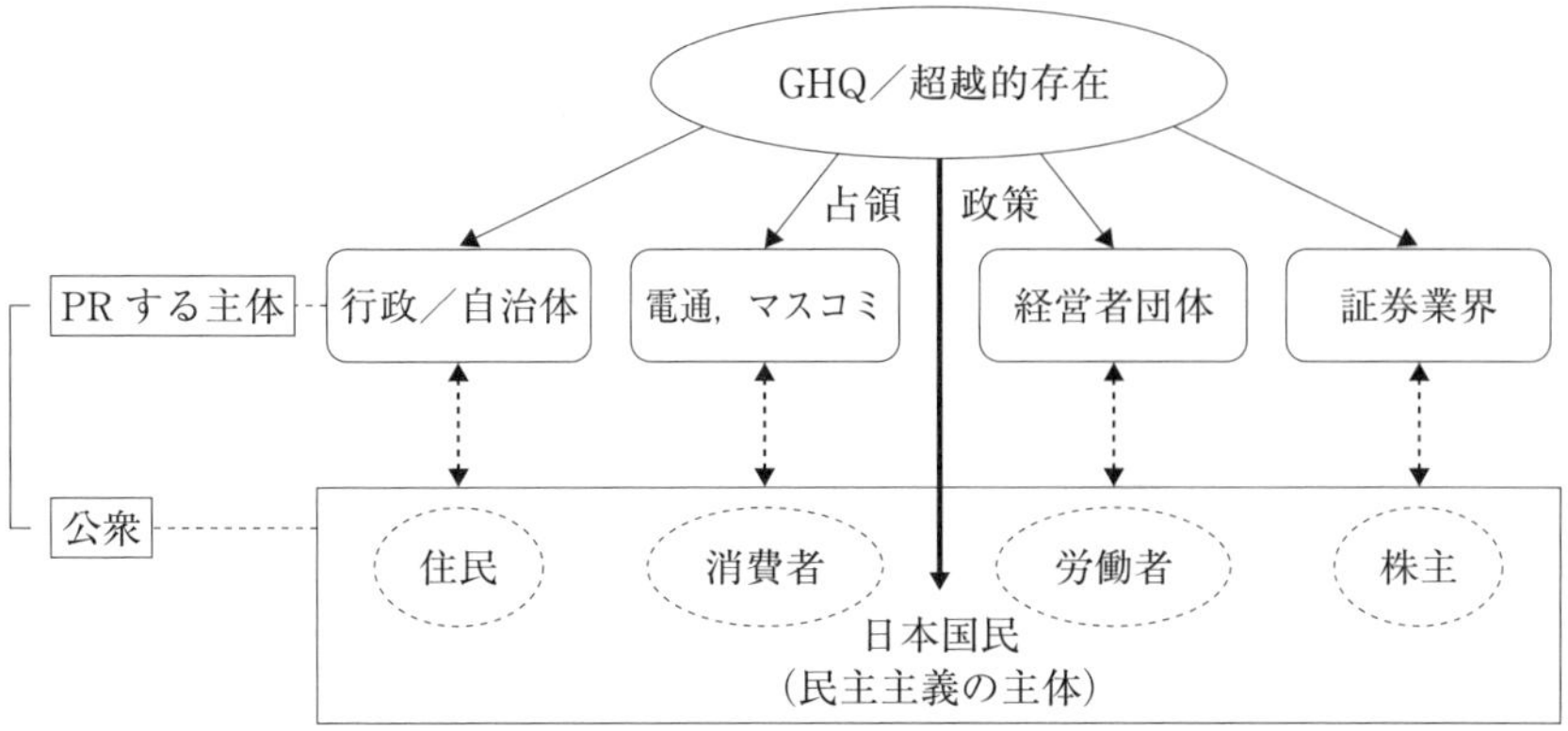

図 **5–2**　戦後 PR における関係／関係性

豊かな生活を提供する〈国家自我〉を呈示した。

超越的存在と新しい関係／関係性

日本国民という他者の想像＝創造は、結果として戦後日本の政治的、経済的組織を〈ＰＲする主体〉として覚醒させた。各都道府県は、民主主義の主体として浮上した住民に対して民主的行政を行う上でＰＲ活動に取り組み、日経連や経済同友会は、労働組合を組織して強力な勢力となった労働者に対応しようとＰＲ概念と技法を導入した。証券業界は、経済民主化のシンボルとなる小額株主を募集し、株式会社化を進めるために経営者を啓蒙する目的からＰＲ運動を展開した。このような歴史を図式化すれば、〈ＰＲする主体〉とそれが相手とする〈他者＝公衆〉が、ＧＨＱという超越的存在を中心に、相互に結びつく関係を描くことができる（図５－２）。

占領政策が浮かび上がらせた「民主主義の主体」は、政治的、経済的組織が占領政策に応じていく上で向かい合わなければならない他者となった。各組織のＰＲ運動は、のしかかる占領政策に直接的に影響を受ける部分もあったが、根本的には占領という〈問題的状況〉の構成要素となった「住民」、「消費者」、「労働者」、「株主」という他者を見出し、重要な準拠点にしていく過程を表していた。

本書は、戦後日本におけるＰＲの導入と受容の過程を、占領軍という超越的存在によって構成された〈問題的状況〉とそれが立ち上がらせた他者、さらにその他者を捉えていこうとした各主体の力学に焦点を当てて理解する。要するに、占領と婦人の解放、労働組合結成の奨励、学校教育の民主化、秘密警察や秘密審問司法制度の撤廃、経済機構の民主化を骨子とする改革は、改革の主体をつくりあげることで、その主体を相手とする関係を形成する主体を連鎖的に浮かび上がらせ、〈PRする行為〉の土台を築いたのである。

繰り返し言うと、戦後日本におけるPRの導入を考察する上で重要な問題は、社会と他者が再編され、〈PRする主体〉が〈PRする行為〉に目覚める環境がつくられたことにある。戦後、主体と他者をめぐる関係／関係性が、空から降りかかるGHQという超越的存在によって形成／再形成されたことにこそ、戦前と戦後の断絶の所在があるのだ(108)。

この問題を念頭に置きながら、以下では戦前と戦後の断絶が、具体的にどのようなものであったかを論じる。とくに戦後PRの歴史的、社会的変容を通じて見えてくる、自我、他者、コミュニケーション概念の構成／再構成を捉え、〈PRする主体〉の類型と動機の相違を明らかにしていく。

2 自我、他者、コミュニケーションの構成／再構成

アメリカ資本主義と自我

他者は、それを鏡とする自我に影響を与える。戦後、経済民主化の担い手となった労働者・従業員は、経営者の自己意識を変え、戦前と異なる〈企業自我〉が模索される原因となった。前述した経済同友会の議論や日本経営者団体連盟の活動は、当時の企業と経営者が直面した〈問題的状況〉の中核に、労使関係の変化があったことを鮮明に示している。

経営者を圧倒するほど大きな勢力となった労働者集団を、企業は戦前の労働者と全く異なる存在として意識するよ

うになった[109]。戦前の労使関係は、上下の秩序に従う家族的経営共同体の一員として親子のような絆によって支えられた。だが、経済民主化の諸改革は、労働者と経営者が基本的には異なる欲求を持つ存在であり、労働者を従順な家族的存在としてではなく、経営者と平等な立場から自己の利害を主張するパートナー的存在と捉えた。労働者という他者の意味が変化させられたことを受け、戦後日本の経済産業界は自己認識を改めていこうとし、その上でアメリカ型資本主義というモデルを取り入れた。合理的経営管理手法が求められ、新しい経営方式に相応しい新しい経営者と経営理念が議論され、その中核的技術としてPRが議論されるようになった[110]。

このような議論は、一次的には占領期に労働者が強くなり、経営者が弱くなった労使の力関係が反転された出来事を反映しているように見えるが、経営者の意識変化は、さらに重要な問題を含んでいる。戦後日本の企業と経営者は、占領政策に応じて労働者という〈他者＝公衆〉に注目したが、そのような試みは、同時に他者を通じて自己を捉え返そうとする目的と結びついていたのである。

前節で検討したように、経済産業界を中心に広められたPR言説では〈PRする行為〉における技術や手法が重視されただけでなく、戦後の経営理念の刷新が前景化していた。アメリカ資本主義と経営学理念を吸収し、進んで経済民主化を実現する社会的企業と経営者像は、〈他者〉以上に〈自我〉に、すなわち企業と経営者の自己認識に焦点を当てたのである。

公衆と公僕の信愛建設

占領期のＰＲ運動は、「民主主義の主体」を母体としながら、各主体が他者を組織化し、定義／再定義していく過程でもあった。その上では、〈企業自我〉の構築とともに「一般化された他者」でもある〈公衆〉をめぐる議論が展開された。

証券業界は、少数の資本家・投資家に依存する資本調達の構造が、戦後、多数の小額株主に軸を移行させられたことに応じて、PR運動の視点を社会全体に広げ、企業と公衆の関係を問うた。

その一面が、飯田清三が雑誌『パブリック・リレーションズ』に寄稿した記事のなかで「日本型PRの性格」として語られた。飯田は、日本的経営と封建的企業が「陸軍御用達」、「海軍御用達」のように「特定の限られた範囲の人々」(国家、政府機関)に過度に依存してきたことを指摘し、しかし戦後のヴィジョンとなるアメリカ資本主義社会では巨大企業と小額株主の役割がきわめて重要であると論じている。戦後の新しい状況においては、国家や軍組織、または注文生産方式による限定された顧客ではなく、より広範な社会公衆と付き合わなければならなくなり、企業と経営者は、公衆の「公僕」になるのだと飯田は主張した。

すでに検討したように、証券民主化運動は、占領政策、とりわけ経済民主化の重要な担い手として見出された株主を啓蒙する目標を掲げていた。だが、この運動の中心的人物の一人であった飯田の議論ではGHQや占領政策の面影が非常に薄い。PRの必要性は、日本的経営の問題として問われ、アメリカ資本主義社会を実現するための自発的努力の一環として語られているのだ。ここでも飯田をはじめ、証券民主化運動が占領政策に影響を受けながらも、それに完全に従属せず、占領改革を自己の成長と跳躍がかかっている独自の〈問題的状況〉として捉え返そうとしたことがうかがい知れる。

さらに注目すべきは、主体が〈問題的状況〉を捉え返し、〈自我〉を構築／再構築していこうとする試みのなかで、他者、とりわけ少数の有意味な他者ではなく、多数の一般化された他者が〈公衆〉として見出され、公衆と企業、経営者の関係性が議論の土台となっていることである。証券投資協会が発行した『パブリック・リレーションズ』には、飯田のほかにも、戦後の〈問題的状況〉における新しい他者――つまり国家や政府機関ではない公衆――に対し、「公僕」となる企業と経営者を描き、促す議論が多く掲載された。これらの議論からうかがえる〈企業自我〉と〈公衆〉の間における「信愛建設」が、具体的にどのような形で現れたかについては、次章以降で詳しく分析する。

コミュニケーションの制度化、専門化

このように経済同友会や日経連、証券業界のPR運動は、占領期において〈PRする主体〉が現れ、その相手となる〈公衆〉が想像＝創造されていく過程を浮かび上がらせる。企業や経営者が労働者や株主を捉え、〈問題的状況〉を再構成していこうとした歴史は、そのような試みが主体の〈自我〉が構築される問題と結びついていたことを示す。それに対し、占領期のPR運動のもう一つの軸をなしていた電通PRは、少し異なる観点から戦後PRを解釈する道を開いてくれる(111)。

前述のとおり、電通のPR事業は、占領改革から直接的影響を受けたものではなかった。むしろ電通は、ビジネスの拡大を狙い、新しいコミュニケーション様式と技術を普及するために、きわめて自発的、積極的にPRを導入した。一九四六年二月から発行された『電通報』は、広告やPR実践に関する専門的知識や国内外の成功事例を紹介する媒体となったが(112)、同誌の読者は主にマスコミ業界人や取引先／広告主であった。電通のPR運動が射程としたのは、一般公衆というより企業や官庁だったのである。

このような違いは、電通の〈PRする行為〉における動機が、ほかの〈PRする主体〉と異なっていたことを示唆する。戦後PRにおいて電通のようなマスコミ業界は、企業や官庁の〈PRする行為〉を代理する、もう一つの〈PRする主体〉として、〈企業自我〉が構築される「シンボリックなコミュニケーション」を主管していたのである。

占領期において電通をはじめ、マスコミ業界が果たした機能は、一九世紀末から二〇世紀初頭にかけてアメリカ社会で現れたPR専門業のそれと比べられる。もちろん、電通という組織が成立した歴史的経緯は、アメリカにおけるPR業の誕生と必ずしも一致していない。第三章で説明したように、ジャーナリズムから派生したアメリカのPR業

は、広告科学運動に影響を受けながらも、広告業に吸収されることなく独立した産業として成長した。それに対して電通は、本来、電報通信業と広告業が融合された組織であり、総力戦体制下で一時期、通信業と広告業が分離されたものの、戦後、吉田秀雄の構想によって再び広告とＰＲの職能的包摂が試みられた。電通にとって、広告とジャーナリズムがまず一体化し、それに基づいて戦後、ＰＲが広告＝ジャーナリズムの一部として吸収されていく傾向が見られる。

このような歴史的文脈からすれば、アメリカと日本における〈ＰＲする行為〉の代理人とその役割を完全に同一視することは難しいかもしれない。だが、それぞれの社会と文化によって〈ＰＲする行為〉の手法や表現が異なっていても、それが〈企業自我〉の象徴的構築にかかわる主要な機能を担っていたことは共通している。すなわち、〈ＰＲする行為〉が代理され、それを専門的に行う主体の登場とともに、〈企業自我〉の構築にかかわるコミュニケーションが制度化されていく過程は、戦後日本においても指摘することができる(113)。とくに、ＰＲの実践における「科学化」の傾向は戦後日本においても強く見られた。

電通調査部（一九四七）をはじめ、時事通信社調査局（一九四六）、世論科学協会（一九四六）、企業経営研究会（一九四七）、日本化学技術者連盟（一九四七）など、専門的調査機関が設立され、経済産業界の依頼を受け、労働者、世論、株主、消費者の思考や情緒を解読するための世論調査、市場調査、広告効果調査が実施された(114)。

戦前に行われていた市場調査が恣意的傾向の強いものだったことに対し、戦後の調査は、ＧＨＱが実施した大規模世論調査の影響を受け、アメリカ流合理主義に基づく科学的サンプリングを導入し、調査結果の分析に統計学的手法を用いるなどの点で大いに違っていた(115)。経営者の間でもアメリカ企業の経営管理方式を学ぶ上で、調査の必要性に関する認識が広がり、戦後における調査技術の発達は、〈ＰＲする行為〉と〈企業自我〉の構築において専門化とともに、科学化が推し進められた事実を浮き彫りにする。

3　戦後ＰＲの構図

ＰＲする主体の類型と動機

占領期においてＰＲは、アメリカ民主主義、または資本主義を移植しようとする動きのなかである種の理想型として模索され、希求された。だが、このような雰囲気は、占領政策の転回と朝鮮戦争の勃発など、外部的要因によって再び変わり、戦後日本の政治、経済主体がＰＲを捉え、それを実行する上でも変化が生じた。次章以降で一九五〇年代半ば以降のＰＲ実践を分析する前に、本章の最後に占領期に示された〈ＰＲする主体〉の類型と動機の相違について考察しておこう。

これまでの議論を踏まえて言えば、占領期には大きく三つの異なる性格を帯びる〈ＰＲする主体〉が現れていた。

第一の主体であるＧＨＱは、アメリカ社会ではすでに顕著なコミュニケーション様式となっていたＰＲを占領国に導入し、民主的社会を建設する上で用いた。すなわちＧＨＱが行った、または移植しようとしたＰＲは、ある程度はアメリカ社会で成立し、実行されたＰＲを原型としていたと考えられる。〈他者＝公衆〉の中身は「アメリカ市民」から「日本国民」へと変わったが、アメリカ政府の〈自我〉が構築される上で鏡とされたのは共通していた。

第二の主体である行政機関は、日本の民主化を推進したＧＨＱから〈ＰＲする行為〉を命じられ、ＣＩＥなどによる教育・指導を受けた。行政ＰＲの史的発展は、トップ・ダウン型であり、ＰＲの必要性は行政側と住民の間で自然発生的に生じたのではない。占領する権力が立ち上がらせた「民主的住民」とそれを相手とする「民主的行政」の理想的な自他関係を義務付けられた。

第三の主体である経済産業界は、占領政策から影響を受けた部分もあったが、前述した二つの主体と異なる動機を潜めていた。経済産業界は、占領政策という〈問題的状況〉を、他者との関係／関係性に応じて捉え返していく上でPRを受け入れた。すなわち超越的権力からPRの実施を命じられた行政PRとは区別される利害関心を持って、別のフィルターからPR概念を模索し、実行した。

占領期のPRは、この三つの主体を軸に、政治主体による行政PRと産業界を中心とする経済PRの二つの流れから構成される。この二つのPRの史的展開における動機は明らかに異なっており、戦後PRは、占領軍によって一方的に押しつけられたものでもなく、また、画一的に導入されたものでもなかった。

経済産業界が、自己に脅威を与える占領という〈問題的状況〉を打開する上でPRを導入した経緯も、言ってみれば「自然発生的」ではないかも知れない。だが、行政機関の関連部署がPR活動にきわめて精力的に取り組んだ／取り組むしかなかった背後には、占領の動機が複製されたことが強く働いていた(116)。あえて言えば、行政PRは、占領する主体＝GHQ／アメリカの〈自我〉が構築される上で、補助的役割を担うことが求められたのである。

各都道府県におけるPROの設置命令は、GHQが民主的国民と民主的政府を仲介する正当な存在として自己を示そうとする試みの一部としても解釈することができる。PRが象徴する「民主的な対話」を中心に、行政と住民はそれぞれ「民主的国民」と「民主的政府」を演じることが求められ、GHQが企画・演出する「日本社会の民主化」という役割を担う劇に参加させられたのである。当然ながら、占領が終わり、GHQの〈自我〉が構築される動機がなくなると、行政PRの推進力は弱まり、その結果、予算や人員が大幅に削られた(117)。

これに対して経済PRの動機は、戦後日本の人々が「民主主義の主体」として、つまり従来と違う性格を帯びる他者として再定義されたことに起因する。経済産業界は、そのような他者を〈PRする行為〉における〈公衆〉として捉え、自己を定義／再定義する上で、占領の動機をそのまま受け入れたのではなく、自らの動機を駆動させた。すなわち、経済PRの必要性は、「日本社会の民主化」というより、次章以降で明らかになるように「アメリカ資本主義」を鏡

表 5-4　行政 PR と経済 PR の比較

	行政 PR	経済 PR
はじまり・きっかけ	GHQ，軍政部の命令（PRO 設置）	渡米視察，労使問題，証券民主化，広告事業など，様々な理由
実施の性格	義務的，半ば強制的	積極的，自発的
キーワード	民主主義，日本社会の民主化	アメリカ資本主義
用語	広報，広聴など（日本語訳）	PR，Public Relations（英語のまま）
アメリカの表象	GHQ，CIE，軍政部	アメリカ社会（労働者，株主），アメリカ企業
盛衰	占領期にピーク，1950 年代半ばから衰退	1950 年代半ばから産業 PR のブーム

とする戦後社会再建と経済復興という目標と深く結びついていたのである。

行政ＰＲと経済ＰＲの比較

以上の議論を踏まえ、表を用いて行政ＰＲと経済ＰＲの違いを概括しておく（表５－４）。

それぞれのはじまりやきっかけ、その性格については既述したとおりである。補足したい特徴として、ＰＲ概念とその実施にかかわるキーワードの違いを指摘することができる。行政ＰＲでは「民主主義」が、経済ＰＲでは「アメリカ資本主義」が主に用いられた。

〈ＰＲする行為〉を表す用語の面でも違いが出ていた。各都道府県が「広報」や「広聴」などの日本語訳を用いたのに対して、経済産業界は「ＰＲ」や「パブリック・リレーションズ」という表現をそのまま使用した。ヒューマン・リレーションズの導入からも分かるように、後者はＰＲをアメリカ資本主義の思想と技術として、「直輸入」しようとしたのである。

このように行政ＰＲと経済ＰＲは、それぞれ異なる「アメリカ」に照準を合わせた。言うまでもなく前者にとって「アメリカ」とはすなわち占領軍であり、ＰＲは、ＧＨＱや軍政部という組織と結びついた。これに対して後者において「アメリカ」は「アメリカ資本主義社会」、「アメリカ企業」であり、それは「アメリカの労働者」や「アメリカの株主」に相応する概念としても捉えられた。経済産業界にとってＰＲの輸入国であったアメリカは、戦後日本の再建と未来を予想させるモデルでもあった。

ポスト占領期の予見

前掲した飯田の「日本型ＰＲの性格」に関する議論は、終戦後、労働攻勢が熾烈になり、資本調達問題が深刻化し、自由市場への復帰により競争が激化することを考え、日本の企業と経営者に対してＰＲの必要性を多角的に指摘した。すなわち、労働攻勢に備えては従業員リレーションズが、資本調達のためには株主・投資家リレーションズが、自由競争に打ち克つためには顧客リレーションズが必要とされた。しかし、飯田が予測した戦後の状況は、的中したものもあれば、予想が外れ、占領の途中から急変したものもあった。

「逆コース」がはじまり、ＧＨＱは共産主義を防ぐために労働組合運動の規制を行い、その結果、労働者の力が弱体化し、相対的に経済産業界の力が復権した。さらに一九五〇年に朝鮮戦争が勃発すると日本はアメリカ軍の補給基地と考えられ、産業構造の解体を免れ、復興のチャンスを迎えることになった。そして一九五二年、サンフランシスコ講和条約が結ばれて日本の主権が承認され、占領が終わった。

このような変化のなかで、政治、経済、社会面で進行していた改革が屈折し、戦後日本の方向性が大きく転回された。〈主体〉を覚醒させる〈問題的状況〉が再び変容され、〈他者＝公衆〉とともに〈ＰＲする行為〉における動機も修正されたのである。それにより〈企業自我〉の構築においても、占領期と比べて何らかの変化が生じるようになったことが考えられる。

注目すべきは、ポスト占領期において行政ＰＲが衰退したのと対照的に、経済ＰＲはさらに活発化したことである。経済産業界を中心とするＰＲ活動は、一九五〇年代半ばから六〇年代までに現れた「ＰＲブーム」が示すように、占領期のＰＲ運動を現状維持する水準をはるかに超えて、新しい展開を見せていった。問うべきは、ポスト占領期／高度成長期において経済産業界は、なぜ〈ＰＲする行為〉を止めなかったのか、ではない。この質問に対する答えは、占領期のＰＲを通じてすでに出されている。占領の動機が脱落したポスト占領期におけるＰＲでは、民主主義と一緒に移植されたもう一つの価値軸である資本主義に焦点が当てられ、アメリカが象徴する豊かな社会を実現する目的から需要が拡大された。

一九五〇年代半ば以降の状況を念頭におけば、戦後ＰＲを「占領する権力」と「占領を受ける側」の一方的関係から説明することはできない。戦後日本、とりわけ占領期からポスト占領期と高度成長期にかけての日本社会は、〈問題的状況〉を再構成しようとする主体が、ＰＲというコミュニケーションを通じて立ち上がり、アメリカ資本主義社会を鏡とする〈自我〉と〈他者〉を見出していく空間として捉え直すことができるのだ。

第六章　ＰＲの黄金時代――ＰＲ映画における〈企業自我〉の構築

一　高度成長と日本的ＰＲの変形

1　問題的状況の変化

一九五〇年以降の経済状況

占領期の途中から〈ＰＲする行為〉を動機づける問題的状況が急変した。一九五〇年に勃発した朝鮮戦争が経済特需をもたらし、一九五二年以降、日本社会の復興と経済成長が本格化した。一般的に日本の高度成長は池田内閣が「所得倍増計画」を掲げた一九六〇年からと言われるが、一九五六年の時点ですでに「もはや戦後ではない」という認識が広がりはじめていた。日本の国民総生産（ＧＮＰ）は、一九五〇年の一一〇億ドルから一九五五年にはその二倍を超える二五〇億ドルに増加した。(1) 国際景気も好況だったが、それにしても日本経済は、米軍駐留による国防費用の節減、輸出促進、為替レートなどの要因から前例を見ない早さで成長を成し遂げた[2]。

経済成長を支え、名実共に日本社会の再建の主役となったのは、産業であり、企業であった。新技術の研究開発、新たな分野に対する投資が積極的に行われた[3]。このような状況下で占領がもたらした、「弱い企業・経営者」対「強い労働者」、という対立構図は、一九五九年から約一年間続いた三池争議あたりを境にして労働組合の闘争路線が弱体化したことにつれ、消滅した。

占領期に企業と経営者の相対的立場から捉えられた労働者は国民経済の基盤を成し、生産者としての役目だけでなく、各種の家電製品やレジャー用品を購入する消費者となった[4]。経済成長が本格化し、「所得倍増計画」により消費社会の夢が拡散しはじめると、労働者の意識は新中産階級のそれと統合され、企業と戦うのではなく、産業がリードする経済成長の恩恵に与る側面が強くなっていった。

このような変化は、〈企業自我〉の構築を促す〈問題的状況〉が再構成されたことを意味する。高度成長がはじまろうとする新たな環境のなかで、戦後日本の産業と企業の〈自我〉、それが鏡とする〈他者＝公衆〉、そして両者の関係／関係性が改められたと考えられるのである。その結果、一九五〇年代半ば以降、占領期のそれと異なるＰＲ概念と実践が導かれるようになった。

政府と産業の関係 —— 承認の屈折

戦後の経済成長に伴い、政府と産業の関係も占領期と異なる形で形成／再形成された。占領軍の経済民主化政策は、基本的には日本の産業構造を解体することに重点を置いたが、一九五二年以降、日本政府は再び経済政策を立案し、管理する立場から産業と企業を育成するようになった。政府は、通商産業省、大蔵省、運輸省、建設省、逓信省、経済企画庁を中心に、資金を低利で貸し出し、税制優遇を与え、輸入規制を行うなど、日本企業の国際的競争をバックアップした[5]。国内でも企業間競争が激化していくなか[6]、政府指導に従う企業にはより多くの便益が与えられた。

このような体制は、ソ連の完全統制モデルとアメリカの自由市場モデルの中間的性格を帯びていた[7]。政府は、産業をあくまでも「経済指導」という形でサポートし、実質的責任は主要産業が負い、各企業が市場活動の担い手となる[8]。産業界はこの案を積極的に受容し、「産業の保護者」を申し出る政府とともに「産主官従」の体制を築きあげ、産業別連合組織／カルテルがつくられた。

このような政府と産業の関係は、アメリカのそれと区別される[9]。第四章で検討したように、ニュー・ディールにおいてアメリカ政府と産業界は、競争的関係にありながら消費市場の拡大をめぐって結果的には共助する関係を築いた。それに対し、戦後日本では政府と産業が最初から一つのチームを組み、企業同士の連携が政府の指導によって、ある種の上下関係のなかで構想され、形成されたのである。

政府と産業の関係は、戦後日本における産業と社会、企業と人々をめぐる関係／関係性にも影響を与えたと考えられる。アメリカ社会において企業と公衆の関係が、政府と企業の関係、さらに政府と有権者の関係が緊密に連動する構図のなかで見出されたのだとすれば、戦後日本の政府、産業、公衆は、相互に承認を求め合う構図とは別の次元に縛られていた。

すなわち、政府は産業を経済成長の担い手と認めるが、同時に指導を行う。産業は政府の庇護を受け、市場経済を主導しながら、国民を労働者や消費者として見出し、企業福祉や終身雇用制度を通じて国家／政府が行ってきた社会基盤を形成する役割分担が行われた。さらに、戦時期に行われたような全国民を対象にする大量のコミュニケーションが政府から産業に移譲され[10]、企業は国民レベルまで膨らんだ他者に対して経済成長の妥当性を説得し、戦後社会を再建する存在として自己を呈示しなければならなくなった。

このように、各主体の承認が垂直的に流れ、循環しない関係は、高度成長を経て、日本社会がいかにして「企業社会」となったかを説明してくれる。と同時に、自他の関係に基づく〈企業自我〉の構築が一九五〇年代半ば以降、どのような方向に向かってきたかを考える上でも重要な手がかりとなる。

PRメディアの爆発

一九五〇年代半ばから〈問題的状況〉が再編され、主体と他者の関係が変化したこととともに、経済PRは一大ブームを迎えた。その様子がPRメディアの爆発的増加、とくにPR映画とPR雑誌の氾濫からうかがえる。

PR映画は、短編映画・記録映画の歴史を辿っていけば、戦前の文化映画や占領期のCIE映画との延長線上で検討することができる。日本の短編映画業界は、戦前から戦後にかけて政治的、経済的主体と密接な関係を保ちながら発達してきた。(11) 戦前には軍部の発注を受け、武器の開発や国家意識を高揚する映画が製作されたが、占領期には日本国民の民主的意識を鼓吹させる啓蒙のツールとして教育映画の製作に重点が移された。そして、一九五〇年代半ば以降、成長と開発を描く産業映画／PR映画の製作が飛躍的に増加した。

電力、建設、製鉄・鉄鋼、道路、鉄道、石炭、石油、繊維、造船、化学のような主要産業を中心に、電源開発や工業地帯、コンビナートの造成、国土を縦断する道路や新幹線網の建設など、変貌する国土と先進する技術力を描写する映画が活発に製作された。岩波映画製作所をはじめ、日本映画新社、日映科学映画製作所、鹿島映画、理研映画、毎日映画社、桜映画社、電通映画社、日本技術映画社などは年間、百数十本を超える映画を受注し、(12) 短編映画業界に膨大な資金が流れ込んだ。(13)

変わりゆく戦後日本の光景は、産業と企業がスポンサーとなって提供する産業映画／PR映画を通じて人々の脳裏に鮮明に焼き付いた。前章で触れたように、証券業界はPR運動における映画の機能にいち早く注目し、一九五九年から『PR映画年鑑』を発刊した。同誌は映画館をはじめ、各自治体の官公署、学校、企業のサービス施設などで上映されるＰＲ映画を紹介する媒体となった(14)。産業映画／ＰＲ映画が競う映画祭が開催され、映画賞も多数、設けられた。全日本ＰＲ映画コンクール（一九五三）、教育映画祭（一九五四）、科学技術映画祭（一九六〇）、日本産業映画コンクール（一九六三）、映画広告電通賞（一九七八）などは、当時のＰＲ映画の流行ぶりとその市場規模をうかがわせる(15)。テレビがまだ家庭に普及する前、映画という強力な視聴覚媒体が観客を惹き付けたとすれば、ＰＲ誌は企業に関するイメージと情報を定期的に届け、家庭の読み物として読者の日常生活において親密な関係を築こうとした(16)。著名な作家や写真家によるコラム、論評、写真などが掲載されたＰＲ誌は各企業の独特な世界観を形成するメディアとなった。

ＰＲ映画とＰＲ誌は、企業がつくり上げる世界に観客や読者を引き寄せ、映画人や文化人もそのなかに包摂していった。企業は、人々の文化的体験を提供する「企画者」となり、芸術家たちの「後援者」となった。ＰＲの黄金時代がはじまった一九五〇年代当時、まだ貧弱だったメディア環境を考えれば、人々が企業のＰＲメディアを積極的に受容し、歓迎したのも納得がいく。

拡張か終焉か

一九六〇年代以降、ＰＲ実践はＰＲ映画とＰＲ誌という実践から、マスコミ全体を取り巻く大型キャンペーンに変貌していく(17)。一九六二年、東洋レーヨンは資生堂、東芝、西武百貨店と組み、「お化粧とモードを結ぶ世界のファッション！　シャーベットトーン」キャンペーンを展開し、一九六三年には全日空、東海汽船、国鉄を含む一五業種の二三社と連携し、「バカンスルック」キャンペーンを行った。これらのキャンペーンは、その規模の大きさからマス・メディアの注目を引き、人々の興味と関心を集めることに成功した(18)。「コンビナート・キャンペーン」と呼ばれたこの種の連合的ＰＲ活動は、個別の企業が行う場合に比べて遥かに大きな効果を生み出したため、経済産業界に急速に広まった。東洋レーヨンの競争社でもあった帝人は、一九六三年に日立製作所、日産自動車、日本石油、日本水産、日本楽器、小林コーセー、サッポロビール、シチズン、富士銀行、安田信託など、各業界の二〇社と組み、「ダーリン・ユニオン」という連合組織を立ち上げた[19]。産業分類を超えて市場全体を捉えていくコミュニケーション体制を構築したのである。

このような変化は、一九六〇年代のメディア環境の著しい発達、とりわけマス・メディアの多角化によってもたらされた[20]。さらに、経営革新、流通革命が次々と起こり、消費社会化が進行するにつれ、企業のコミュニケーションは、新聞広告、テレビCM、メディア・イベント、売り場やロゴ・デザインなど、全体を網羅する総合的プロモーション戦略に焦点が当てられるようになった[21]。

企業の関心がマーケティングの時代の理論の谷間に埋もれ、市場競争が重視され、占領期に議論されたような、「PRとは何か」という原論的問いはもはや重要ではなくなった。消費の刺激という目標に一点張りすることで、主体と他者の関係／関係性を捉えるPR固有の問題意識が次第にぼやけて行き、PRは広告やマーケティングに包摂され、宣伝と同一視されるようになった。

当時、多くの企業のPR戦略を手がけた池田喜作は、一九六〇年代こそ「企業PR」の成熟期であると述べ、ほとんどの企業がPRの必要性を認知した結果、担当部署の新設や増設が行われ、予算と人員が拡充されたと説明した[22]。確かに六〇年代半ば以降、PRの実践はそれまでと異なる性格を帯びていた。だが、それがすなわちPRの終焉を意味すると断定することは難しい。占領期と高度成長期前半に繰り広げられたPR的語りと関係性が、六〇年代半ば以降、広告やマーケティングの商業的語りや表象と重なりながら、そのなかに浸透し、底辺化した可能性も考えられる。

戦後日本におけるPR概念の屈折／変容を理解するためには、民主主義という政治イデオロギーとともに受容された占領期のPRと、消費市場の技術、マーケティングの手法として捉えられた六〇年代後半以降のPRの間に注目しなければならない。すなわち、一九五〇年代半ばから六〇年代半ばまでの高度成長期の前半部分において、企業と社会を結びつけていたコミュニケーション様式の特徴を明らかにする必要があるのだ。

2　電力とPR

電力産業の変遷

本書は、石炭、石油、鉄鋼、繊維、造船、化学、電力、建設などの主要産業のなかでも、戦前から戦後を貫いて基幹産業として発達してきた電力産業に焦点を絞る。戦後、電力産業の連合組織と個別企業がどのような〈問題的状況〉に置かれ、いかなるPR活動を構想し、〈自我〉の構築を試みてきたかを分析する。その前に、戦前からなる電力産業の発達、戦後の再編の歴史を簡略に振り返り、電力と社会の問題を俯瞰しておきたい。

電力と社会、または電気と社会の関係は、産業社会と消費社会、両方の価値に根づいて発展してきた。交通機関を動かし、工場の生産ラインを回す重要動力となった電力は、工業化を支え、産業社会の公共領域を形成する産業となった[23]。他方で、電灯／照明の歴史が示すように、電気は大都市の繁栄や個人の豊かな生活に欠かせない資源として普及し、大衆社会のあらゆる発明品と切り離せない関係から消費を刺激してきた[24]。このように電力／電気の生産と消費は、産業の発達と公益的側面を支え、私的個人の喜びと利益を充足させる二つの柱から社会とかかわりを持ち、日本の場合も例外ではなかった。

一八八六年に東京電燈が営業を開始して以来、全国に数百を超える電気事業会社が設立された。電気／電力は、産業社会と大衆社会の根源と見なされ[25]、電源の開発と送配電事業をめぐって競争が激化した[26]。日露戦争と第一次世界大戦を機に電気事業社の合併が活発になり、その結果、大正末期には東京電燈、東邦電力、大同電力、日本電力、宇治川電気の五大電力を中心に資本が集約された[27]。

だが、一九二〇年代における自由競争の時代は、一九三八年の国家総動員法によって、電力が国家による管理と統制下に置かれたことによって幕を閉じた。一九三九年に日本発送電を通じて全国の発電と送電を一元運営する体制がつくられ[28]、五大電力を含む民間企業は日本発送電から電気を仕入れ、配電する会社へと転落し、さらに一九四一年の配電統制令により民間電気事業会社が解散され、供給区域ごとの配電会社が政府出資によって設立された[29]。

このような電気事業の変遷は、日本社会において電力／電気がまとう象徴的意味が、どのように変化してきたかを物語っている。自由企業を中心とする「資本主義精神」の象徴としての電力は、総力戦体制下では強力な国家／軍部が主導する「帝国日本の力」となった。電力の意味合いは、一九四五年以降、敗戦と占領によって再び変化した。「アメリカ型民主主義」のシンボルとなり、開発の「夢」を実現する中核的役割を担うようになったのである[30]。

一九四七年、経済民主化における財閥解体改革の一環として過度経済力集中排除法が発令され、日本発送電もその対象となった[31]。電気生産業労働組合(電産)と電気事業民主化委員会は日本発送電を株式会社化し、発送電業を全国一元化する案を提出したが、GHQはそれを拒否し、全国を七つのブロックに分割することを日本発送電に内示した[32]。追いつめられた吉田内閣は一九四九年、戦前の電力産業を牛耳った「電力の鬼」、松永安左エ門を会長にする電気事業再編成審議会を発足させ、全国を九ブロックに分割する案に絞り込んだ[33]。朝鮮戦争が勃発した一九五〇年、GHQは松永案を受容し、翌年の一九五一年五月一日に北海道電力、東北電力、東京電力、中部電力、北陸電力、関西電力、中国電力、四国電力、九州電力による九電力体制が誕生した[34]。

電力産業をめぐる松永とGHQの関係は九電力体制の発足後も続き、公益事業委員会の委員長代理となった松永はGHQの支持を得て電気料金の大幅値上げを推進した[35]。一九五一年には三〇%、五二年には二八%の値上げに成功した[36]。電力株が高騰し、外資調達が円滑になり、電力各社は急速に増加する電力需要に対応する体制を整えることができた。

電力産業のドラスティックな展開の背後に、ニュー・ディールと草の根民主主義を代表するTVAをモデルとする開発主義によって戦後日本の復興がもたらされるのだという期待が拡散したことを指摘する必要があろう。アメリカ／GHQは、現実の政策面ではもちろん、シンボルの次元でも戦後日本の電力産業に大きな影響を与えていたのである。電力産業は、TVAがそうしたように、地域住民を電気の消費者として啓蒙し、アメリカ社会に投影された豊かな生活を日本社会に広めていく課題を掲げた(37)。

技術連合と情報連合

このような課題に応じていく上で、電力産業は二つの連合組織を結成した。前述の松永の電気料金値上げ策が物語るように、当時の緊急課題の一つは資金の確保と調達であった。同時に、年々急増する産業と家庭用電力の需要に対応し、発電施設と送配電設備を短期間に建設することが求められた。

一九五二年九月、電力各社は政府と合弁で資本と技術を融合させた連合組織、電源開発株式会社を設立した。電力産業は、電源開発という連合組織を中心に、政府の産業育成・保護政策を受け、共同で投資を行い、より総合的開発計画を進める体制を築いた。

「昭和二七年度開発計画地点」を中心に、佐久間ダムをはじめ、糠平《ぬかびら》、御母衣《みぼろ》、秋葉、三笠など、大小を併せて一四地点にダム水路式と水路式発電所を建設する案が決定した(38)。とくに、佐久間ダムは電源開発のモデルケースとなり、ダムの建設は十勝川、十津川、紀ノ川水系など、全国に広がった。電力生産が「水主火従」から「火主水従」に移行し、火力発電の主原料が「炭主油従」から「油主炭従」に変わっていくなかでも、電源開発は一貫してより多くの発電施設を建設することに集中してきた(39)。

このような技術と資本を中心とする連合組織に加え、電力各社はもう一つの協力体制を築いた。発電施設の建設により電力の生産が安定すると、今度は電気というエネルギーの貯蔵不可能な性質から生産電力を使い切ることが問題となってくる。電力産業は、事業の運営と維持のために電力生産だけではなく、消費も増進させ、安定させる目標を掲げた。その上で一九五二年、電気事業連合会(電事連)が発足し、電源開発促進法、電源復元問題、税対策、資金調達、料金問題など、電力業界の浮沈を左右する重大な問題に応じていった。[40]

電力産業の「情報連合」でもあった電事連の前身は、電気事業経営者会議である。同会議は電力産業労働組合と統一交渉を行う労務業務に重点を置いていたが、企業別組合制によりその機能が失われ、電事連に改変された。電事連の組織目的は、上述した電力産業の諸問題に対応するために、産業全体の方針を電力各社に伝え、相互連絡を図ることとされた。[41]とりわけ「電気事業に関する建議、啓発、宣伝活動」とそのための「電気事業に関する資料、情報の蒐集、頒布」が強調された。

電事連は、総務部、業務部、労務部の三部体制から出帆し、後に調査部門、工務部門、広報部門、原子力部門、立地環境部門が次々と増設された。一九五三年に設置された調査部は、[42]電気事業関係法規をはじめ、電気事業に関する経済調査と統計データの収集と分析を担い、電事連PRの中核機能となった。[43]調査部が明らかにした問題に対して電事連は各社と連携しながら、ロビーや対外活動を行った。「設備復元問題への反対運動」(一九五二)、「電力割当制度の廃止運動」(一九五三)など、電力産業にとって脅威や妨害となる様々な社会的、政治的動きがその対象となった。

一九五八年には政府による電気料金制度調査会の設置に対抗し、電力産業独自の調査会を立ち上げ、電気料金制度に関する基礎研究と調査を行った。[44]一九五五年以降、エネルギー革命が本格化すると、中央電力協議会設置をはじめ、広域運営[45]に関する策定、工事資金調達のための電力債消化、外資導入・開銀融資の促進、事情調査団の米国派遣[46]など、より広範囲な活動が展開され、[47]その営みは隣接産業と政府との協力関係にも及んでいた。[48]

公益に奉仕する私企業

調査部を中心とする活動のほかに、電事連は記者クラブの運営、マスコミに対する情報提供（パブリシティ）を行い、電力産業の外側にいる他者に対応した。同時に、電力産業が直面した社会的、政治的問題の重要性を電力各社に伝え、認識を共有しながら、状況の改善を訴えていく活動も行った(49)。

日本電気協会発行の『電気新聞』に掲載された「電気事業連合会を強化せよ」（一九五四年六月七日付）、「電気事業連合会に望む」（一九五五年二月二五日付）、「続・電気事業連合会に望む」（一九五五年三月一四日付）などの時評には、電事連という〈PRする主体〉が浮上した背景が示されている。

これらの文書によれば、「電気事業をめぐる環境は料金問題のみならず復元、電気事業法問題、外債問題、重油削減等々、事業の根源を動かすような問題」が押し寄せる状況にあった。このような状況を打開していく上で、「事業者が自らの運命を切り拓くには、電事連の強化によらなければならない」ことが指摘され、電力産業の組織的営みに期待が寄せられた(50)。

具体的には、電気事業が国民経済と直結しているということを人々に周知させる必要性が指摘された。電事連は一九五〇年代から取り組んできたPR活動をさらに強化し、一九六二年に広報部を新設した(51)。広報部は「電事連PR強化対策」の取りまとめ役として、電気事業法制定、石炭・石油など燃料、広域運営、電力債／株などの問題に対応し、経済誌をはじめ、週刊誌、月刊誌に電力産業関連記事を掲載し、文化放送などにCMを提供するほか、多角的メディア戦略を実行した(52)。

言説の面では、電事連は社会問題において利害が衝突する他者を捉えた。九電力体制の発足に際して地方公共団体が出資、あるいは譲渡した電気事業と電気設備を旧所有者に返還する復元案が議論されていた。この問題に対し、電事連は「一部特定者の利害のために公共の福祉を犠牲にすることになる」と反駁した。その反対運動の背後には、電力産業の安定化を妨害することは、すなわち国民経済を揺るがし、大衆の生活安定を阻害する行為であるという主張が横たわっていた(53)。

電気を社会における「必要品」として定義するだけでなく、公益的価値に結びつけ、社会の発展と電力産業の成長を一つに捉えたのである。このような電力産業と電気事業における「公益性」は、一方では営利組織としての自由を正当化する言説を誘い込んだ。すなわち、電力各社の経営と収益構造の安定化を公共利益と切り離せない問題とした上で、電力産業が「公益事業」としてその使命を果たすためには、株価、社債、融資の面で「私企業」として電力各社の完全な自由が保障されなければならないという主張が展開された。

一九六一年、電事連の三代会長であった太田垣士郎は、松永安左エ門が『電気新聞』に寄稿した「民間企業としての電力の大成を熱望する」(一〇月三日付)に対して(54)、「大地を踏みしめて邁進する」(一〇月一七日付)という回答文を提出した。そのなかで太田垣は、「独占事業に胡座をかいていて、私企業の幅を広げたいでは世間は承知しまい」と述べながらも、「公益的に大いにサービスするには企業そのものを本当にしっかり」していく必要があると主張した。同文は、電力各社の「私企業としての機能喪失」状態の「みじめな立場」から立ち直り、確固たる基幹産業として成長することを展望した(55)。

このような言説からは、産業の問題を社会全体と人々の問題と結びつけ、両者を一体化することを通じて、電力産業にとって望ましい状況を構成／再構成していこうとする意図が浮き彫りにされる。

3　東京電力という〈PRする主体〉

東京電力という分析対象

電事連を中心とするＰＲ活動は、一九七〇年代以降、原子力の時代を迎え、さらに強化された[56]。「原子力発電の安全神話」をつくりあげた電力産業のＰＲ活動は、二〇一一年三月の東日本大震災とその後に続く福島第一原子力発電所事故を通して再照射されるようになった。戦後の開発主義を導いた電力産業、とりわけ東京電力は、皮肉にも事故後の矛盾的態度とともに日本社会に内包する問題を露呈させる存在とされ、注目されるようになった。

二〇一一年以降、東京電力の組織構成や事業内容の変遷を詳細に分析した研究が多く出され、なかには電力産業と大手広告代理店の癒着関係を批判するものもある[57]。だが、「原子力発電の安全神話」をつくり上げる上で具体的にどのような活動が行われたかについて、コミュニケーションのレベルで十分な検討が行われてきたとはいえない。

さらに、事故後、渋谷の電力館が閉鎖されるなど、東京電力のＰＲがほぼ停止、または中止状態となったことも問題である。このような取り組みは、当該企業の「反省」を込めた判断だという場合でも、事件が露にした問題を掘り下げる機会を奪ってしまう。「原子力安全神話」と「原子力の夢」に関する諸言説がいかにつくられ、どのような形で社会に浸透したかを究明する素材が喪失されつつあるのだ。

このような現状を踏まえ、本書は、膨大な予算と人力を投入し、約半世紀にかけて精力的に進められた東京電力のＰＲ活動を、ＰＲ誌やＰＲ映画というアーカイブス資料を用いて分析してみたい[58]。九電力体制が出来上がった直後から、高度成長が本格化する一九六〇年代半ばまでの時期に焦点を絞ることで、すでに多くの研究が光を当て、批判してきた「原子力安全神話」の前に、その基盤となる「電気と電化の夢」が戦後の日本社会において形成された問題を検討する。

東電のＰＲ体制

本章と次章の狙いは、東京電力をはじめ、電力産業が〈ＰＲする行為〉を通じてどのような〈他者＝公衆〉を想像＝創造し、いかなる〈企業自我〉を構築したかを明らかにすることにある。その上でまず、東京電力という企業のＰＲ体制について説明しておこう。

前述した電事連が電力産業全体の方針について中央管理する役割を果たしたとすれば、電力各社は管轄区域内における需要家や地域住民を対象に、地域により密着した個別的ＰＲ活動を行った[59]。各社のＰＲは、社長室、秘書室、企画室、営業部、サービス課、奉仕課など、多様な部署を通じて遂行され[60]、その活動は基本的には電力産業全体の方向性に沿っていた。

九電力各社のなかでも東京電力は、東京という巨大都市を中心に、首都圏エリアに広がる膨大な管轄区域を持っていた。発電設備や総資本額の面でも飛び抜けた規模を誇り[61]、それだけＰＲ活動に注がれる予算と人員も相当なものだったと考えられる。さらに、電事連による電力産業全体のＰＲ活動でも東京電力は中核的位置を占め、電力産業を代表する先駆的ＰＲの実践者となった[62]。

一九五五年一月九日の『朝日新聞』（朝刊）に掲載された「お役所も「ＰＲ攻勢」――公益会社と手を組み少い経費で最大効果を」という記事によれば、東京電力は、年間六〇〇〇万円をＰＲ活動に使うほか、サービスセンター、サービスステーションを建設、運営し、委託取次店などを含め、都内に約一〇〇〇カ所を超える関連施設を設置してＰＲ活動に取り組んだ[63]。同記事は、「「広告宣伝」は、いまや商売人ばかりではなくお役所や公益事業会社でもこぞって乗り出し、その名もハイカラに「ＰＲ」」と紹介しながら、東京電力の活動を「独占企業の割には感心」と褒め、とくに「東電関係のことならたちどころにナンデモ分る」サービスセンターを高く評価した[64]。

東京電力は、サービス関連活動を一本にまとめ、公共課を運営するほか、広報部と奉仕課を中心に、ＰＲ映画の製作、PR誌の発行、ラジオやテレビ番組の協賛、CM提供、サービス施設および展示施設の運営、新聞・雑誌におけるパブリシティや紙面広告の掲載など、様々な活動を行った(65)。その詳細かつ膨大な活動は表6-1のとおりである。

問題的状況と他者の浮上

一九五〇年代から一九六〇年代半ばまで「電力」をキーワードに新聞記事を検索すると、当時、電力各社が直面していた問題が見えてくる。

第一に、電気料金の値上げ政策に対する反対運動が猛烈であった(66)。電気料金値上げは、需要家の経済と直結する問題でもあり、とくに主婦の反発を買った。「家庭へのシワ寄せ回避　九社　電気料政府案を受諾」(『読売新聞』一九五四年八月一日、朝刊)、「電気料金値下げ運動展開　調整金廃止を機に　産業界、主婦連が積極化」(『読売新聞』一九五五年九月二九日、朝刊)、「痛い中流以上の家庭　東電管内　電気料金の値上げ」(『読売新聞』一九五七年三月二八日、朝刊)などの記事から(67)、各家庭と主婦、とりわけ彼女たちの利益を代弁する主婦連が電力産業にとって重要な利害関係者となったことが示される。

第二に、他者との衝突・葛藤は電力産業内部の労働者・従業員、さらに東電のサービスエリア内外における地域住民との間でも多発していた。一九五〇年代初頭まで「東電労組スト」や「電産賃金争議」、「デモ行進」、「座り込みスト」など、スト・争議が相次ぎ、労働組合運動の圧迫が強かった(68)。住民との間では、居住環境の侵害、土地などの賠償、電気使用の苦情をめぐる問題が絶えず、東電に対する不満の声が「高圧電線下にさらされる住宅街　中野　地元民を無視、架替え」(『読売新聞』一九五五年五月一六日、朝刊)、「[街の声]了解もなく庭に電柱」(『読売新聞』一九五七年九月二日、朝刊)、「[都民の声]不十分な東電の補償」(『読売新聞』一九五九年一二月九日、朝刊)などの記事を通じて表面化された(69)。

ラジオ，テレビ番組，CM	ラジオ東京「虹の家族」(1958)のようなラジオ・ドラマをはじめ[8]，「ニュース」(日本放送)，「天気予報」(東京放送，文化放送)，「マイク街をゆく」(日本放送)，「私の名曲」(ラジオ東京)などのラジオ番組を提供した．テレビの場合，1965年には「日本テレニュース」(日本テレビ)，「TBSニュース」(TBSテレビ)，「ピカちゃんの夕方の天気予報(マンガ天気予報)」(NETテレビ)，「トルー・アドベンチャー(世界の冒険，探検もの)」(フジテレビ)などの協賛を行った[9]．1964年から電気知識や電気安全など，公益的テーマに関するCMが製作された[10]．
キャラクター	東京電力が協賛するテレビ番組やCM，PR誌の様々なコーナーのなかで，キャラクターが用いられた．電気の妖精を表したこのキャラクターの名前は一般応募から選ばれ，「ピカちゃん」と名付けられた．
色とシンボル	黄色がシンボル色として用いられた．黄色に塗られたサービスカー[11]のほか，電気相談員の腕章にも黄色が用いられた[12]．ピカちゃんの頭部分には，電気の光がシンボライズされた．
PR映画	電源開発をはじめ，都市と農村地域の電化，家庭電化まで，様々なテーマのPR映画が製作された．
PR誌	1953年6月に『東電グラフ』が発刊された．後に誌名が『TEPCO GRAPH』に変わり，2008年まで続いた．

1) 『東電グラフ』128号(1964)．
2) 『東電グラフ』110号(1962)．
3) 『東電グラフ』83号(1960)．
4) 『東電グラフ』24号(1955)．
5) 『東電グラフ』83号(1960)．
6) 『東電グラフ』126号(1963)．
7) 『東電グラフ』29号(1955)．
8) 『東電グラフ』56号(1958)によれば，このラジオ・ドラマは「三女の補導事件で意を決し35歳の若い後妻を迎えた山内公平の一家7人家族の人々が新しい家族を築くためにお互いに理解し励まして行く姿を描いた」物語であった．作家は山下与志一で，小沢栄太郎，乙羽信子，加藤治子，仲代達矢などが出演した．
9) 1964年には「日本テレニュース」(日本テレビ)，「TBSニュース」(TBSテレビ)，「世界の金メダル候補」(フジテレビ)，「世界の秘密」(NETテレビ)，「セブンリーグブーツ」(東京12チャンネル)などの番組を提供した．『東電グラフ』132号(1964)および140号(1965)．
10) 『東電グラフ』132号(1964)．
11) 『東電グラフ』117号(1963)．
12) 『東電グラフ』28号(1955)によれば，東京電力の電気相談員の「黄色い腕章」は，「車掌さんの赤い腕章，交通巡査の緑色の腕章」と比較され，黄色は東京電力，電力／電気の象徴色とされた．

表 **6-1**　東京電力とその PR 活動

サービス週間	需要家を直接，訪問し，定期的に開催されたキャンペーン．例えば，1963 年 11 月 25 日から 30 日まで開催された第 21 回サービス週間では，暖房の相談，防犯灯の寄贈，配電線の強化，各種講習会，見学会，電気暖房器具展，器具購入のあっせん，家庭の配線相談，老人ホームへの暖房器具寄贈，小中学校への教材寄贈などが行われた[1]．
サービスセンター	銀座，新宿，渋谷，池袋，浅草をはじめ，都心の主要地域と首都圏大都市に設置された総合サービス施設．電気に関する相談受付，工場などを対象にしたビジネス・コンサルタントの営業所としての機能も持ち合わせ，主婦や子供向け料理教室，電気教室，図書館などを運営した．その他にもモデルルーム，集会場，電気の資料館などが附属され，まちづくりとコミュニティ活動を支援した．ほかに，サービスステーションがあった．
電化センター	農村地域に建設されたサービスセンター．例えば，神奈川県平塚市にあった農業電化センターは農業電化・機械化による生産性と農村生活の改善向上の方法を紹介し，普及促進をはかる上で，農林省，農業団体(JA)，電気メーカーと協力し，運営された．1 階には農業電気機器の基礎知識を説明する実験室と各種作業機のモデル作業場，2 階には総合展示所と農村の家庭電化モデルハウス，3 階には研修施設，宿泊施設があった[2]．
サービスホール	発電所やダムの見学者向けホール．年間 5 万人が訪れた新東京火力発電所のサービスホールは，1 階にはグラフや図，模型などを用いて電気の仕組みを説明する展示室が，2 階には発電技術や電源開発，電力需要などの紹介映像，建設記録映画を上映する映写室があった．映写室は 1 回の上映につき 180 名を受容できた[3]．
見学会	主婦と子供を対象に，発電所やダム，その建設現場の見学会が行われた．新東京火力発電所の建設現場見学(主婦対象)[4]，新東京火力発電所のサービスホールと中央操作室見学(中高生対象)[5]，川保発電所，塩谷発電所，栗山発電所，下滝発電所などの水力発電所やダム，貯水池見学(主婦・女性対象)[6]が行われ，見学者の感想などを取り上げた記事が PR 誌に紹介された．
サービスカー	都市部を中心とするサービス週間やサービスセンターの対象から外れる山村や漁村地域の住民向けにサービスカーが運営された[7]．関東から伊豆，甲州各地を巡回したサービスカーは，電気相談だけでなく，PR 映画の上映，電気利用実態について街頭録音・設問調査などを行った．都心地域を定期的に巡回するサービスカーもあった．
相談員制度	サービス業務の体系化，職員の役割分担が行われた．例えば，家庭電化や電気知識に関する教育支援，文化・展示活動に関する相談はサービスセンターとサービスステーションの相談員が，実際の工事は各支社営業所の電気相談員が，農村電化に対しては農電相談所が，工場電化は商業電力コンサルタントと電力相談所が担当した．ほかに，東京電力に対する希望・要請を受け付けるサービス担当があった．

第三に、停電事故が頻発するなか、電力生産の向上に関する電源開発計画に種々の行き違いが発生した。[70]「政府、只見川開発に断　奥只見分水で妥協　きょう審議会決定　解説」（『読売新聞』一九五三年七月二八日、朝刊）、「只見川総合開発計画決る　きょう中に開発命令　福島県の出方に一抹の不安」、「直ちに諸準備　早期開発という点から了解絶対了承出来ない／只見川総合開発」（両方とも『読売新聞』一九五三年七月二九日、朝刊）、「電力業界工事計画練直し増資計画に行詰り　再々編成論　再燃は必至」（『読売新聞』一九五五年四月二四日、朝刊）などの記事から分かるように、開発地域の選定と計画・実行をめぐって議論が錯綜し、電源開発に必要な資金調達、融資などが深刻な問題となった。[71]

PRメディアとメッセージ

東京電力は、このような問題に積極的に対応した。一九五三年以降、新聞には東京電力の株や社債に関する広告（野村証券や大和証券）が掲載され、東京電力が後援するPR映画の上映会、サービス週間の告知、催し物の案内などが取り上げられた。また、電力・電気事業に関する一般記事や東京電力の広告以外に、読者の寄稿文を装ったパブリシティも多数、登場するようになった。[72]

「家庭の電化は配線から　大事なコンセント　大工さんに任せず勉強を」（『読売新聞』一九五六年一一月二四日、朝刊）のように電気を安全に使うために各家庭の協力を求め、主婦の啓蒙を目的とする記事や東京電力の従業員を「親切な電気料集金人」、「家庭へ巡回指導員」として描き、その活躍ぶりを褒める記事もあった。[73]新聞というメディアは、電力産業を批判する様々な利害関係者の言説だけでなく、産業を擁護し、世論の共感を求める「企業の声」が広がるPR実践の場となった。

電力産業の抱える問題に対して理解と協調を求める声は、東京電力自ら提供する言説空間のなかでも繰り広げられた。東京電力のPR誌、『東電グラフ』二四号（一九五五）では、電源開発に費やされる巨額の資金調達が話題とされ、新東京火力発電所の建設に必要となる七七億円に上る資金が強調された[74]。『東電グラフ』一〇〇号(一九六二)は新潟県と福島県の境に送電塔を建設する現場を紹介しながら、鉄塔一基に約八〇〇万円がかかると説明した[75]。これらの記事は、人々の想像を超える費用を、具体的数字を用いて表し、電力産業の負担と苦労をアピールした。それを踏まえ、各家庭が停電なしに電気を自由に使うためには、電気料金値上げは避けられないと語りかけた[76]。

電力産業の問題が再構成される過程においては、内なる他者である労働者・従業員が積極的に用いられた。東京電力は、全国各地で電気技術者たちが「身を削って日本社会の電化を推し進めていく」姿を報じ、彼らの献身と犠牲によって遠く離れたダムや発電所から各家庭の茶の間まで電気の恩恵がもたらされていると褒め称えた。その労苦に報いるためにも、一般家庭と各利用者は電力産業の抱える問題を理解してもらいたいと訴えた。

このように、東京電力は自ら置かれている〈問題的状況〉を捉え返すために、様々な他者との関係を構築／再構築していった。電気料金値上げに必死に反対した主婦をはじめ、居住環境や土地賠償の問題で対立した地域住民がPR活動の対象とされ、電力産業の問題に共感し、解決に積極的に協力する存在として見出された。それを通じて、電源開発と家庭内電化が結びつけられ、電気料金値上げと電力産業の資金調達が重なり、産業の問題がすなわち社会全体の公益として考えられた[77]。詳しくは次節以降で分析するように、東京電力の〈PRする行為〉は、現実に向き合い、対立する利害関係者との関係とは異なる自他関係を描き、社会的文脈に反射された〈意味世界〉を築いたのである。

二　「主人公」となる公衆、「助力者」となる企業

1　二つの世界、三重のフレーム

PR映画という素材

ここからはPR映画を素材に、電力産業が戦後日本と他者をどのように捉え、描いたかを明らかにしてみたい。

前述のとおり、一九五〇年代初頭から主要産業によるPR映画の製作がはじまり、テレビが家庭に普及するまで映画はPRキャンペーンにおいて重要な役割を担っていた。東京電力もPR映画の製作に力を注ぎ、一九五四年から六九年まで二六本の映画がつくられた（表6－2）。そのなかには電源開発株式会社の『佐久間ダム』[78]に代表されるような開発系映画も多数あったが、それらと全く違う世界観を描いた作品も含まれていた。

その一つが、一九五五年に公開された『みち子の夢』[79]である。この映画は、産業界のPR映画を意欲的に受注し、事業を拡大していった岩波映画製作所と東京電力による「PR映画シリーズ第四編」にあたる作品である。この映画が上映された当時、配布されたパンフレットには次のような説明文が掲載されている（図6－1）。

この映画の主人公は若い主婦です。みち子の家は昔からの普通の日本家屋なので、アイロン一つ使うにも大変不便です。みち子とて結婚前にはしゃれた洋風の明るい住宅・便利な台所などを夢みてきましたが、いざ結婚してみると、古い家を借りることがせい一杯で、少々不便なこと位は辛抱しなければなりません。でも若い元気なみち子

表 **6-2**　東京電力の PR 映画一覧(1954-1969)(『PR 映画年鑑』を参考に作成)

年度	タイトル	製作社	色・形態	上映時間
1954	野を越え，山を越え	岩波映画製作所	白黒	30 分
1955	みち子の夢	岩波映画製作所	カラー	18 分
1956	明日の農村	日映科学映画製作所	カラー	30 分
1957	夜も昼も	日映科学映画製作所	カラー	29 分
1957	新東京火力発電所	岩波映画製作所	カラー	20 分
1959	海壁	岩波映画製作所	カラー	60 分
1959	五人の仲間	日映科学映画製作所・山本プロダクション	カラー	60 分
1959	千葉火力発電所	岩波映画製作所	カラー	28 分
1960	桐のタンス	日東エージェント	白黒	30 分
1960	品川火力発電所	自然科学映画社	カラー	30 分
1960	炎―ルポルタージュ―	岩波映画製作所	カラー	40 分
1960	四導体	本橋プロダクション	カラー	25 分
1961	黄色いこびと	共同国際映画社	カラー	30 分
1962	流れ	共同国際映画社	カラー	40 分
1962	横浜火力発電所―建設記録―	岩波映画製作所	カラー	28 分
1963	伸びゆく東京電力(改訂版)―横須賀火力建設記録―	岩波映画製作所	カラー	32 分
1963	新東京火力発電所(改訂版)	岩波映画製作所	カラー	21 分
1964	火力発電運転法―タービンの運転・起動編―	岩波映画製作所	白黒	19 分
1964	東京への動脈	本橋プロダクション	カラー	44 分
1965	ルポルタージュいぶき	日経映画社	カラー	27 分
1967	礎―梓川電源開発の記録―	岩波映画製作所	カラー	38 分
1967	今日の電力	岩波映画製作所	カラー	27 分
1967	黎明―福島原子力発電所建設記録調査編―	日映科学映画製作所	カラー	27 分
1968	緑の工場―姉崎火力発電所建設記録―	理研映画	カラー	30 分
1969	くらしと電気	理研映画	カラー	30 分
1969	二万ボルト架空配電	マツオカ・プロダクション	カラー	40 分

図 **6-1**　『みち子の夢』のパンフレット(記録映画保存センター提供)

図 **6-2**　パンフレット掲載のナイトシーン撮影場面

はそんな事では希望をなくしません。「この古い家だって一寸手を加えれば便利になるわ」少しづつよくしていこうと決心して出来る範囲内で実行しました。最初は余り気の進まなかった夫も、見違えるように気持ちのよくなった夜の吾家の部屋を見て「これからは僕も相談にのるよ」と喜んでくれました。(何事もいいと思ったら、やってみるものです)

このような説明から分かるように、映画の大筋は「みち子」という名前の若い主婦が自力で家庭電化(配線工事)を行う物語となっている。注目すべきは、この物語のために東京電力と岩波映画製作所が、当時まだ珍しかった撮影技法を導入したことである。

映画の大部分をナイトシーン撮影で行う「映画としても新しい試み」は、「あかりを対照に点滅・明暗」の扱いに工夫し、暗闇のなかでこそ鮮明に示される電気の力を描くことに重点が置かれた(図6-2)。さらに、電気の魅力をよりリアルに見せるためにイーストマンカラーを使用し、「総天然色」の世界を演出した。『みち子の夢』は、主婦を主人公とする以上に、撮影技法の面で「電気に関する、電気のための映画」を目指したのである。

『みち子の夢』の構造

〈PRする主体〉が置かれている社会的文脈と、それが〈問題的状況〉として認識され、再構成された世界の間には隔たりがある。この乖離を踏まえて明らかにすべきは、二つの世界が〈PRする行為〉を通していかに結びつけられているかである。とくに後者の〈意味世界〉を探求する上で、さらに二つの次元が検討可能になる。

まず、〈自我〉が形成される物語の構図＝プロットに注目する必要がある。PRが織り成す世界には、他者とそれを鏡とする〈自我〉の間で、独特な関係が築かれていくストーリーが存在する。次に、〈意味世界〉における自他関係は、様々のシンボルに支えられており、〈自我〉と〈他者〉の関係／関係性は具体的イメージやアイコンを通じて描かれる。言い換えれば、PR映画を分析することは、〈自我〉と〈他者〉がつくられるストーリーとイメージを解き明かす作業でもある。

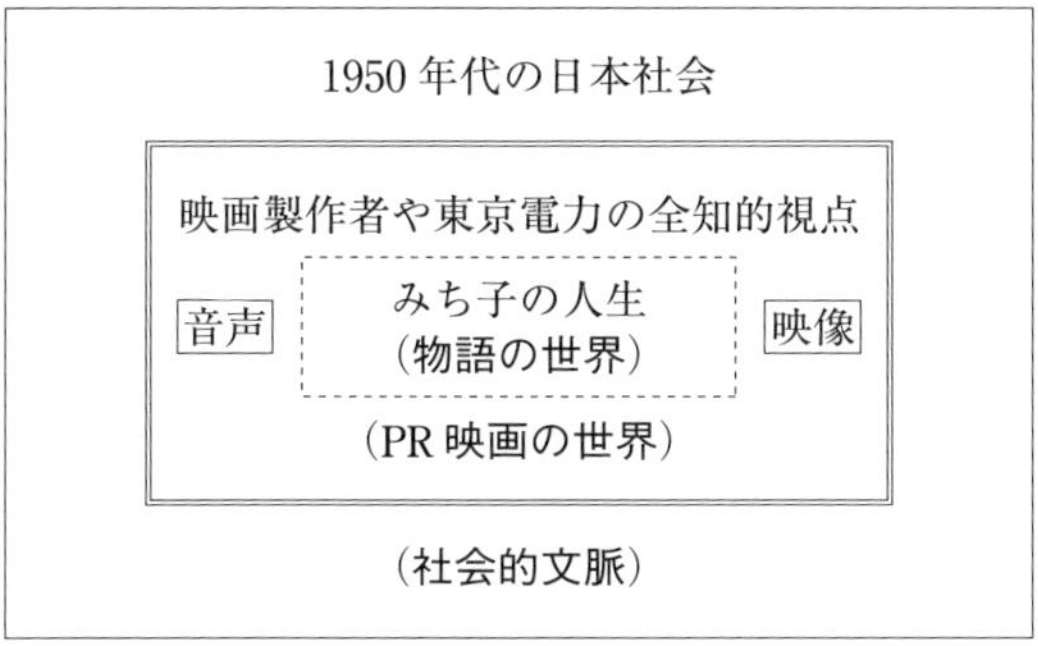

図 **6-3**　『みち子の夢』における3つのフレーム

『みち子の夢』に関しても同じことが言える。すなわち、第一に、東京電力という〈PRする主体〉が想像＝創造する〈他者＝公衆〉の物語とイメージ、第二に、そのような他者を鏡として現れる東京電力の〈自我〉にかかわる物語とイメージ、第三に、自他関係を支えるシンボルやアイコンとその総合的イメージとしての〈意味世界〉が検討の対象となる。

このような分析の枠組みを提供してくれるのが、『みち子の夢』を中心に交差する世界／フレームである。中央にあるのは、「みち子」という主人公を軸とする「物語の世界」である。それを囲んでいるのは、みち子と周辺人物を全知的視点から眺めている映画製作者や東京電力の視点から成り立つ「ＰＲ映画の世界」である。最後に、ＰＲ／コミュニケーションが織り成す〈意味世界〉に対し、一九五〇年代の日本社会という社会的文脈がある（図６‐３）。

『みち子の夢』の分析は、第一フレームの「物語の世界」、第二フレームの「ＰＲ映画の世界」、第三フレームの「社会的文脈」の各次元とそれぞれのかかわりを通じて可能になるはずである。「みち子」は物語の世界の主人公＝主体であるが、映画の世界においては映画製作者と東京電力によって創造される。その存在は、社会的文脈における東京電力の問題的状況や利害関係者に呼応している。このことを念頭に置きながら、以下ではそれぞれの世界が交差し、自我と他者の関係／関係性が形成される様相を描き出してみたい。

2　他者が造られるプロット──「主人公」となる主婦

民主主義の主体から「みち子」へ

津村悠子が演じる明るくて可愛らしい若い主婦、「みち子」は、映画のタイトルが示すように、この映画になくてはならない存在＝主人公である。映画のほとんどの時間を、カメラはみち子を追いながら「アイロンをかけるみち子」、「夫と話すみち子」、「文化的生活を夢みるみち子」、「勉強するみち子」など、様々な姿を描いていく。

最初は電気に関して全く無知だったみち子が自力で配線工事を計画し、我が家を改造し、暮らしを良くしようとする、いうなれば「家庭電化の主体」として成長していくことがこの映画の大筋であり、核心的メッセージである。要するに、みち子は、東京電力が戦後日本の主婦に呼びかけた「夢」を実現し、試演する役割を遂行している。家庭電化のロールモデルとして想像＝創造された〈他者＝公衆〉のイメージなのだ。

東京電力のヒロイン、「みち子」の誕生は、当時の電力産業が女性、とりわけ主婦をどのように見なしていたかと関係がある。それを説明する前に、女性／主婦たちが「家庭電化の担い手」とされる以前の、戦後の早い段階で占領政策によって解放されたことに注目する必要がある。

前章で述べたように、占領の目標となった日本社会の民主化は、労働者、農民、株主だけでなく、女性と子供を重要な他者として浮上させた。ＧＨＱによって婦人参政権が保障され、女権が伸張し、子供を対象とする学校教育の改革・改造と社会運動の担い手となる「お母さん」たちが現れた(80)。すなわち、一九五〇年代半ば以降、電力産業と東京電力が主婦たちを電気事業の重要な公衆として見出す前に、彼女たちは「婦人」や「お母さん」として「戦後民主主義の主体」としてすでに一度、定義されていたのである。

このような歴史からすれば、「みち子」は、占領期の女性像が拡大再生産されたものとして考えられるかもしれない。だが、映画を見ていくならば、「みち子」は、占領期の「民主主義の主体」をそのまま継承しているわけではない。占領期の公衆が日本社会の民主的国民として、「帝国臣民」から「戦後民主主義の主体」に再定義されたとすれば、「みち子」という高度成長期の公衆は、政治イデオロギーではなく物質的な豊かさと資本主義的価値に根ざしている。彼女は「家庭電化の主体」として、東京電力という企業のまなざしを通して新たに創造されているのだ。

家庭という試練＝問題的状況

みち子は、社会的文脈と〈意味世界〉の間の架け橋となる。映画のなかのみち子とその人生は、当時、全国でこのＰＲ映画を観覧した実際の主婦たちの心をつかみとり、ＰＲ／コミュニケーションに巻き込んでいく装置なのである。それゆえ、みち子は、観客の女性が身近に感じ、自分の暮らしを物語に代入しやすくするために、家電製品の広告に登場するおしゃれなモデルとは程遠い、ごく普通の主婦として描かれた。平凡なみち子と彼女が抱えた問題から、観客となる女性たちの「みち子化」が促され、映画の世界だけでなく、社会的文脈においても「みち子たち」が立ち現れることが期待されたのである。

「みち子」という〈他者〉が創造されるプロットを抽出してみよう。「みち子」とみち子たちが創造される空間は、基本的には、社会と個人の中間地帯にある「家庭」である[81]。東京電力からすれば、家庭は、電気が消費される「御需用家」でもあり、家庭電化を物語る上で最適の舞台となる。この「家庭」という場においてみち子をめぐる葛藤が発生し、解消されていく。

文学の世界、とりわけ神話のなかで主人公は、真の英雄になる上で様々な試練に遭う。そのプロットに似て、みち子も「家庭電化の主体」になる上で試練に遭遇する。彼女の試練、つまりみち子にとっての問題的状況は、家庭にあり、具体的には夫からもたらされる。みち子の夫・太郎は、アイロンがけ中にヒューズが飛んでしまい、困っているみち子を「バカじゃなかろうか」とせめる亭主関白の男性である。

このアイロン事件をきっかけに、みち子はコンセントや差し込みを増やし、家の配線を改善したいと考えるようになり、そのことを太郎に申し出る。すると、太郎は「今度家を建てるときにそうしてやるよ」といって断る。夫の太郎は、みち子の夢＝家庭電化を実現させる助け役どころか、それを挫折させ、妨害する存在なのである。映画は、みち子の試練＝問題的状況が一次的には電気製品を便利に使うことができない劣悪な配線状況にあることを指摘するが、その裏面には夫の非協調的態度が葛藤を孕み、主婦を悩ませるというより根本的問題が横たわっているのである。

話が進んでいくにつれ、家庭は、みち子が太郎との間で意見の不一致を経験する場から、自己の夢を実現し、葛藤の元となる問題を自力で解決していく場に変わっていく。物語の世界のなかで主人公が問題に遭うが、それを乗り越えていくプロットは、映画の外側にいる観客にある種の代理的満足感を与え、間接的解放に導いていくことが期待される。「民主主義の主体」とされ、国家から解放された女性たちは、今度は夫から解放され、「家庭電化の主体」として独立していくのだ。

管理者となる主婦

太郎は、みち子の内面的葛藤が表面化する要因であるが、同時にみち子が問題を解決したいと決心し、成長するきっかけでもある。そして、はじめは配線工事に反対した太郎は、最後には家庭電化の享受者となり、喜んでみち子の夢を後援するようになる。

映画の最後にみち子は、配線工事や電気製品の購入代金の領収書を太郎に見せ、勝手な行動をしてしまったと謝る。夫に怒られると思ったみち子は、今後映画を見ない、衣服を買わないなど、節約することを誓う。だが、太郎は、怒るどころか、自分の机に置いてある読書用の電気スタンドに目を奪われ、みち子の実行を褒めるのである。夫の態度が急変したことにより、みち子の努力が報われる。みち子は、試練＝問題的状況を乗り越え、夫を「家庭電化の主体」として覚醒させる役割を果たすのだ。

みち子と太郎の関係は、戦後日本における社会的文脈とどのように対応しているだろうか。伝統的社会では男性〈夫〉が決定し、女性〈主婦〉が従う関係が一般的であったが、この映画は家庭のことは女性任せで男性がそれを最終的に承認するだけの関係を奨励する。このような夫婦関係では、女性の権利が向上し、さらにこの映画が描くように「家庭の管理者」となっていく。女性を中心とする戦後の新しい家族は、ＰＲ映画に限らず、次章で検討するＰＲ誌のなかでも繰り広げられた。

試練の解消を中心とするプロットは、女性〈主婦〉だけでなく、彼女と切り離せない関係にある男性〈夫〉をも家庭電化の夢に引き寄せ、潜在的〈他者＝公衆〉として創造していく。映画のなかでみち子と太郎は新婚で二人家族の設定だが、「子供」の存在が全く消されているわけではない。子供たちの純粋さと家庭における必要性は、ラジオ放送という物語世界内音響としてみち子と太郎の居間に流れ込んでいる。このような演出を通じて、将来みち子家に生まれて

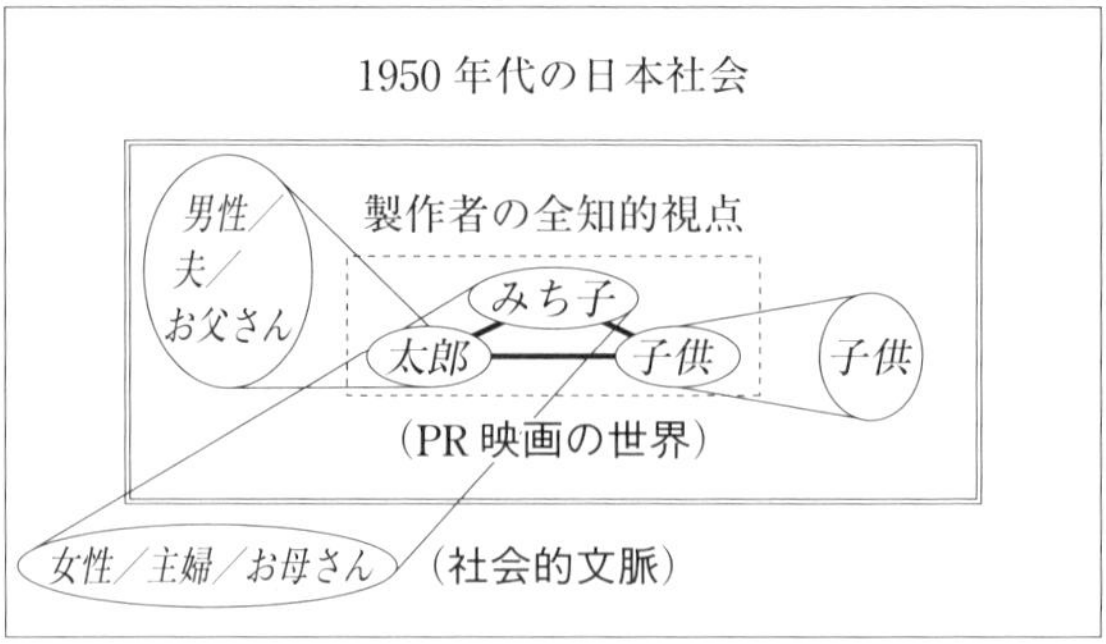

図**6–4**　「みち子」を軸にして拡大される〈他者＝公衆〉

くる子供もまた、東京電力という企業のまなざしのなかにあり、「お母さん」や「お父さん」と同じく「家庭電化の主体」となる運命が暗示されている。戦後日本における女性／主婦／お母さんとして想像＝創造された「みち子」は、男性（夫）や子供の教育と啓蒙を行う家庭内管理者となって、家庭電化を導いていく。みち子の誕生を通じて、彼女を軸にして家庭内に「家庭電化の主体」が広がる基盤が構築されるのである。このように、ＰＲ／コミュニケーションが織り成す〈意味世界〉において他者は、連鎖的に創造されていく（図6－4）。

ＰＲ的語り――他者の主体化

『みち子の夢』の興味深いところは、それが東京電力のＰＲ映画であるにもかかわらず、みち子の夢が実現する上で「家庭電化」が唯一の解決策であると露骨に訴えない点である。もしこの映画がプロパガンダ映画ならば、家庭電化は個々人の選択ではなく、国家的に遂行すべき目標とされ、国民の義務として強調されただろう。また、広告ＣＭだったならば、家電製品の魅力が最大限に引き出され、購買意欲を刺激することに重点が置かれたはずである。それに対してこのＰＲ映画は、主人公がある問題に遭遇し、それを解決していく過程を通して家庭電化を描いていく。『みち子の夢』は、みち子の内面的成長と自立を、家庭電化そのものに並ぶ重要なテーマとして描き、女性／主婦の生活における主体化という問題が全面に映し出されている。このようなストーリーテリングの一面が、配線工事の予算を組むために資料を集め、算盤まで出して熱心に調べる「勉強するみち子」として表象されている[82]（図6－5）。

みち子の主体化は、物語の世界やＰＲ映画の世界という〈意味世界〉を超えて社会的文脈に広がり、それぞれのフレームを結びつける糸となる。「みち子」が象徴する他者は映画の内側と外側で、連続的に主体化されていくのだ（図６－６）。主人公「みち子」の自立と成長は、占領期に「民主主義の主体」として立ち上げられた女性／主婦／お母さんと重なりながらも、電力産業の〈ＰＲする行為〉を通して「家庭の管理者」、「家庭電化の担い手」となっていく。このような他者の主体化こそが、ＰＲ的語りの最大の特徴である。映画の製作主である東京電力にとってもっとも重要な問題（家庭電化の促進）は、みち子という物語の主人公の成長を条件として達成される。家庭電化を進めるのは、東京電力である以上に、「みち子」であり、そのようなみち子に自分自身を代入する主婦である。東京電力は、彼女たちの自発的「選択」を支持し、それを支援する役割を果たすだけなのだ。ＰＲ映画を企画し、〈意味世界〉をつくり上げた張本人である東京電力は、きわめて補助的な存在として示される。

図 **6-5**
勉強するみち子

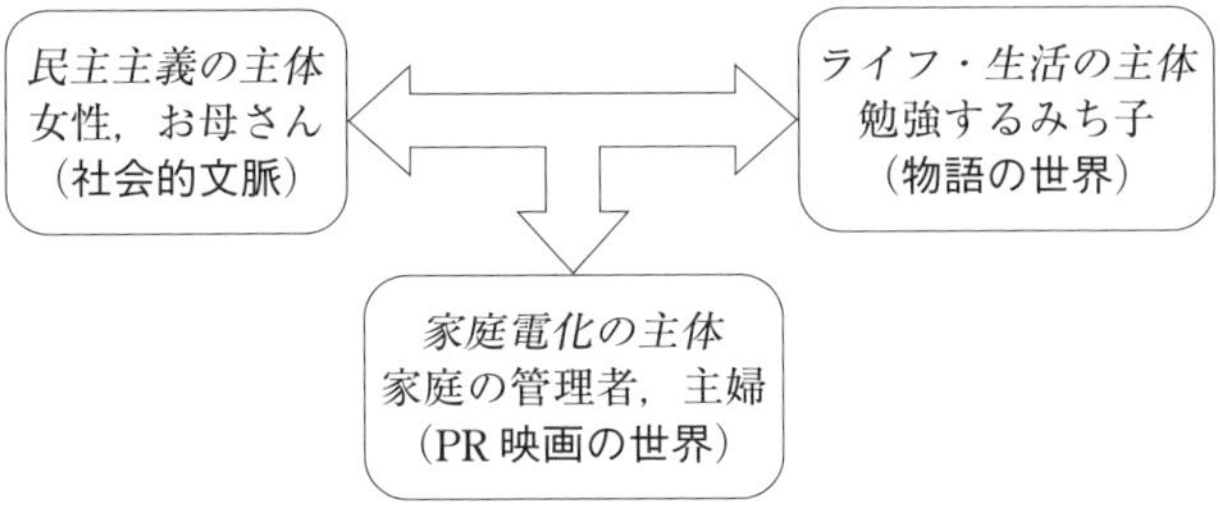

図 **6-6**　「家庭電化」の主体となる構図

3　助力者となる〈企業自我〉

助力者との遭遇

『みち子の夢』の主人公は、東京電力ではなく、「みち子」という架空の他者である。ミードによれば、社会的自我の形成において他者はきわめて重要な意味を持つ。だとすれば、ＰＲ映画という〈意味世界〉に現象するみち子という他者は、東京電力という〈ＰＲする主体〉とその自我と切り離せない関係にあると考えられる。ここでは他者を鏡として現れる自我が、映画のなかでどのような姿をしているかを検討しよう。

映画の前半部分は、前述したように「問題的状況の発生→葛藤→問題的状況の反復→葛藤の深化→問題解決への意志の現れ」というプロットに沿って、みち子が家庭電化の主体として成長していくことに焦点が当てられている。それに対して後半以降では、いよいよ問題的状況が本格的に解決されていく。

再び神話の話をすれば、主人公が試練を突破し、真の英雄となっていく上で必ず彼／彼女を助けてくれる存在に出会う。ほとんどの場合、それは神々の化身である。みち子の前にもまさにそのような助力者が登場する。東京電力の〈自我〉が、みち子の夢が実現する上で助力者となるのである。

映画のスポンサー企業が全知的視線からＰＲ映画の世界を俯瞰していることを考えれば、その〈自我〉が「神々の化身」として登場すること自体は、不思議なことではない。注目すべきは、物語の創造主である企業が〈意味世界〉のなかで、主人公となる他者にどのような関係を持ちかけているかである。すなわち、東京電力が自分自身をみち子の「助力者」として描いたことに、問題の核心がある。

以下では『みち子の夢』に示された東京電力の〈自我〉に光を当て、ＰＲ特有の語りが映画的世界において、どのように現象するかを見ていこう。〈ＰＲする主体〉による〈自我〉の描写を通じて、ミードが言った「他者を想像することを通じて形成される社会的自我」、とりわけ、現代社会における企業の自己像というものを浮かび上がらせてみたい。

伊藤三雄という男

みち子は、配線工事にあたって夫の協力をあきらめ、一人で町中の東京電力サービスセンターを訪れる(83)。そこでみち子を迎えてくれるのが、伊藤三雄という名前の男性職員である。この男が映画の世界における東京電力の〈自我〉であり、擬人化した人格である。

この「ミスター・東京電力」は、終始一貫、満面の笑顔でみち子の話に付き合い、彼女のあらゆる質問に丁寧に耳を傾け、親切に応えてくれる。三雄は、配線工事に関する全てのことは東京電力と連携する工務店に任せれば、玄関、居間、台所の工事ならわずか一日くらいで済むと話し、みち子の葛藤を一気に解消してくれる（図6-7）。

みち子の助力者であり、東京電力の自我である伊藤三雄の登場時間は、わずか一分三〇秒くらいで、とても短い[84]。しかし、彼は物語の展開において欠かせない、きわめて重要な役割を担っており、その存在感も非常に強烈だ。

伊藤三雄がオールマイティーのように思われる理由の一つは、配線工事過程を描くシーンがこの映画に全く登場しないことにある。常識的に考えて、映画の前半部分で激化した問題的状況や葛藤からして配線工事の場面が詳細に描かれても全くおかしくない。しかし、この映画は問題の解決過程をきわめて飛躍的、圧縮的に処理する。すなわち、「家庭電化」というみち子の夢は、東京電力のサービスセンターを訪問し、伊藤三雄に出会っただけで、まるで魔法のように簡単に実現したかのような印象を与える。

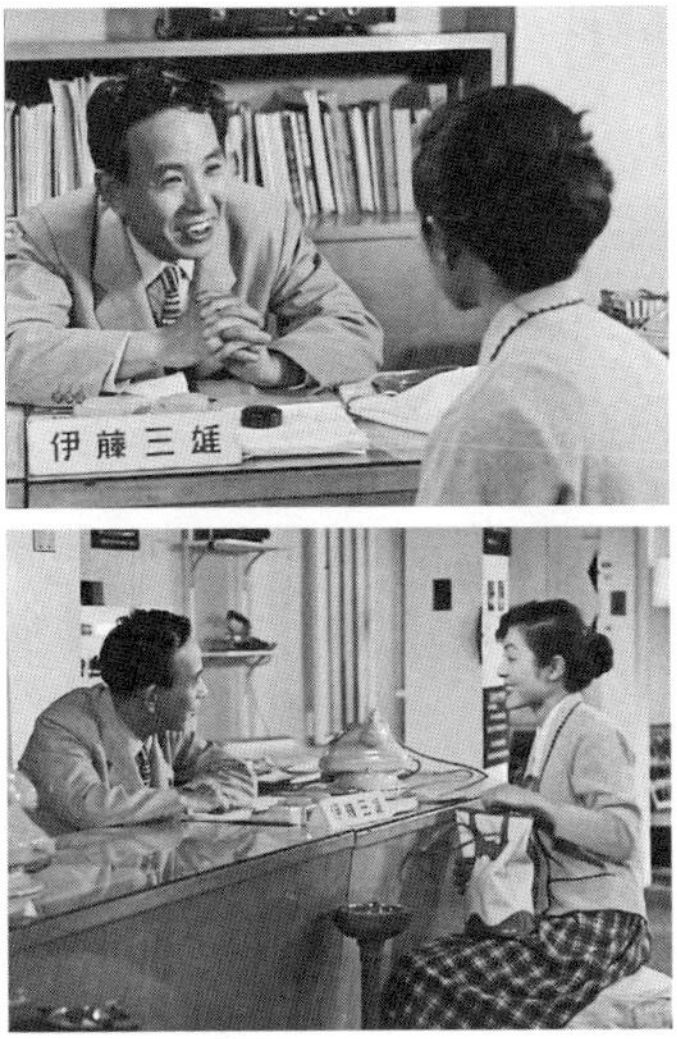

図6-7　みち子の助力者＝東京電力の自我

助力者のパワーは、工事後のみち子家の描写からも示される。映画的演出と編集に助けられ、家中のあちらこちらがどのように変わったかを丁寧に描いていく一連のシーンは、東京電力という助力者の力を際立たせる。それを通じて観客は、もしも助力者がいなかったらみち子の夢はいつまでも実現しないままに終わっただろう、という暗黙のメッセージを受け取るのだ。

このように東京電力は、他者の主体化を促す一方で、他者の夢を左右できるほど、大きな力を持つ存在である。だが、このような特徴は表面では確認できない。物語と映画の世界では、みち子と三雄はきわめて平等であり、友好的関係を形成している。三雄に化ける東京電力の〈自我〉は、みち子の問題を心から理解し、彼女を助ける存在である。

東京電力は、みち子という〈他者＝公衆〉に主人公の座を譲り、自分は他者＝主人公を補佐する助力者の衣を纏った。何度も述べたように、この奇妙な関係性こそ、ＰＲ的語りの最大の特徴である。このような関係性に投影された〈企業自我〉は、東京電力が戦後日本をどのように捉えたかを考える出発点となる。すなわち、電力産業なしには高度成長も、豊かな生活も実現できない、という催眠から脱却するためのヒントがここに隠れているのである。

みち子と太郎、電気の「三角関係」

みち子と助力者の関係には、もう一つのメッセージが伏在している。

伊藤三雄は、夫の態度に落胆したみち子に対して、「どの家も家庭のことは奥さん任せですから」といって彼女の心理的不安を和らげてくれる。つまり、三雄という東京電力の〈自我〉は、配線工事という物理的問題だけでなく、他者の内面的問題まで解決してくれる存在として示されているのだ。

サービスセンターを訪れたみち子の選択／決断を支持し、どの家庭にも夫婦仲に対する不満や意見の不一致があると慰める三雄は、みち子の夫を批判したり、敵対視したりしないが[85]、太郎と対照的な男性として描かれている。三雄が、家庭電化というみち子の夢が実現する上で助力的であるのに対して、太郎は前述したように、最初はみち子の夢を妨害する。言い換えれば、みち子を囲んで太郎と三雄の間に奇妙な三角関係が形成されているのだ。

だが、みち子を取り囲む男性性の究極的シンボルは、助力者の手助けによりみち子の家に浸透し、みち子と太郎の生活を劇的に変えていく「電気」そのものだといっても過言ではない。この映画のなかで電気は、男性性のシンボルであり、電気を生産し供給する東京電力と電気の需要家、とりわけ女性／主婦を結びつける。すなわち、みち子、太郎、三雄の三角関係は、各家庭では主婦と夫、電気／東京電力の三角関係でもある。

このような関係は、映画の登場人物たちを通してさらに拡大していく。実は、この映画には太郎と三雄を除いてさらに二人の男性が登場する。その一人は、太郎が帰宅の道すがら立ち寄る商店街の八百屋の主人であり、もう一人は、みち子がサービスセンターを出た後、寄り道した家電製品売り場の店員である。この四人の男性は、唯一の女性であるみち子を囲み、それぞれ何らかの形で電気／電化を表象している。

八百屋の主人が売っている林檎は、後に分析するように電気のシンボルである。家電売り場の男性店員は、みち子が家庭電化の主体となる上で家電製品を合理的価格で提供してくれるもう一人の助力者である。みち子は、三雄の協力を得て配線工事の件を片付けた後、家電売り場に寄り、冷蔵庫や洗濯機を見て回る。その時、彼女のそばに店員が現れ、笑顔で接客をはじめる。みち子が電気スタンドの価格を聞くと、男性店員は月賦制をすすめる。全額を一度に支払うことが難しい場合でも高価な家電製品をすぐに家に持ち帰り、利用可能にしてくれる月賦制は、売り場の店員に化けた家電メーカー各社のみち子への「贈り物」なのだ。

助力者の連携

東京電力ではない、第三の助力者が映画に登場していることの意味を考えてみる必要がある。(86) 東京電力のサービスセンター職員(伊藤三雄)と月賦制をすすめる家電売り場の店員の、二人の助力者の間には差がある。三雄がメインの助力者としてみち子の家に電気を送る役割をするのに対して、家電売り場の店員は、その電気を使う製品を家庭に供給するサブの助力者である。(87) 配線工事が済み、安全かつ効率的に電気を利用する環境が整ったら、新しい家電製品が便利な生活を導いていく。逆に言えば、配線工事によってコンセントや差し込みができたとしても、家電製品がなければ、家庭電化の効果を知ることができない。無色無形の電気の力が可視化されるためには、家電製品という「身体」が必要となる。

みち子が東京電力のサービスセンターを訪問してから約一週間がたったある日、いつものように帰宅した太郎は、大きく変わった家の様相にびっくりする。玄関の灯りが遠くから点滅可能になり、みち子はまるでモデルハウスの案内員のように振る舞いながら、家中を歩き回り、どこがどう変わったか自慢げに説明する。このイベントは、太郎の机に置いてある電気スタンドのお披露目でクライマックスに達していく。言うなれば、電気スタンドはみち子の夢が実現したことをもっとも劇的に表す装置なのだ。

みち子の助力者たちは、社会的文脈では電力産業と家電産業であり、両者は電力消費と家電販売を促すことを目的とする。このようなビジネスパートナー同士の利害関係が、意味世界のなかではみち子と太郎の家に電気を送り届ける上で共助する助力者同士の連携として表されたのだ。東京電力の〈自我〉が形成される上では第三のアクター、すなわちサブの助力者がしばしば立てられ、その様子は次章で検討するPR雑誌からも確認することができる。

4　電気の〈意味世界〉

再構成される〈リアリティ〉

みち子の太郎への贈り物である電気スタンドは、プロット上では夫婦の仲なおりを象徴する。同時に、電気スタンドは、映像・視覚的観点では夫婦の本格的電化暮らしを予見するものである。つまり、電気のアイコンなのだ。

みち子が配線工事の必要性を感じたのは、居間の灯りにつなげて使っていたアイロンが頻繁なヒューズ切れを起こすという、日常的で現実的な問題を抱えていたからだ。だが、コンセントや差し込みを増やす工事は、アイロンの問題を解決しただけでなく、電気スタンドが象徴する、それまで全く必要性を感じなかった新しい家電製品がみち子の家に招かれるきっかけとなった。

このような展開は、前述した助力者同士の連携、つまり社会的文脈における電力産業と家電メーカーの関係ともかかわっている。それを踏まえて指摘したいのは、みち子の「夢」における時間性という問題である。すなわち、この映画が訴える「家庭電化」は、現在、主人公が抱える問題を解決すること以上に、未来の生活にも焦点が当てられている。潜在的な電力消費の可能性を拡大させ、より多くの家電製品が受容できる住居環境を整えること、そのために生活様式を根本的に変化させることがこの映画が捉えた究極の「夢」だったのだ。その「夢」の言説が、みち子と太郎の台詞からも示されている。

みち子：結婚する前はもっと文化的な結婚生活を夢みていたわ。
太郎　：当たり前さ。誰だって結婚前はね。
みち子：今だってそうよ。せめて楽しい夢くらいみなくちゃ。
太郎　：へええ。ずいぶんロマンチックなんだな。
みち子：違うわよ。もっとリアルよ。
　　　　ほら、角の原田さんのお家、ご存知?
太郎　：知ってるよ。
みち子：とっても素晴らしい文化住宅よ。
太郎　：だって君、あそこは社長さんだよ。うちとは違うよ。
　　　　ピアノ、電気洗濯機、電気冷蔵庫、ミキサー、何でもあるさ。

みち子：ううん、そうじゃないの。電気の話よ。
太郎　：ええ？
みち子：玄関入ると、もう雰囲気が違うの。
　　　　部屋全体がふわっーと柔らかい感じ。

みち子と太郎の対話が示すように、この若い夫婦にとって「文化的な結婚生活」とは、「楽しい夢」である。この「夢」を表す上で「ロマンチック」と「リアル」という言葉が対照的に使われているが、「ロマンチック」という言葉を女性であるみち子ではなく太郎が用い、逆に「リアル」という言葉がみち子の口から発せられていることが興味深い。

語彙の選択における性的反転は、「文化的な結婚生活＝楽しい夢」が具体的に表現される空間である「文化住宅」に関する二人の説明からも表される。太郎は、ピアノ、電気洗濯機、電気冷蔵庫、ミキサーなどの家電製品を取り上げているのに対して、みち子は家電製品ではなく電気そのものを語ろうとする。

こうした対話を通じて、みち子という主人公には現実的問題を解決していこうとする慎重な性格が与えられる。ここでも「みち子」という女性像は、戦後民主主義の主体を継承しているようにも見える。だが、前掲した夫婦の対話に続き、みち子が太郎に自分の思う「電気の話」をしていくシーンでは、現実とはほど遠い「柔らかい」世界が描かれる。このコントラストは、みち子の夢が理想と虚構、現実と想像がごちゃ混ぜになった〈リアリティ〉として構成／再構成されていることを浮かび上がらせる。

電気と夢のホーム

みち子が太郎に「電気の話」を語り始めると、映画の画面が夫婦の小さい居間からおしゃれな住宅に切り替わり、背景に夢幻的な音楽が流れる。この、みち子の夢の世界において、カメラは彼女の目となって家中を眺めていく。豪華な家具、美術品や洋酒が陳列された広いリビングをはじめ、最新式の調理器具と厨房設備が備えられたキッチン、蛍光灯が点いた洗面台と洗濯機が置かれた浴室まで、みち子は小走りで歩き回る。カメラも彼女の動線を追いながら、家中のあちらこちらに鏤《ちりば》められた電気のスイッチやコンセント、照明を探し出し、一つ一つ丁寧に映し出していく（図6－8）。

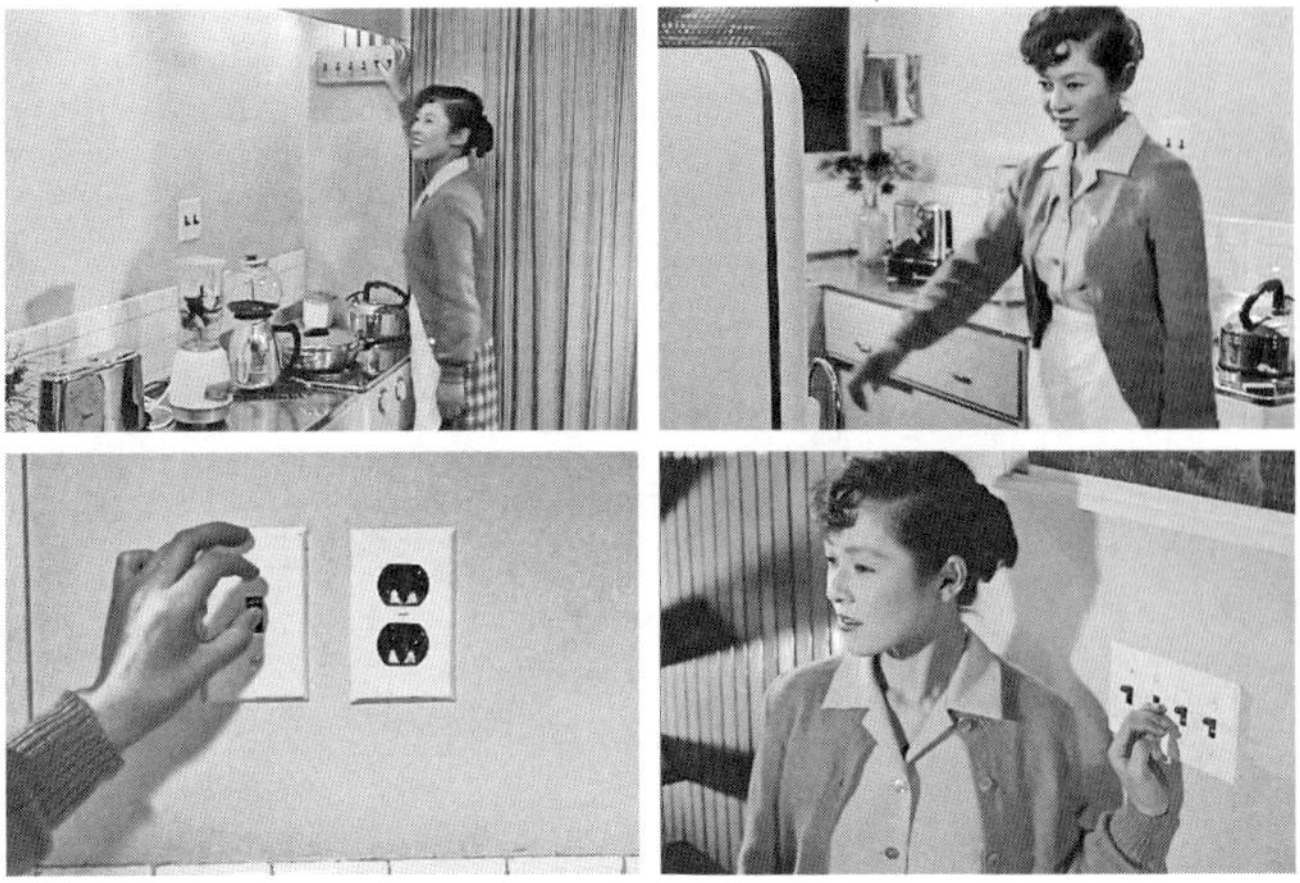

図6-8　みち子の夢のホーム

この一連のシーンは、みち子の夢を描いているにもかかわらず、主な被写体はみち子ではなく、彼女の手によって点滅する灯りやスイッチ、家電製品である。これがもし一般の劇映画ならば、スイッチやコンセントは舞台背景の一部に過ぎず、ストーリーの展開上、とくに関連性がない限りクローズアップされることはまずないだろう。だが、電力会社が製作したPR映画のなかではそれらの電気のアイコンが舞台演出の重要な割合を占め、それ自体が映画の主役となるのである。

電気のアイコンは、スイッチやコンセント、照明だけではない。みち子の夢＝想像を埋め尽くしている華麗なインテリア装飾品、高級家具、彫刻や花瓶などの美術品、東芝製の洗濯機など、最新式家電製品もまた、電気がもたらす豊かな生活のアイコンであり、みち子の夢を色濃くしている。さらに、電気のアイコンは、みち子の夢が繰り広げられる舞台、すなわちおしゃれな住宅そのものを含む。

みち子と太郎が暮らす伝統的日本家屋と対比される西洋スタイルの文化住宅は、みち子の夢が究極的に辿り着くべき理想空間として描かれている。みち子の台詞からしてこの住宅は近所に住む「原田氏宅」である可能性が高いが、しかしその住民である原田氏夫婦の姿はなく、生活の気配は全く感じられない。つまりこの家は、みち子の記憶や想像が再構築した架空の、まさに夢のホームなのだ。

みち子は、こう言う。そこでは「ミキサー、トースター、電気冷蔵庫、何もかも電気なのよ」。このつぶやきからは、「文化的な結婚生活＝楽しい夢」がそもそも「家電製品」対「電気」に対比されるものではなく、みち子はこの全てを網羅する夢を見ていたことがうかがえる。みち子のなかでは、電気はスイッチであり、灯りであり、家電製品であると同時に、文化的暮らし、西洋式住宅、さらにはこれら全てを含む豊かな生活を味わい、楽しく生きることなのである。

みち子の密かな欲望が表面化するこの一連の場面は、映画全体のなかでもっとも華やかであり、その撮影には製作者側の心血が注がれていることがよく分かる。前掲したパンフレットにも紹介があったようにカラーフィルムの魅力が際立ち、ナイトシーン撮影は、夜の暗闇のなかでより輝く照明の美しさを極限に引き上げ、電気の世界を幻想的に描き出した。このような映画的技法から誕生したみち子の夢は、映画の観客を電気の描く〈意味世界〉に惹きつけ、「上映されるショールーム」としても機能しただろう(88)。

問題的状況の交換

では、このような夢の描き方は、映画の外側にある東京電力という〈ＰＲする主体〉とその動機とどのように結びついていただろうか。ミードの議論を踏まえて言えば、〈ＰＲする主体〉の〈自我〉とそれが鏡とする〈他者＝公衆〉は、物語や映画という〈意味世界〉と社会的文脈の重層的構造のなかで、相互依存的関係を形成していると考えられる。すなわち、みち子と彼女をめぐる電気のアイコン／シンボルは、一九五〇年代半ば以降の電力産業と電気事業の問題を投影していたはずである。

みち子の問題は配線工事によって一時的に解決されたが、夢の実現はそこからで、将来的に電気ミキサー、電気冷蔵庫、電気洗濯機など、より多くの家電製品を便利に使うための環境が整えられたにすぎない。言い換えれば、配線工事を通じてみち子家にはより多くの電気を、一層安全に消費していくための体制がつくられたのである。

配線工事を経て、家電製品の利用が活発となり、家庭内の電力消費が増える。この流れを通じて、みち子に象徴される〈他者＝公衆〉と東京電力という〈PRする主体〉のそれぞれ抱える問題が交換される／すりかえられる。要するに、映画のなかで主人公――東京電力が創造した他者――の問題が解決されていく過程は、社会的文脈では東京電力の問題が解決される過程と表裏の関係をなし、具体的には、電力産業全体の最大の課題として掲げられた電気使用量の増大という問題が絡んでいた(89)。

〈主体〉と〈他者〉の問題が入れ代わる構造は、プロパガンダや広告と異なる独特な語りと関係性に基づいている。すなわち、東京電力は、自らの主張を一方的に押し付けるのではなく、「みち子」という想像＝創造された〈他者＝公衆〉の問題が解決されていく過程を通して自己の問題的状況の解決を迂回的に試みる。すなわち、映画における主人公の夢が、映画の外側に存在する〈PRする主体〉の夢と巧妙に結びつけられる言説構造が特徴的なのだ。

映画のなかで東京電力の問題は、みち子という他者の裏に一切、隠されている。東京電力のペルソナである伊藤三雄は、自己の利益・利潤を優先せず、みち子の夢を重視し、彼女の助力者となる。このような自己認識こそ、〈PRする行為〉における最大の特徴である。他者の助力者となる関係に基づいて〈PRする主体〉は自己の問題を、他者の問題として定義／再定義し、それを解決する試みを正当化することができ、他者の承認を得て社会的存在となるのだ(90)。

PR映画、『みち子の夢』は、東京電力が他者をいかに想像＝創造し、その上で自己をどのように定義したかを鮮明に表している。それだけではなく、〈PRする行為〉によって構築される〈企業自我〉と〈他者＝公衆〉の関係が孕まれ、意味が獲得される文脈、すなわち再構成された〈リアリティ〉を浮かび上がらせるのである。

誘惑する電気――夜の世界と林檎

みち子たちの物語がはじまる前に、ナレーションを伴う導入部では映画の主な舞台となる「夜の世界」が描かれる。夜の世界は、「電気の世界」であり、電気のアイコン／シンボルは映画の舞台全体に広がる。カメラは、暗闇のなかを走る電車、線路沿いの住宅街と小道、街灯の下を歩く人々を次々と映し、退勤時間の駅舎と改札口を通り抜ける人波と一緒に繁華街へと移動し、眩しいネオンサイン看板、ショーウィンドー、昼を欺く明るい店内と楽しそうな買い物客の様子を捉えていく(図6-9)。

いよいよみち子の夫、太郎が退勤する人波のなかから現れ、商店街のとある八百屋に立ち寄る。このシーンは、物語が本格的にはじまる起点であり、「電気の世界」における特徴が示される場面でもある。カメラは、八百屋のスポットライト照明を注意深く映し、ナレーションは、「彼氏、やっぱり買わされました。でもこの店のスポットライトの良さには気がつかなかったようです」と話す。太郎は、照明／電気に騙され、林檎を買い、みち子の待っている家に向かう。

林檎は、この後の展開においても重要な場面では必ず登場する。例えば、みち子と太郎が文化的生活について話し合う場面で、林檎は皮が剝かれた状態で現れる。劇の後半部では、配線工事が終わったある日、帰宅した太郎が家の変化に驚き、買ってきた林檎を落とす場面がある。さらに、エンディングシーンには、床に落ちた赤い林檎とその横に置かれた白い工事費明細表が色のコントラストをなしながら映されている(図6-10)。

このような演出は、林檎が電気を意味していることをうかがわせる。具体的には、林檎は、電気の「誘惑」を表す

図 **6-9**　夜の町の風景

図 **6-10**　林檎＝電気のシンボル(左上から時計回り順に登場)

図 **6-11**　誘惑するみち子＝電気

シンボルである。林檎＝電気は、スポットライト照明の誘惑に負けた太郎の胸に抱かれ、夜の町から家へと入り、みち子の夢が実現される過程をともにし、最後にみち子と太郎が家庭電化の主体として覚醒される結末を見届ける。

よく言われているように、林檎は旧約聖書のなかに記された最初の人間であるアダムとイヴが食べた善悪の実として人間の根源的欲望を象徴する。また、白雪姫の物語では、致死量の毒が入った林檎は、王妃と姫、二人の女性の葛藤が極大化するシンボルである。この映画では、林檎は、文化的な暮らしへの夢を欲望させ、誘惑する電気そのものである。アダムとイヴに似て、電気は先にみち子を誘惑し、彼女を通して太郎を誘惑する。配線工事を終え、太郎を驚かせようとしたみち子は、最後には奥ゆかしい目線で太郎／カメラを凝視する（図6-11）。太郎はこの誘惑に負け、家庭電化に賛成する立場に転向するのだ。

PR映画がつくりあげる世界

このように、電気は、文化的生活を夢見るみち子と彼女の家庭に浸透し、問題的状況を引き起こし、葛藤を深化させる要因となると同時に、それらの問題を全て解決する唯一の鍵となる。みち子の人生を変えていく電気は、この映画の真なる主人公として浮上する。すなわち、『みち子の夢』というPR映画が究極的に描いているのは、電気を軸とするもう一つの世界＝リアリティなのだ。

映画は、東京電力の〈自我〉がみち子という〈他者〉を通じて構築される空間であるだけでなく、両者が互いを認識し、両者の関係が意味を獲得していく〈意味世界〉が成立する場でもある。そこではみち子の夢が育まれ、実現され、「家庭電化の担い手」となろうとする彼女の「助力者」として東京電力のペルソナが現れる。その世界では電気は、まるで空気のような存在である。前述の導入部が描写するように、電気が都市と田園住宅をつなげ、電車を走らせ、大勢の人を運び、街灯を光らせ、商売を繁盛させ、日常の隅々に渡り社会と個人を支える。

林檎はもちろん、電気スタンドをはじめとする数々の家電製品、みち子の想像のなかの住宅、スイッチとコンセント、灯りと照明、さらに家電販売店の店員や八百屋の主人など、きわめて多様なシンボルと電気の分身からなる世界――。この、PR/コミュニケーションがつくりあげた〈リアリティ〉は、映画をはじめ、様々なメディアを通過して戦後日本における社会的文脈に広がった。この電気の世界に人々が惹きつけられ、吸い寄せられていく様子を、第七章でより詳しく分析する。(91)

三　二つの戦後イメージ

1　PR映画のタイポロジー

「夢」と「ダム」

『みち子の夢』が女性/主婦を家庭電化の主体として想像=創造したとするならば、同時代につくられた『明日の農村』(一九五六、東京電力・日映科学映画製作所)は農村の住民を電化の担い手として見出した。『野を越え、山を越え』(一九五四、東京電力・岩波映画製作所)は山間地域に電気を普及し、管理する保線夫という内なる他者に光を当てた。これらのPR映画のなかで東京電力は、様々な〈他者=公衆〉の協力者としての自己を呈示した。

一方で、電気の夢物語はもう一つの側面からも丹念に描かれた。例えば、『海壁』(一九五九、東京電力・岩波映画製作所)や『炎――ルポルタージュ』(一九六〇、東京電力・岩波映画製作所)のような映画は、ドキュメンタリー手法を用いてダムや発電所の建設を描き、電源開発の工事過程を淡々と記録した。

後者のドキュメンタリー風記録映画は、戦後、電力事業が製作した様々な類の映画のなかでも、時代を代表するものとして記憶されてきた。とりわけ、電源開発株式会社と岩波映画製作所による『佐久間ダム』シリーズは、興行面でも大いに成功し、戦後の開発ブームと高度成長の夢がもっとも象徴的に表された作品として評価される(92)。

天竜川流域における巨大水力発電所の建設を描いた『佐久間ダム』シリーズは、『みち子の夢』とほぼ同時期に企画・製作された。『佐久間ダム』の第一部は一九五四年に、第二部は『みち子の夢』と同じ年の一九五五年に完成された(93)。それにもかかわらず、この二本の映画は、全く異なるタイプの映画である。前述したように劇映画対ドキュメンタリー／記録映画という違いもあるが、根本的な違いはこの二つの映画が描こうとした対象にある。

前節で分析したように、『みち子の夢』は家庭電化を主な物語とし、主婦という〈他者〉を鏡として〈自我〉を描き出した。その〈意味世界〉のなかで東京電力は、料金値上げやサービスの問題から主婦を悩ませる企業ではなく、より良い生活のために彼女たちを支援する〈自我〉を構築した(94)。これに対して『佐久間ダム』は、〈他者〉と〈自我〉の姿を描くより両者の関係を支えるシンボルに重点が置かれている。すなわち、「夢」のPR映画が主婦、労働者、住民を〈他者＝公衆〉として見出し、彼らの助力者として自己を呈示することに力を注いだとすれば、『佐久間ダム』のような「開発」の映画は、戦後日本の〈PRする主体〉と他者を結びつけるコミュニケーションのシンボルを描いた。

このように、ストーリーとメッセージはもちろん、演出、描写、構成に関しても画然と異なるタイプの映画が、一九五〇年代半ば以降、共存していたことは、何を意味しているだろうか。電力産業は、一方では電化の「夢」を、他方では「開発」を描き、電気のある便利な生活を通じては電力消費を強調し、ダムと発電所の建設から電力生産の必要性を訴えた。「電力生産」と「電力消費」の循環を通じて成り立つ電力産業の特徴からすれば、「夢」と「ダム」のPR映画は相補的機能を担っていたとも言えるだろう。

シンボルを描く『佐久間ダム』

〈PRする行為〉を〈自我〉が構築されるコミュニケーションとして捉えてみよう。他者を組織化し、他者の期待と役割を取得して自我を構築する過程は、意味やジェスチュアに媒介され、シンボリックに行われる。このようなシンボリックなコミュニケーションを通して、自我と他者の間に同一反応が引き起こされる。本節の狙いは、電力産業と戦後日本の人々(映画の観客)を結びつけ、意味と感情の共有を促すものは何であったかという問いを立て、『佐久間ダム』に潜んだ自他関係を形成するジェスチュアやシンボルを掘り下げ、考察することにある。

この問題を明らかにしていく上で、まず、当時、佐久間ダムに関する映画がいくつかあったことを指摘しておく必要があろう。電源開発と岩波映画製作所による『佐久間ダム』のほか、同時期に製作された間組と英映画社版の『佐久間ダム建設記録』がある。町村敬志(二〇一二)は、後者に比べて前者には労働者、犠牲者、恩人が一切登場せず、人間の影がきわめて薄いことを鋭く指摘する(95)。このような特徴からも示されるように、電源開発・岩波映画製作所版の『佐久間ダム』は、〈他者=公衆〉を描くことにはほとんど興味がない(96)。

その代わりに『佐久間ダム』は開発の結果として現れる巨大ダムと発電所、そしてそれを可能にする技術力をヒーローとして描く。重要なのはあくまでも建設の「結果」であり、建設過程は、結果をもたらす技術的工程として意味を持つという意見もあるが(97)、その指摘はさらに深められる。すなわち、このPR映画に描かれるもっとも重要な存在は、科学技術であり、それは、建設の結果である「佐久間ダム」に限らず、佐久間ダムが象徴する戦後日本の開発イメージ全体を貫く。険峻な奥山の天竜川を征服し、前例を見ないスピードで巨大ダムを建設していく科学技術の力こそが、この映画の主人公なのだ(98)。

『佐久間ダム』は、天竜川流域に佐久間をはじめ、山香、秋葉、船明《ふなぎら》の四つのダムと発電所を建設する国土総合開発計画の概要を説明する導入部(99)と、佐久間ダムの建設により年間一三億五〇〇〇万キロワット・アワーの電力が生産されるようになったことを報告する結末部[100]を除いて、科学技術による「破壊」と「創造」の物語から構成されている。前半部分では主にダイナマイトの爆破シーンを中心にダムの建設に邪魔となる自然を取り除いていく破壊の過程が、後半部分では主にセメントやコンクリートを用いてダムと発電所を施工していく創造の過程が描かれている。以下では、破壊と創造のプロットを軸にしながら、PR映画の〈意味世界〉におけるシンボルを明らかにしてみたい。

2 『佐久間ダム』における戦いと開発

神々の戦い――科学技術の神格化

『佐久間ダム』は、記録映画／ドキュメンタリー映画を標榜するが、その演出的表皮の基底には、きわめて強烈で単純明快な対立の物語がある。それは、自然と人間――厳密には科学技術を駆使する人間――の戦いである。

映画の前半、とりわけ破壊がテーマとなる部分は、古代から日本人の生活と世界観を支配してきた自然（天竜川と谷間の険しい山岳地形、台風や洪水など気候・気象）に対抗してダムを建設しようとする人間、とりわけ「人間の叡智」とされる科学技術が対照的に映し出されている。[101]自然との戦いは、当然ながら、映画の世界では科学技術の勝利となるが、興味深いのはそのような勝利が描かれる形式である。[102]

映画の白眉となるダイナマイトの爆破シーンは十数回に上り、科学技術の圧倒的破壊力を劇的に表す。ダイナマイトの恐るべき力に対し、爆破の操縦命令はスイッチを押すだけのごく簡単な操作から行われる。[103]この克明な対照により、一瞬にして荒い川を手なずけ、山々を削る科学技術はまるで神なる存在とされ、自然の無気力さが強調される。

科学技術の神格化は、映画の後半で創造の物語がはじまるにつれ、さらにエスカレートしていく。セメントとコンクリートが川の流れを変え、激流を止める巨大トンネル、人工川底、谷間、ダムの水門などを次々とつくりあげていく過程が描写される。ここでも自然は本来の力を人工設備に奪われ、背景化していく。河川は科学技術による創造の「偉大な材料」となる石や砂の採取場に転落するのだ(104)。

ダイナマイトの破壊力とコンクリートの創造力を両輪にする科学技術の神格化は、佐久間ダムの竣工式(第一湛水から第三湛水)を描く場面で一層、劇化される。ダムの完成を喜ぶ技術者との対比で、水没した村を去る人々と村最後の祭りが断片的に描かれ(105)、その後、画面が切り替わる。発電所の機械室とダムの操縦室で、湛水の様子をじっと見つめ、経過を注視する技術者たちの顔々が映る。この、村人の聖なる儀式と技師たちの顔に宿る厳粛さが重なるシーンを通じて、新しい時代の新しい神が暗示される。村の祭りと伝統舞踊が天竜川と山々の神を崇めてきた共同体精神を表すものだとすれば、技師たちは科学を祭る祭壇(ダムと発電所)を守る「司祭」なのである。

神の戦士たち――機械というアイコン

町村によれば、『佐久間ダム』は技術者や技師を大建設の時代を代表する主役として描いたが、土木作業員や大工などのような現場労働者はほとんど登場させなかった(106)。確かにそうであるが、建設現場を埋め尽くす重機群に比べれば、技師たちの存在感や比重も決して高いとはいえない。技師は電源開発における内なる〈他者＝公衆〉というより、『佐久間ダム』を貫く科学技術の一部として描かれるといった方が正しいだろう(107)。

科学技術そのものは抽象的であり、目に見えない。それに「身体」が与えられ、その力が可視化していく過程が、土木工事の現場を駆け巡る重機・機械群の描写を通じて表された。言うなれば、重機は、科学技術の現身であり、その破壊と創造の力が極大化されるメディア、科学と自然の戦いにおける戦士なのである(図6-12)。

映画は、大型掘削機ジャンボ、ブルドーザー、ダンプトラック、パワーショベル、ロッカーショベル、バックホー、ワゴンドリル、ジャックハンマー、ローダー、チェリーピッカー、フィーダ、クラッシャー、ミキサー、バイブレー

図 6-12　重機と自然の対照的描写

ター、ジャッキ、ニードルビームなど、全て列挙できないほど多くの重機を取り上げている。まるで「動くカタログ」であるかのように、土木工事とダム建設に必要となる各種の重機の性能と働きぶりを一つ一つ丁寧に描き、説明していく。

これらの重機こそ、険峻な山々を削り、荒い水流を手なずけ、自然を敗北させる機械の勝利物語をドラマティックにしていく『佐久間ダム』のヒーローであり、科学技術の力を強烈に表す開発のアイコンである。だが、このギリシャ・ローマ神話のタイタン族を連想させる重機・機械のイメージは、実は、映画固有の手法によって再構成された〈リアリティ〉であった[108]。当時、建設現場を訪問した清水幾太郎は、映画と現実のギャップを次のように語った[109]。

しかし、機械の本当の大きさ、本当の働きは、実を言うと、岩波映画で作った総天然色の『佐久間ダム』第一部及び第二部（目下、第三部製作中）で見た方がハッキリするようです。〔中略〕何しろ、これ等の機械は天竜川を挟む山々の間に働いているのですから、そして、山々は何れも相当の大きさなのですから、こういう背景の大きさのために、機械の大きさは、それほど目立ちはいたしません。

映画のなかで自然を脅かす強力な存在として描かれた重機は、実際には、壮大な自然に包まれたごく小さな存在に過ぎなかったのである。清水の言葉は、重

図 **6-13**　戦争を連想させるシーン

機・機械のイメージが想像＝創造されたものであること、さらに『佐久間ダム』が記録映画／ドキュメンタリー映画を標榜しながらも、現実を積極的に加工した事実を浮かび上がらせる[110]。すなわち、『佐久間ダム』は、単純な「記録」を行ったわけでなく、社会的文脈に投影された「映画の世界」を築き上げ、電力産業とその他者を結びつけるシンボルを描いたのである。

開発という戦争

重機・機械の描写シーンからは、開発の神話に隠されたもう一つの意味のコードを読み取ることができる。大型掘削機ジャンボが十数台の小型掘削機と技師たちを乗せ、暗いトンネルのなかに進入していくシーンがある[111]。背景に緊張感が溢れる音楽が挿入され、カメラは、両手で小型掘削機を握り、トンネルの向こう側を凝視する技師たちの顔を捉える。このシーンからうかがえる闘志と悲壮美は、まるで戦争の場面を連想させる。ジャンボはタンクに、技師たちは兵士に、彼らが握る小型掘削機は機関銃に、工事現場は戦慄が漂う戦場のように見えるのだ[112]（図6-13）。

『佐久間ダム』に隠された戦争のイメージは、映画の外側にある文脈を通じてより鮮明になってくる[113]。この映画は、戦争賠償の突破口とされ、日本の技術力を海外に輸出する目的のもとに企画された[114]。すなわち、佐久間ダムに象徴される戦後日本の国土開発とそれを踏み台にした高度成長は、一方では、東アジア諸国に対する戦争処理の問題と切り離せない関係にあったのである。戦後の「開発」は、戦争／敗戦を過去の出来事として完全に片付けられず、自然と科学技術の戦いという構図のなかで、軍事力の代わりに経済力を武器とし、その射程を海外に広げていた。

『佐久間ダム』における戦争のモチーフは、「敵国アメリカ」と「占領軍アメリカ」、「戦争により荒廃化した国土」と「再建される国土」、「産業と経済の崩壊」と「高度成長」という、相反する概念が複雑に絡み合う当時の社会的文脈を映し出している。

戦後の電力産業にとって〈PRする行為〉は後に説明するように、アメリカというシンボルを用い、他者を創造し、自我を構築する行為となった。だが、同時に、それを行う上で自他の間で意味が共有される過程においては、戦争という過去の記憶が蘇らされ、シンボルとして働いていた可能性が指摘される。開発が対米戦争の敗北と占領に続く連続的体験として『佐久間ダム』の〈意味世界〉に刻まれているのは、日本的PRの独特な特徴であるとも言えるのではないか。

3　モデルとシンボル

TVAというモデル

カラーフィルムが使われ、工事現場の生々しい音を録音するための音響設備が用いられた『佐久間ダム』は、数百万人に上る観客を動員し、開発のイメージを人々の脳裏に焼きつけた。この画期的映画には強力なモデルがあったが、第四章で取り上げたテネシー川流域開発公社（TVA）とアメリカ開発主義がそれである(115)。

鳥羽耕史（二〇一二）は、TVAのPR映画が戦後日本の開発映画、とりわけ『佐久間ダム』の原型となった可能性を指摘している。岩波映画製作所の中谷宇吉郎は、アメリカ視察の際に観たＴＶＡの映画を参考に、日本版ＴＶＡの建設にあたってもそのようなＰＲ映画の製作が欠かせないと松永安左エ門に提案し、『佐久間ダム』の製作を受注した。(116)

ＴＶＡという開発モデルは、ＰＲ運動の必要性を訴える側からも注目された。『パブリック・リレーションズ講話』（一九五一）のなかで北澤新次郎は、大規模の土木工事・公共事業には世論の協力が欠かせないと指摘し、電源開発やゼネコンのような開発の主体が全国的ＰＲ運動を実施し、産業と国民の間に「共通の目標」を立て、開発に共感する雰囲気を広めることが大事であると主張した。その上で北澤は、ＴＶＡのＰＲ運動を参考にすべきモデルとして紹介した。(117)

ＴＶＡという開発モデルとＰＲの結びつきは、戦後日本における〈ＰＲする主体〉の〈自我〉が持つ特徴を理解する上で重要である。戦後日本の電源開発、とりわけ佐久間ダムが、アメリカ政府の〈自我〉を構築する側面があった「ＰＲとしてのＴＶＡ」をモデルとしているとすれば、「ＰＲとしての佐久間ダム」を通じて現れる戦後日本の電力産業の〈自我〉は、アメリカの〈自我〉を鏡として成り立っていることが考えられるのだ。『佐久間ダム』のなかでアメリカは、どのような形で現れていただろうか。

アメリカという鏡 —— 自我と他者をつなぐシンボル

前述した工事現場を縦横無尽に跋扈する重機・機械は、実は、アメリカのダム建設に使われた中古機を、アメリカ銀行の融資を得て購入したものであった。さらに、映画には登場していないが、建設現場を仕切ったのはアメリカから派遣された技術者であった。(118)このような事実は、映画の内側でははっきりと示されておらず、アメリカの技術力に対する依存を意図的に隠そうとしたとも指摘される。(119)

図**6–14**　「アメリカ製」重機

だが、『佐久間ダム』を見ていくならば、アメリカの気配が完全に消されているわけではないことに気づく。とりわけ、重点が置かれた重機のシーンでは、アルファベットの機械名や製造社名が一部ではあるが鮮明に目に止まる[120](図6－14)。このような演出と編集は、佐久間ダムが「アメリカ製」であることをほのかに臭わせ、開発におけるアメリカの存在を許容している。

『佐久間ダム』は、占領が終わり、外交関係と経済貿易を正常化する上で技術力の輸出が求められるようになった高度成長の幕開けにつくられた映画である。だが、ポスト占領期にも依然として続いた日米の軍事的、経済的関係を考えれば、日本の技術力はアメリカを中心とする東アジアの構図、つまり「アメリカ↓日本↓東アジア諸国」のなかでしか正当性を獲得できないものであった。『佐久間ダム』がアジアの諸国に対して日本の技術力を売り込む機能を果たすためには、日米の友好的関係、とりわけ戦後日本の復興・開発とアメリカとのかかわりを間接的にでも示す必要があったと考えられる[121]。

『佐久間ダム』の中の「アメリカ」は、〈ＰＲする主体〉が企画し、岩波映画製作所の演出と編集を経て現れたイメージであり、言い換えれば、電力産業と観客との間で共通の意味を獲得するためのシンボルである。「アメリカ」は、科学技術に基づく高度に発展した社会を意味し、開発が与える豊かさを象徴した[122]。映画の外側で、ＴＶＡという開発のモデルが参照されたのに対して、映画のなかではアメリカというシンボルが〈ＰＲする主体〉と他者を結びつけ、両者の夢が向かう

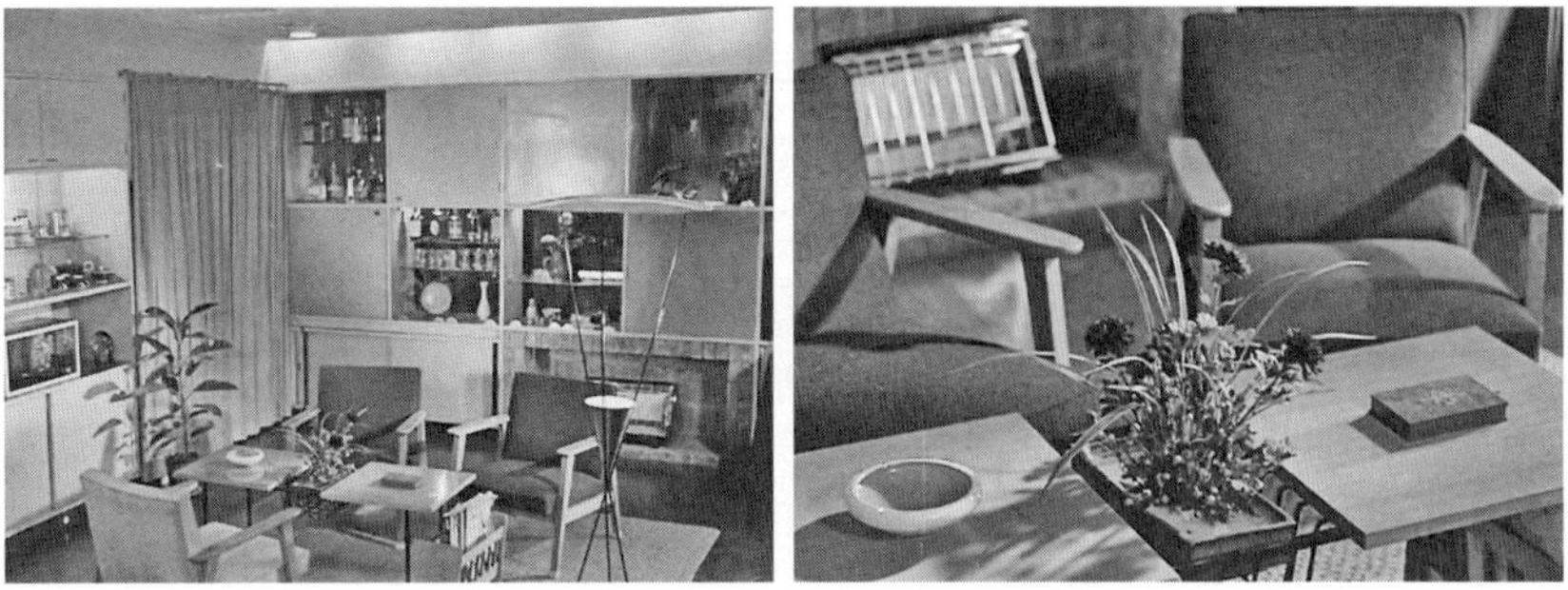

図 **6–15**　『みち子の夢』における西洋式生活

べきゴールを示したのである。

本章で検討した二本の対照的PR映画に共通している特徴は、アメリカというシンボルである。『佐久間ダム』はアメリカを戦争と科学技術に関連づけ、『みち子の夢』は、豪華な家具、西洋式インテリアなどを通じて「文化的な暮らし＝アメリカ式生活様式」を表象した（図６－15）。アメリカという鏡に投影された主婦たちは「家庭電化の主体」として創造され、東京電力は彼女たちの助力者となった。『佐久間ダム』の「科学技術の神格化」や「戦争コード」はアメリカというシンボルの上で成り立つことで、より多くの他者を電力産業との関係のなかに吸着させ、〈意味世界〉に吸引することができたのである。[123]

戦後日本における〈ＰＲする主体〉は、アメリカが象徴する科学技術の高度に発達した社会、豊かな生活を満喫することができる社会を建設する担い手として〈自我〉を構築した。このような特徴は、アメリカとはすなわちＧＨＱとその占領政策であった占領期のＰＲ運動と明確に異なっている。高度成長期の電力産業は、アメリカを実在する権力として捉えることを止め、自己と他者を結びつけるシンボルとして想像＝創造したのだ。[124]

豊かさの夢を媒介し、自我と他者を結びつける「アメリカ」は、もはや〈ＰＲする主体〉にとって〈問題的状況〉ではなくなった。その代わりに、産業とその〈他者＝公衆〉の間で共通の意味を生産し、戦後日本という〈意味世界〉を構成／再構成する機能が与えられた。本書は、戦後日本の〈企業自我〉の鏡とされ、シンボルとなった「ソフトなアメリカ」こそ、一九五〇年代半ば以降のPRブームを理解し、さらには戦後日本におけるアメリカニズムの問題を捉え返していく上できわめて重要な考察を含んでいると考える。

戦後イメージのパズル —— 産業化と消費社会の共存

本章ではアメリカというシンボルを軸にしながら、PR映画から浮かび上がる自他関係とそれに基づく〈意味世界〉を分析してきた。本章で取り上げた二本のPR映画は、社会的文脈において電力産業が直面していた課題と呼応する関係にあった。

『佐久間ダム』における電源開発／電力生産という問題は、『みち子の夢』における家庭電化／電力消費という問題と緊密に連動しており、それぞれ電力産業全体の構造における各部分に応じていた。電力産業という〈PRする主体〉にとっては電源開発と家庭電化の両方面ともに大事であり、PRの狙いは、電気の生産と消費が永久に循環する社会をつくりあげていくことだったとも言える[125]。

高度成長期の前半にあたる一九五〇年代半ばから六〇年代まで電力産業が行ったPR活動は、一般的に『佐久間ダム』のような電源開発系に集約されたと考えられてきた。しかし、戦後の開発主義の向こう側には、ほぼ同時進行のもう一つの動きがあった。すなわち、戦後日本のPRは、電源開発と巨大土木工事、道路建設など、公共事業を取り扱っただけでなく、『みち子の夢』が表すように各家庭に対する啓蒙を行い、消費意識を育み、生活様式をも変えてきたのである。

PR映画を見る限り、一九五〇年代半ば以降の日本社会には産業化の夢だけではなく、消費社会の夢が同時に広がっていた[126]。PR／コミュニケーションが浮かび上がらせた戦後日本という〈意味世界〉においては、復興と再建に焦点を当てた産業社会から、経済成長と市場成熟に基づく消費社会への移行が漸進的に行われたのではなく、最初から両方の価値が共存し、なおかつ相互補完的に形成されていたのである。次章では、このような特徴を映画以外のメディアからも検討し、それが孕む問題を明らかにしていく。

第七章　理想と夢の戦後社会——ＰＲ誌における〈意味世界〉の現れ

一　〈意味世界〉を探求する

1　メディア、素材、分析枠組み

ＰＲ誌というメディア

ＰＲ／コミュニケーションが織り成す〈意味世界〉における〈自我〉と〈他者〉の関係は、社会的文脈において〈ＰＲする主体〉が抱える〈問題的状況〉とその解決に向けた試みと緊密につながっている。本章の狙いは、前章で検討した〈企業自我〉と〈他者＝公衆〉の相即的関係をＰＲ映画以外のメディアに対しても検証し、さらに掘り下げることにある。とりわけここではＰＲ誌に焦点を当て、自他関係が成立する〈意味世界〉の特徴をより鮮明に描き出してみたい。

ＰＲ誌は、ＰＲ活動の交点であり、〈ＰＲする主体〉の世界観がもっとも鮮やかに映し出されるメディアである。様々なイベントの記事や写真、専門家のインタビュー、図・グラフなどが掲載され、読者、さらには編集者の意見が紹介される、言うなれば、企業の「目」と「声」による総合的意味空間なのだ。

既存のメディアと比べてPR誌は、発行する側に高い自由度と裁量権を与える。企画から取材、編集、発行までの全プロセスが〈PRする主体〉によってコントロールできるため、コンテンツの複製や再生も容易である。例えば、マスコミに報じられたパブリシティや、上映中のPR映画の紹介などを誌面上で再度、または並行して取り上げることもできる。

このような特徴からPR誌は、発行する側のメッセージを一方的に伝達するメディアとされ、社会学的研究の対象としてあまり注目されてこなかったのも事実である。だが、本書は、PR誌のこのような特徴こそ、〈PRする主体〉の〈自我〉が構築される動機を読み解く上で重要であると考える。

PR誌のなかに浮かび上がる〈意味世界〉は、〈自我〉と〈他者＝公衆〉の相即的関係を映し出す。それだけではなく、〈PRする主体〉の行為をめぐって様々なアクター同士のかかわりも表される。例えば、東京電力の『東電グラフ』には、証券会社、家電メーカー、テレビ、ラジオ、週刊誌などのマスコミ、小中高、大学、研究所、警察庁、自治体など、多くの組織と個人が登場する。PR誌は、これらの登場人物たちのドラマトゥルギーの場でもあり、それを手がかりにして東京電力という企業が日本社会をいかに捉えていたかを推測することができる。

『東電グラフ』という素材

本章では前章に引き続き、電力産業、とりわけ東京電力のPR／コミュニケーションを分析するが、その上で『東電グラフ』というPR誌を素材として用いたい。すでに述べたように東京電力は、九電力体制となった直後からPR活動に積極的に取り組み、奉仕課や広報部などを設置し、体系的なPR体制を整えた(1)。

「サービス週間」というキャンペーンが定期的に実施され、新宿や池袋をはじめ、都心の主要エリアおよび、首都圏各大都市に「サービスセンター」という常設のPR館が建てられ、電化住宅のモデルハウス、電気や電力に関する科学館なども運営された。PR映画の製作と上映、ラジオやテレビ番組とCMの提供、新聞や週刊誌向けの紙面広告およびパブリシティの掲載が行われ、展覧会、座談会、講演会が多数開催され、地域住民の健康や街の安全をテーマにする啓蒙運動も展開された。

このように、きわめて多種多様なメディア戦略から成り立つPR活動を網羅し、一目で分かるように再構成したのが『東電グラフ』であった(2)(図7-1)。この雑誌は(3)、一九五三年六月に創刊され、東京電力の各営業所とサービスセンターの窓口で配られた(4)。サービスエリア内の需要家・利用者を対象にしていた『東電グラフ』の配布部数は一九六二年には五〇万部に上り(5)、当時の週刊誌に比べても劣らないほど、膨大な読者を確保していた(6)。

図 **7-1** 『東電グラフ』(100号, 1961表紙)

『東電グラフ』を分析した研究は、三島万里の「電力会社広報誌の研究――『東電グラフ』『グラフ TEPCO』について」(二〇〇九)がほぼ唯一である(7)。三島は、広報誌/PR誌を「当該企業が自らの活動を内外に公開・発信し、内外からの要望、批判を受信して自己改革を行う活動」であると定義し、製品情報伝達機能、企業活動伝達機能、製品解説機能、文化伝承機能、世論形成・変更機能、双方向コミュニケーション機能、満足感醸成機能の七つの項目を軸に、一九五三年から二〇〇八年までの五五年間にわたる『東電グラフ』の変遷を四つの時期に区切り、まとめた(8)。

社史・新聞雑誌記事などを中心に各期の業務内容、経済的、社会的状況を踏まえ、『東電グラフ』の数量・内容分析を行った三島の研究は、各期の変遷を追うことに重点が置かれ、各号の綿密な内容分析は行われていない。[9] PR誌が持つ企業広報上の機能を明らかにする狙い[10]と、電力産業の〈自我〉と〈他者＝公衆〉の関係性を究明することの間には距離がある。本書では、通史的分析と異なるアプローチから『東電グラフ』を戦後日本の主体と他者が絡み合う〈意味世界〉として読み返していく。

分析枠組み――理想と夢の間

そのためには分析対象の構成やスタイルを含む形態面での変化だけでなく、戦後日本におけるPRの変遷を踏まえた時期設定が必要である。すでに検討したとおり、一九五〇年代半ば以降、PRは軍事的、政治的主体から手放され、経済産業界に集約されたが、広告・マーケティングが隆盛する一九六〇年代後半からその勢いが徐々に衰えていった。このような時代背景を考慮し、一九五三年から六五年までの『東電グラフ』各号を分析する。[11]

PRの隆盛と衰退は、占領期と消費社会の間にある開発の時代とほぼ重なっており、見田宗介が説明した「理想の時代」と「夢の時代」に跨っている。[12] 見田によれば、アメリカ民主主義とアメリカ式生活様式への憧れが高まった「理想の時代」が日米安保条約の改定が行われた一九六〇年に終わりを告げ、幸福の感覚が共有される「夢」の時代がはじまった。[13] とくに六〇年代末までの、ピンク色のあたたかい夢の時代において、アメリカが象徴する豊かさは、人々の暮らしや住宅（マイホーム）に拡大された。[14]

本書の時期設定は、正確には見田のいう「理想の時代」の後半と「夢の時代」の前半（あたたかい夢の時代）に該当する。この時代は「プレ経済高度成長期」であり、産業社会の価値と消費社会の価値が交差する中間地帯としての特徴を持つ。[15] 前章の末尾で議論したように、これらの価値の共存は、当時のPR／コミュニケーションにおける特徴でもあり、[16] 言い換えれば、理想の時代と夢の時代の間にPRブームがあったのも不思議ではない。

この時期に光を当てることは、戦後日本を築き上げた巨大産業と社会、とりわけ日本人の自己意識の変遷が、どの

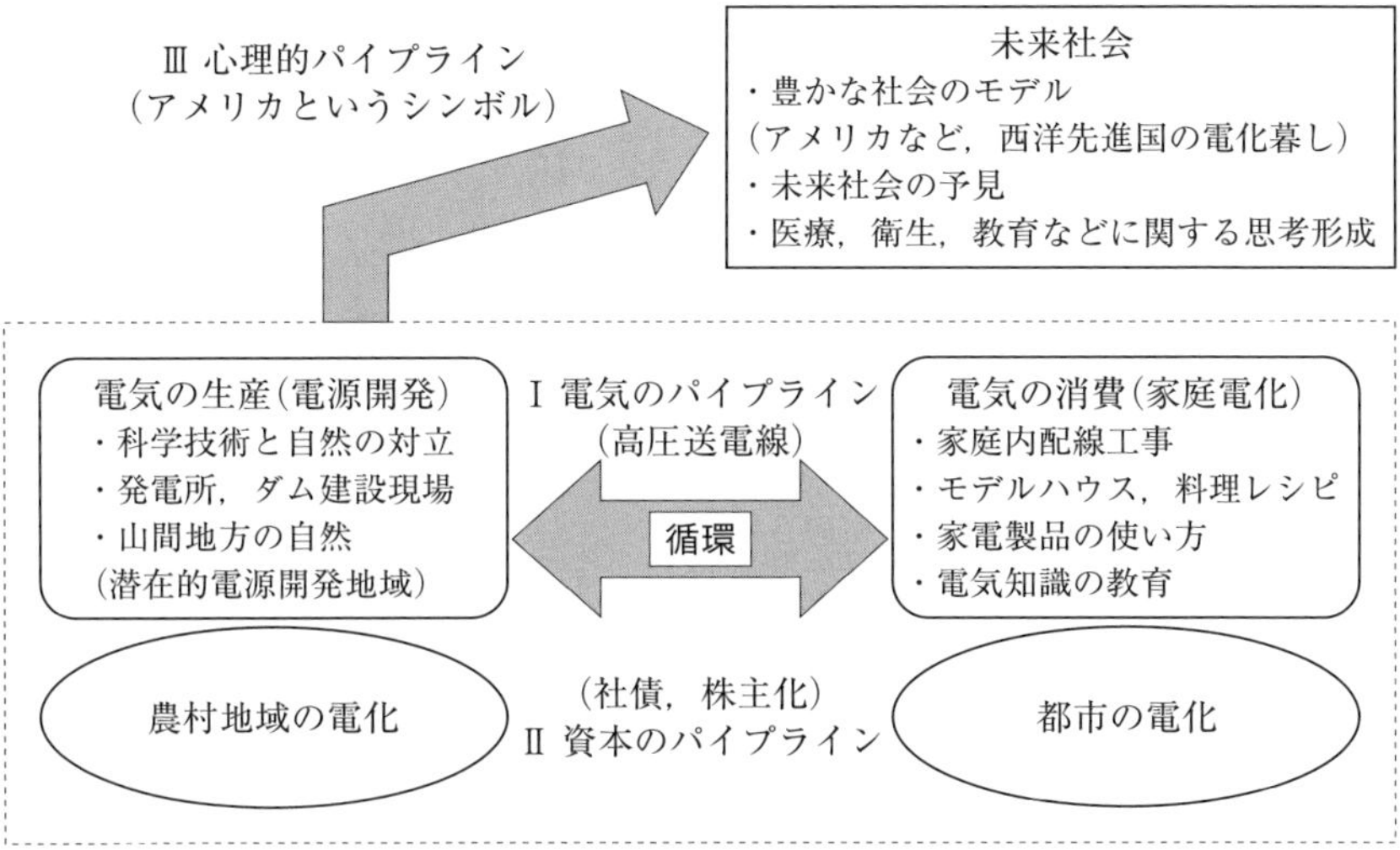

図 7-2 「電気の世界」の俯瞰図

ようにつながっていたかを問う上でも重要であろう。一九五三年から六五年あたりまでの『東電グラフ』には、電力産業と東京電力という〈PRする主体〉の姿だけでなく、その主体が〈他者＝公衆〉を想像＝創造し、日本社会を構想していく様子が鮮明に表されている。

2 『東電グラフ』の世界とその俯瞰図

電気を軸とする社会

一九五三年から六〇年代半ばまでの『東電グラフ』各号を詳しく読んでいくと、そこにある完成された世界が浮上していることに気がつく。東京電力がつくりあげ、『東電グラフ』のなかに描かれた〈意味世界〉の俯瞰図を簡単にスケッチしておこう[17]（図7－2）。

『東電グラフ』が織り成す世界は、大きく電気の生産と消費という二つの柱からなっている。前章で検討したPR映画、『みち子の夢』と『佐久間ダム』が、それぞれ家庭電化（電力の消費）と電源開発（電力の生産）の片方ずつに焦点を当てているとすれば、ここで検討するPR誌というメディア空間では、その両方が網羅され、電気の生産と消費の循環が強調され、「電気の世界」が全貌を現している。

次節以降では、このような「電気の世界」を詳細に分析しながら、〈企業自我〉と〈他者＝公衆〉のシンボリックな形成を論じていく。その前に、『東電グラフ』という〈意味世界〉の案内図でもある俯瞰図の各次元を簡略に取り上げ、〈企業自我〉の構築とともに再構成される〈リアリティ〉の構造を概観しておきたい。

五つの次元と三つのパイプライン

電気の世界は、大きく五つの時空間から構成され、物理的、地理的なイメージと言説を通じて具体化される。まず、電源開発が行われる山間僻地という「電力の生産地」と家庭電化が進んでいく「電力の消費地」が挙げられる（図7－3）。

前述したように、『東電グラフ』のなかで電力の生産地と消費地は共存しており、互いを鏡として描かれている。山間僻地における電源開発の様子が巨大都市で電気を使用する人々の目には見えず、両者の間には心理的距離があったという指摘もあるが[18]、『東電グラフ』から見る限り、電気の生産地と消費地は、互いに切り離され、隠されていたわけではない。二つの空間は、同じ言説空間において密接にかかわり、それぞれの地域に属する人々（読者）は、互いを雑誌の誌面上で捉え、「電化社会」というフィルターを通して見ることができた。すなわち、『東電グラフ』の読者にとって、電力の消費と生産は、個別の働きではなく、全体の部分として相互を補うものだったのである。

電力の生産地と消費地は、それぞれに付随する二つの空間——境界地域と包含地域——を通じてさらに拡大する。

境界地域は、例えば農村のように電力の生産と消費が重なる地域であり、農業電化をめぐるイメージと言説から描かれた。『東電グラフ』は、農村をはじめ、山間地方、僻地に対する電化事業を水力発電や原子力発電など、電源開発と関連づけながら、同時に農業、林業、漁業の電化を通じて新しい電気需要を生み出す空間として捉えた（図

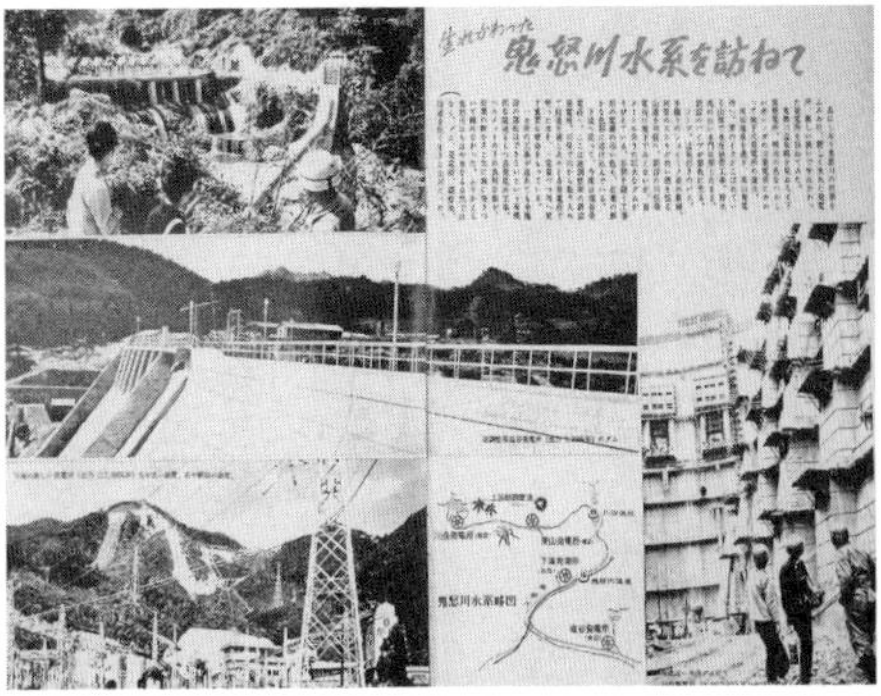

図 **7-3**　電力の生産地（「鬼怒川水系を訪ねて」『東電グラフ』126 号，1963）

図 **7-4**　農村と山間僻地の電化（左「人手から電気へ」『東電グラフ』124 号，1963，中央・右「山の奥にも灯を」『東電グラフ』125 号，1963）

7－4）。

包含地域は、家庭電化の担い手となる各家庭、個人を取り巻く都市空間を意味する。『東電グラフ』は、大都市の繁華街や高層ビル、交通機関、娯楽施設・遊園地などにおいて電気がいかに利用されているかを丹念に描いた。都市は、それ自体、膨大な電力を消費する空間であり、企業と人々を包摂する集合的空間として、電化の主体が育まれる揺籃とされた。

『東電グラフ』はこれらの空間を有機的に示し、完全な電気の世界を築こうとしたが、そのような試みは、もう一つの次元につながっていた。『東電グラフ』のなかには、それを発行した〈ＰＲする主体〉が置かれていた文脈と異なる、すなわち「現在」（俯瞰図の点線部分）ではない「未来」（俯瞰図の右上）が先取りされ、姿を現していた。

未来は、電気の生産と消費が永久に循環する究極の社会として表象され、完全なる電化生活が約束された。『東電グラフ』が描く未来の日本社会では科学技術が高度に発達し、電気が生から死までの過程を支え、誰もが便利な生活を送ることができた。そして、このような構想の背後に、「豊かな社会」のモデルとなるアメリカがあった。

さらに、電気の世界を構成する空間が互いに緊密につながり、有機的に作動する上で、各次元を結びつけるパイプラインが存在した。

『東電グラフ』各号は、「高圧送電塔」や「送電線」を、ダムや発電所と各家庭、都市、産業施設を結ぶ「電気の血管」、「動脈」と呼びながらモダンなタッチで描いた。これらの「電気のパイプライン」を建設するために膨大な資金が必要とされ、『東電グラフ』は、電気・電力を「財貨」として定義した。東京電力の社債に投資する「財テク」を紹介し、電気の生産者（東京電力）と消費者（主に主婦）の間に「資本のパイプライン」を敷設しようとした。

送電塔や送電線という電気のシンボル、東電社債が表す資本のシンボルに加え、『東電グラフ』には、東京電力の〈自我〉と〈他者＝公衆〉を心理的につなぎ合わせるもう一つのシンボルが伏せていた。豊かな社会と未来社会の夢を支えたアメリカというシンボルである。

このようなシンボルとパイプラインを通して、『東電グラフ』は読者を「電気の世界」に引き寄せ、電気を軸とする社会の構想と再認識を促していった。

二　電気の世界における〈自我〉と〈他者〉

1　電化マダムの誕生

優雅で賢い主婦たち

『東電グラフ』のなかでもっとも比重の高い存在として描かれているのは、主婦である。彼女たちは、戦後民主主義の主体としての性格を帯びながらも、当時の電力産業の抱える問題意識が投影され、「家庭電化の担い手」として創造された。占領期の女性たちが政治的権利の拡大とともに解放されたとすれば、『東電グラフ』の主婦たちは、電気に助けられ、家事労働から「解放」される。

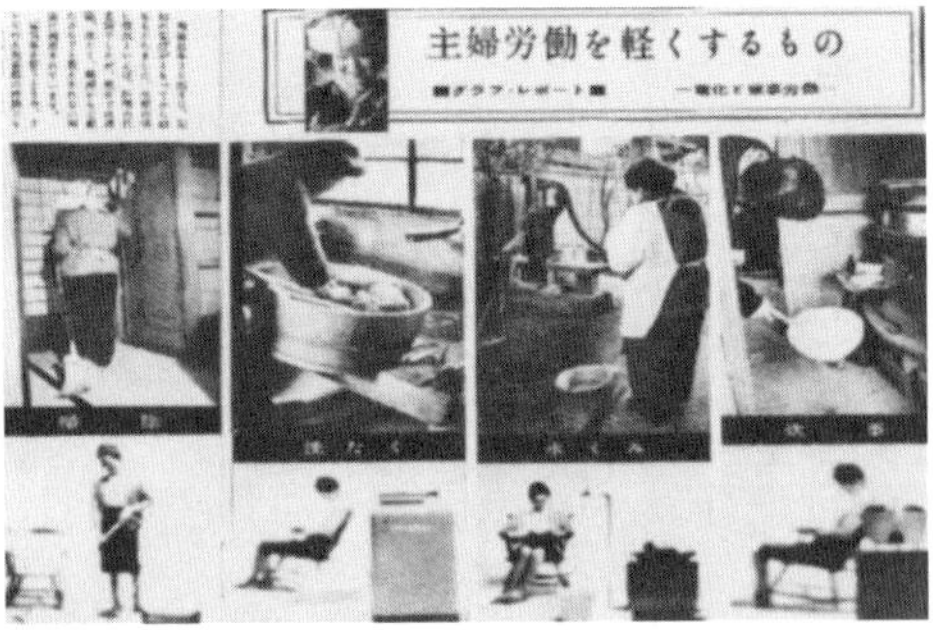

図 **7-5**　家事労働と電化(『東電グラフ』94 号, 1961)

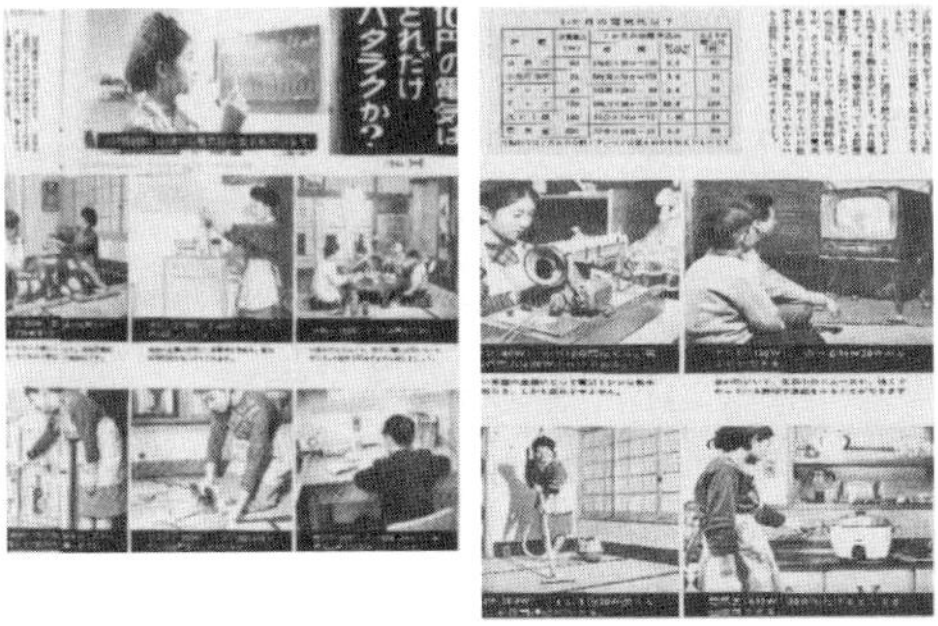

図 **7-6**　経済的で合理的な主婦(『東電グラフ』90 号, 1960)

『東電グラフ』九四号(一九六一)に掲載されたグラフ・レポートは、炊事、水くみ、洗濯、掃除、冷蔵、暖房の家事労働を電化以前と以降に分けて説明している[19]。「主婦労働を軽くするもの――電化と家事労働」というタイトルが付けられたこの記事は、もんぺを着て非衛生的環境で家事に取り組む女性の写真と、洗濯機や炊飯器のような家電製品に家事を任せ、優雅に読書する女性の写真を並べ、両者の違いを際立たせている(図7－5)。

同記事は、家事労働を「労働強度指数」を用いて説明しながら、カロリー、電気代、所要時間などに換算し、家庭電化の合理性と経済性を強調した[20]。家庭電化による女性の解放は、一方では、経済観念のある賢い主婦の描写につながっていく。

『東電グラフ』九〇号（一九六〇）は、「一〇円の電気はどれだけハタラクか」をテーマに、「お利口な主婦」の一日を紹介している。同記事は、「小遣いにあげても坊やも喜ばない」一〇円分の電気の仕事ぶりを、電灯から洗濯機、電気こたつ、テレビ、ミシン、掃除機、電気釜、冷蔵庫、アイロンのそれぞれの使用可能時間と日数などで表した[21]（図7-6）。このような説明を通じて、「安全で経済的」、「能率のよい」、「衛生的」、「ムダが少ない」、「効率がよい」家庭電化を進め、経済的家計運営を行う新たな女性／主婦像が提示された。

電化生活をエンジョイする女性

主婦の想像＝創造は、肉体労働の軽減や金銭的節約だけでなく、精神の面でも行われた。家庭電化は、趣味を楽しみ、文化的生活を享受する主婦の言説と結びついた。

『東電グラフ』一一八号（一九五五）は、東電営業部次長の話を借りて「電気の使用合理化は、生活様式の合理化にも通ずる」とし、電化が「教養面でもリクリェーションの面でも〔主婦の〕時間のゆとり」をつくると説明した[22]。その四年後、七六号（一九五九）は、生活の合理化、享楽化が可能になった現状を捉え、「文化生活の香り高い電気器具、夢に描いていた家庭電化」をその理由として取り上げた[23]。

『東電グラフ』一一三号（一九六二）は、主婦読者をインタビューし、電気が主婦の生活をどのように変えてきたかを説明した。読者代表として選ばれた「Tさん」は、「都内のある団地」に住んでおり、「Tさんのご主人は某商事会社の経理課長、三七才の働き盛り、給料は三万八〇〇〇円」であった。「結婚一〇年目のふたりには八才と五才の男の子」がいた。

Tさんは、戦後、民主主義や婦人の地位向上といっても実際に主婦の生活はさほど変わらなかったと振り返り、夢みていた生活がようやく現実となりはじめたのは、一九五〇年代半ば、とりわけ電気洗濯機を購入してからだと述べた。Tさんは家庭電化が進むにつれ一時に多くの仕事ができるようになり、テレビの教養番組をみたり、ステレオで名曲を聞いたりする自由時間ができたことに大変満足し、電気のエネルギーが人間の労働に代わることによって、能率よく経済的、合理的な生活が可能になり、衛生的で、バラエティーの増した明るい生活が楽しめるようになったと語った。

「モダンな電化生活をエンジョイしている」Tさんと、占領期の女性／主婦の違いは、彼女自身の言葉を通じて意識的に語られている。Tさんが結婚した年は、昭和二七年（一九五二）であり、講和条約が結ばれた年である。占領の終了とともに結婚生活をはじめた彼女にとって、占領は婦人の政治的地位を向上させたかもしれないが、夢の生活までは与えてくれなかった。代わりに彼女の夢を実現してくれたのは、家庭電化だったのである。言い換えれば、戦後の家庭電化は、家事を合理化させ、主婦に文化的生活を楽しむ余暇を与えただけでなくそれを通して「真の民主主義」を実現したのだ。

しかし、ここに登場するTさんは、実際の読者ではない可能性が高い。記事にはTさんの夫の年齢や職場、給料、子供については詳しい説明があるが、当事者であるTさんに関してはほとんど情報がない。また、他の記事にはインタビュイーの実名が記載されたことから「Tさん」は、東京電力がつくりあげた仮想の人物であると考えられる。すなわち、Tさんは、「みち子」のように、家庭電化の担い手を言説化し、電気の世界を築き上げる上で東京電力が想像＝創造した「一般化された他者」なのである。

Tさんに象徴される主婦たちは、電化がもたらした余暇を活用し、教養を積み、娯楽を楽しむことで「勤倹節約というカビの生えた古い美徳」を捨て、物を買って生活を豊かにし、「みずから楽しもうとする精神」を伸ばし、「夫と同等の社会知識を持ち、対等の位置」から「嬶《かかあ》天下＝嬶電化」を建設することが期待された。[24]文化的でゆとりのある楽しい電化生活は、都会だけでなく農村地域の主婦に対しても語られた。[25]

家庭電化のテキストブック

このようにして「家庭電化の担い手」となった主婦――主婦が代表する〈他者＝公衆〉――に対する教育が、『東電グラフ』の各コーナーを通じて行われるようになった。なかでも「電気器具のちしき」シリーズは家電製品に関する様々な情報を教え、主婦のテキストブックとなった。

「調理器具」（一三五号、一九六四）、「トースタとポット」（一二八号、一九六四）、「テレビ」（一〇四号、一九六二）、「暖房器具」（一一四号、一九六二）、「ルームクーラー」（一三二号、一九六四）、「庭園灯」（一一九号、一九六三）、「美容器具」（一二九号、一九六四）などの連載を通じて、多種多様な電気器具、電化製品が取り上げられ、その作動原理から正しい使い方、価格と品番まで、電気器具に関するありとあらゆる知識が与えられた。

家庭電化のカタログとしての機能も兼ねていた同シリーズは、電気に関する基礎知識を教え、経済観念を育むいわゆる教育目的のほかに、家庭電化の担い手となる主婦の消費意欲を刺激し、文化的で楽しい生活に誘い込む側面があった。

「電気器具のちしき」には、製品写真とともに、それを使っている場面を試演する女性モデルの姿も一緒に掲載された。女性モデルの手、足、顔など、身体の一部が生きたマネキンとして製品とともに写された。[26]『東電グラフ』のなかで女性たちは、「家庭電化の担い手」として育成されると同時に、家電製品の消費と欲望をめぐるアイコンとしても取り上げられたのである（図7-7、図7-8）。

「電気器具のちしき」シリーズに表象された女性のイメージは、前述した「Tさん」の言説と相互補完的関係にある。家電器具の選び方や使用上の注意点、手入れ、故障や感電の予防法など、電気と家電製品について学ぶ主婦像は、たしかに占領期における「勉強するお母さん」を一部継承しているように見える。だが、『東電グラフ』は、女性の啓蒙そのものもまた、家庭電化の過程として捉え、新たな消費生活の様式を、その担い手となる女性の身体を含め、広めることにより重点を置いた。

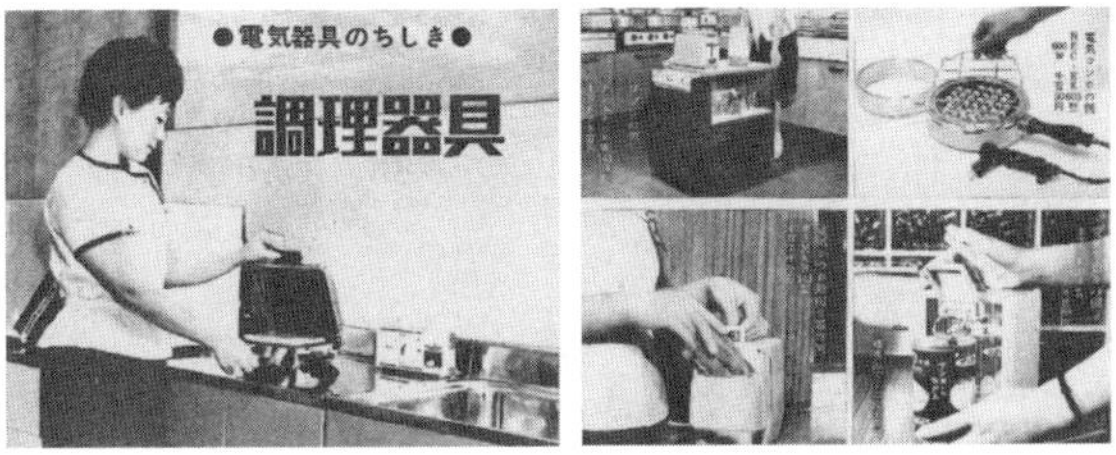

図 **7-7**　電気器具のちしき　調理器具（『東電グラフ』135 号，1964）

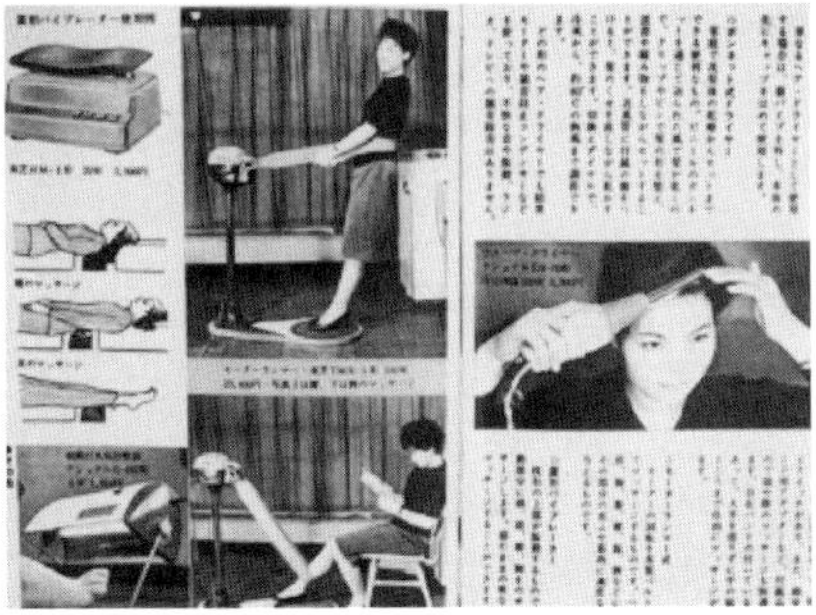

図 **7-8**　電気器具のちしき　美容器具（『東電グラフ』129 号，1964）

自己を語る電化マダムたち

電気によって解放され、文化的生活をエンジョイし、電気知識を学び、電気のアイコン化していく女性／主婦は、第四章で検討したGEの「Any Woman」シリーズを連想させるところがある。『東電グラフ』が想像＝創造したこの〈他者〉を、読者はどのように捉えていただろうか。『東電グラフ』一二二号（一九六三）のなかで、東京都内に住む主婦・森繁杏子は、家庭生活と電化について次のように語った。

電気器具をお隣やご近所に負けずに買いととのえることが合理化の最大意義になっているよ

うで、それによって、どの位合理化された生活が得られたかとおたずねしたいのです。〔中略〕それだけ電気器具が売れる割合に、電気に関する知識が乏しいとか〔中略〕ご自分のお手でどうぞ、電化マダムにおなりのおついでに。〔中略〕防犯の意味からも、門灯、街灯、お庭の電気など明るくつけたいものです。

森繁は、『東電グラフ』を読む主婦として目指すべき道を自ら提示している。彼女が名付けた「電化マダム」こそ、東京電力が描こうとした他者の究極の形であった。各号には森繁のように「家庭電化の主体」となることを自覚した女性たちの声が掲載された。例えば、『東電グラフ』三七号(一九五六)の「読者の欄」には、前章で検討したPR映画、『みち子の夢』を見て、大いに感銘を受けたという杉並区の主婦・神戸政子の手紙が紹介された。手紙のなかで神戸は「私も「みち子」の夢を持って、一つ一つ実現していきたい」と述べた。

「電化マダム」や「みち子」を目指す女性たちの反応は、社会的文脈における他者が、〈意味世界〉のなかで想像=創造される〈他者〉に自己を同一化していったことをうかがわせる。[27] ある意味で、「家庭電化」の表象と言説は、『東電グラフ』とその読者がともにつくりあげていく側面があったとも言えるだろう。

『東電グラフ』三〇号(一九五五)には、主婦二人と日本女子大学の学生、朝日新聞社出版部の記者(女性)が参加した座談会の様子が紹介された。「電気に寄せる私達の期待――楽しい家庭生活のために」というタイトルが付けられたこの座談会は、豪華な電化暮らしを展示する東京電力の「電気のモデルハウス」(新宿サービスセンター内)で開かれたが、「家電製品の買い込み」ではなく各自の家庭生活に合う電化についての勉強が話の中心となった。[28]

三六号(一九五六)に掲載された「家事の合理化のために――家事の「雑」と「用」について」という記事は、東電広報係長、主婦数人、読売新聞、NHKの女性記者が参加した座談会の内容を報告した。参加者たちの間では電化による家事の合理化が、主婦が余裕を持って家庭文化を向上していける道であるという認識が共有され、便利な電気器具をたくさん買い揃えることと、生活の合理化とを錯覚する人が多い問題などが指摘され、電気器具に束縛されないようにするためにも、電気に関する正しい知識と経済観念を身につける必要性が議論された(29)。

このように『東電グラフ』のなかで女性/主婦たちが語る「家庭電化」とは、単に家電製品をたくさん取り入れること以上に、電気と生活に関する思考と精神を向上させ、各自の生活を見直し、改革・改造する、より広範囲な概念であった。このような女性たちの自発的運動を見守り、東京電力は彼女たちを後援し、支援する立場にたった。女性/主婦が「電化マダム」として覚醒すれば、つまり電気が彼女たちの生活と人生において欠かせない存在と考えられれば、電力の消費は自然と増加し、安定化するはずだった。

2　主婦の後援者となる東京電力

座談会の聞き手

『東電グラフ』のなかで東京電力という〈PRする主体〉は、他者自ら「家庭電化の主体」となることを奨励し、様々な形で彼女たちを支援した。前章で検討したPR映画、『みち子の夢』に引き続き、PR雑誌のなかでも東京電力は、女性/主婦の「助力者」となる〈自我〉を構築したのである。

他者の創造をめぐる物語とイメージの分析は、他者の向かい側にある視点、すなわち他者を眺めるまなざしを究明する作業と不可分であり、具体的には、次のような問いが必要となる。第一に、「家庭電化の主体」とされる女性/主婦たちをめぐって、いかなるストーリー/言説が現れているか。第二に、そのようなストーリーは、どのような「形式」と「場」を通して繰り広げられるか。第三に、その形式と場において、女性/主婦たちを「見守っている」のは誰か。ここでは、他者を捉える「目」、つまり東京電力の〈自我〉を、「家庭電化の主体」が創造される場と形式の

図 7-9　女性たちの座談会（上『東電グラフ』30 号，1955，下『東電グラフ』36 号，1956）

問題に焦点を当てて分析してみたい。

主婦という〈他者＝公衆〉が創造される形式と場は、言い換えれば、彼女たちが自己を「家庭電化の主体」として認識していく空間である。要するに、合理性と経済性を身につけ、文化的生活を楽しむことを学び、「電化マダム」として覚醒していく空間なのだ。『東電グラフ』は、それ自体、そのような空間であると同時に、複数の個別な場と形式が再編成され、繰り広げられるメディアでもあった。

前述した「電気器具のちしき」のような記事はもちろん、「自宅訪問」、「インタビュー」、「手記」などの形式を通じて読者や需要家の「生の声」が取り上げられた。日常の領域からよりリアルな家庭電化・電化暮らしの「話し手」が登場させられ、東京電力――主に広報部や奉仕課の職員、『東電グラフ』の編集部など――は「聞き手」となった。このような〈他者〉と〈自我〉の関係性がもっとも顕著に示された場／形式が、座談会であった。

東京電力は、主婦はもちろん、女子高生、女子大学生、会社員、大学教授および文化人、マスコミ関係者など、各界各層の女性を招き、家庭電化をはじめ、電源開発と資金調達問題、防犯灯設置、世界の電気・電化事情などについて自由に語り合う場を設けた。女性たちの座談会の内容は『東電グラフ』の各記事を通じて紹介され、より多くの読者と共有された[30]。さらに、成人だけでなく、子供や青少年が参加した座談会も多く開催され、東京電力とその様々な〈公衆〉を結びつける話し合いの場が目指された（図7－9）。

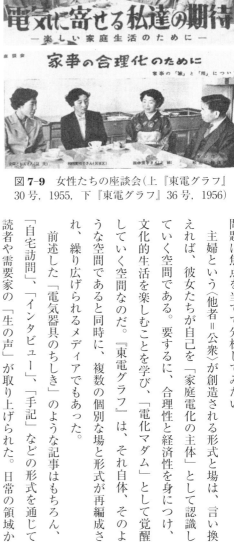

座談会の記事を読んでいけば、その企画者である東京電力の影が非常に薄いことに気がつく。東京電力の奉仕課、広報部、営業部職員などの男性職員も時々、会話に参加しているが、誌面上では彼らの発言は最小限に控えられている。すなわち、『東電グラフ』を読む限り、座談会は女性たちを中心としたサロン的な場であり、東京電力とその男性職員は、彼女たちの主体的で積極的な発言に耳を傾ける消極的役割を担っているのだ。

図 **7-10**　主婦の集いの場（『東電グラフ』144 号，1965）

サービスセンターという空間

東京電力は、女性／主婦たちの話し合いの場を提供し、彼女たちの対話を支えることに自己の意義を見出した。女性たちの「後援者」となる東京電力の〈自我〉は、「お客様への究極の奉仕」を目指したサービスセンターという空間において、さらに鮮明に示された。

東京電力の「サービス活動（奉仕活動）の第一線窓口」として東京都心の主要エリアと首都圏大都市を中心に建設されたサービスセンターは、一九五三年の銀座店をはじめ、一九六六年には一五カ所に及んでいた(31)。一三八カ所あったサービスステーションが家庭訪問と電化相談を受け持つ役割を主に担ったのに対し、規模の面ではるかに大きかったサービスセンターは、工事のコンサルティング、まちづくり運動、電化生活の展示を行い、東京電力のＰＲ活動の拠点となった。

渋谷のサービスセンターなどは、「くらしに役立つ電気教室」を運営し、材料費などの実費を負担すれば、誰でも参加できる料理教室をはじめ、電気器具に関する講習会、家庭電化プランに関する研究会を開催した[32]。また、サービスセンターの集会室は、地域住民であれば、無料で借りることができ、主婦の集いや催し物の場としても愛用された[33](図7-10)。

サービスセンターは、家庭電化のことを相談する窓口としてはもちろん、主婦同士のネットワークを中心に生活改善を試みる学びと集いの場として機能した。『東電グラフ』の各号は、サービスセンターを主婦の生活に密接な空間であり、東京電力の奉仕とサービス精神が集約された空間として描いた。家庭電化を促進するために膨大な資金を投入して建設したサービスセンターを誇らしげに宣伝する代わりに、その場の主役を他者に譲り、東京電力自身は他者の裏方に回ったのである。

後援者とその協力者たち

座談会とサービスセンターという場/形式の演出は、東京電力が構築しようとした〈自我〉の性格を明確に表す。『東電グラフ』というタイトルを除けば、各コーナーのなかで「家庭電化の担い手」として自己を積極的に語る主婦たちに比べて、東京電力の存在感は非常に弱い[34]。〈意味世界〉のなかで東京電力は、自己主張を控え、他者を支え、後援する役割を演じている。

社会的文脈において主婦は、電力産業の成長、とりわけ電力消費を安定化させるために攻略すべきターゲットだったが、『東電グラフ』のなかでは究極の奉仕を受けるに値する「主人公」とされた。現実では主婦連などと対立していた東京電力は、PR誌のなかでは彼女たちの「後援者」となり、自己を彼女たちの「親愛なる友」として呈示した。このような関係/関係性は、意図的に緻密に企画され、演出されたものであった[35]。

では、他者の影に隠れた〈自我〉を持つ東京電力は、どのようにして『東電グラフ』のなかで自己の方針を広め、伝えたのだろうか。そこで現れたのが、自我と他者をつなぐ「仲介者」となる存在である。『東電グラフ』編集部は、女性研究者、大学教授、放送局や出版社などのマスコミ従事者のように専門的助言を提供してくれる協力者を紹介した。これらの「オピニオン・リーダー」的女性たちは、「電化マダム」や「みち子」、「Tさん」に自己を重ね、「家庭電化の主体」となろうとする主婦／読者が正しい電化の道に進むように案内する役割を果たした。

座談会の司会を務めたNHKアナウンサー、青木一雄をはじめ、主婦の啓蒙と生活改善を訴えた日本女子大学の奥田富子教授は、東京電力の「代弁人」を兼ねて各コーナーに登場し、電力産業の抱えている問題に関するメッセージを広めた。例えば、奥田は、家庭電化により「健康で豊かな教養を身につけ、時代人として「今」を把握、人間らしい女性であると同時に細やかな愛情のある妻であり母でもある」、「一等主婦への理想像が具現されつつある」と述べた。この言葉は、東京電力が望んでいた主婦像、つまり「家庭電化の担い手」のあり方を的確に捉えている[36]。

このように東京電力は、自己に協力する仲介者をキャスティングすることで、他者の「助力者」、「後援者」としての〈自我〉を維持したまま、電化を推し進めることを図っていった[37]。東京電力の協力者たちは、『東電グラフ』という〈意味世界〉のなかで東京電力の〈自我〉を補うと同時に、社会的文脈では電力産業が中心となって形成された産学官のネットワークの一部をなした。

〈企業自我〉のモデル＝シンボル

仲介者の協力を得て、東京電力は〈自我〉構築の射程を戦後日本という言説空間から海外に広げ、国境を越え、欧米社会とその家庭を捉えていた。『東電グラフ』九四号（一九六一）は、日本生産性本部の消費者教育専門視察団員としてアメリカ家庭を視察して帰った日本女子大学家政学部長、氏家寿子の寄稿文、「わたくしのみたアメリカの市民生活と電化」を紹介した。同記事は、アメリカ人の生活の中では電気は、空気や水に等しいと語った氏家の言葉とともに、脱水機と乾燥機が完備された洗濯室（家事室）、自動皿洗器付き流し台が設置されたキッチンなど、アメリカ中産階級

図 **7-11**　アメリカ家庭と電化暮らし(『東電グラフ』94 号, 1961)

の生活と主婦の写真を掲載した[38](図7-11)。

　欧米社会における家庭電化と主婦の暮らしは、九七号(一九六一)の「ドイツ人の生活と電化」、九九号(一九六一)の「電気にみるフランス人の気質」、一一二号(一九六二)の「電気からみた世界お国柄」などの記事を通じて、様々な論者(仲介者)の言葉とともに繰り返し、紹介された[39]。

　これらの記事によれば、「新しい様式の家に住んで、電化をする」生活合理化の意識とともに普及した日本の電化は、「ヨーロッパよりずっと進んで」いた[40]。日本社会の電化が捉えるモデルは、電気の使い方が「ケチ」なヨーロッパではなく、世界の国々のなかでももっとも家庭電化が進んだアメリカ社会であり[41]、すでにアメリカの王座を狙うところまで来ているという意見が論者たちの間で共通していた。

　このような議論を踏まえ、欧米諸国との差を付ける最大の特徴が、日本の電力産業による優れたサービスにあることが強調された。『東電グラフ』一一二号(一九六二)のなかで三菱商事サンフランシスコ駐在員夫人の塩田妙子は、「アメリカでは電気会社との接触は少ない」と指摘した。塩田の話を受け、東京電力企画室の遠藤課長は、サービスや一般家庭との絆という面ではアメリカにも勝る日本の電力企業が支える家庭電化の未来は明るいと展望した[42]。

　このようにアメリカ社会とその中産階級家庭は、戦後日本の経済成長におけるモデルだっただけでなく、『東電グラフ』のなかでは「電化のモデル」として描かれた[43]。アメリカ社会は、達成し、乗り越えるべき目標であると同時に、「電気の世界」を築き上げ、より多くの他者を電力産業の〈意味世界〉に吸引するためのシンボルでもあった。このシンボルに媒介され、東京電力とその〈他者＝公衆〉が同じ夢を見ていたことが『東電グラフ』三一号（一九五五）に寄せられた読者の声からうかがえる。

以前アメリカの電化されたお台所の写真を見て、「素敵ね！　自分達もこんな素晴らしいお台所で毎日お食事の支度をするのだったら、夢でもいいのに…」と羨ましく思ったものですが、新宿のサービスセンターにある電気のモデル・ハウスを見学して、もう夢でもと思わなくてもよい時代を本当に嬉しく感じました。（目黒区・磯村秀子）

先日、アメリカの将校のお宅へ招待されたとき、たまたま家庭での電気利用に話がすすみ、台所まで見せていただきましたが、本当に羨ましく感じました。そして、吾々もできるだけ家庭の電化をはかって、日常生活を快適に、より衛生的・能率的に合理化して行きたいものと思いました。（西多摩郡・岡野五郎）

『東電グラフ』の読者にとって、アメリカは家庭電化のモデルであったが、終戦直後「夢でもいいのに」と思っていた電化生活を手の届くものに変え、夢を実現したのは東京電力であった。すなわち、アメリカとは、実際に存在する国や社会以上に、それが象徴する豊かさにより戦後日本の人々とその後援者を申し出る東京電力を結びつけるシンボルとなって、電化社会の構成／再構成を促したのである。

3　家族の再構成と電化住宅

子供と良き先生

子供は、主婦と並んで「電化の主体」として想像＝創造された。『東電グラフ』は、未来の電化社会の担い手である子供を電気意識の涵養における重要なアクターとして描き、電気と社会のかかわりを説明する教育の対象として捉えた。

『東電グラフ』は「電気の少年少女」の姿を多く取り上げた。八九号（一九六〇）は、「目に見えない電気の性質や働きを自分たちで作った実験器具で楽しく勉強する」横須賀栄光学園物理班による電気器具の工作と実験を紹介した(44)（図7－12）。さらに、子供たちは、学校を離れ、ダムサイトや発電所でも学んだ。八三号（一九六〇）は、新東京火力発電所を訪れた生徒たちの姿とともに見学用のサービスホールや映写室の写真を取り上げた(45)。

子供たちは、電気知識を学び、電気と「友だち」となった。『東電グラフ』は小中高生に向けて「中学生のために、ぼくは電気です」、「電気のA、B、C」、「電気のX、Y、Z」、「電化こぼれ話」、「ピカちゃんの社会学」などを連載した。これらのプログラムは、電気の働きや家電器具の科学的原理を説明し、発電・送電の仕組み、水力・火力発電所の歩みについて教えた(46)。

このような活動を通じて、東京電力は子供の「友だち」となる自己を構築した。「ピカちゃん」と名付けられたキャラクターが、〈意味世界〉における東京電力の分身となった(47)。ピカちゃんは、難しい電気知識もイラストや図版を用いて分かりやすく説明し、子供たちの学習を助ける「良き先生」を目指した(48)（図7－13）。

子供という〈他者＝公衆〉の描写は、占領期の教育映画と比較した時、より鮮明になる。例えば、『ハエのいない町』

図 7-13　東京電力のマスコット，ピカちゃん（左「ピカちゃんの電気史」『東電グラフ』158号，1966，右「東電ニュース」『東電グラフ』135号，1964）

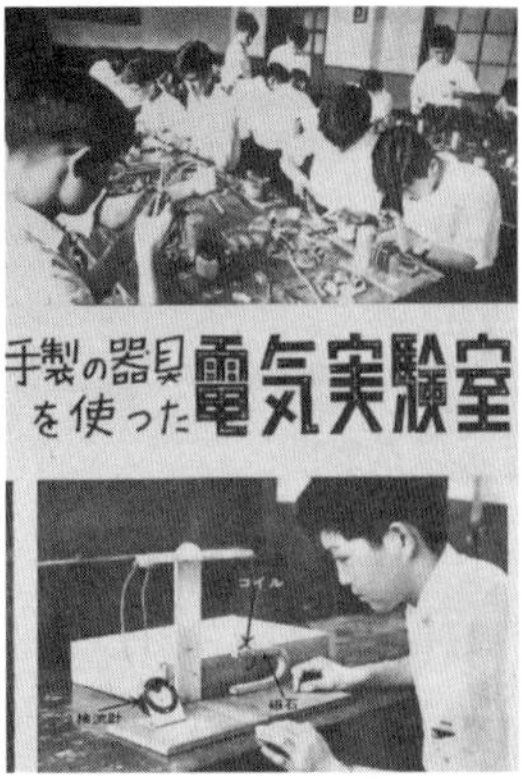

図 7-12　電気器具の工作をする子供たち（『東電グラフ』89号，1960）

（一九五一、日本学校映画教育連盟・岩波映画製作所）は町を奇麗に掃除し、公衆衛生を保っていく子供たちを描き、『子供会議』（一九四七、東北教育映画）は雨具を共同利用することで登校を助け合う共同体精神を映した。このように子供たちは、教育変革が行われた学校教育の現場における「対象」であると同時に、大人に頼らず、自主的議論を交わし、解決策を考え、自分たちの力で行動する「主体」でもあった。

大人に劣らない思考力と実行力を備え持つ「戦後民主主義の主体」に比べて、『東電グラフ』が描いた子供は、机に座って電気スタンドをつけて科学関連の本を読んでいる姿が多い。さらにそのような学習の場は、主に家や教室といった室内、つまり電化された空間に限定され、町や社会という室外においては、子供たちは感電事故などから厳格に守られるべき身体とされ、大人の保護下に置かれる。

『東電グラフ』の子供たちは学習の面では積極的ではあるが、政治性を持たない存在である。すなわち、電気の知識を学び、それを家族に広める役割を担うが[49]、子供たちが「電気知識の主体」となるためには、電化教育の担い手である東京電力の助けが必要なのだ。

子供たちの「良き先生」となる〈自我〉を形成していた東京電力を、当時の社会と大人たちはどのように捉えていただろうか。結論から言えば、電気／電化教育の良き先生となる東京電力の〈自我〉は、子供を中心に、家庭、学校、社会へと広がり、様々な他者を惹き寄せた。その様子が『東電グラフ』各号の読者の欄からうかがえる。

七三号(一九五九)には、社会科の国土開発という単元の参考資料に『東電グラフ』を持ってきたある生徒の話が紹介されている。これは稀な話ではなかったようで、読者の欄を読んでいくと、かなり多くの小中高生が理科や社会科の教材として『東電グラフ』を使っていたことが分かる。子供たちを指導する先生たちもまた『東電グラフ』を愛用した。ホームルーム図書として利用した教員(三二号、一九五五)、発電所の写真や発電力の図・グラフ、水力・火力発電所の仕組みについてもっと教えてほしいと要請した教員(四二号、一九五六)もいた。地方の学校や公立図書館は教育目的で『東電グラフ』の定期購読を申し出、教材研究の材料にしたいと連絡した大学関係者もいた(50)。

従業員の描写とマスキュリニティ

これまで見てきたように、主婦や子供という〈他者＝公衆〉は、「主婦の後援者」、「子供たちの良き先生」として東京電力の〈自我〉が構築される上で想像＝創造された。これらの他者が自我の鏡となっているのに対し、内なる他者であり、『東電グラフ』におけるもう一つの重要な被写体でもある労働者・従業員は、最初から東京電力の〈自我〉の一部に組み込まれ、描かれている。

一一九号(一九六三)に掲載された「若いちから」という題名の記事は、調布市にあった東京電力の社員養成所の一日を紹介している。同記事によれば、養成所では「中学卒業者が三年間、合理的な実技と教科によって、正しい技能と教養とを身につけるための「人間づくり」」が行われ、未来の東電社員である生徒たちは配電、発変電、送電、火力の専門科目四科の他に一般教養科目と体育教科などを学び、全員寮生活を通じて「電気技能者のタマゴ」としてたくましく育てられていた。

この記事をはじめ、『東電グラフ』に登場する社員や技術者たちは、アクロバティックな姿勢で送電塔に登ったり、送電線の間を行き来したりする、鍛えられた身体を持ち、恐れを知らない勇敢な男性として描かれている（図7－14）。さらに、「電気の血管を守るヒーロー」たちは優しい心の持ち主でもあった。九三号（一九六一）は、群馬県と新潟県境にある三国峠一帯を受け持つ湯宿保線区の技術者たちの仕事を取り上げ、厳しい冬のなか、電気を利用する人々のために命がけで働く使命感を褒め称えた[51]。

図 **7–14**　技術者たちの男性的イメージ（左「6000ボルトにいどむ」『東電グラフ』97号，1961，右「若いちから」『東電グラフ』119号，1963）

東京電力の男性的〈自我〉は、ほかにも多くの記事、写真を通じて繰り広げられた。「都会の下をゆく動脈」（九四号、一九六一）、「地下にもぐる送配電線」（一〇七号、一九六二）、「地下の配電線」（一四三号、一九六五）などの記事は、都市の巨大化と人口集中、オリンピックによる電力需要に備えて行われた高圧送電線・配電線の地下埋め立て工事を取り上げ、人々のために働く技術者たちの苦労を描いた[52]。

第三章で検討したAT&Tの保線夫を連想させる「ヒーロー」のイメージは、人々の生活と密接な場面でも強調された。「黄色い腕章」（二八号、一九五五）、「電気のサービス基地を訪ねて」（六六号、一九五八）、「サービス車の一日」（一一七号、一九六三）などの記事は、自然災害や各家庭内故障、停電などの問題に迅速に対応し、電化暮らしを支える「町の解決者」として東電社員を描き、彼らの奉仕とサービス精神を強調した。

このような労働者・従業員の描写における男性的イメージが、家庭

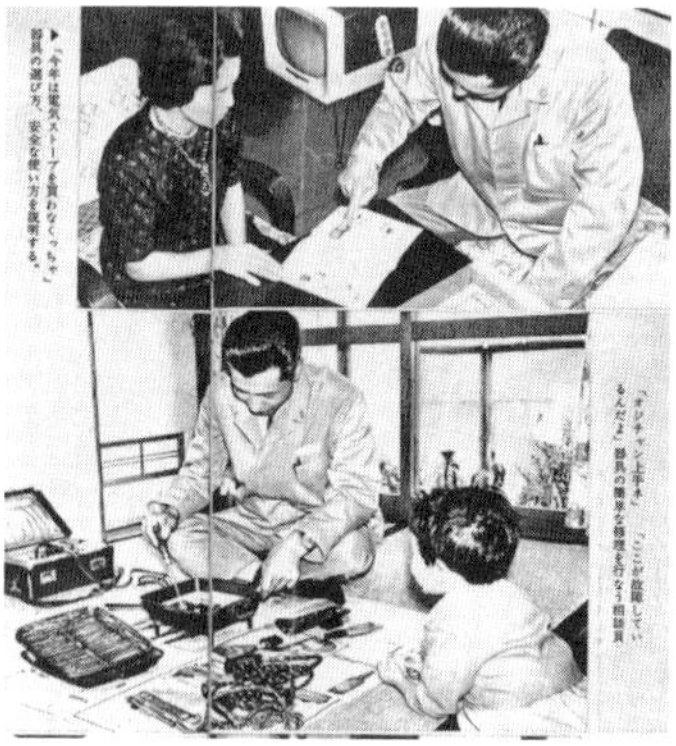

図 **7-15**　主婦にアドバイスし，子供と話す電化相談員（『東電グラフ』138 号，1964）

電化の担い手として描かれた主婦という他者、とりわけその女性的イメージと対をなしていることに注目する必要がある。『東電グラフ』が描く男性は、ほとんどが東京電力の関係者、従業員や技術者であり、各家庭における男性（お父さんや夫）は、主婦や子供に比べてきわめて補助的に描かれた。また、家庭の男性は電気の便益を享受する側だが、東京電力とその社員は家族の電化暮らしを支える存在として示される。すなわち、主婦の召し使い、後援者となり、子供の良き先生、保護者となり、一家の団欒を守るのは東京電力であり、その〈自我〉なのである（図７－15）。

前章で分析したＰＲ映画、『みち子の夢』のなかでみち子は、夫との葛藤を解決する上で東京電力のペルソナである伊藤三雄という男性に出会い、彼の支持と助力を得て家庭電化を実現させた。そこに表された奇妙な「三角関係」が、『東電グラフ』のなかで労働者・従業員の描写を通じて一層鮮明になるのである。そして、このような自他関係を踏まえて電気を軸とする新しい家族の形が構想された。

電化家族の住居空間

電気を軸とする家族は、電化された居住空間の描写を通じて鮮明なイメージが与えられた。電化住宅は、家電製品の正しい使い方が説明され、電気に支えられる一家団欒の家族像が浮かぶ表象空間となった。人々と電気――厳密には電気を供給する東京電力という企業の〈自我〉――が様々な形で結びつく電化住宅は、大きく二つの展示空間から表された。

まず、『みち子の夢』にも登場する最高級住宅の延長線上で、電気のモデルハウスやショールームが挙げられる。例えば、一〇〇号（一九六一）には、新宿の東京電力サービスセンター（二階）に設けられた「台所設計ルーム」の様子が紹介されている。

同記事によれば、このショールームは「動かせる台所セットで楽しい電化設計」をコンセプトに、主婦一人ひとりにあう理想的な電化台所を試す空間であった。流し台、調理台、配膳台などの底には自在車輪が取り付けられ、自由に移動・配列することができた。また、最新型冷蔵庫や洗濯機の実物大模型が用意され、スイッチやコンセントも磁石装置で壁面中に自由に取り付けることが可能だった。このような装置により来場者は自宅の坪数に合わせて様々な模様替えを楽しむことができた（図7-16）。

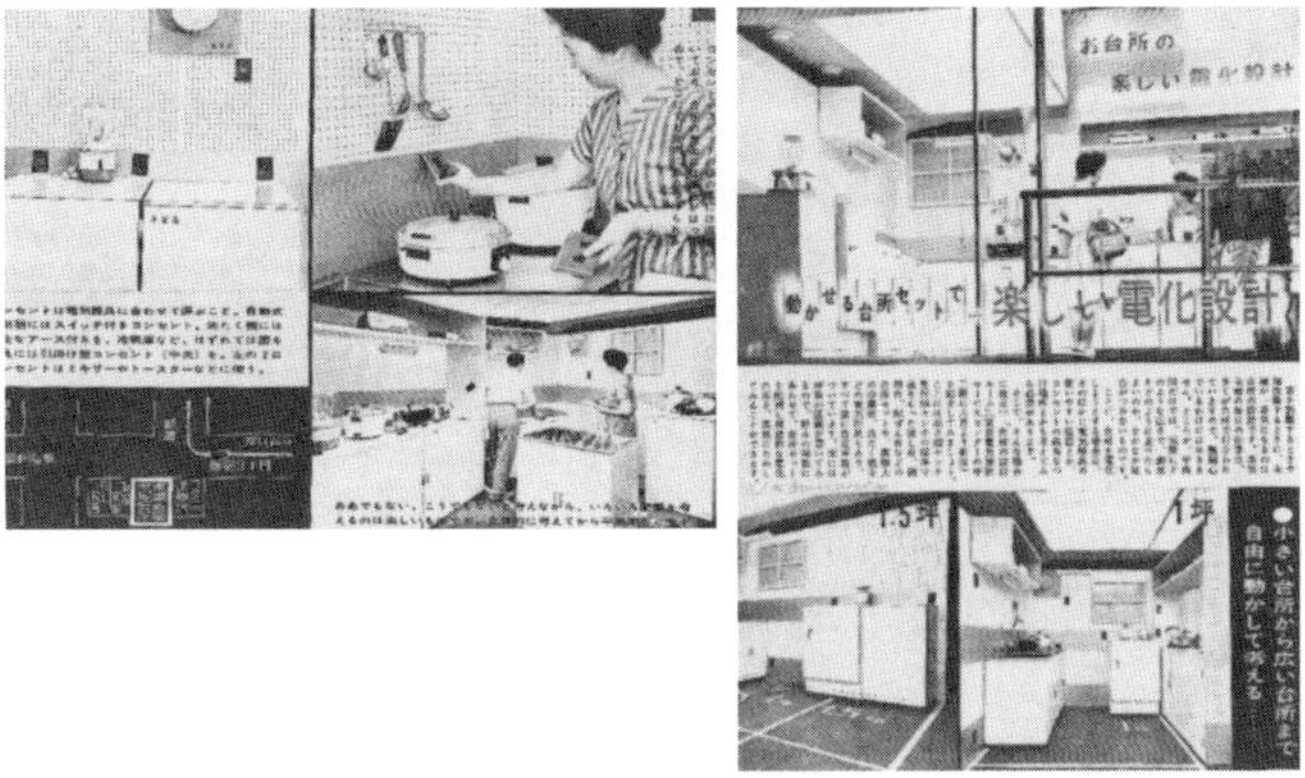

図 7-16　電化住宅のモデルハウス（『東電グラフ』100 号, 1961）

モデルハウスやショールーム、有名建築家や著名人の自宅という「おしゃれ見本」のほかに、『東電グラフ』は「お隣の家」を電化住宅のモデルとして紹介した(53)。読者が身近に感じやすい手ごろな電化住宅は、実際の居住空間のなかで人々が電気とどのような関係を結んでいるかをよりリアルに示し、「生のカタログ」となった。

一四八号（一九六五）の「くらしの知恵」は、新婚のA家を訪れ、夫婦の生活様式、とりわけテレビの利用とインテリアを紹介した。

Aさん夫婦は結婚一年半、現在、会社の1DKのアパート生活です。

図 **7-17**　神奈川県平塚市の農業電化センター（『東電グラフ』110 号，1962）

> 〔中略〕奥さんは、一月一度は部屋の模様替え。テレビを部屋の装飾に積極的に利用することにしているそうです。〔中略〕テレビの位置ひとつで、せまいアパートでは部屋のムードを全く変えることができますということでした。

続いて同記事は、夫婦と大学生の長男をはじめ、三人の子供がいるというB家については次のように書いた。

> 居間を洋式に改造したのと同時に、テレビもこれまでの古くなった一四型を一九型のコンソールタイプに変えました。〔中略〕家族でテレビを見ながら話し合えるようになったということ。これも生活の知恵のひとつでしょう。テレビの画面に合わせて、居間の椅子を特別に買ったそうですが、椅子の高さでテレビを見るつかれが違うということです。〔中略〕アンテナのフィーダーは露出のまま引き廻してあるのがふつうですが、奥さんの意見で埋めこみにするそうです。これならば黒いフィーダーも目につかず、新しい部屋の美観を損なうこともないでしょう。

このように、『東電グラフ』は、テレビという家電製品の利用例を紹介しながら、それが置かれている居住空間と生活環境に光を当て、それぞれ職業も家族構成も異なる家族の暮らしを類型化することで、読者に家庭電化と電化住宅のサンプルを提示した。この「お隣の家」というモデルハウスは、『東電グラフ』各号を通じて拡大再生産され[54]、電化住宅と理想の家族像は、都市に限らず、農村地域に対しても描かれるようになった[55]（図7-17）。

三　再構成される〈リアリティ〉

1　電気と資本主義

意味世界と社会的文脈

これまで〈公衆〉の想像＝創造を通じて構築される〈企業自我〉を検討してきた。『東電グラフ』という〈意味世界〉における自他関係は、社会的文脈における〈PRする主体〉と〈問題的状況〉を構成する他者の関係を捉え、投影している。言い換えれば、意味世界と社会的文脈における二つの関係／関係性が呼応することによって、〈主体〉の〈問題的状況〉が再構成される道が模索されるのである。

PR映画やPR誌のなかで「主婦の後援者」、「子供たちの良き先生」として〈自我〉が構築される背景には、東京電力という企業の存在意義が問われる社会的状況があった。当時、東京電力をはじめ、電力各社と電源開発、関連各社を含む電力産業は、ダムや発電所、送電塔や送電線の建設、生産電力の送電と配電をめぐって様々な課題を抱えていた。とりわけ、建設初期費用や運営・維持にかかる資金調達、電気料金値上げ、安全管理、サービス改善などの問題が浮上し、これらに関して需要家と世論の理解と同意が求められた(56)。

そのようななかで展開された東京電力のPR活動は、東京電力が自己の問題を、他者とのかかわりのなかで定義／再定義していこうとする試みであった。電力産業の営みを社会全体の利益と切り離せないものとして捉え返し、人々の生活のなかで電気事業の正当性と意義を見出そうとしたのである。

以上を踏まえて言えば、PR／コミュニケーションの分析は、〈PRする主体〉が置かれている社会的文脈を常に意識しながら行う必要がある。東京電力の〈問題的状況〉とそれを解決しようとする狙いは、『東電グラフ』という〈意味世界〉のなかで、どのような世界模様として描かれたのだろうか。本節では、〈問題的状況〉の解決に向けて主体の動機が〈PRする行為〉に投影され、浮き彫りにされる問題をさらに掘り下げていく。その上で、〈意味世界〉における自他関係、とりわけ新しい家族／電化家族を構成単位として浮かび上がる「電気の世界」の全貌を描き出してみたい。

「優良企業」東京電力

これまで見てきたように『東電グラフ』のなかで東京電力は、主婦や子供の助力者として自己を語り、自己主張を控えたが、唯一、東京電力の企業としてのイメージが前面に表されたのが、「優良企業」の言説である。[57]

『東電グラフ』九六号（一九六一）に掲載された「東京電力一〇年のあゆみ」は、「国家管理から皆さまの東京電力へ」という見出しとともに東京電力の電源開発状況と電気消費量（販売量）の推移を報じている。翌年の一〇八号は「これからの東京電力」をテーマに、アメリカの私営電力会社と東京電力の事業規模の比較を、資本金、発電設備、販売電力量などのグラフや数式を用いて説明した。また、一一七号（一九六二）の「伸びゆく東京電力」も事業概要、発電設備、資本金の年間推移や総資産、従業員数や工事資金の調達構成などの情報を掲載し、確実な収益を生み出す「優良企業」として東京電力の将来性をアピールした。

このような記事が登場した背景には、何度も指摘したように、当時の電力産業が抱えていた問題、つまり電源開発と設備運営・維持にかかる費用を賄い、そのために電気料金値上げなどを推進する目的があった。このような状況に応じて、東京電力は、電力産業の一員として「国土開発と日本経済の復興」という大きな目標を掲げ、産業と社会の共存を主張し、電力における公益的側面を強調したのである。

だが、『東電グラフ』が光を当てたのは、電力産業全体の問題だけではなかった。前述した記事は、他社との比較を通じて電力各社のなかでも、もっとも堅実な事業成長と収益性を誇る東京電力の優秀性を訴えた。すなわち、東京電力は、電力産業の一員でありながら、とくに優れた「投資先」として自己を紹介した。このような「優良企業」の言説は、電力と社会の公益的関係とは別の関係に応じていた。

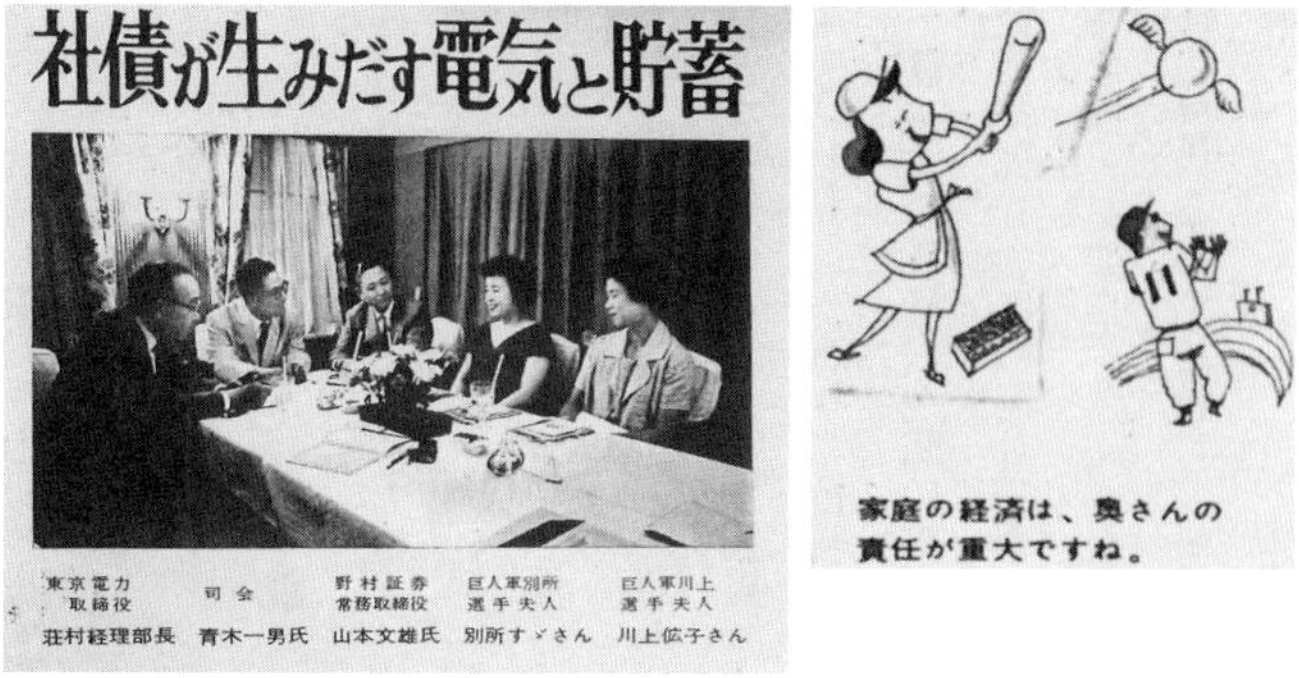

図 **7-18** 「社債主」となる主婦(『東電グラフ』77 号, 1959)

「社債主」となる主婦

優良企業の言説は、企業と個人の間における私的利益に根ざしている。電気と社会をめぐる議論のなかで「家庭電化の担い手」として描かれた主婦は、今度は、投資と利益という観点から優良企業・東京電力の「社債主」として見出された。

『東電グラフ』七七号(一九五九)には、プロ野球チーム・読売ジャイアンツの別所毅彦選手夫人と川上哲治選手夫人、野村証券の山本文雄常務取締役を招いた座談会の様子が紹介されている(図7-18)。「社債が生みだす電気と貯蓄」とタイトルが付けられたこの記事によれば、電力需要の急増により電源開発が続けられていたが、高額の資金を賄うためには増資だけでは不十分であり、電力産業は銀行や生命保険会社の融資に頼らざるを得なかった[58]。そこでこの資金調達の問題を何とか打破しようと、東京電力は約二〇四億円分の社債販売を開始したと書いてある。

座談会の司会を務めたNHKアナウンサー青木一雄の事情説明に続き、野村証券の山本常務は、野球のたとえ話を用いながら、選手夫人たちに社債と株券の違いについて話をしていく(59)。山本によれば、株券は、会社の経営における自己資本として経営に参加できる分、配当金の変動が激しいのに対し、社債は、東電に任期付で資金を貸すことであり、変動は少なく、年二回の利子〔利回り〕と一緒に元金が保証〔換金〕できる優れた投資先であった。社債を購入するならこれからどんどん伸びていく電力産業はもっとも確実で、かつ安全な分野であることが強調され、中でもとくに優良な東京電力の社債を買って「貸し主」となることが勧められた。

この座談会の目的は、社債の宣伝や売り込みという以上に、主婦という〈他者＝公衆〉を東京電力の社債の持ち主として想像＝創造することにあった。ゲストの選手夫人たちは、山本常務と青木アナウンサーとの対話を通じて、社債を購買するに相応しい、経済観念に優れた合理的な主婦として啓蒙されていく(60)。彼女たちは、長期的な計画に重大な責任を持つのは、主婦であり、夫の給料のほかに「第二の所得」を生み出すために家庭経済の新武器、つまり社債のメリットをしっかりと教わった(61)。

注目すべきは、主婦に東京電力の「社債主」、「貸し主」となることを促したのが、当事者である東京電力ではなく、社債や株券の取引を仲介する専門家、つまり野村証券の常務取締役であったことだ。資金調達という非常に重要な問題を扱いながらこの座談会をリードしたのは東京電力の関係者ではなかった。ここでも『東電グラフ』全体を貫く独特な自我像、すなわち、他者に焦点を当て、自己を他者の補助役として描く特徴が鮮明に表されているのである。

電気という貨幣／資本

『東電グラフ』が想像＝創造した「社債主となる主婦」は、占領期における株主民主主義と比較してみることができる。小額の株主は、占領改革が進めた経済民主化の象徴的主体として注目され、証券業界が行ったPR運動の中核的存在となった。株主という〈他者＝他者〉の言説は、ポスト占領期／高度成長期においては「家庭電化の主体」となった主婦を中心に再編成され、市場の民主主義というより、投資と利益に根ざした家庭経済学の一環として浮上した。主婦は、電力消費の主体として描かれると同時に、「マネー・ビルト」の担い手として、家庭経済のマネージャーとしても啓蒙された。主婦を対象にする家庭経済学の言説は、『東電グラフ』各号を通じて繰り広げられた。一〇八号(一九六二)から連載がはじまった「奥さま投資コーナー」は、野村証券の協力と諮問を得て設けられた。同コーナーは、日本証券業協会などが公開したデータを用い、主婦自ら利回りを計算できる算法を教えた。また、東電社債に関しては「換金が自由」、「高い利子」、「元本保証」、「国民貯蓄組合法の改正による税金恵沢」、「外国人投資家の注目」といったメリットが紹介された。『東電グラフ』は、家計の投資先/所得源として東京電力の社債を選択する主婦を「チャッカリ型の賢明な奥さま」と呼びながら、彼女たちの「たまらない魅力」を褒め称えた。

一一三号(一九六二)から連載された「VAWコーナー奥様の利殖法」は、東京電力の社債を「電気式財産増殖装置」と紹介し、「利回りも超高圧」と自負した。同コーナーは、電力産業に対する投資と利益を電気そのものにたとえている。このような言説からは、高圧送電線などが表す「電気のパイプライン」と、社債のような「資本のパイプライン」がもはや一体化している様子がうかがえる。『東電グラフ』のなかで、電気は、電気釜や電気洗濯機、電気冷蔵庫となって家事労働を軽減する「召し使い」であるだけでなく、資本の面でも家庭経済を支える、ある種の「貨幣」となったのだ。

電気が「貨幣」となる資本主義社会は、婚期を迎えた娘と父の家族愛を描いたPR映画、『桐のタンス』(一九六〇、東京電力・日東エージェント)の主題でもあった。映画の大筋はこうだ。新婚生活の家財準備をめぐって父とけんかをした娘は、ある女性と父がこっそり会っている場面を目撃し、ひどく落ち込む。だが、その女性は実は東京電力の社債の販売員であり、父が結婚資金の代わりに社債を買ってくれるつもりだったことを知った娘は心から反省し、家族の絆はさらに深まるのであった。この映画は、新婚生活を象徴する高級家財であった「桐のタンス」に代わって、東京電力の社債を新婚夫婦の夢みる文化的生活を支える資本として描いた。

電気の資本主義社会

社債に関する多くの言説は、電気が貨幣となる社会を構想する上で、電源開発の資金調達と一般家庭の所得倍増を結びつけ、資金の移動を可能にするために主婦という〈他者＝公衆〉に焦点を当てた。このような営みによって主婦は、『東電グラフ』が織り成す〈意味世界〉のなかで電力産業を支える経済基盤となり、合理的で経済的な存在として定義／再定義されたのである。

『東電グラフ』は、主婦と各家庭を電力産業と経済的な相互依存関係にある運命共同体として描くことで、資金調達という問題の突破口を模索しようとした。「あなたは発電所を作る」、「発電所はあなたのもの」、「債券の弁済は、あの巨大な発電所が保証する」などのフレーズは、社債を買う人々を東京電力の「オーナー」として捉えるだけでなく、社債主の人生と将来を、東京電力のそれと一体化している。

このような言説に示される関係性は、第三章で検討したAT&Tの事例、とりわけ株主民主主義の言説構造とも似ている。AT&TのPRキャンペーンは、いくら小額の株でもそれを所有する者には経営参加の権利があると訴え、電信電話産業の国有化をめぐる論争を鎮めようとした。反企業世論に対抗していく上で企業の営みと社会構成員／株主の繁栄を切り離せないものとして捉え、運命共同体となる関係を構築しようとしたのである。東京電力の社債運動は、このような株主・投資家向けPR活動 Investo Relations（IR）の日本型としても考えられる。

企業の収益がすなわち株主の配当金であるという考え方が普及すれば、企業と人々の関係はより堅固になる。企業のビジネスが、一部の資本家の利益だけではなく、多数の株主や社債主の私的利益にも奉仕するという認識が広まるのだ。このような相互利益に基づく関係／関係性は、広告やプロパガンダにおける言説と異なる特徴を持っている。

経済共同体・利益共同体となる言説のなかでは、負ける者も排除される者もいない資本を中心とする「愛の関係」が成立するのである。言い換えれば、「社債を買うとお客様が得をして、東電さんが助かり、証券会社さんも得をすると、三者に得を与える福の神のような」[62]関係が想定されているのだ。

繰り返し言うと、『東電グラフ』は社債の販売という問題を、一時的売り上げを目指す広告・セールスのレベルではなく、ＰＲの観点から捉え、実行した[63]。東京電力は、自己の問題が解決されることが、すなわち他者にとっても有益になる関係を立ち上げ、その問題の解決を他者が進んで望むように仕向けたのである。このような関係／関係性に基づいて、電気――厳密には電力産業、とりわけ東京電力――が日本社会と各家庭の経済を支える「電気の資本主義社会」が構想され、戦後日本の〈リアリティ〉として再構成された。ＰＲ／コミュニケーションの究極の目的は、このような〈意味世界〉を次々とつくり上げ、広めていくことにあったと考えられる。

2　電気が守る明るい社会

安全意識の啓蒙

東京電力は、各家庭の電化だけでなく、街・町全体の電化にも力を入れ、電気を軸とするまちづくり運動を多角的に展開した。ここでは、そのような活動が捉えていた問題とはいかなるものであったのかを分析してみたい。

『東電グラフ』一五一号（一九六五）の「電力で明るいくらし町づくり」という記事には、東京電力が定例的に開催していたサービス週間の様子が詳しく紹介されている。東京電力は、一方ではデパートの一角に電化相談コーナーを設置したり、団地では電気器具修理所や電気知識講習会を開催したりするなど、「電気の相談員」を各家庭に送り込んだ。他方では、高等学校に投光器を、養護施設と障害児施設には暖房器具を寄贈するなど、社会奉仕／サービスを掲げ、市町村住民の生活と環境づくりに積極的にコミットした。

このように東京電力のＰＲは、ある種のまちづくり運動や社会運動としての性格も帯びており、とくに健全で明るい精神を育み、事故から身体を安全に守ることを主な内容としていた。一一三号（一九六三）に掲載された「人災は忘れたころに」という記事は、関東電気安全委員会委員長をはじめ、成田市立八生《はぶ》小学校長、主婦、東京電力的場営業部長代理が参加した座談会の内容を紹介している。同座談会で話題となったのは感電死問題であった。高井委員長は、統計資料を用いて感電事故の多くが電力会社や電気工事業者ではなく、一般公衆の不注意から発生していると指摘した。成田市立八生小学校長の磯山洋司は子供たちを電柱に登らせない、タコを電線にひっかけないよう注意させるなど、指導しなければならないと述べ、主婦からは「正しい電気知識を身につけて細心の注意で子供の教育」にあたるために「お母さん教育」の重要性が語られた。

このような話からも分かるように、参加者一同は、感電事故の原因が一次的には街の電柱などを維持・運営する東京電力にあることには全く触れないで、改善すべき目標として公衆の意識問題を指摘した。すなわち、電気関連事故の被害に対する責任が、企業ではなく、被害者や潜在的被害者の不注意にあるという考えから、とりわけ子供たちを対象にする啓蒙の必要性が重視されたのである。

さらに、参加者たちは、子供の教育と予防運動に際して東京電力の後援と協力を求めた。磯山校長は、「ふるって東京電力の電気教室に参加する」と語り、参加者の間で安全委員会、学校、家庭、そして東京電力が一つになった感電事故の予防運動を展開することが期待された。以上の話を受け、東京電力の的場営業部長代理は、子供たちの安全を第一に考え、感電事故を交通や水の事故と同じように「社会問題」として取り扱う必要があると述べた。

守られる身体、守られる電気

子供は、感電事故の予防キャンペーンをはじめ、東京電力が行った様々な公衆啓蒙・教育の対象とされ、とりわけ電気と健全な身体を結びつける言説のなかで「守られるべき」存在として描かれた。

『東電グラフ』九〇号(一九六〇)は、「近視をふせぐ照明の医学」というタイトルから慶応大学医学部の植村操教授と主婦・井上登喜子の対談を取り上げている。同記事は、後天的近視の予防策として学校や家庭の勉強部屋に相応しい照明設備を整え、常に適切な明るさを維持するために「なるべく天然光線の近いもので」質の高い蛍光灯スタンドを購入することを勧めた(64)。

二人の話のなかで、子供の目は、日本家屋の非合理的構造や目に負担をかける複雑な漢字と縦書き文化などから守られるべき対象とされ、電気スタンドによる明るい照明が子供たちの健康を守るという意見が述べられている。『東電グラフ』各号は、繰り返し電気スタンドの正しい選び方や手入れ方法を紹介し、子供の目の健康という問題は、生活環境の改造や住宅の合理化という話とも結びついた。

電気と子供の健康は、ほかにも様々な座談会や対談を通じて頻繁に取り上げられた。このような言説の基底には、人間の身体を、電気の適切な利用と安全な管理を通じて守っていこうとする考え方があり、上述した感電予防の言説と基本的には同じ構造をなしている。さらに踏み込めば、『東電グラフ』のなかで人間の身体は、電気と一体化していた。

一四二号(一九六五)の「医療と電気」という記事によれば、人は「生まれたときから電気とともに人生が始まる」。同記事は、日本人の平均寿命や乳幼児死亡率など、統計資料を用いながら、電気保育器、電気脳内血圧計、電気メス、放射能照射ガン治療器、ガストロカメラなど、医療器具の電化や医学分野の進展のおかげで、「ガンや高血圧の征服、人工臓器の発展」が可能になり、「バラ色に輝く人世八〇、九〇年がくる日もそう遠くない」と展望した(図7-19)。

このような言説は、電気と医療技術の発達に焦点を当てるものから、逆に電気/電化製品を人間の身体にたとえる

図 **7-19**　医療技術と身体の電化（『東電グラフ』142号，1965）

ものまで様々な形で表された。八八号（一九六〇）に掲載された「電気器具のための予防医学」という記事は、「病気を未然に防ぐためには予防医学という学問」があるように、「私たちが使う電気器具にも故障を未然に防ぐ取り扱い方や注意事項がある」と説明した。同記事によれば、「人間と同様、電気器具にも環境は大切」であり、「人間の体力と同様、電気器具にも働く能力に限りがある」ため、洗濯機、蛍光灯、アイロンなど、電化製品の「寿命」を伸ばすためには事故や故障を事前に防ぐ必要があった。

街灯と安心安全な生活

感電事故の予防、子供の健康というテーマから始まった公衆啓蒙は、街・町を対象にする防犯・治安運動に拡大した。電化暮らしの基盤となる都市生活の安全を保つ上で、住民の自治と積極的活動が強調されたが、その裏面には人口集中による犯罪率、事故率の増加という問題が絡んでいた。東京電力のPRは、各家庭はもちろん、学校、警察、自治体、大学、学会など、様々な社会組織を巻き込みながら展開された。

東京電力のまちづくり運動は、暗闇をなくすことに焦点が当てられた。『東電グラフ』一〇九号（一九六二）に掲載された「街を明るく」という記事によれば、「暗がり」こそ、強盗、性犯罪、ヒッタクリ、自動車事故などの諸犯罪の温床であった。同記事は、目黒区や世田谷区の実例や統計的資料を用いて防犯灯の設置が犯罪率を軽減させるといった警視庁防犯課担当者の言葉を引用し、治安のために街灯の設置が必要であると書いた[65]（図7-20）。

このような状況を踏まえ、東京電力は約四万個の防犯灯をサービスエリア内の各市町に寄贈し[66]、警視庁と地域住民が推進する生活環境運動を後援した。前掲の記事は、街灯が寄贈されてから「夜にも安心して出かけるようになり、時間のムダがなくなった」、「暗い公園はアベックの散歩道であったが明るくなり、子供の教育上良くなった」など、東京電力の支援に感謝の意を表す声を取り上げた。

街灯＝防犯灯は安全で安心な町のシンボルとされ、東京電力は健全なコミュニティを支える後援者、助力者となった。だが、『東電グラフ』が描いた「犯罪のない明るいまちづくり運動」は、警視庁と地域住民の要請に応える「善行」としての側面のほかに、電力消費を促す側面もあった。

図 **7-20**　犯罪のない明るいまちづくり運動（左「街を明るく」『東電グラフ』109 号，1962，右「くらしを明るく——防犯と電気」『東電グラフ』125 号，1963）

一二五号（一九六三）の「くらしを明るく——防犯と電気」は、一台の防犯灯の設置と維持にかかる費用とともに、消費電力と電気代が詳細に書かれている。都市と住宅街における諸犯罪を根絶するために「暗がりを無くす」ことは、言い換えれば、電気を使い「夜も明るい」街・町をつくることである。すなわち、街・町を明るくする運動は、奉仕や社会貢献以上に、電気の必要性を各家庭から街・町全体に拡大させていこうとする東京電力自らの問題とも密接につながっていたのである。

街灯をめぐる言説は、夜の街・町を明るくする点ではもちろん、都市の美化という問題とも結びついた。『東電グラフ』は、寄贈された防犯灯が盗難にあったり、汚されたりする事件に対し、電柱や街灯の掃除を行う地域住民の美談を紹介した(67)。また、アメリカや西ドイツの水銀灯の例を取り上げ、街灯が犯罪ばかりではなく、美しく明るい町づくりの一部であると説明した(68)。さらに、同誌は各家庭において防犯ベルや玄関モニターを取り付ける必要性を指摘し、その際に庭園灯を防犯灯の代わりに使えば、住宅景観の美化と安全安心な生活の両方を同時に守ることができると提案した(69)。

電気と明るい未来

『東電グラフ』一二五号(一九六三)の「くらしのあかり」という記事は、東京オリンピックを話題に、日本照明学会担当者、日本女子大生、東京電力奉仕課副長が参加した座談会の内容を報じている。参加者たちは、オリンピックという国家的イベントを迎え、日本国民の意識水準、とりわけ「照明の面でもモダンで合理的になっているか」という問題について意見を交わした。

日本照明学会監事は、まさにこのような問題に応えていくために、「電気屋さんばかりではなく、建築屋さん、お医者さん、心理学者」など、各分野の専門家が集まって照明学会を立ち上げたと紹介し、照明がもたらす効果を次のように説明した。照明は、デザイン性の面ではもちろん、気分を変える、ストレスを解消してくれる、おかげで夫も早く帰ってくる、子供の教育にも役立つなど、照明/電気が生活者の心と精神に及ぼす影響が強調されている。

一方で、女子大学生の方からは、「いい照明をすれば、すごく経済的」という意見が出された。明るい照明がもたらす先進的社会を夢見ながらこの女子大生は、「東京オリンピックには、日本中を明るくしたい」と、期待を寄せた。二人の意見を聞いて東京電力奉仕課副長は、電気による安心なまちづくりは、犯罪予防だけでなく、人々の生活を合理化し、意識を明るくするといい、それまでのPR運動を振り返って感想を述べた。

このような話が示すように、『東電グラフ』のなかで電気は、街灯を灯し、夜の暗闇を明るくする以上の役割を果たしている。すなわち、街が明るいと、そこに住む人の気持ちも明るくなる東京電力の〈意味世界〉のなかでは、人々の心と精神までが電化の対象となるのだ。

『東電グラフ』のなかに浮かび上がる「電気によって守られる防犯社会」は、人間の精神を電化することを通じて、平和で安全な世界を構想する。このような期待は、オリンピックと重なり、電気がもたらす「明るい気分」、「明るい家庭」、「明るい町」を経て、さらに「明るい日本」と「明るい未来」に射程を広げている。だが、そのような〈世界〉が許容するのは、東京電力によって想像＝創造された〈他者＝公衆〉のみであり、それ以外の存在は電気によって根絶されるべき「暗がり」の一部とされ、排除されてしまうのである。

3　電気科学技術と未来社会

電気のオリンピック

街・町や都市は、家庭の電化を包含する地域である。『東電グラフ』は、巨大都市東京を電力消費が集約する集合的、象徴的な空間として描いた。とりわけ、オリンピックという巨大イベントが、電化都市の言説とイメージの中核となった。

『東電グラフ』一三六号（一九六四）の「かわりゆく東京」は、赤羽兵器廠跡や増上寺五重塔の跡地を戦争の爪跡を残している所とした上で、東京タワーを「文化の勝利の記念塔」、「古い殻を破って突き出た芽」と呼び、古い歴史から脱却して世界的都市に成長する東京の未来を想像した。同記事によれば、その明るい未来における「芽は、電気エネルギー」であり、東京という「巨大な生き物」を、「電気が東京のすべてを無言のうちに発展させて」いった。

一一九号（一九六三）から一三六号（一九六四）まで連載された「オリンピックと電気」というシリーズは、オリンピッ

図7-21　オリンピックと電気（左「かわりゆく東京」『東電グラフ』136号，1964，右「オリンピックと電気——電力対策」『東電グラフ』125号，1963）

クと都市開発の関係を様々なテーマから描いた。道路、地下鉄、空港、競技場、ホテル、ワシントンハイツの跡地に建てられた選手村、映画館・娯楽施設のほかに、セイコー時計、放送システム、衛星通信、万国旗、記念塔など、オリンピックに関連するあらゆるキーワードが取り上げられ、鮮やかな写真とともに紹介された[70]。一二五号（一九六三）に掲載された「オリンピックと電気——電力対策」は、「電気は、オリンピック東京大会成功への一つの鍵を握っている」と書き、八王子市全体の需要に匹敵する電力消費に応じて膨大な人員と予算を投入し、供給設備を整え、配電線美化、無停電保守予行演習を行ったことを報じた（図7-21）。

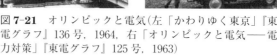

電気は、まさにオリンピックの主役とされた。一二九号（一九六四）には、「オリンピックを契機とするこれからの東京と電力」というタイトルの記事が掲載され、東京都整備局長の山田正男と東京電力の白沢富一郎常務取締役の対談が紹介されている。二人は、高層ビルと都市計画、都心変電所の地下移転問題、水資源確保と水力・原子力発電所の建設など、首都東京が抱える諸問題に関する認識を共有し、オリンピック体制について意見を交換した。

山田によれば、オリンピックをきっかけに当時、すでに人口一〇〇〇万を抱える巨大都市東京にさらに多くの人々が集まり、交通が混雑することが予想されていたため、整備局では年間八〇〇億円をかけ、道路工事を行っていた。これに対して、白沢常務は「電気の方は、東京電力全体で一年間約一〇〇〇億円をかけている」と述べ、山田は整備局予算をはるかにこえる東京電力の資金投入について、道路工事は税金でやっているので、比べられないと感心し、労苦をいたわった。

白沢の言葉は、表ではオリンピック開催に向けて電力会社がどのような苦労をしているかを吐露しているが、基底には「今度のオリンピックは、いわば「電気のオリンピック」」である考えが流れている。すなわち、東京オリンピックは、電力産業の大々的な支援と協力なしには実現できない夢として捉えられていたのである。白沢の自信にあふれる言葉に対して山田は、「オリンピック大会を成功させるため、東京都の発展のため、われわれは大いに電力に期待している」と述べ、東京と電力産業の共助的関係を強調した。

娯楽都市と電気

『東電グラフ』が描く巨大都市、とりわけ東京は、「電化ブーム」を経て「電化時代」を切り開く、集団的、集合的電力消費の空間として描かれた。鉄道網や交通機関は東京の血管にたとえられ[71]、高層ビルの壁面に設置された電光ニュースや街を埋め尽くすネオンサイン、デパートのエスカレーターなど、巨大商業施設の仕組みが「電気はこんなところにも使われている」などのコーナーを通じて紹介された[72]。

なかでも、都市と電気のかかわりをもっとも魅力的に表し、読者の関心を惹き寄せたのが娯楽空間の描写であった。七〇号(一九五九)に掲載された「東京タワーみてある記」は、当時、一日に一万二〇〇〇人が訪れていた東京タワーにあった近代科学館を取材し、東京電力のデモンストレーション・ルームもあわせて取り上げた。

各テレビ局の送信機室が並ぶ放送送信館(五階)、電気通信放送館(四階)、一般工業館(三階)の隣にあった東京電力のデモンストレーション・ルームでは、大手町地下変電所、須田貝ダムと発電所、千葉火力発電所などの模型が展示された。同記事によれば、常駐の女性デモンストレーターの分かりやすい説明に加え、関東地域の発電設備や送配電を

図 **7-22**　東京タワー内のデモンストレーション・ルーム(『東電グラフ』70 号, 1959)

図 **7-23**　行楽空間と電化(左「動物園も電化ぐらし」『東電グラフ』96 号, 1961, 右「遊園地」『東電グラフ』147 号, 1965)

表す発送電系統図をはじめ、東京の電化事情が分かる図表や写真が多くあったため、小中学生の見学場所としても人気があった(図7-22)。

都市の魅力を生み出す電気的仕組みは、遊園地や動物園など、行楽空間の記事からも紹介された。上野動物園の舞台裏を取材した『東電グラフ』九六号(一九六一)の「動物園も電化ぐらし」、一四一号(一九六五)の「冬の動物園」は、冷暖房設備と給排水設備、調理器、冷蔵庫、赤外線ランプ、医療器、併設海水水族館の海水高圧タンク、海水循環用ポンプ、自動制御装置などを取り上げ、「動物一匹当りの電気使用量は約一三キロワット時で人間一人当りと同じ電化」ぶりを強調した(図7-23)。

一四七号(一九六五)に掲載された「遊園地」は一般家庭の三五〇〇倍くらいの電気が使われるジェットコースターや宙返りロケット、噴水ショーを紹介しつつ、「この美しい調和の陰には電子頭脳の精密な働きがある」と説明した。同記事は、「新しい技術、新しい設備は私達のレジャーのひとときに思いもよらない変化と楽しみを作り出してくれる」と述べ、テーマパークを舞台に電気的想像力を刺激した。

ダイナミックなエネルギーの使用や自動化を取り入れた遊園地の描写は、複雑な地下送配電線や首都高速、ネオンサインのように、すでに都市を埋め尽くしていた電気システムと並んで、未来都市のイメージを形作っていった。

科学技術の発展とその担い手

『東電グラフ』が描く電気の未来は、科学中心主義に基づいている。上述した都市の言説とイメージも、電気科学技術の発展とそれがもたらす便利な生活を基に拡散された。

一三三号(一九六四)の「二一世紀へのかけ橋」という記事は、東京都千代田区北の丸公園内にある科学技術館を取材し、宇宙科学、原子力、化学プラント、電力と応用、電波の利用に関する展示の模様を紹介した(図7-24)。同記

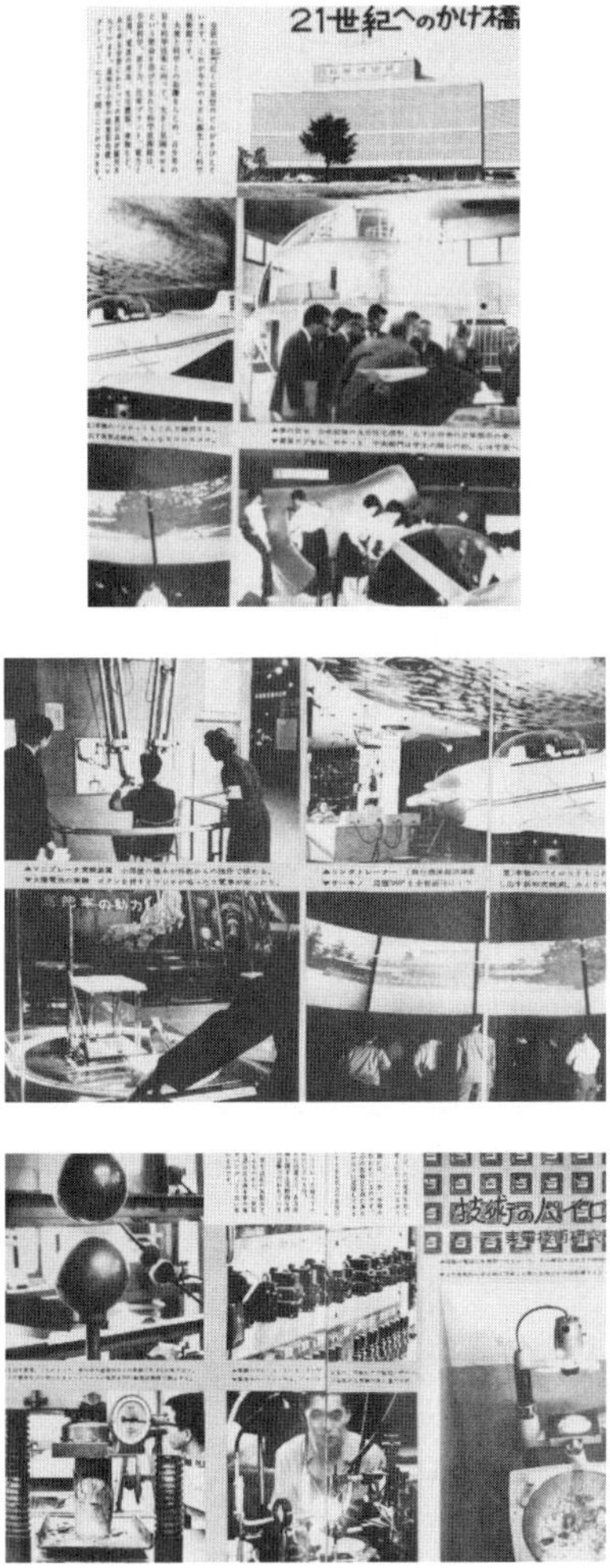

図 **7-24**　電気科学技術と21世紀(上，中「21世紀へのかけ橋」『東電グラフ』133号，1964，下「技術のパイロット」『東電グラフ』133号，1964)

事には、月世界体重計、体内放射能測定器、宇宙船内の映画、飛行機操縦訓練装置の紹介とともに、「夢の住宅」、「衛星カプセル」、「三六〇度映画サーキノ」などのアトラクションを楽しそうに観覧する人々の写真が掲載された。

科学技術館の記事のすぐ後ろには「技術のパイロット」というもう一つの関連記事が組み込まれ、真剣な顔付きで実験に挑む研究者たちのクローズアップ写真とともに、東京電力の技術研究所が紹介されている。同記事によれば、電力会社といえば、ただ電気を起こし、送る所と思われるが、その陰では燃料の分析や電力設備の実験など、直接電力に関係するものから海水中の微生物研究まで「より良い電気」をめざした研究が行われていた。

科学技術館が「大衆と科学との距離をちぢめ、青少年の目を科学技術に向かって、大きく見開かせる使命を帯びて生れた」とすれば、それと肩を並べる東京電力の技術研究所は、大衆と電気との距離をちぢめ、青少年の目を電気と電化に向かって見開かせる使命を帯びていた。前述したとおり、東京電力は『東電グラフ』の様々なコーナーをはじめ、座談会や見学を通じてダムや発電所、発電・送電の仕組みについて子供や青少年に対する教育を図ってきた。そのような試みに加え、東京電力は電気知識を教える「良き先生」としての自我だけでなく、科学技術そのものの発展に貢献する自己像を形成し、電気の未来／未来社会を切り開く想像力を刺激しようとしたのである。

SF／夢のような未来

『東電グラフ』は、電気科学技術が導く未来社会を、人々の生活の瞬間ごとが電気を通じて成り立つ究極の電化社会として想像＝創造した。

九二号(一九六一)には、あるサイエンス・フィクションが掲載されている。「夢はもうすぐそこに――P君の夢」というタイトルが付けられたこの物語は、P君という少年が初夢に見た「将来の私たちのすばらしい生活」を描写している。

夢のなかでP君は、近未来の日本に住んでいる。彼は、電気アラームで目覚め、動く歩道で愛犬の散歩をすることから一日をはじめ、自動調理器がつくった朝ご飯を食べ、電気食器洗機が食器を片付ける間、ラジオの自動録音番組を聴きながら出勤の支度をする。P君は、自動ドアを出てすぐにエレベーターに乗り、モノレールに乗り換え、車窓から空港のレーダー塔、遠距離宇宙衛星と連絡をはかる電波望遠鏡、河口に建設された原子力発電所などを眺めながら通勤する。職場に着いたP君は、電子翻訳機の設計と人工頭脳の開発に取り組む。

この物語の作者は、「電気のA、B、C」をはじめ、小中学生向けの電気知識コラムを『東電グラフ』に連載した早稲田大学の高木純一教授である。「子供の良き先生」となる東京電力の〈自我〉が構築される上で協力者を務めた高木は、今度は、P君という少年をつくりあげ、少年の夢のなかに電気を軸とする未来社会を描いたのである。

物語の舞台は近未来で、内容も当時、まだ実現・普及していない様々な電気システムの説明に焦点が当てられてい

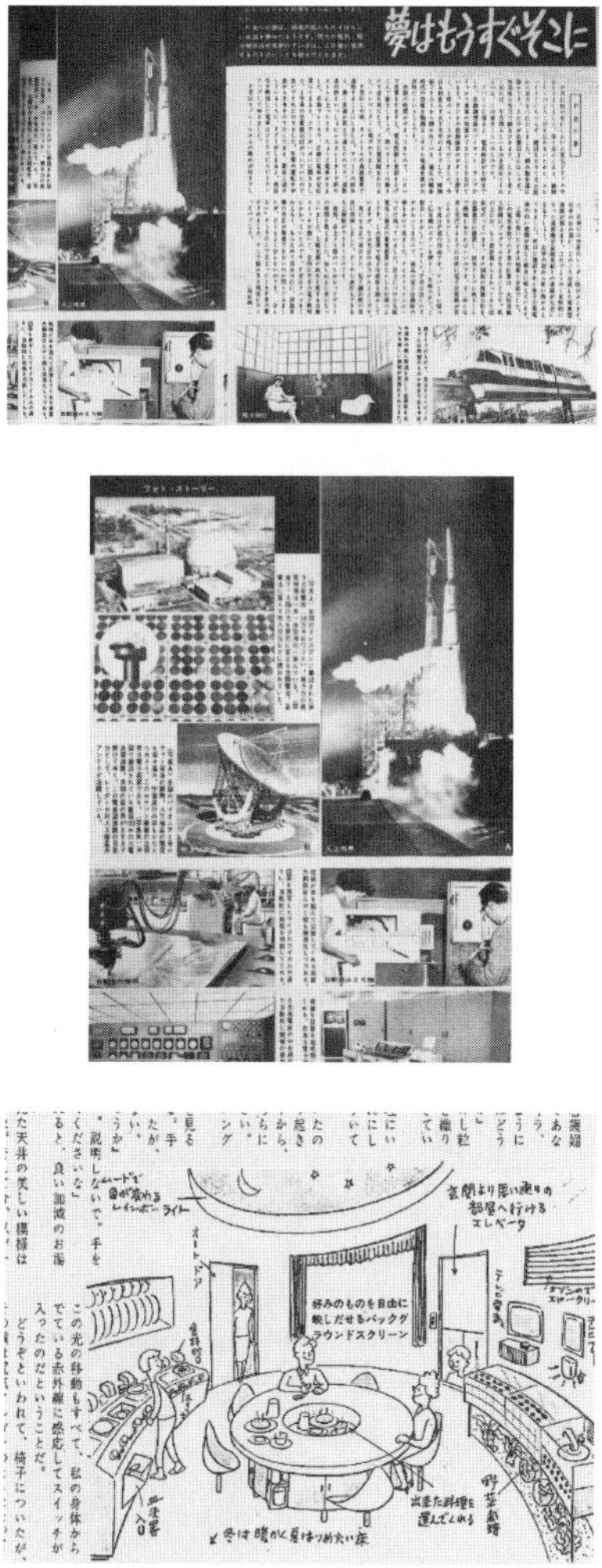

図7-25　夢のような未来／電化社会（上，中「夢はもうすぐそこに」『東電グラフ』92号，1961，下「電化生活の夢」『東電グラフ』152号，1966）

たが、一緒に掲載された写真は、米国イリノイ州のドレスデン原子力発電所、人工衛星パイオニア号、巨大太陽電池と大電波望遠鏡、西ドイツのモノレールなど、いずれもすでに開発されたものだった。『東電グラフ』のなかに想像された未来社会／電化社会が鏡としていたのは、西洋先進国の技術力であったとも言える(図7-25)。

一五二号(一九六六)に掲載された「電化生活の夢」も未来社会における電化生活を想像的に描いた。照明普及会ニュース委員主査の笠原襄が書いたこの物語は、冷凍休眠に入っていた主人公が目覚めた一九九〇年の日本社会を舞台にしている。一〇年間、病院で寝ていた主人公はある日、意識を取り戻し、光る殺菌灯を織り込んだ制服を着た看護師、自動化された洗面台とダイニングキッチン、冷蔵庫と温蔵庫が内蔵されたテーブル、人の動きに反応するセンサー付き照明、液体化された食べ物、人工光と合成肥料で育てられた野菜などを見て、その「全く新しい生活」のすばらしさに驚嘆するのであった。

この二つの物語に共通しているのは、「夢」と「未来」である。科学技術が進んだ究極の電化社会を想像し、希望に満ちた未来をきわめて肯定的に捉えている。『東電グラフ』のなかに浮かび上がる未来社会＝電化社会は、見田が「夢の時代」の前半の特徴として説明した「柔らかいピンク」色の雰囲気に包まれていたのである。そこからは、二〇一一年の福島第一原子力発電所事故後、我々が目撃した影の部分は少しも感じられない。

『東電グラフ』のなかで見せびらかされた日本の未来とそれを支える電力企業の姿と、事故後、東京電力が見せた危機管理と対応能力との間には、あまりにも大きなギャップがある。この問題をどのように捉えることができるだろうか。『東電グラフ』のなかに浮かび上がる様々な〈意味世界〉と同じく、「未来」もまた、社会的文脈の延長線上で予見された未来ではなかったのである。それは、東京電力が自己の問題を、〈他者〉の想像＝創造を通じて捉え、〈企業自我〉を構築していくなかで再構成された、もうひとつの〈リアリティ〉だったのだ。

四　戦後日本という〈意味世界〉

本章では、『東電グラフ』というメディアのなかで、〈他者〉がいかに想像＝創造され、さらにより重要な問題として他者の期待と役割を取得した〈企業自我〉がどのような姿をして現れているかについて分析した。〈他者＝公衆〉が「電化の主体／主人公」として定義／再定義され、〈企業自我〉がその他者の「後援者」、「助力者」となる独特な関係がより長い、広い時空間のなかで、鮮明なイメージと言説を通じて浮かび上がってくる。

『東電グラフ』のなかには、電気の資本主義社会、防犯社会、未来社会のように、様々な顔を持つ〈意味世界〉が現れている（図7-26）。これらの〈世界〉は、社会的文脈において〈PRする主体〉が直面する諸問題に注意深く対応していながらも、現実とは違うもう一つの〈リアリティ〉をつくり上げている。

この〈リアリティ〉のなかで自我と他者は、対立することなく、相互に緊密につながり、依存する関係にある。この〈リアリティ〉の主人公である〈他者＝公衆〉は、夢の実現に向け、自分にとって有益な道を追求するが、その道は、実は〈他者＝公衆〉の助力者を買って出る〈企業自我〉の抱える問題が解決される過程でもある。東京電力という〈PRする主体〉は、〈意味世界〉のなかで〈他者＝公衆〉の手を借りて、他者の望みと欲望を応援しながら、自己の問題を解決していくのである。

このような関係は、実際の社会的文脈における東京電力という企業とその利害関係者・公衆の関係が逆転された形で表されているとも考えられる。重要なのは、この奇妙な自他関係を読み解き、〈企業自我〉が出現する〈意味世界〉を考察することを通じて、〈PRする行為〉における〈PRする主体〉の動機をうかがい知ることである。

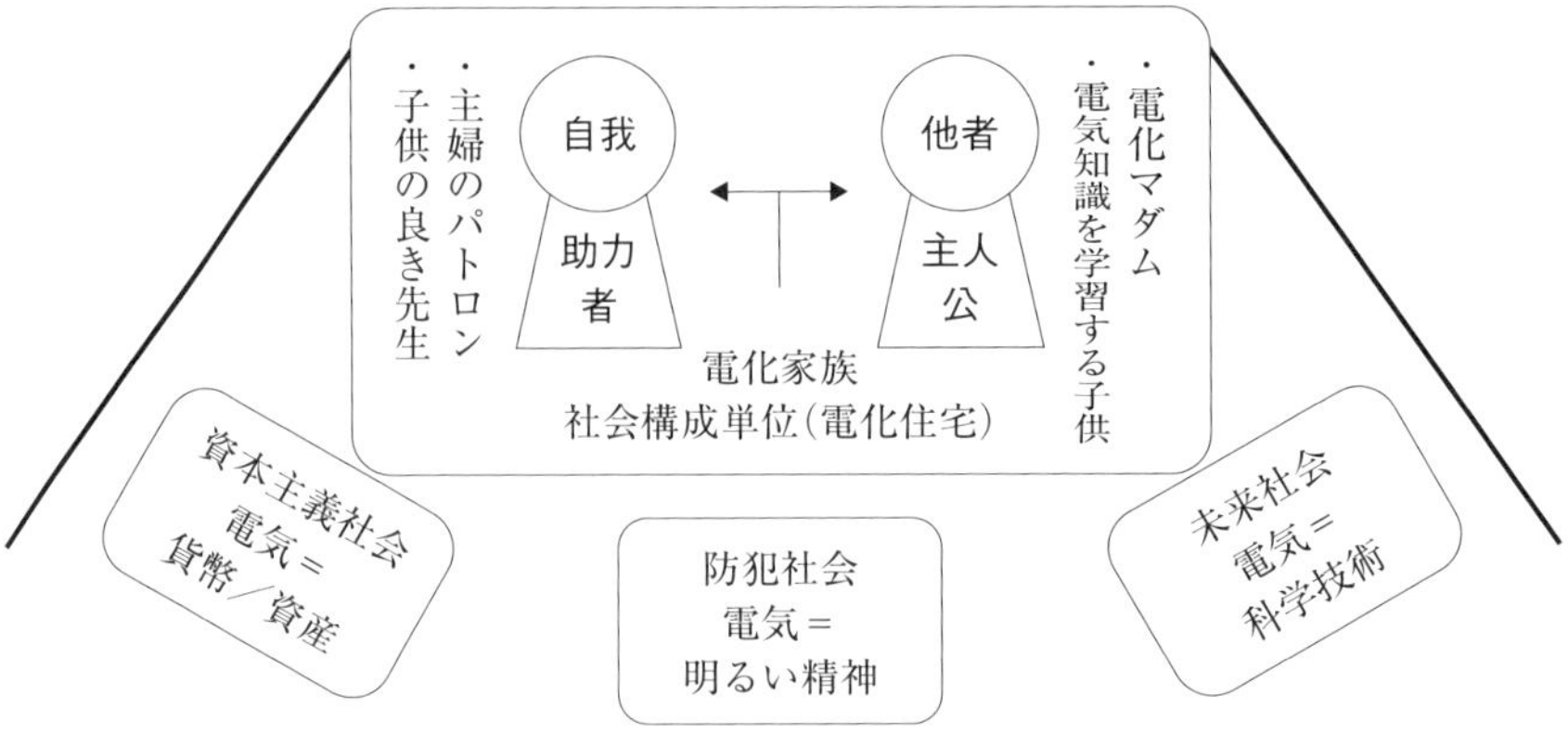

図 7-26　自他関係を軸として拡張する〈意味世界〉

ミードが説明した社会的自我の特徴は、東京電力という企業に対しても見事に当てはまる。『東電グラフ』のなかに浮かび上がる「電気の世界」は、主婦や子供という〈他者＝公衆〉の助力者、友となる〈企業自我〉が構築されるシンボリックなコミュニケーションの産物である。それは、様々なメディアを通過して、コミュニケーションの幅をもたらし、さらに多くの他者を組織化し、吸引するプラットフォームをつくっていくのである（図7－27）。

『東電グラフ』の「電気の世界」における〈公衆〉は、東京電力が想像＝創造した他者であり、それを鏡として構築される〈自我〉もまた、実在する東京電力とちがう次元において成立する。だが、このような〈他者〉と〈自我〉を含む〈意味世界〉の構築には、実際の日本社会における無数の他者が積極的にかかわっていた。本文の各箇所で紹介したように、『東電グラフ』の読者は、東京電力が想像＝創造した〈他者〉と自己を同一視し、他者の助力者、友となる東京電力の〈自我〉を受け入れ、自己の生活を『東電グラフ』が描く〈意味世界〉の一部として捉えていた。

社会的文脈における他者と、〈意味世界〉のなかで想像＝創造された〈公衆〉の相互作用を通じて、東京電力の〈自我〉はより安定的に構築され、社会的文脈において東京電力が抱えている〈問題的状況〉の再構成における可能性が広がる。このような相互依存的関係を意識したかのように、『東電グラフ』の編集部は読者の声を積極的に取り入れ、〈意味世界〉と〈自我〉の調整を柔軟に行った。

人々を引き寄せ、また、彼ら（読者）によってつくりあげられた『東電グラフ』を単純な「現実の反映物」として定義することは難しい。ＰＲというシンボリックなコミュニケーションが織り成す世界は、想像＝創造された〈他者〉と〈自我〉の関係性を踏み台にしながら、その外側にいる他者を巻き込み、新たな〈リアリティ〉の底辺を広げていったのである。

このような特徴は、東京電力のＰＲだけに限るものではないだろう。電力産業全体の〈問題的状況〉に応じてきた電力各社のＰＲ活動にも共通する側面があったはずである。さらに、細部の違いはあるかもしれないが、〈自我〉と〈他者〉の関係／関係性と〈意味世界〉の分析枠組みは、電力産業だけでなく、戦後日本の経済成長を主導してきた鉄鋼、石油、化学、繊維、自動車などの主要産業に対しても適用することが可能である。

『東電グラフ』という〈意味世界〉は、一つの事例であるだけでなく、戦後日本という歴史空間を再考する上で重要な示唆を与える。その可能性に触れながら、本書は、高度成長期の戦後日本を、ＰＲ／コミュニケーションによって再構成された〈リアリティ〉として捉え返してみたい。「経済成長の主体」として想像＝創造された〈公衆〉とその「助力者」として構築された〈企業自我〉が関係を

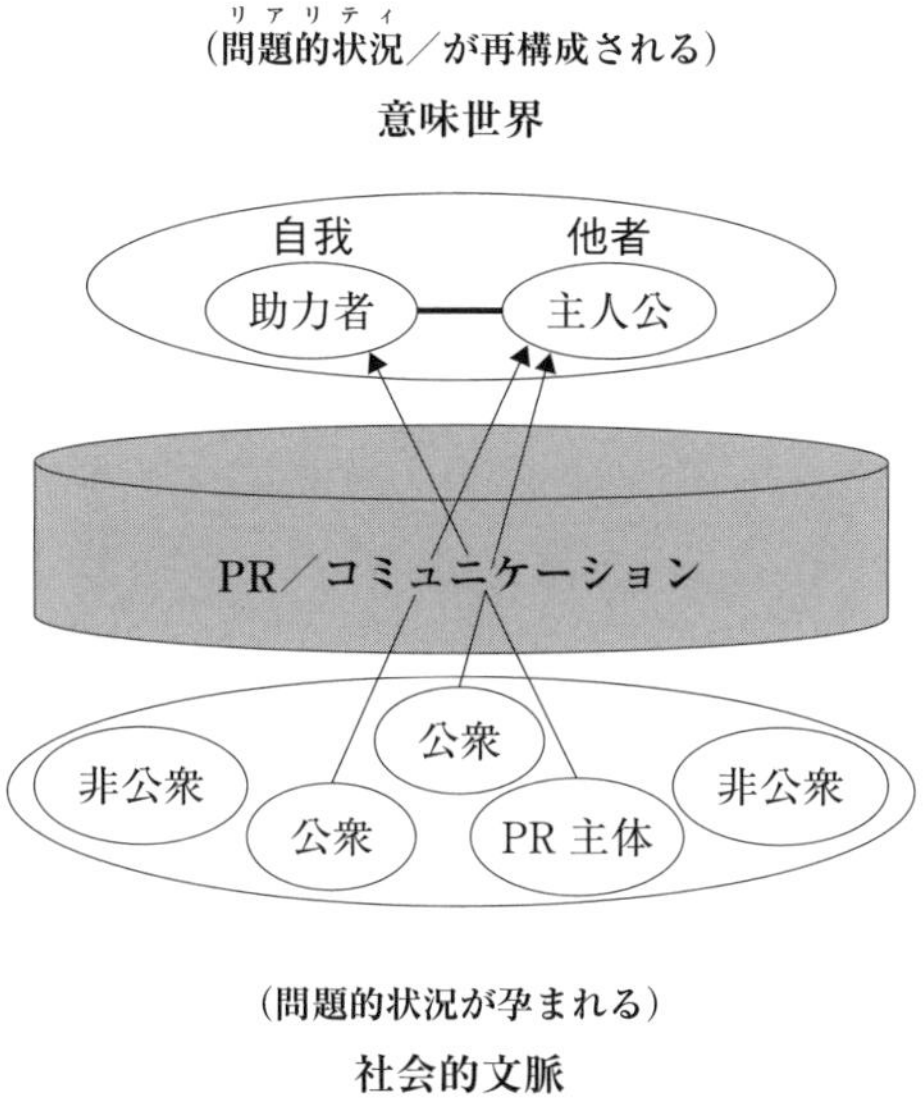

図 7-27　社会的文脈と〈意味世界〉の関係

形成する空間として、そして、様々な〈ＰＲする主体〉が浮かび上がらせたいろいろな〈意味世界〉が交差する場として、「戦後日本」を捉え直すことはできないだろうか。

終章　〈企業自我〉のコミュニケーション的構築

一　コミュニケーション形式としてのＰＲ――〈企業自我〉と〈公衆〉の独特な関係

三つの次元

本書は、ＰＲという概念を、次の三つの次元において考察してきた。

第一に、ＰＲは、〈ＰＲする主体〉とその〈他者＝公衆〉の間における独特なコミュニケーション形式として捉えることができる。

第二に、ＰＲは、二〇世紀初頭のアメリカ社会において巨大企業が〈ＰＲする主体〉として浮上して以来、社会的に変容してきた歴史的形成物である。

第三に、ＰＲは、〈ＰＲする主体〉が産業から政府に拡大し、〈ＰＲする行為〉がアメリカから世界各国へ膨張していく空間的、地政学的増殖を伴ってきた。

本書が問うてきた〈企業自我〉のコミュニケーション的構築は、以上の三つの水準において究明することができる。

まず、コミュニケーション形式の観点は、〈企業自我〉の独特な性格をもたらす要因が、〈PRする主体〉と〈他者＝公衆〉の関係にあることを浮かび上がらせる。

次に、歴史的形成物の観点は、〈企業自我〉の成立条件としてアメリカ社会の構造的問題を浮き彫りにする。さらに、〈PRする主体〉における二重の構造、つまり〈PRする行為〉を代理・代行する専門家と専門業の成立は、〈企業自我〉のコミュニケーション的構築における制度化と分業化、科学化の傾向を示唆し、二〇世紀コミュニケーションの流れを理解する手がかりとなる。

最後に、地政学的増殖の観点は、アメリカ社会から成立した〈企業自我〉が第二次世界大戦以降、アメリカニズムとともに世界に転移され、各国の〈企業自我〉や〈政府自我〉として複製されてきた問題を明らかにする。

終章では、以上の各水準における〈企業自我〉のコミュニケーション的構築を振り返りながら考察し、〈企業自我〉の特殊性／普遍性を米日の比較を通じて論じてみたい。

PR／コミュニケーションにおける双方向性

まず、コミュニケーション形式としてPRを問うことからはじめたい。この問題を考えていく上では、これまでの研究がコミュニケーションとしてのPRの特徴をいかに説明してきたかに注目し、相対的な立場で批判的に捉える必要があった。

第一章で検討したように、グルニックを中心とするアメリカPR理論研究は、PR／コミュニケーションにおける最大の特徴が、組織(多くの場合、企業)と公衆の間における双方向性にあると強調してきた。グルニックによれば、PRは、世論を操作したり公衆の態度や行為を一方的に変えたりする説得的コミュニケーションと違って、組織／企業だけに望ましい変化を引き起こす機能ではない。PRは、公衆にとっても有意味な変化を目指し、両者の対称的で均衡的な関係を持続的に築いていくコミュニケーション機能として説明される。

組織と公衆を平等な立場に置きながら、両者の関係を双方向コミュニケーションとして捉えていく議論は、PRに付きまとうネガティブなイメージを払拭する効果がある。だが、このような議論のなかで、コミュニケーションの双方向性を決める重要な変数とされたのは、企業や経営者の社会的責任や倫理意識という規範的側面であった。グルニックなどが主張するPR／コミュニケーションにおける双方向性は、それを行う全ての組織と公衆の関係にあてはまる普遍的特徴というより、一部の組織の道徳的選択によって付与される特徴と考えられたのである。

このような解釈に対して本書は、PR／コミュニケーションにおける双方向性という特徴が、それを行う組織の選択的行為の結果ではないことを指摘した。すなわち、組織と公衆の間における相互作用は、PRというコミュニケーション形式に最初から内在された固有の特徴であるということが、本書の主張である。

PR、広告、プロパガンダにおける自他関係

こう考える理由は、組織と公衆の間で交わされるコミュニケーションを対話の形式に書き換え、メッセージを発し、それを受け取る「私」と「あなた」の関係を想像することを通じて、一層明確になる。

第二章を中心に説明してきたように、広告、プロパガンダ、PRは、それぞれを行う主体(話し手)とその対象となる他者(聞き手)があり、何らかのコミュニケーション形式として成立している点では共通している。だが、それぞれの話し手と聞き手の間における関係性に関しては、非常に異なる性格を帯びている。

LOVE MEの語りに基づくPRは、BUY MEの広告やOBEY MEのプロパガンダと異なる「私」と「あなた」の関係を内包する。広告のメッセージにおける話し手(企業)は、そのメッセージを受け取る聞き手(消費者)に対して製品やサービスの購入の有無に基づく差別的関係を前提としている。プロパガンダのメッセージを受け取る聞

表終-1　PR，広告，プロパガンダにおける自他関係の相違

	現実的関係		表象・言説的関係	
	主体	他者	私	あなた
プロパガンダ	国家	国民	我々 ＝国家＋国民自我	あいつら ＝敵
広告	企業	消費者	私 ＝消費者自我	彼，彼女 ＝モデル，偶像
PR	企業	公衆	私 ＝企業自我	友 ＝公衆

き手（国民）は、話し手（国家）の一部をなす存在とされ、「私」との一体化が要求される。

しかし、ＰＲメッセージにおける話し手（企業）は、その聞き手（公衆）に対して非差別的、かつ相互に対等な関係を提示し、自己の存在に対する聞き手の承認を求め、聞き手の同意と理解、支持を望む。このようなメッセージにおいて、組織と公衆は平等な関係と信頼に基づく「友だち」として表されることが多い。

このような私（自我）とあなた（他者）の関係を、現実と表象・言説の比較を通じてもう少し考えてみよう（表終－１）。プロパガンダと広告の場合、社会的文脈における主体と他者は、表象や言説上の「私」と「あなた」の関係に必ずしも対応していない。

プロパガンダの場合、「私」は「国家＋国民」である。すなわち、国民という他者は「我々」ＷＥ、ＵＳとして、表象と言説のなかで国家の中に組み込まれている。この「自我としての国民、国家」の相手となる「あなた」は、ほとんどの場合、「敵」であり、「私」と「あなた」は対立する関係にある。このような関係に基づき、プロパガンダの語りは、服従か排除かを求める抑圧的な特徴を示すようになる。

他方で、広告における「私」は、広告のメッセージを仕掛ける企業や商品の自我（ブランド）である場合もあるが、製品やサービスを購入し、利用する消費者の自我に化けて現象することが多い。この「自我としての消費者」は、広告の表象や言説のなかで示される「彼、彼女」、つまりセレブリティやモデルといった「あなた」の表象との対比を通して鮮明に捉えられる。広告のなかで「私」は、魅力的な「あなた」に憧れ、両者の間には世俗的で差別的な関係が形成されるのだ。

これらのコミュニケーション形式と比べてPRは、社会的文脈における主体と他者の関係が、表象・言説上の「私」と「あなた」の関係に対応している。PRを通じて構築される自我は、「自我としての国民、国家」でもなければ、「自我としての消費者」でもない。〈PRする主体〉である企業自身の自我なのである。PR言説のなかで〈企業自我〉は、消費者や労働者、地域住民など、多様な他者を〈公衆〉として見出し、公益を重視し、公衆と意をともにする存在、つまり公衆の「友」として自己を定義する。

このように、プロパガンダ、広告、PRは、それぞれ異なる関係性に基づいており、PR固有のコミュニケーション形式を探究することは、広告論やプロパガンダ論とは別の次元における議論を必要とする。

自他の相互依存的関係

本書は、〈企業自我〉と〈公衆〉を取り巻く関係／関係性が、表象や言説上で成り立つことを通じて、社会的文脈に対しても働きかけると主張してきた。このような考え方は、PRというコミュニケーションを経営／マネジメントの一手法として捉えてきた従来の観点を超える新たな解釈を生み出す。

PRは「パブリック＝公衆」と「リレーションズ＝関係」の二つの言葉から成り立つ。言い換えれば、この言葉には〈PRする主体〉が「パブリック」という他者を捉え、それと何らかの関係を形成していこうとする意図と行為が内在的に含まれているのである。本書はこのような含意を読み解くために、ミードの社会的自我論を参照して、主体と自我、他者と関係に関する諸概念を抽出してきた。

ミードによれば、個体は、他者の期待と役割を取得して社会的自我を形成する。主体が置かれている環境の複雑化に伴い、他者は「有意味な他者」から「一般化された他者」へと抽象化され、環境／他者の変化は自我の修正をもたらす。第二章で詳しく検討したように、ミードはこのような一連の過程をシンボルやジェスチュアに媒介され、自我と他者の間で反応と意味が共有されるコミュニケーションとして捉えた。そして、ミードは、他者が想像され、自我が形成／再形成されるコミュニケーションによって固体の問題的状況が克服される可能性を論じたのである。

社会的自我の説明は、現代社会を生きる個人についてはもちろん、個人と密接な関係を結んでいる社会組織、とりわけ企業にも適用される。〈ＰＲする主体〉は、それが置かれている社会環境、例えば、政府規制、批判的世論、労使問題などを通じて労働者、株主、地域住民、消費者のような他者を発見し、他者の期待を取得し、公的利益を重視する社会的存在となることを試みてきた。そして、その一連の過程は、シンボリックなコミュニケーションを通して行われ、〈自我〉と〈他者〉の関係／関係性は〈意味世界〉に映し出され、主体を取り巻く状況の再構成につながっていく。

このように〈企業自我〉が構築される過程は、ミードの社会的自我論が描いた相互補完的で、相互依存的な自他関係に基づいている。〈公衆〉は、〈ＰＲする主体〉の問題的状況を構成し、〈企業自我〉の成立と切り離せない関係にある。ＰＲ／コミュニケーションは、〈ＰＲする主体〉が〈公衆〉という他者を想像＝創造し、働きかけながらも、それを鏡とする〈自我〉を構築していく過程である。この相互依存的関係こそ、ＰＲ／コミュニケーションにおける双方向的とも呼ぶべき特徴を生み出すのである。

二　歴史的構築物としてのＰＲ――〈企業自我〉の形成、アメリカという条件

〈ＰＲする主体〉の立ち現れ

ＰＲのコミュニケーション形式に示される独特な自他関係とそれが含む相互依存性・双方向性は、歴史のなかでは、誰によって、どのように模索され、形づくられたのだろうか。ここでは〈ＰＲする主体〉の浮上と〈ＰＲする行為〉の成

立・変容を追ってきた第三章と第四章の歴史的分析をまとめ、〈企業自我〉の条件を論じてみたい。

何度も述べてきたが、ＰＲは、公的価値や公共性を表す他者を「パブリック＝公衆」として見出し、その期待と役割を取得して「リレーションズ＝関係」を構築する行為である。要するに、それが歴史的に成立するためには、まず、〈公衆〉という他者を意識する主体が立ち現れる必要がある。

二〇世紀アメリカ社会において鉄道、電信電話、電力など、人々の生活に直結し、産業の発展に欠かせない基幹産業が、〈ＰＲする主体〉として浮上した。二〇世紀企業は、家族的経営に基づく中小規模の工場とは全く異なる性格を帯びる巨大な組織・共同体となった。膨大な労働者・従業員を抱え、彼らを同一組織の構成員として統合するための管理技術、とくにコミュニケーション技術が求められた。

組織の巨大化は、必然的に社会に及ぼす企業の影響力を増大させ、その結果、事業の公益性が問われるようになった。公共事業の独占的経営に反対する世論が強まり、産業国有化を主張する政治的勢力が現れ、巨大企業は自己の営みを弁護するためにマスコミに情報を提供し、自己を公衆に対して友好的な存在として描いた。

このように、一九世紀末から二〇世紀にかけて近代的企業は、巨大化がもたらした二つの変化のなかで、自己の定義を改めることが促された。巨大化は、さらなる事業発展の条件となったが、それにより企業の社会的影響力が増加し、それまでと異なる責任が生じ、従来の自己利益中心的態度が問われる状況を導いた。創立者やその一族、少数の投資家の私的利益を守り、営利を追求する組織であった企業は、その外側にある他者の承認を求め、公的利益も配慮せざるを得なくなった。

〈ＰＲする主体〉の浮上と〈ＰＲする行為〉のはじまりは、企業という組織が本来の属性におさまらない公的価値に影響され、自己の存在にかかわる公共性の問題を意識するようになった歴史的文脈のなかで芽生えたとも言える。言い換えれば、ＰＲは、「パブリック」ではない、あるいはそう考えられていた主体の「パブリック化」とともに現れたのである。

〈ＰＲする主体〉の立ち現れは、一人の人間が家族というきわめて親密な共同体において自己本位に生きていた頃から、身体的、精神的成長に伴い、活動範囲が広がり、それまでとは比べられない多数の他者に取り囲まれ、葛藤と不安を抱えながら社会の一員となっていく過程と非常に似ている。私的価値から公的価値へ、その問題関心が広がり、公衆という他者を捉え、新しい関係＝パブリック・リレーションズの構築が模索されはじめた二〇世紀初頭のアメリカ社会において、企業はまるで人間のように社会的自我を形成するようになったのだ。ＰＲは、近代的企業の社会化の産物でもある。

〈企業自我〉の拡大・膨張

ＰＲという歴史的、社会的現象は、〈ＰＲする主体〉と〈企業自我〉の成立と変容を通じて検討することができる。二〇世紀初頭に公共事業にかかわる巨大企業が行ったＰＲは、言ってみれば、「経済主体の政治的営み」であった。すなわち、反企業世論や政治的、法律的取締りを避けるために、社会の利益を守り、他者に役に立つ〈自我〉が形成された。だが、この「経済主体の政治的営み」とそれが生み出す〈企業自我〉は、一九二〇年代以降、量的に、質的に変容していく。

第四章の分析と議論は、まさにこのような問題に応えている。第一次世界大戦後、反独占、反企業世論が次第に和らぎ、人々は企業と戦うより企業が与える便益を積極的に享受し、生活を向上させることに関心があった。企業の社会的位相が安定化するにつれ、〈ＰＲする行為〉は政治的営みから経済的営みへと軸足を移し、消費市場に照準を合わせていった。

鉄道、電信電話、電力など、一部産業が独占していたＰＲは、消費財を生産する企業にとっても有効的ツールとされ、一九二〇年代以降、世論や政治家だけでなく消費者もまた企業の〈公衆〉とされ、〈企業自我〉の需要が広がるきっかけとなった。戦後、アメリカ社会という〈問題的状況〉の変化は、〈PRする主体〉とその〈他者＝公衆〉、そして〈企業自我〉に多様性をもたらしたのである。

〈PRする主体〉と〈企業自我〉は、消費社会の夢が一気に弾けた一九二九年の大恐慌以降、さらに膨張していった。経済危機の解決と社会の再建を掲げたアメリカ政府が、新たな〈PRする主体〉として現れたのである。ルーズヴェルト政権は、中産階級をはじめ、労働者や農民、貧困層を〈公衆〉として捉え、アメリカ政府こそ、この「忘れられた人々」の「救援者」であると主張した。

ニュー・ディールは、アメリカ政府による膨大なPRキャンペーンであった。「企業化」した政府は、TVAのような公社を次々と設立し、市場経済に積極的に介入し、利益の創出を目指して市場で戦った。「経済主体の政治的営み」として発明されたPRは、今度は「政治的主体の経済的営み」とされ、アメリカ人の豊かな生活を保障する〈政府自我〉を構築する上で用いられた。

企業の論理を採用した政府によって、一方でアメリカ社会の「敵」に回された企業は、経済危機の原因が産業界にあるという批判から自己を弁護するためにPR活動にさらに力を入れるようになった。アメリカ政府は、自ら立派な〈PRする主体〉を演じただけでなく、産業界と各企業にニュー・ディールという〈問題的状況〉をもたらし、結果的により多くの企業が〈PRする主体〉として覚醒するきっかけとなったのである。このような一連の流れを通して〈PRする主体〉とその〈自我〉は拡大・膨張し、全米社会に広がった。

一方で、〈企業自我〉と〈政府自我〉の拡大・膨張は、それが鏡とする〈他者＝公衆〉の大量生産をもたらした。企業と政府は、アメリカ社会の繁栄を取り戻し、豊かな生活を保障するのは自分なのだと訴えた。人々は福祉社会／福祉資本主義という価値が繰り広げられる言説空間において、「大統領の友」や「企業の友」として想像＝創造され、〈公衆〉の救援者、助力者として浮かび上がる〈自我〉の背景となった。

アメリカ政府と産業は、お互いを批判し、競争しながらも〈公衆〉の想像＝創造という側面からは、むしろ共助するところがあった。政府と産業のPR合戦は、裏返せば、経済主体の公衆と公益に関する政治的営みと、政治主体の物質的繁栄に関する経済的営みが限りなく近づいていく過程を呈するのである。〈他者＝公衆〉の創造を軸として、産業と政府は相互の〈自我〉を複製しながら、新しい「アメリカ社会」を構想していった。

自我の鏡となる〈他者＝公衆〉

〈企業自我〉は、〈PRする主体〉の存続にかかわる危機や不安要素が示される〈問題的状況〉から孕まれる。前述したように、二〇世紀アメリカ社会において〈PRする行為〉を動機づける〈問題的状況〉は、様々な形で現れてきた。一九世紀後半、独占的事業体制を固く築いてきた産業界は、特許権の満了などによって市場の開放、競争の激化を経験するようになった。他方で産業化社会の構造的問題を猛烈に批判し、独占に反対する法的規制と世論が強まり、〈PRする行為〉が模索され、体系化された。〈問題的状況〉は、一九二〇年代から一九三〇年代にかけて変容し、第一次世界大戦後の消費社会では市場競争の激化が、大恐慌後は経済危機と社会の再建が、それぞれ〈企業自我〉の構築を促してきた。

このような〈問題的状況〉を構成していたのが、他者であり、〈公衆〉であった。〈PRする主体〉は、公的価値や公共性と密接なかかわりを持つ他者とその集団を〈公衆〉として見出し、〈公衆〉の友となる〈自我〉を構築することを通じて〈問題的状況〉を乗り越える道を探ってきた。

この一連の流れにおいて想像＝創造される〈公衆〉は、社会的文脈における他者というより、主体から見た他者とそのイメージである。[1] すなわち、〈PRする主体〉の〈自我〉が形成／再形成される上で意味を有する存在として組織化された他者なのである。ＰＲの歴史、とりわけ〈企業自我〉の社会的生成は、この組織化された他者の捉え方とともに展開されてきたといっても過言ではない。

企業が一人のオーナーやその一族の所有物として認識され、わずかな投資家が経営権を握っていた頃、企業にとって他者とは、少数の「有意味な他者」であった。だが、産業社会と消費社会の進化に伴い、労働者、地域住民、株主、消費者など、多様な他者が企業の営みに影響を与えるようになってくると、他者を抽象化し、「一般化された他者」に投影された〈自我〉を構築することが求められるようになった。

ＰＲの歴史は、〈ＰＲする主体〉が「一般化された他者」、つまり〈公衆〉をどのように見出し、〈自我〉を築いてきたかを具体的に浮かび上がらせてくれる。ＡＴ＆Ｔは「スモールタウン」が象徴する市民社会・共同体を想像し、地域住民を〈公衆〉として創造し、電信電話という技術とサービスの提供を通じてスモールタウンを支え、住民の生活に役立つ〈自我〉を形成した。ＧＥは、電気／電化によって合理的で、明るく素敵な人生を送る主婦や労働者を〈公衆〉としながら、彼・彼女たち「電化の主人公」の夢を後援する〈自我〉を描いた。さらにアメリカ政府は貧しい人々を「草の根民主主義の主体」として定義し、彼らの豊かな生活を支える〈政府自我〉を構築した。

運命共同体と〈リアリティ〉

二〇世紀のアメリカ企業と政府は、アメリカ産業社会、消費社会、福祉社会を背景に、〈他者＝公衆〉を明るい未来の主人公として褒め称え、自己は〈公衆〉の助力者となることに満足してきた。歴史的事例から示される〈企業自我〉と〈公衆〉の関係は、平等で非差別的であるどころか、逆転された力関係を描いているように見える。

このような独特な関係／関係性は、自我の他者への依存に起因する。これまで何度も指摘したように、〈企業自我〉は〈公衆〉という鏡を通じてのみ、構築可能である。(2)〈公衆〉という他者と関連付けられた時に限って意味を獲得するゆえに、〈企業自我〉のあるべき姿も〈公衆〉の助力者や後援者を装うのだ。
〈企業自我〉は、〈ＰＲする主体〉が社会の構成員と意をともにすることを表すジェスチュアである。公的利益や公共性、社会的責任を求める世論に対し、企業は、〈公衆〉に友好的な〈自我〉を形成することで、〈公衆〉が代弁する公的価値を、自己の一部として受け入れたことを表示することができる。

さらに、ＰＲがつくり上げる「主人公」と「助力者」の関係を用心深く読んでいけば、両者は、相互依存的であるがゆえに運命をともにする特徴を示している。「主人公」として描かれる〈公衆〉の夢が叶うためには、その「助力者」である〈企業自我〉が「主人公」の人生に積極的に介入することが前提とされる。すなわち、〈企業自我〉と〈公衆〉の運命共同体的関係は、〈ＰＲする主体〉と他者の間で心理的結びつきを促す側面があるのだ。

社会的文脈において〈ＰＲする主体〉は、利害が衝突する他者とぶつかり合うかもしれないが、ＰＲの〈意味世界〉のなかでは両者は相互の利益を守るために運命をともにする仲である。このように〈企業自我〉、または〈政府自我〉と〈公衆〉が運命共同体として描かれるのはなぜだろうか。言い換えれば、なぜ〈ＰＲする主体〉は、他者と切り離せない〈自我〉しか想像できないのだろうか。

この問題は、〈ＰＲする主体〉が置かれている社会的文脈、とりわけ〈問題的状況〉の克服と深くかかわっている。ＰＲの究極的目標は、相互依存する自他関係を通じて、〈ＰＲする主体〉が抱える〈問題的状況〉を再構成していくことにある。

ＡＴ＆Ｔは、株主という〈公衆〉を想像＝創造することを通じて自社の経営が株を持つ全ての人々によって共同参加で行われているかのような印象を与え、「株主民主主義」の夢を広めた。「株主民主主義」の表象と言説のなかで現れた新たな形の資本主義社会は、産業国有化をめぐる議論が提起されていた当時のアメリカ社会に対応し、浮上させられた〈意味世界〉である。ＧＥが主婦たちを電化暮らしの「主人公」として創造し、やがて全てのアメリカ家庭の電化が進んだ結果、到来すると見込んでいた未来も、貧しい人々も豊かな暮らしを享受し、アメリカ式生活様式が普及するとニュー・ディールとTVAが構想した社会も、全て〈自我〉と〈公衆〉の相互依存的、運命共同体の関係を基盤とするもう一つの〈リアリティ〉なのである。(3)

二〇世紀のアメリカ社会には、産業界と各企業、政府によってつくり上げられた数々の〈PR的世界＝意味世界〉が氾濫していた。一九三〇年代において「福祉社会」と「福祉資本主義」という非常に類似する世界観を広め、競争したニュー・ディールとNAMの事例は、それぞれの〈リアリティ〉のなかにさらに多くの他者を〈公衆〉として捉え、包摂していこうとする狙いが交差する場面を、鮮明に表している。

PR／コミュニケーションの制度化

PRが織り成す〈意味世界〉は、社会的文脈を捉えているが、それを単純に反映したものではない。それは〈PRする主体〉によって想像＝創造された〈他者〉と〈自我〉の相互作用を通じて形成される、もう一つの〈リアリティ〉なのだ。〈企業自我〉と〈意味世界〉の構築は、シンボリックなコミュニケーションの連続的経験を通じて行われる。パブリシティをはじめ、疑似イベント、キャンペーンなどのメディア戦略が〈PRする主体〉と他者の間で意味の共有を促すが、多くの場合、これらの〈PRする行為〉は、企業や政府という〈自我〉の持ち主から外部の専門家・専門業に委任され、代理・代行される。

一九世紀末から第一次世界大戦まで〈PRする行為〉は、主に「書いて、演説し、出版する」ことに焦点を当てていた。(4) ジャーナリストたちがパブリシティの専門家として雇われ、「PRマン」publicist となり、ジャーナリズムと技術的基盤を共有しながら、「真実らしさを書く技術」を興し、マス・メディアの言説空間に働きかけた。

このように、〈企業自我〉がその持ち主である企業ではなく、企業の外部にある専門的集団によって形成されるシステムの成立は、ＰＲというコミュニケーションにおける制度化の傾向を強く表す。〈企業自我〉が代理人によって構築され、〈ＰＲする行為〉が分業化されていく過程は、人間の自我に対してミードが説明した「マインド」の機能が〈ＰＲする主体〉の外側に独立し、複雑化していく様子を浮き彫りにする。

ＰＲ専門業における分析と表示の機能は、第一次世界大戦以降、飛躍的に発達し、科学主義の影響を強く受けるようになった。[5] 専門家たちは、広告科学運動をはじめ、社会心理学の応用化、プロパガンダ言説の流行、世論調査・市場調査の発達を受け、科学的調査手法と統計的分析を重視するようになった。ＰＲというコミュニケーションを「科学」として定義し、〈企業自我〉と〈公衆〉を「工学」的に設計することが目指された。このような変化のなかで、「ＰＲマン」たちの世代交代が進み、パブリシティから「パブリック・リレーションズ」へとパラダイムシフトが起こった。

このような歴史を通じて示されるように、〈企業自我〉のコミュニケーション的構築にかかわる主体の間で〈ＰＲする行為〉の動機は必ずしも一致しなかった。ＰＲの専門家集団は、〈企業自我〉の構築を代理する従属的機能に留まらず、ＰＲ／コミュニケーション全体を主管し、〈公衆〉はもちろん、依頼人である〈ＰＲする主体〉の意識にまで影響を及ぼすようになった。言い換えれば、ＰＲ／コミュニケーションの専門業は、他者を科学的に創造する技術に基づいて〈企業自我〉を圧倒する独立した領域として成長したのである。

このような二重の構造、すなわち〈企業自我〉の構築における制度化・分業化は、ＰＲと広告、プロパガンダの歴史的関係を問うていく上でも重要である。ＰＲの専門家たちは、自己の役割と職業的意義を正当化する上で、ジャーナリズムをはじめ、広告、市場調査、プロパガンダなど、各時代に流行したコミュニケーションの言説と実践を積極的に受容した。そのような試みにより各概念の間で混同も生じるようになったが、二〇世紀のコミュニケーションが〈企業自我〉の構築における手法・手段として統合されたとも考えられるのである。ＰＲ概念を歴史的形成物として捉え、〈企業自我〉のコミュニケーション的構築における主体の重層性を指摘することは、広告やプロパガンダを網羅する概念としてPR／コミュニケーションの再解釈を促すのである。

アメリカという条件――〈企業自我〉の内発的な形成

〈PRする主体〉が現れ、〈PRする行為〉が促され、〈企業自我〉がコミュニケーション的に構築されてきた歴史は、それを呼び起こす〈問題的状況〉としてのアメリカ社会の政治、経済、社会と切り離せない関係にある。多様な人種と文化を包摂して誕生したアメリカ移民社会において自己と他者、自己と社会の境界は、「単一民族」の思想が普及し、貴族と平民などの旧社会体制が維持されていた国々と比べて、はるかに重要な問題であったと考えられる。そのような社会においてコミュニケーションは、自己と他者の境界を明らかにすると同時に、理解と共感を導く唯一の、そしてもっとも強力な手段だったはずだ。

アメリカ企業と経営者の自己意識は、一九世紀末から二〇世紀初頭の産業社会において大きく修正されはじめた。それは、第一章で触れたように同時代のドイツやイギリスの経営観、企業像と明らかに異なっていた。産業革命にいち早く成功したにもかかわらず、イギリスでは貴族主義や技術軽視の風潮により企業を社会規範の外部、つまり私的領域に限定して捉えることが一般的だった。これと正反対の観点がドイツで生まれ、企業は国家主導の市場経済における下位機関と見なされ、その営みは社会全体に分配される公的利益として考えられた。(6)これに対してアメリカの企業は、「私的利益」と「公的利益」、「私的領域」と「公的領域」の中間にある存在とされた。資本の増殖という自己利益と相反する価値を受け入れ、せめぎ合う他者との関係を改めていくことを通じて、存在の社会的意義を見出していかなければならなかった状況が、〈企業自我〉の社会的形成を導いたのである。

アメリカ産業社会において、巨大企業は「私」と「公」の両義的特徴を問われてきた。鉄道をはじめ、(7)ほとんどの基幹産業は、事業を拡大し、利益・利潤を増大させる一方で、事業が社会とその構成員に与える影響を捉え、公益性を尊重することが求められた。すなわち、私的価値と公的価値を調整し、資本主義と民主主義の両輪から動くアメリカ社会の様々な葛藤と利害関係を調整する機能が、企業という社会組織に集中されたのである。

このような特徴は、巨大公共事業を実施し、公社を設立し、市場に参入したアメリカ政府にも転移された。すなわち、私的領域と公的領域、私的価値と公的価値のせめぎ合いと調整をめぐる働きは、一九世紀末から二〇世紀初頭の産業社会に限る問題ではなく、大恐慌後、一九三〇年代においても〈企業自我〉と〈政府自我〉の構築を促す動力となり続けてきた。

ニュー・ディールが物語っているように、アメリカ社会では、産業も、政府も〈PRする主体〉であり、それぞれ社会的自我を形成し、修正する。企業は市場経済に集中し、広告の担い手となり、政府は政治行政に専念し、戦時期ではプロパガンダの担い手となる、という従来の分け方がアメリカ社会では適用できない。PRという名の下で、私的利益を追求する企業は、公的利益を意識しながら政治的営みを行い、もっとも公的であるはずの政府は、消費市場を意識しながら経済的営みをなしていく。本書が二〇世紀アメリカ社会を通して検討してきた〈PRする主体〉の拡大と膨張は、このように「私的価値」と「公的価値」の境界が〈企業自我〉の膨張とともに曖昧になってきた問題を浮かび上がらせるのである。

これまでの議論を踏まえて言えば、PRは、アメリカ社会の支配的価値、つまり「民主主義」から象徴される公的価値と「資本主義」から代弁される私的価値からなる二重のまなざしのなかで現れた概念であり、実践である。企業が自己に求められる公的価値を〈公衆〉という他者を通して想像し、他者の価値に基づいて自己を想像した結果、現象する〈企業自我〉は、その内発的な形成を条件付けるアメリカ社会と不可分の関係にある。すなわち、様々な他者との対立や衝突を通じて経済組織の政治的営み、または、政治的主体の経済的営みを刺激してきたアメリカ社会の構造的、

基盤的特徴こそが、ＰＲと〈企業自我〉の社会的形成と変容における最大の条件なのである。(8)

アメリカ産業社会、消費社会、福祉社会／福祉資本主義社会の到来と移行と軌を一にしながら変容してきたＰＲと〈企業自我〉は、第二次世界大戦後、アメリカという物理的空間から解き放たれ、世界に広がった。ＰＲの概念と実践が普及し、普遍化していく状況において「アメリカ」という条件はどのように解釈できるだろうか。以下では、戦後日本におけるＰＲの移植と受容の問題を通じて、米日の〈企業自我〉を比較してみたい。

三　ＰＲの世界的膨張 ―― ミード理論から見た米日〈企業自我〉の比較

ＰＲの世界化 ―― 戦後日本への射程

第二次世界大戦後、〈ＰＲする行為〉と〈企業自我〉は全米社会から世界へと拡散した。アメリカとの外交的、軍事的関係に基づき、アメリカ社会を経済モデルとして成長した戦後の各国において、ＰＲという概念と技術が導入された。言い換えれば、ＰＲは「アメリカ」という成立条件そのものが世界化したこと／アメリカニズムとともに、国境を超え、社会と文化の違いを超え、膨張するようになったのである。ここでは「ＰＲの世界化／普遍化」とも呼ぶべき地政学的増殖を検討し、戦後の世界における〈企業自我〉の問題を考えてみたい。

第一章と第五章で説明したように、ＰＲの社会的形成と変容は、一方ではアメリカの直接的影響、つまり「輸入品」として捉える見方によって、他方では各国の固有な歴史と社会的文脈を通じて模索される見方を通じて議論されてきた。近年のＰＲ研究における国際化は、まさにこの二つの観点が交差するなかで進んできているとも言える。

それぞれ見方の違いにもかかわらず、アメリカ以外の国々でもＰＲ概念が受容され、普及された歴史を論じる際、共通の前提とされる出来事は、何と言っても第二次世界大戦である。戦後のアメリカ的世界観、つまりアメリカの政治、経済、社会システムによる影響を各国においてどのように評価し、解釈するかという問題が深くかかわっているのだ。

本書は、アメリカナイゼーションとともにPRが世界化する運動の一面を、戦後日本という時空間に対して明らかにしてきた。政治、経済、文化の面でアメリカの影響を強く受けた日本社会がアメリカをモデルとして再建されていく過程を通して、その政治的、経済的主体と他者との関係／関係性を手がかりに戦後PRの切断面を問うてきたのである。

詳しくは第五章で分析したとおりであるが、行政PRは、日本の民主化に欠かせないコミュニケーション様式と見なされ、占領政策の道具として移植された。その一方で、戦前と戦中期の産業構造の解体・改編に重点をおいた経済民主化によって、企業や経営者が〈PRする主体〉として覚醒させられた。とくに後者の経済PRは、「民主主義」と「資本主義」を結合させたモデルとして「アメリカ企業」を捉え、労働者、株主、地域住民、消費者という〈他者＝公衆〉の想像＝創造と管理を、アメリカ企業のPR／コミュニケーションの模倣的実践を通じて試みるようになった。

このような歴史が示すように、戦後PRは、アメリカのような社会を建設する目標下で、占領する主体をはじめ、様々な政治的、経済的主体の異なる動機によって受容され、変容させられたと考えられる。ポスト占領期において、日本的PRの変形はさらに進んでいった。本書は、その過程を次のように分析してきた。

第一に、一九五〇年代半ば以降、〈PRする主体〉は、占領期と異なる様相を帯びるようになった。行政PRが衰退し、経済PRの担い手にも変化が生じた。経済同友会や日経連、証券業界が中心となった占領期のPR運動に比べて、高度成長期においてPRの実践を主導したのは主要産業ごとに再編された連合組織と各企業であった。

第二に、〈PRする主体〉の性格が変わるにつれ、PR運動／活動の中身・内容も異なる特徴を示すようになった。

占領期においてPR概念の「理想型」を追求する啓蒙運動が行われたのに対し、経済成長下ではPRは「実践」として駆使された。

第三に、〈PRする主体〉と〈PRする行為〉が捉える対象に関しても占領期と高度成長期の間で連続／断絶が見られるようになった。占領が立ち上がらせた「民主主義の担い手」を模倣しながらも、復興と成長の主体として再度、創出された〈他者＝公衆〉が、PR映画の観客となり、PR誌の読者となったのである。

第四に、〈他者＝公衆〉は、それを鏡として現れる〈企業自我〉にも影響を与え、自他関係が改められる原因となった。占領期に対立的に描かれた企業と労働者は、高度成長期には経済的相互依存関係が深まり、運命共同体として再定義された。このような関係／関係性を通じて〈公衆〉の助力者となる〈企業自我〉のイメージが一層、鮮明に表された。

第五に、主体と他者、〈企業自我〉と〈公衆〉を結びつけるシンボル、とりわけ「アメリカ」の意味が、PR／コミュニケーションのなかで変わってきた。占領軍という超越的権力の代わりに、アメリカ社会が象徴する「豊かな社会」が戦後社会の〈自我〉と〈他者〉を束ね、その関係を色付けるようになった。

第六に、以上の議論に加え、占領期と異なる〈意味世界〉がポスト占領期、高度成長期に浮上していた可能性を指摘することができる。すなわち、社会的文脈における〈PRする主体〉の〈問題的状況〉が再構成され、表象や言説空間のなかにもう一つの〈リアリティ〉がその姿を現していたのである。

このような一連の過程を経て〈企業自我〉と〈他者＝公衆〉の関係が構築されていく問題は、戦前の類似した活動と区別される戦後PRの独特な特徴であると言える。以下では、これまでの議論を踏まえ、戦後日本に現れた〈企業自我〉をアメリカ社会のそれと比較し、米日PRの同質性／異質性を論じてみたい。

〈企業自我〉の同型性

一九世紀末から一九三〇年代までのアメリカ社会と一九四五年から一九六〇年代末までの日本社会におけるPRの社会的形成と変容を、〈企業自我〉のコミュニケーション的構築に対応させ、まとめてみたい（表終-2、表終-3）。以下では、表の各部分を検討しながら、〈企業自我〉のコミュニケーション的構築を促す各要素の比較を行う。最初に、PRの結果、現れる〈自我〉の形と特徴に注目してみたい。

まず、表を照らし合わせば分かるように、米日の〈企業自我〉は非常に似ており、両者の間に表面的同型性が示される。

第三章と第四章で見たように、アメリカ企業の〈自我〉は、「アメリカの共同体精神を守り、地域社会を支える企業」、「株を通して経済の民主主義を実現する企業」、「労働者や従業員と友好的な関係を形成する企業」、「消費者（とくに女性など）の合理的な生活を支援する企業」など、いくつかのパターンに類型化される。地域住民、株主、労働者という〈公衆〉の「お隣」、「助力者」、「支援者」となる〈自我〉が構築され、このような特徴は、労働者や農民、貧しい人々の「救援者」となろうとしたアメリカ政府の〈自我〉にも表される。

「お隣」、「助力者」、「支援者」、「救援者」の言説と表象の基底にあるのは、〈自我〉と〈公衆〉の「友だち」となる関係／関係性である。地域住民、労働者、消費者、株主、有権者／国民こそ、企業のサービスや奉仕、政府の福祉政策を享受するに値する「主人公」であり、自己は〈公衆〉のために働いているのだというメッセージが、〈企業自我〉や〈政府自我〉の言説と表象を支えているのだ。

このような〈企業自我〉の特徴は、戦後日本のPR運動からも表される。企業や経営者を公に奉仕すべき「公僕」として語った占領期の議論は、ポスト占領期／高度成長期においてさらにエスカレートし、産業と企業を公衆の「友」として描く言説と表象を通じて発展した。例えば、東京電力は、PR映画やPR誌のなかで自己を電気の需要家や利

表終-2　アメリカにおける〈企業自我〉と各要素

	19 世紀末 ～20 世紀初頭	1920 年代	1930 年代 （ニュー・ディール）
問題的状況	反独占世論，労働運動	消費市場，競争激化	大恐慌・経済危機
PRする主体	基幹産業 （鉄道，電信電話，電気）	タバコ，衣類，食品，家電産業	産業組織，企業，政府，公社
	PR 専門家・業の誕生 パブリシティの普及	「パブリシティ」から「パブリック・リレーションズ」へ	PR 技術の改良 （調査機能の普及） 産業の拡大
想像された他者 ＝〈公衆〉	労働者，株主，住民 （＝利害関係者）	女性（Any Woman），労働者，中産階級 （＝消費者）	「忘れられた人々」 労働者，農民，各家庭 （＝全米社会）
企業自我	お隣（友）	助力者，支援者（友）	救援者（友）
シンボル	株主民主主義，地域主義 （スモールタウン）	民主主義（女権伸張），合理主義，便利な生活	草の根民主主義，福祉社会，アメリカ式生活 （American way of life）

表終-3　戦後日本における〈企業自我〉と各要素

<table>
<tr><th></th><th>占領期</th><th rowspan="7">冷戦体制の影響

占領の「逆コース」
朝鮮戦争
サンフランシスコ講和条約
日米安全保障体制</th><th>高度成長</th></tr>
<tr><td>問題的状況</td><td>占領と改革・行政民主化・産業構造の改編</td><td>「問題的状況」の統制・産業と政府の協力・産業連合の結成</td></tr>
<tr><td rowspan="2">PRする主体</td><td>行政 PR（各都道府県）</td><td rowspan="2">産業連合，各企業
（行政 PR の衰退）</td></tr>
<tr><td>経済 PR（経済団体，証券業界，マスコミ／電通）</td></tr>
<tr><td>想像された他者
＝〈公衆〉</td><td>民主主義の主体
（労働者，株主，農民，女性，子供，共産主義者，在日朝鮮人など）</td><td>開発と成長の主体
（各家庭，大都市の生活者，主に主婦，子供）</td></tr>
<tr><td>企業自我</td><td>「公僕」</td><td>助力者（友）</td></tr>
<tr><td>シンボル</td><td>民主主義，GHQ</td><td>豊かな生活，アメリカ</td></tr>
</table>

用者〈主婦、子供、地域住民〉の「助力者」、「支援者」、「良き先生」として描いた。「みち子」や「電化マダム」となった主婦たちを助け、家庭電化の夢を実現し、家族生活を支援し、住民の暮らしを守り、明るい社会をつくる〈企業自我〉が、戦後日本でも立ち現れたのである。

アメリカと戦後日本に現れた〈企業自我〉は、表象と言説のレベルにおいて相互に類似している。だが、〈企業自我〉のイメージをめぐる同型性は、〈意味世界〉の外側ではどのように解釈できるだろうか。〈企業自我〉が構築されるPR／コミュニケーションの過程を辿っていけば、このような同型性／同質性が表面的特徴であり、底辺には米日の根本的違いが横たわっていることが見えてくる。

社会構造と問題的状況の相違

第五章で詳しく論じたように、アメリカで成立したPRが日本に受容されるようになった決定的きっかけは、占領と改革であった。占領期に民主主義とともに模索されたPR概念は、冷戦の影響を受け、この辺りから戦後日本のアメリカと異なるPRの性格が浮き彫りになっていく。本書は、このような変化を〈企業自我〉の構築にかかわる〈問題的状況〉の変容として説明してきた。

アメリカ社会におけるPRの社会的形成と〈企業自我〉の構築は、各時代の社会問題や争点と深く結びついていた。経営者や投資家と平等な権利を主張し、労働環境の改善と福祉を主張する労働運動が広がり、独占的、寡占的事業と富の集中に反対する世論が台頭し、産業を国有化しようとする政治家が現れ、シャーマン法のような法律規制が設けられた〈問題的状況〉が、アメリカ企業を公衆という鏡の前に立たせ、社会的自我を持つ〈PRする主体〉として覚醒させたのである。

〈問題的状況〉は、占領期の日本においてはGHQという超越的権力によって押し付けられた。占領政策によって異質的他者が「民主主義の主体」として立ち上げられ、意見の共存と対立が民主化を促す原動力とされた。戦後の政治的、経済的主体は、占領政策が浮かび上がらせた他者の存在を通じて、半ば強制的に〈PRする主体〉となったのである。

だが、このような〈問題的状況〉は、長続きしなかった。占領の途中から反共主義が強まり、GHQは労働運動を取り締まり、改革の対象と見なされた経済産業界の復興を導く政策が進められた。民主主義社会の建設に向かっていた〈問題的状況〉は、冷戦体制によって再編され、それによって「民主主義の担い手」も再定義され、〈PRする行為〉のあり方や必要性も修正された。

各都道府県が中心となって行われた行政PRは、日本の主権が戻され、GHQが去っていくと急速に求心力を失い、衰退していった。一方で、経済PRは行政PRと正反対の展開を見せ、ポスト占領期／高度成長期においてさらに隆盛した。石炭、鉄鋼、造船、繊維、化学、電力などの基幹産業と各企業はPRを担当する部署を設置し、膨大な予算を投入した。数多くのPR映画、PR雑誌が製作され、経済産業界のPRは一大ブームとまでなった。

だが、一九五〇年代半ば以降、経済PRの黄金時代が到来したことは、不自然な出来事でもあった。占領期の〈問題的状況〉が変質し、それに代わって〈企業自我〉の構築を促す状況がまだ表面化していなかったのである。冷戦体制や日米安保に反対する政治運動は多発したが、復興と成長という経済目標に反対する世論は台頭しておらず、〈PRする行為〉を促す要因であったとは考えられない[9]。ちなみに、開発の影に光を当て、企業の社会的責任を問い詰める世論が現れ、産業と企業に対抗する勢力が各界各層の共感を得て社会全体に広がるようになったのは、PRブームが終わりかけていた一九六〇年代末以降である[10]。

〈企業自我〉の内発的形成を促す条件が整っていなかったにもかかわらず、〈企業自我〉だけがその姿を現していたこと、とりわけアメリカにそっくりの〈企業自我〉が戦後日本の表象と言説の空間に見出されるのは、きわめて不思議な現象である。言い換えれば、戦後日本、とくに高度成長期における〈企業自我〉は、アメリカ社会において経済主体の政治的営みを刺激した〈問題的状況〉とは異なる要因によってもたらされたと考えられるのである。

主体同士の関係と隔たり

アメリカ社会において〈PRする主体〉同士の競争は、〈企業自我〉が全米社会に浸透するきっかけとなった。競争的関係は、同じ目標に向かって走っていく上では共助する関係に転回した。すなわち、〈他者＝公衆〉の範囲を最大限に広げ、中産階級だけでなく、労働者、農民、貧困層までを含むアメリカ社会の全階層、全家庭がPRの射程に入るようになり、巨大な消費市場を中心に、政府と産業の〈自我〉は相互模倣・複製しながら膨張した。

全米社会に〈企業自我〉が広がるようになったのは、〈PRする主体〉が基本的には異質的組織によって構成されていたからである。「政治的営みを行う経済主体」である企業に加え、「経済的営みを試みる政治主体」としてアメリカ政府が〈PRする行為〉を競うなかで〈企業自我〉、または〈政府自我〉の構築が促された。〈主体〉同士の競争は、互いにとって〈問題的状況〉となり、〈PRする行為〉における原動力となったのである。

これに対して高度成長期の戦後日本においてPRを担っていたのは、一部の限られた〈主体〉だった。前述したように、占領期には行政PRと経済PRの二つの流れがあり、政治的主体もPRの担い手となったが、一九五〇年代半ば以降、行政PRが衰退し、このバランスが崩れてしまった。PRは、経済領域に集中され、基幹産業の連合組織を中心に再編された。

日本政府は、ニュー・ディールのように企業の論理を自己のなかに取り込むことはせず、経済成長を産業に委任し、その「保護者」となる道を選んだ。産業と企業が「経済成長の担い手」として前面に出て、政府は後方で経済指導を行う「産主官従」の体制が築かれ、PRもこの産官の協力体制のなかで発展したのである。すなわち、高度成長の過

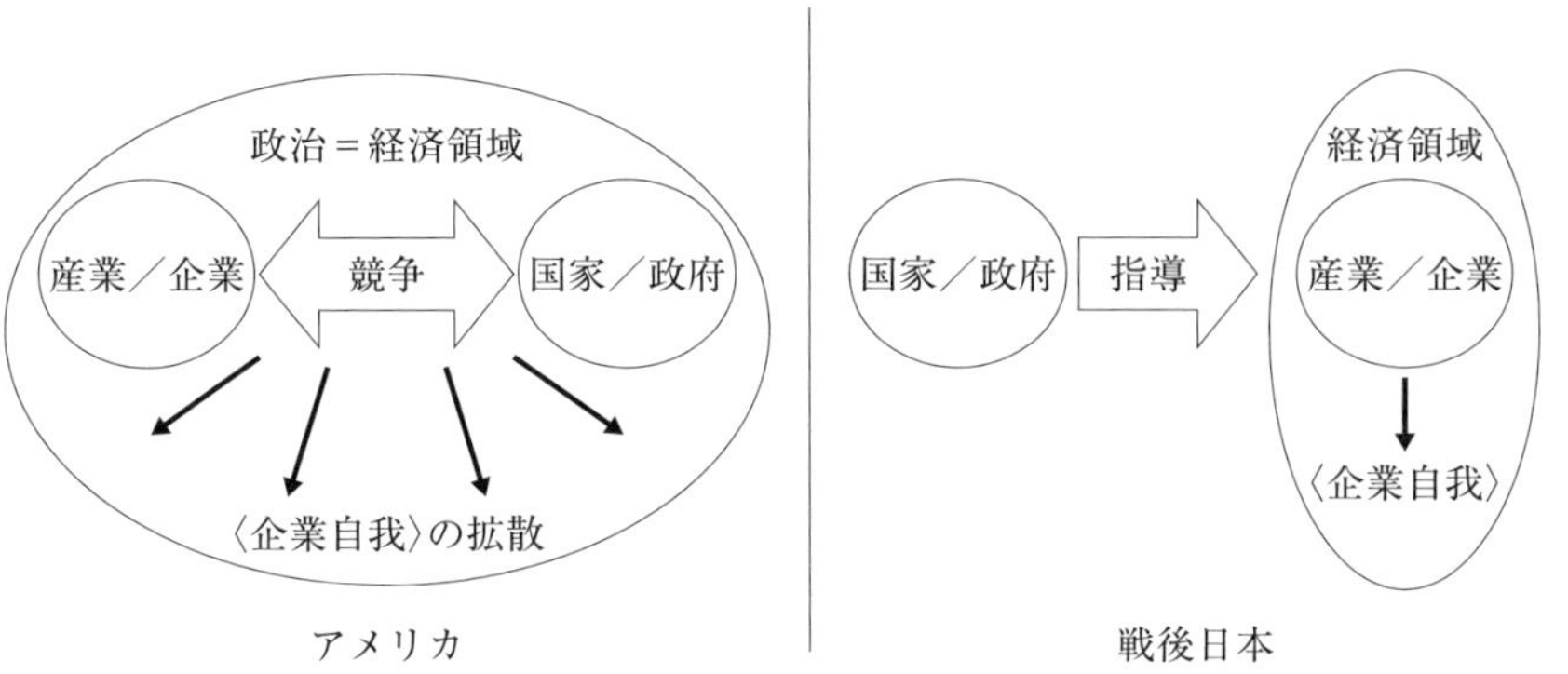

図終-1　米日における〈PRする主体〉と〈企業自我〉の拡散

程で発生しうる様々な〈問題的状況〉が、産官の垂直的、協力的関係によって事前に統御・統制され、本来それに対応すべき機能であるPRが変質、歪曲された可能性が指摘される。

各産業と企業は、実質的な経済成長はもちろん、日本社会の復興と再建のために経済成長が早急の課題であることを納得させ、共感と支持を導く活動に関しても政府に代わって担い手となった。日本企業は、GHQが立ち上がらせた「民主主義の主体」と違う「経済成長の主体」となる〈他者〉を想像＝創造し、「もはや戦後ではない」社会を築き上げた。

戦後日本の〈企業自我〉は、〈PRする主体〉の競争する関係を軸として拡張してきたアメリカの〈企業自我〉と明確に異なる土台の上につくられたものである（図終－1）。戦後日本の〈企業自我〉は、はじめから政府と産業の連携・協力的関係を通じて形成されたのである。[11]〈PRする主体〉の関係に示される違いは、戦後日本のPRが、日本社会の構造的問題に対応し、〈企業自我〉の内発的形成を促す機能ではなかったことを浮かび上がらせる。その代わりに、PR／コミュニケーションは、社会の一部領域、とりわけ経済成長に集約され、商業的なものという認識とともに普及した。このような認識は、一九六〇年代半ば以降、PRを広告やプロモーションと同一視する傾向とともに、さらに強まっていく。

創造される〈他者＝公衆〉の違い

米日の〈企業自我〉が構築される上で想像＝創造される〈公衆〉にも違いがあった。アメリカ企業が多様な地域、階級、人種に及ぶ他者を〈公衆〉として見出したのは、本文中で分析したとおりである。その理由は、〈他者＝公衆〉がアメリカ企業にとって〈問題的状況〉を構成する要素であり、公益的価値、公共性を象徴していたからである。それゆえ、アメリカ企業は〈公衆〉の期待と役割を吸収し、社会的自我を形成しようとした。

〈公衆〉は、占領期の日本社会でも現れた。占領は、労働者、農民、女性、子供、共産主義者、在日朝鮮人などを「民主主義の主体」として立ち上がらせたが、彼らはＧＨＱという超越的権力が付与した〈他者＝公衆〉であり、途中から力を失っていた。高度成長期にＰＲの射程に捉えられた〈公衆〉は、政治的側面が弱体化し、その範囲も消費者や利用者に縮小された。

詳しくは第六章と第七章で分析したが、電力産業、とりわけ東京電力のＰＲが想定した〈他者＝公衆〉は、主に都市に暮らす主婦や子供であった。電源開発を進め、電気消費を安定化し、料金の値上げを実現していく上で、電力産業が捉えたのは、自らの政治的営みを促す他者ではなく、経済的営みを助け、協力してくれる他者であった。すなわち、「電気の利用者＝消費者」として、経済成長の主体に相応しい者だけが〈ＰＲする行為〉の相手として選ばれたのである。

このように選ばれた〈公衆〉は、東京電力の〈企業自我〉と平等な立場から信頼を交わす「友だち」として描かれた。それに対し、東京という巨大都市と首都圏における各家庭に電気を供給するためにダムや発電所が建設される地域の住民たちは、電力の生産と消費の循環システムのなかで〈公衆〉と〈企業自我〉の親愛なる関係を支える〈意味世界〉の一部として加工された。

差別的まなざしは、労働者に対する描写からも示された。一九五〇年代まで労働組合運動は電力産業にとって悩ましい問題であり、言うなれば、労働者こそＰＲの対象、つまり〈公衆〉とされるに値する存在であった。しかし、『東電グラフ』のなかで労働者は、東京電力の「友」というより、電力産業の構成要素とされ、東京電力の〈自我〉に組み込まれた「我々」的な存在として語られた。

アメリカ企業は、様々な利害関係に応じて産業に対抗する他者を〈公衆〉として捉え、その上で〈公衆〉の助力者となる〈企業自我〉が現れるようになった。だが、戦後日本では企業や産業の営利目的に一致する一部の他者だけが〈公衆〉と見なされ、他者の概念は歪曲された[12]。言い換えれば、戦後日本の〈企業自我〉は、ごく一部の〈公衆〉だけを鏡としていたのである。

〈シンボル〉と〈意味世界〉の比較

最後に、〈自我〉と〈公衆〉を結びつけ、共通の意味反応を引き起こす〈シンボル〉の比較を通じて、米日の〈企業自我〉の違いを考察してみたい。

アメリカにおいてシンボルは、〈公衆〉の多様性に応じて様々な価値として表されてきた。例えば、一九世紀末から二〇世紀初頭にかけては株主民主主義や地域主義が、一九二〇年代には女権伸張をめぐる民主主義と便利な生活を主張する合理主義が、一九三〇年代には草の根民主主義、アメリカ式生活様式を軸とする福祉主義が、それぞれＰＲ／コミュニケーションの〈シンボル〉となった。そして、このような〈シンボル〉に媒介され、アメリカ社会という〈リアリティ〉が様々な形で再構成されてきた。

なかでも民主主義は、ＰＲ／コミュニケーションにおける主要な〈シンボル〉であり、〈ＰＲする主体〉が〈公衆〉をいかに捉え、どのような〈自我〉を求めてきたかがもっとも象徴的に示される。要するに、ＰＲにおける民主主義の言説は、公的利益と私的利益が健全に調整され、企業の営みのなかに公共性が受容されていることを表す「ジェスチュア」でもあるのだ。

占領期の日本でもＰＲ／コミュニケーションの〈シンボル〉は、最初は民主主義だった。だが、この〈シンボル〉が日本社会の構造的問題から内発的に表れたものではなく、超越的権力と切り離せない価値として注入されたことに米日の違いがある。そして、それを強要する権力がいなくなった途端、民主主義という〈シンボル〉は、〈企業自我〉の形成における影響力を失い、その代わりに「資本主義」がＰＲ／コミュニケーションを促し、〈企業自我〉と〈公衆〉を結びつけていった。

資本主義という〈シンボル〉の背後にあったのは、「ＧＨＱとしてのアメリカ」ではなく、「経済成長のモデルとしてのアメリカ」であった。アメリカは、日本社会が到達すべきモデルとして参考にされ、戦後日本の産業と企業が豊かな社会の夢を広め、その夢に〈公衆〉を引き寄せていく上でも強力なシンボルとなった。戦後日本という〈リアリティ〉の再構成は、「アメリカ」というシンボルを軸とする意味作用を通じて試みられたのである。[13]

〈企業自我〉のコミュニケーション的、象徴的構築にかかわる〈シンボル〉の比較からも米日の違いは、明確である。戦後日本において〈企業自我〉と〈公衆〉の関係を意味づけていく〈シンボル〉が外部から与えられ、または外部／アメリカそのものであったことはきわめて重要な問題である。このような違いは、これまでの議論に加え、戦後日本に姿を現していた〈企業自我〉とは、そしてそのコミュニケーション的構築を試みてきたＰＲとは、いったい何であったのかという疑問を浮かび上がらせる。

似て非なるもの —— ＰＲの日本的変形

他者の助力者や友となる〈企業自我〉の表象と言説は、二〇世紀のアメリカ社会でも、高度成長期の日本社会でも表れ、共通している。だが、それぞれの〈自我〉が形成／再形成される構造的特徴には隔たりがあった。

アメリカの〈企業自我〉は、二〇世紀を貫いて経済的主体――巨大企業と、企業の論理が組み込まれた政府――の政治的営みを刺激する他者との関係に応じて、内発的に構築されてきた。だが、戦後日本では〈PRする主体〉を覚醒させる〈問題的状況〉と他者が浮上しないまま、あたかもアメリカ社会にそっくりの〈企業自我〉だけが現れた。

戦後日本に現れた〈企業自我〉は、PR／コミュニケーションによって主体と他者、自我と他者の相互作用を通じて構築されたものではなく、アメリカのような豊かな社会を建設する上で先取りされていた可能性がある。すなわち、アメリカ企業の駆使するPRの導入と同時に、「完成品」の〈企業自我〉がワンセットで直輸入されたと考えられる。もしそうだとすれば、戦後日本の〈自我〉は「借り物」であり、それが鏡としていたのは、日本社会の他者ではなく、「アメリカ」なのである。

〈企業自我〉の輸入というか、模倣があまりにも緻密に行われ、その結果、偽物が本物に負けないくらい精巧だったことは、本書の第六章と第七章を通じて分析したとおりである。本書の枠組みは、アメリカ社会において創発する〈企業自我〉はもちろん、そのレプリカが戦後日本に複製され、どのように表れていたかを検証する上でも有効であった。だが、何度も指摘したように、米日〈企業自我〉は、表象や言説を超えて、それを浮かび上がらせたコミュニケーション過程からすれば、似て非なるものなのである。

すなわち、〈問題的状況〉から〈PRする主体〉同士の関係、創造される〈公衆〉、〈シンボル〉まで、〈企業自我〉の象徴的構築にかかわる諸条件の相違は、表面上の同型性にもかかわらず、米日の〈企業自我〉が本質的には異質であることを示している。このような矛盾と屈折が戦後PRの最大の特徴であり、日本的変形を生み出した問題でもある(14)。

その特徴は、米日におけるPR／コミュニケーションの中身・内容の違いからも垣間見える。アメリカの場合、経済主体の政治的営みの技術として発展してきたPRは、立法機関への働きかけや争議の調整をはじめ、地域社会や住民に密着したプログラムを含む広範囲な活動から構成されている。これに対し、日本のPRは、経済主体の経済的営み、とりわけマーケティングの下位機能として誤読され、映画、雑誌、広告など、マス・コミュニケーションの機能に集中されてきた(15)。

四　課題と意義

アメリカ〈企業自我〉の相対化 ―― ソ連との比較

本書は、ＰＲを広告やプロパガンダと区別されるコミュニケーション形式として捉え、その歴史的、社会的構築を明らかにしてきた。その上で分析の射程をアメリカ社会から戦後の日本社会に広げ、米日の〈企業自我〉の比較を通じて二〇世紀を貫通する企業と他者の問題を問うてきた。このような試みと成果とは別に、当然ながら本書の限られた議論のなかで究明することができなかった問題や限界も残る。そのような問題や限界は、言い換えれば、今後の課題でもあり、本書の最後に、後続研究に向けての方向性や仮説を提示しておきたい。

まず、二〇世紀における〈企業自我〉の生成と変容をより明確にするためには、アメリカという条件を相対化する作業が必要となろう。本書は、〈企業自我〉が全米社会に浸透し、ＰＲというコミュニケーション様式がさらに拡張したきっかけを、一九三〇年代のニュー・ディールから探ってきた。アメリカ政府とそのＰＲ活動は、同時代におけるドイツやイタリアの国家主導型と区別されるものであった。ドイツやイタリアでは独裁支配下で産業と企業が政治主体の政治機能のなかに陥没され、国家を中心とする強力なプロパガンダ体制が生まれた。それに対し、アメリカでは政府も半ば企業化／経済主体化し、ＰＲを用いて産業界と競争する〈自我〉を構築した。

このような比較は、もう一つの変数を加えることによって異なる解釈を生み出す。同時期のソ連もまた、強力な国家権力の傘下に経済主体と経済機能を吸収する体制を構築した。ヴォルフガング・シヴェルブシュ（Wolfgang Schivelbusch、二〇〇五＝二〇〇九）の説明によれば、そのような体制下で行われた巨大土木工事やダム建設は、ニュー・ディールの構想を刺激し、福祉資本主義社会の浮上に影響を与えた。

第四章で詳しく検討したように、TVAは、それ自体、アメリカ政府のPRキャンペーンであり、アメリカ社会における新たな自他関係を構築するためのシンボルであった。「草の根民主主義」を象徴するTVAが、もしもソ連の公共政策をモデルとしていたとすれば、それによって触発されたアメリカの〈政府自我〉やそれが覚醒させた〈企業自我〉に対してもソ連の影響を指摘することが可能になる。

アメリカとソ連の比較は、アメリカ社会で成立した〈企業自我〉の問題をさらに深めていく観点を提供するだろう。すなわち、〈企業自我〉が構築される条件として、アメリカ社会内部の構造的特徴に加え、その外側の世界／社会からの影響を検討する必要性が示される。このような仮説を明らかにしていく上でも、ソ連の社会政策とコミュニケーション様式について検討を行い、ニュー・ディールとアメリカ政府のPRを相対化しながら、〈企業自我〉を立体的に捉えていく作業が今後の課題となる。

もう一つの変形——一九六〇年代の韓国社会

本書は、米日の比較を通じてPRと〈企業自我〉の世界的拡張を検討してきた。そのような地政学的広がりは、第二次世界大戦後の東アジア諸国、とりわけ韓国に対しても検討することができる。米日の比較構図のなかに、韓国という新たな変数を加えれば、戦後PRの拡張運動がより鮮明に示されるはずである（図終-2）。

韓国と日本は、第二次世界大戦後、米軍によってPRが移植された歴史を持っている。両国においてPRは、アメリカによる占領と統治という〈問題的状況〉の上で芽生え、政治的、経済的主体と他者＝公衆の関係がアメリカを中心

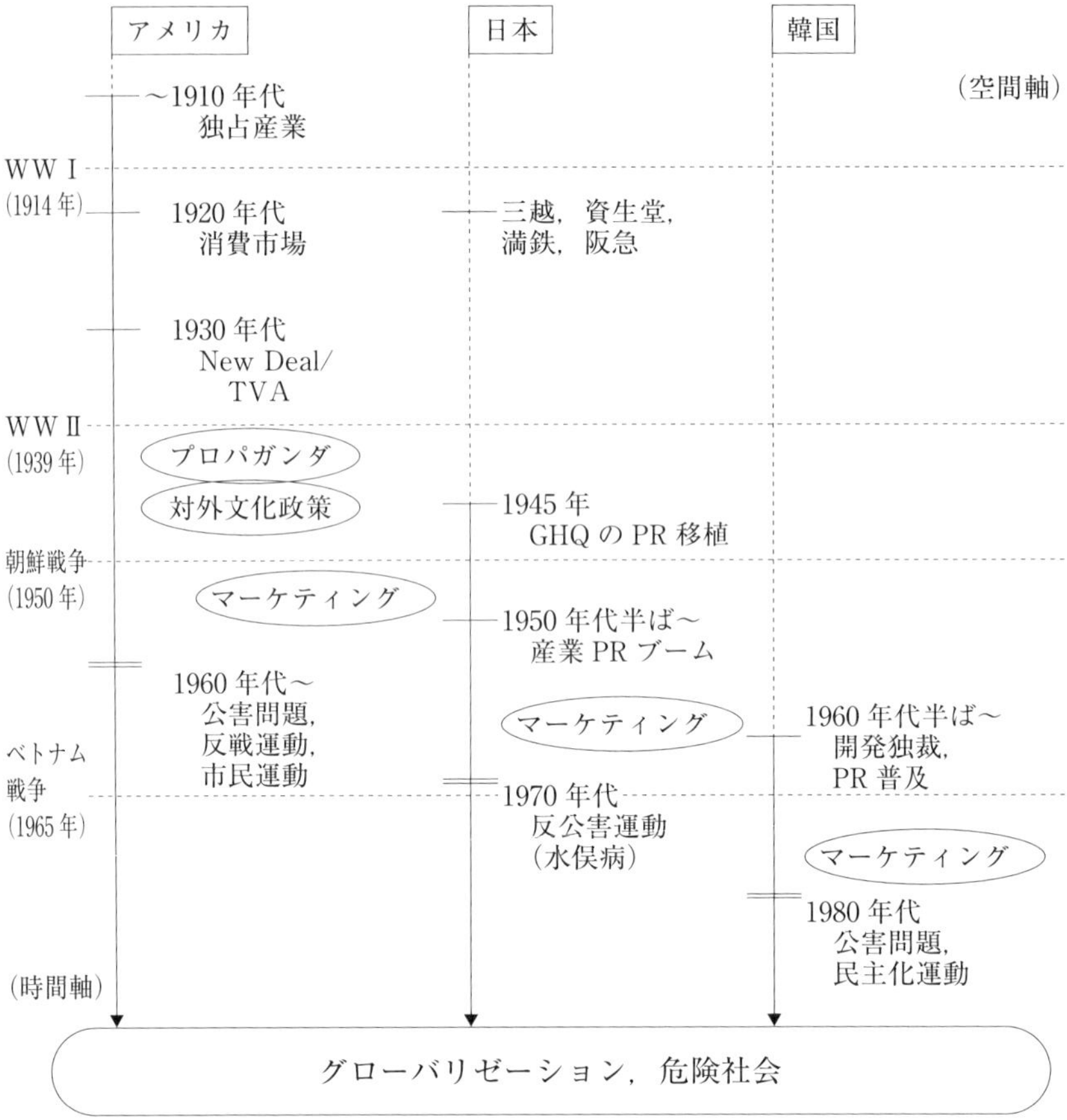

図終-2　米・日・韓におけるPRの比較

に改められていくなかで模索された。

日本では占領期から様々な〈PRする主体〉が胎動していたが、韓国で「PR」という言葉が本格的に普及したのは、一九六〇年代以降である。また、戦後日本において経済成長を担う産業界にPR機能が集中されたのに対し、韓国では開発独裁下の政府が中核的機能を握り、〈PRする主体〉として浮上した。

朴正熙《パクチョンヒ》政権は、国民を「開発の主体」として想像＝創造し、先進国／豊かな社会を建設する目標を掲げた。(16) 韓国政府は、貧しい韓国国民を救済し、経済成長を成し遂げていく〈国家自我〉を構築する上で様々な活動を展開し、財閥企業を育成し、韓国企業の海外向けPR活動を指導した。

政府が〈PRする主体〉となり、国民／公衆の救済主となる〈自我〉を構築しようとした点は、ニュー・ディールに象徴される「アメリカ型PR」とも似ている。だが、同時に、政府が産業に対して経済指導を行い、産官協力体制を築いたことは「日本型PR」を生み出した構造的特徴とも類似していた。

もしも韓国政府が、戦後日本の経済成長を自己のモデルとして捉え、その上で様々な手法を学び、導入したとするならば、日本の産業連合や企業を中心に隆盛していたPRもそのような学習と模倣の対象であった可能性は十分にある。もっと掘り下げていけば、朴正熙政権が〈PRする行為〉を通じて構築した〈国家自我〉と〈国民〉の関係が、もしかするとアメリカ以上に、戦後日本を「鏡」としていた可能性を指摘することができるかもしれない。

韓国政府のPRに影響を与えたかもしれない戦後日本のPRが、前述したようにアメリカの〈企業自我〉の模倣と複製を通じて成り立っていたことを踏まえれば、米・日・韓の間で二重の屈折があったことが考えられる。韓国の開発独裁政権とPRの歴史的、社会的形成のかかわりを分析することは、それによって現れた〈国家自我〉の二重の模倣、二重の変形という問題を浮き彫りにするのである。

このような仮説を検証するために、後続研究では、第二次世界大戦直後から一九六〇年代まで、韓国社会における

ＰＲの導入と変容の過程を調べ、「アメリカ型ＰＲ」と「日本型ＰＲ」の影響を問うていく必要がある。そのような作業を通じて、戦後ＰＲの拡張を論じる言説空間を東アジア諸国に広げ、各国の政治的、経済的〈自我〉の形成をアメリカナイゼーションの問題から問い直してみたい。

日本的変形の深化 ―― 一九七〇年代の日本社会を中心に

本書は、日本的ＰＲの出発点であり、分岐点でもある占領期から高度成長期の前半までの時期に焦点を当て、戦後日本における〈企業自我〉の構築を問うてきた。その上で、電力産業に焦点を絞り、具体的検証を試みたが、戦後ＰＲを全体的に捉えていく上では本書の仮説と分析枠組みをほかの産業や企業に拡大することも可能であろう。

分析対象の空間軸を広げることに加え、時間軸を前後に伸ばすことで、戦後ＰＲと〈企業自我〉の特徴をより長いスパンで捉え、俯瞰することも考えられる。例えば、分析の時期を戦前に遡らせ、一九二〇年代の大衆社会において満鉄や商業施設を中心に行われた諸活動を、同時代のアメリカ社会のＰＲ活動と比較することができる。戦前における日本型ＰＲの形成を検討するためには、当時の広告やプロパガンダの言説をより丁寧に読み解く作業が求められるだろう。

一方で、矢印を逆方向に向け、占領期とポスト占領期に構築された日本的〈企業自我〉の変形を追跡することもできる。一九六〇年代半ば以降、ＰＲは「出現」の段階を終えて、さらなる次元に入ってきていた。

一九六〇年代、アメリカでは公民権運動や反戦運動だけでなく、環境運動、消費者運動などが多発し、企業の社会的責任や環境に対する配慮が経営／マネジメントにおける重要な問題として考えられるようになった。序章で述べたように、コミュニケーションが組織の存続にかかわる重要な課題とされ、ＰＲの言説と実践にも変化が生じるようになった。日本でも一九六〇年代後半から一九七〇年代にかけて、企業の社会的責任や経営者のあり方をめぐって批判が高まった。水俣病問題をはじめ、高度成長の影の部分が露になり、「豊かな社会」の夢に疑問が投げかけられたのである。

一九五〇年代から六〇年代まで公害は、「豊かさ」との引き換えで甘受すべきものと認識され、高度成長の誇らしい尺度と考えられた。だが、一九七〇年代以降、そのような評価は逆転し、社会の病弊を生み出した産業界に批判が集まった。高度成長により犠牲にされた様々な利害や葛藤が、反公害運動などとして表面化し、公害の被害者たちや地域住民はもちろん、一般の人々も企業の問題と責任を厳しく問い詰め、対抗する勢力となった。

二〇世紀後半における〈問題的状況〉の地殻変動は、夢の時代とは異なる〈他者＝公衆〉を浮かび上がらせ、それを受け、〈企業自我〉も修正された。「社会的責任を重視する経営者」や「環境にやさしい企業」の言説や表象が流行し、PRは、問題を起こした企業や経営者の謝罪や産業界全体の改革要求に応えていく活動に重点が置かれるようになった。

しかし、このような営みを説明してくれるはずの概念であるPRは、一九六〇年代を通り抜け、消費を促進する機能として誤読されてしまったため、新しい時代の変化を捉えることができなかった[17]。日本はもちろん、アメリカでも一九七〇年代以降、PRの代替概念となる様々な言葉が普及した。PRの出現を解き明かしてきた本書の次に求められる作業は、二〇世紀後半におけるPR概念のアイロニー、とりわけ現象と言葉のギャップを念頭に置きながら、ポスト戦後社会の〈企業自我〉の行方を問うことである。

現代社会／企業社会を読み解く —— PR研究の可能性

PRの歴史は、「我々は何者なのか」という問いに悩まされ、自己の正体を捉えられずにさまよう巨大企業が他者を鏡として〈自我〉を構築し、自他の関係を通じて〈リアリティ〉を再構成してきた旅路でもある。そしてPRが成立し、

〈企業自我〉が孕まれたアメリカ社会は、企業社会でもあった[18]。

ＰＲの歴史的研究を通じて明らかにされる〈企業自我〉と〈公衆〉の関係／関係性は、企業社会であり、組織社会でもある現代社会の探求において重要な視点を与えてくれる。とりわけ、マネジメント論とコミュニケーション論という、今まで分離していると思われてきた二つの議論が合流する地点を浮かび上がらせてくれる。

第一章でも触れたように、企業を中心とする巨大組織の内側に対する議論、つまり経営者と労働者・従業員の関係、各事業部門のあり方に関する問題は、経営／マネジメント論に統合されてきた。一方で、オーディエンスや消費者のように、組織の外側にいる他者に対する議論は、コミュニケーション論のなかで発展し、マス・メディア研究やマーケティング・広告研究として展開されてきた。

これらの議論は、相互に無関係に見えるかもしれないが、〈企業自我〉の観点からすれば、両者は切り離せない関係にある。すなわち、マネジメント論が含んでいる企業という主体の〈自我〉にかかわる問題系は、企業の外側に散在する他者との関係を、コミュニケーション過程を通じて明らかにすることによってはじめて究明できる。

繰り返し言うと、ＰＲの研究は、マネジメント論とコミュニケーション論という現代社会の顕著な特徴を論じてきた異なる問題系が、〈企業自我〉という概念を軸としてきわめて密接に連動している事実を浮き彫りにする[19]。それゆえ、ＰＲ概念の研究は、狭義のＰＲ学だけでなく、現代社会の諸問題を究明する様々な学問分野に対しても少なからず貢献することができるのだ。

ＰＲは、二〇世紀の産物である。〈企業自我〉のコミュニケーション的構築、すなわち、〈意味世界〉をつくり上げ、自己を〈他者＝公衆〉の友や助力者として定義していく技術は二〇世紀に発明されたが、二一世紀においても働き続けている。グローバリゼーションと多国籍企業の登場、インターネットとソーシャルメディアの発達によりＰＲの考え方や手法がマーケティングやブランディングをはじめ、マネジメント全般に広がり、ＰＲ専門業は公共圏だけでなく、親密圏にも浸透し、企業と政府に関する好感を導く巨大産業として成長した。このような展開を見る限り、ＰＲとその独特な関係性は、二〇世紀に生まれながら、二一世紀にこそもっと相応しいように思われるのである。

今日の社会において、企業は、そして企業の論理が組み込まれた政府は、個々人の生活に対してはもちろん、世界各国の政治、経済、文化にも多大な影響を与えている。だが、その影響力は、社会構成員と無縁なところで成り立っているわけではない。巨大な組織にとって自らの存続の正当性を主張するためには、社会における他者の期待と役割を吸収し、それを鏡として現れる〈企業自我〉、〈政府自我〉が必要である。他者の承認を得て、望ましい関係を構築し、維持することが欠かせないのだ。

これまで、企業のコミュニケーションは、広告研究を除いて社会学の研究対象として十分な光があてられてこなかった。だが、その重要性が今後、ますます大きくなることは間違いない。ＰＲの歴史的、社会的形成を通じて米日〈企業自我〉のコミュニケーション的構築を解き明かしてきた本書が、現代社会を読み解く研究の新たな地平を切り開く一助となることを願っている。

あとがき

本書が生まれた経緯を説明するためには、およそ一六年前の昔に戻らなければならない。私は、二〇〇一年三月に韓国の梨花女子大学に入学した。人文科学大学で言語や文学を学び、卒業後は出版社や新聞社で働きたい、と漠然と思っていた。そんななか、教養科目のつもりで受けたマス・コミュニケーションの講義がきっかけとなり、メディアや社会に対する興味が急速に湧いてきた。その時の自分は、個人の内面や心理を綴り、それを吟味することより、社会に対して積極的に働きかけ、人々の思考や行動にも大きな影響を与えるメディアの力に惹かれていた。それを理由に、学部二年生の末に専攻を変え、社会科学大学の言論・広報・映像学部で学びはじめた。とくに、マーケティング分野ではもちろん、政治、外交の領域においても幅広く用いられる広報・PRに注目するようになった。しかし、コミュニケーションと社会のかかわり、とりわけ、PRの働きとその特徴についてもっと深く勉強したい、と思っていた夢は、実現しなかった。学部三、四年生向けに用意されたカリキュラムでは、専門教育に焦点が当てられ、卒業後、広告代理店やPR会社に就職してすぐに使えるような知識が重視されたのである。

「PRとは何か」という問いを抱えたまま、私は二〇〇四年四月から一年間、梨花女子大学の姉妹校のひとつであった青山学院大学で交換留学をする機会を得た。留学中、アメリカの「アドバタイジング」と違う日本固有の「広告」を論じる小林保彦先生に出会い、ゼミにまで参加させていただいた。米国大学のテキストに頼りながら広告、PRを学んできた私にとって、アメリカの広告研究と距離を置きながら独自の視点を打ち出そうとする姿勢は、新鮮な衝撃を与えてくれた。これを機に、二〇〇六年に梨花女子大学を卒業した直後に、青山学院大学の経営学研究科修士課程に進学した。

修士論文では、本書でも少し取り上げたグルニック理論を中心に、アメリカPR学を検討した。また、それを受容してきた韓国のPR研究と実践における傾向を踏まえながら、財閥とメディア、社会の関係を分析した。私の修士論文はごく平凡なものであるが、それを書きながら自分のなかで問題意識が明確になった。アメリカPR研究が、PRという概念と実践をどのように語ってきたかを俯瞰することができたのである。さらに重要な展開として、PR概念を探求するためにはアメリカPR学、とりわけ、それが基にしている経営学的視点からいったん、離れてみる必要があると実感した。

こうした問題意識を持って、二〇〇八年に東京大学大学院学際情報学府博士課程に入学した。指導教官の吉見俊哉先生は、当時、学環長を務め、面会の約束をとることが非常に難しく、何度もメールを送ったあとに、研究計画について説明する時間をいただくことができた。いま考えてみれば、吉見先生がそのときの自分のどこを評価してくださったのか、正直よく分からない。もしかすると、学部生のときからずっと抱え続けてきた問いに、もう一度、真剣に応えてみなさい、と神が与えてくれた最後のチャンスだったのかもしれない。

ひとつの問いを、ときには緩く、ときには苦しみながら追いかけてきた道を振り返ってみると、わずかな字数にすぎない。だが、長い年月の間、私は思考の海を自由に泳ぎ、ひどく挫折したあとも必ず立ち戻り、問い続けることができる幸運に恵まれていた。そして、その結果が本書となって出版されることは、これ以上ない幸せである。このすばらしい経験は、左に述べるたくさんの方々の恩恵にあずかるものである。

まず、吉見俊哉先生に心より感謝申し上げたい。考えること、話すこと、書くことをはじめ、研究者として世の中の問題とどう付き合っていくかについての全てを先生から教わった。吉見先生は、ウンベルト・エーコが『論文作法』（而立書房、一九九一年）のなかで言っている、研究過程で私が自由に利用できるもっとも有能な読者でもあった。研究相談のときは、いつも重要なコメントをいただき、それに必死に応えているうちに、本書の大枠ができ上がった。先生のご指導に出会えたからこそ、最後まで問い続けることができた。吉見ゼミの先輩と後輩の方々にも、この場を借りてお礼申し上げたい。研究者にとって愛情のこもった批判は、麗辞より何十倍も高い価値を持つ。吉見先生とゼミのメンバーからいただいたコメントや質問は、博士論文を書き上げる上で、かけがえのない資産となった。

本書は、東京大学大学院学際情報学府に提出した博士論文「ＰＲの二〇世紀史――〈企業自我〉のコミュニケーション的構築」（二〇一五）を修正・加筆したものである。博士論文を無事、完成させることができたのは、審査にあたってくださった先生方のご指導の賜物である。指導教官の吉見先生をはじめ、副指導教官の水越伸先生、船津衛先生、土屋礼子先生、北田暁大先生に深く感謝申し上げたい。また、博士論文の執筆にあたり、資料収集にご協力くださった記録映画保存センターの村山英世さんと山内隆治さん、アド・ミュージアム東京資料室の吉田雅子さんにもお礼申し上げる。

私は、一〇年以上、日本で暮らしている。留学生の身分から、ときには日本人学生よりも良い待遇を受けることもあった。とくに、勉学を続ける上で、数々の財団からご支援をいただいた。この機会に、ロータリー米山記念奨学会、電通育英会、吉田秀雄記念事業財団、サントリー文化財団の関係者の方々に感謝申し上げたい。長い他国での生活が耐えられたのは、年月を超えて友情を築いてきた親友がいたからである。そして何より、娘の選んだ道を見守ってくれた両親に、ありがとうの言葉を言わずにはいられない。父、母、弟の寛大で温かい支えがなかったら、私は途中で研究を諦めただろう。家族に対する感謝の気持ちは、言葉では伝えきれない。

博士論文を書くことと、本を書くことは、全く異なる視点を要する作業だった。後者は、著者ひとりのための遊び場ではなく、多くの読者と疎通する場として設計されなければならない。このことを考えるようになったのは、本書の編集を担当していただいた山本賢さんのおかげである。読み手の立場から研究と執筆について新しい視点をもたらしてくださった山本さんをはじめ、岩波書店のみなさまに深くお礼申し上げる。

最後に、本書を手にとってくださった読者のみなさまに感謝し、「ＰＲとは何か」という問いを分かち合っていただけることを祈りながら、結びに代えたい。

二〇一六年一一月吉日

河　炅珍

河 炅珍

1982年，韓国生まれ．韓国梨花女子大学卒業，東京大学大学院学際情報学府博士課程修了．博士(学際情報学)．現在，東京大学大学院情報学環助教．

専門は，社会学，メディア・コミュニケーション研究．

主な論文に，「パブリック・リレーションズの条件——20世紀初頭のアメリカ社会を通じて」『思想』1070号(2013年)，「「公報」，あるPR(パブリック・リレーションズ)の類型——1960年代，韓国における政府コミュニケーションをめぐって」『マス・コミュニケーション研究』79号(2011年)など．

パブリック・リレーションズの歴史社会学
——アメリカと日本における〈企業自我〉の構築

2017年1月25日　第1刷発行

著　者　河《ハ》 炅珍《キョンジン》

発行者　岡本 厚

発行所　株式会社 岩波書店
〒101-8002 東京都千代田区一ツ橋2-5-5
電話案内 03-5210-4000
http://www.iwanami.co.jp/

印刷・法令印刷　カバー・半七印刷　製本・牧製本

ISBN 978-4-00-024483-1　Printed in Japan

参考文献(A–Z)

A

雨宮昭一，2008，『占領と改革』岩波書店.

青野忠夫，1972，『IBM の光と影』日本経済新聞社.

有馬哲夫，2008，『原発・正力・CIA』新潮社.

有山輝雄，1996，『占領期メディア史研究——自由と統制・1945 年』柏書房.

Arrigi, G., 1994, *The Long Twentieth Century: Money, Power and the Origins of Our Times*, Verso.

———— and Silver, B., 1999, *Chaos and Governance in the Modern World System*, University of Minnesota Press.

B

Backhouse, R., 2002, *The Penguin History of Economics*, Penguin.

Barnard, C., 1938, *The Function of the Executive*, Harvard University Press. (＝1956, 田杉競ほか訳『経営者の役割』ダイヤモンド社.)

Barsamian, D. and Chomsky, N., 2001, *Propaganda and the Public Mind*, South End Press. (＝2002, 이성복역『프로파간다와 여론』아침이슬. イ・ソンボック訳『プロパガンダと世論』アチムイスル.)

Barthes, R., 1961, "Le message photographique," *Communication*, 1：127–138. (＝1980, 蓮實重彥ほか訳「写真のメッセージ」『映像の修辞学』朝日出版社, 49–81.)

————, 1964, "Rhétorique de l'image," *Communication*, 4：40–51. (＝1980, 蓮實重彥ほか訳「イメージの修辞学」『映像の修辞学』朝日出版社, 7–47.)

Barton, B., 1925, *The Man Nobody Knows: A Discovery of the Real Jesus*, The Bobb-Merril Company.

Baskin, O. W., Aronoff, C. E. and Lattimore, D., 1997, *Public Relations: The Profession and the Practice*, 4th ed., Dubuque：Brown and Benchmark.

Baudrillard, J., 1974, *La Société de Consommation: ses mythes, ses structures*, Paris：Gallimard. (＝1991, 이상율역『소비의사회』문예출판사. リ・サンユル訳『消費の社会——その神話と構造』文藝出版社.)

Belmonte, L. A., 2008, *Selling the American Way*, University of Pennsylvania Press.

Bernays, E., 1923, *Crystalizing of Public Opinion*, New York：Liveright.

————, 1928, *Propaganda*, New York：H. Liveright.

————, 1952, *Public Relations*, The University of Oklahoma Press.

Bernstein, D., 1984, *Company Image and Reality*, Holt, Rinehart and Winston.

Bix, H., 2000, *Hirohito and the Making Modern Japan*, Harper Collins Publishers.

Blumer, H., 1969, *Symbolic Interactionism*, Prentice-Hall. (＝1991, 後藤将之訳『シンボ

リック相互作用論』勁草書房.）
――――――, 1990, *Industrialization as an Agent of Social Change*, Walter de Gruyter.（＝1995, 片桐雅隆ほか訳『産業化論再考』勁草書房.）
Boorstin, D., 1962, *The Image: or, What Happened to the American Dream*, New York：Atheneum.（＝1964, 後藤和彦ほか訳『幻影（イメジ）の時代――マスコミが製造する事実』東京創元社.）
――――――, 1973, *The Americans: The Democratic Experience*, New York：Random House.（＝1976, 新川健三郎ほか訳『アメリカ人――大量消費社会の生活と文化（上・下）』河出書房新社.）
――――――, 1975, *Democracy and Its Discontents: Reflections on Everyday America*, Vintage Books.（＝1980, 後藤和彦訳『過剰化社会――豊かさへの不満』東京創元社.）
Boton, C. H. and Hazleton, V., 2006, *Public Relations Theory II*, Lawrence Erlbaum Associates.（＝2010, 유재웅외역『피알이론』커뮤니케이션북스. ユ・ジェウンほか訳『PR 理論』コミュニケーションブックス.）
Brown, E. H., 2005, *The Corporate Eye: Photography and the Rationalization of American Commercial Culture 1884–1929*, The Johns Hopkins University Press.
C
Cameron, G. T., 1997, "The Contingency Theory of Conflict Management in Public Relations, Proceeding of the Conference on Tow-Way Communication," Oslo：Norwegian Central Government Information Service, 27–48.
Chandler, A. D., 1962, *Strategy and Structure*, New York：Doubleday.
――――――, 1977, *The Visible Hand: The Managerial Revolution in American Business*, Harvard University Press.（＝1979, 鳥羽欽一郎ほか訳『経営者の時代――アメリカ産業における近代企業の成立（上・下）』東洋経済新報社.）
Chaumely, J. and Huisman, D., 1962, *Les Relations Publiques*, Presses Universitaires de France.（＝1962, 寿里茂ほか訳『PR の技術』白水社.）
Chernow, R., 1998, *Titan: the Life of John D. Rockefeller, Sr.*, Melanie Jackson Agency, LCC.（＝2000, 井上廣美訳『タイタン――ロックフェラー帝国を創った男（上・下）』日系 BP 社.）
최윤희, 2001,『피알의 새로운 패러다임』커뮤니케이션북스.（チョイ・ユンヒ, 2001,『PR の新しいパラダイム』コミュニケーションブックス.）
Conkin, P., 1959, *Tomorrow a New World: The New Deal Community Program*, Cornell University Press.
Coser, L. A., 1977, *Masters of Sociological Thought: Ideas in Historical and Social Context*, Harcourt.
Cowan, R. S., 1983, *More Work for Mother: The Ironies of Household Technology from the Open Hearth to the Microwave*, Basic Books.
Crable, R. E and Vibbert, S. L., 1985, "Managing Issues and Influencing Public Policy," *Public Relations Review*, 11(2)：3–15.
Crainer, S. and Dearlove, D., 2003, *Business, The Universe and Everything: Conver-*

sations with the World's Greatest Management Thinkers, Capstone.

Creel, G., [1920]1972, *How We Advertised America: The First Telling of the Amazing Story of the Committee on Public Information That Carried the Gospel of Americanism to Every Corner of the Globe*, New York：Arno Press.

Culbertson, H. M. and Chen, N., 1996, *International Public Relations: A Comparative Analysis*, Lawrence Erlbaum Associates.

Curran, J., 2002, *Media and Power*, Routledge.

Cutlip, S. M., 1994, *The Unseen Power: Public Relations. A History*, Lawrence Erlbaum Associates.

————, 1995, *Public Relations History: From the 17th to the 20th Century*, Lawrence Erlbaum Associates.

————, Center, A. H. and Broom, G. M., 2000, *Effective Public Relations* (8th Edition), Prentice-Hall.

D

Davis, K., 2003, *Don't Know Much about History*, Harper Collins.

Dennis, E. and Wartella, E. eds., 2009, *American Communication Research: The Remembered History*, Routledge.

電通広報室編，1997，『電通 PR・広報史――昭和 20 年代・30 年代を中心に』電通.

電通 90 年史編纂委員会，1991，『虹をかける者よ――電通 90 年史 1901–1991』電通.

Dewey, J., 1954, *The Public and Its Problems*, Alan Swallow.

デジタルコンテンツ協会，2002，『文化財などに関する情報のデジタル化保存の方策に関する調査報告書――戦後産業史を描く産業映像 500』.

Donaldson, T., 1982, *Corporations and Morality*, Prentice-hall.

Dower, J., 1999, *Embracing Defeat: Japan in the Wake of World War 2*, W. W. Norton.

Drucker, P. F., 1939, *The End of Economic Man*, Heinemann.

————, 1946, *Concept of the Corporation*, New York：John Day Co.（=2008，上田惇生訳『企業とは何か』ダイヤモンド社.）

————, 1954, *The Practice of Management*, Harper & Row.（=2006，上田惇生訳『現代の経営(上・下)』ダイヤモンド社.）

————，2005，『ドラッカー 20 世紀を生きて――私の履歴書』日本経済新聞社.

E

Ewen, S., 1996, *PR!: A Social History of Spin*, Basic Books.（=2003，平野秀秋ほか訳『PR！――世論操作の社会史』法政大学出版局.）

F

Fried, R. M., 2005, *The Man Everybody Knew: Bruce Barton and the Making of Modern America*, Ivan R. Dee.

船津衛，1991，「解説・ミードの社会的自我論」船津衛・徳川直人編訳『社会的自我』恒星社厚生閣，85–112.）

————，2000，『ジョージ・H・ミード――社会的自我論の展開』東信堂.

————・宝月誠編，1995，『シンボリック相互作用論の世界』恒星社厚生閣.

古矢旬，2004，『アメリカ 過去と現在の間』岩波書店.

藤竹暁，1998，「コミュニケーションとしての広報」『広報研究』2：5-16.

G

Galbraith, J. K., 1967, *The New Industrial State*, Houghton Mifflin.

――――――, 1977, *The Age of Uncertainty*, Houghton Mifflin.

――――――, 1979, *The Nature of Mass Poverty*, Harvard University Press.

Gandy, O. H., Jr., 1982, *Beyond Agenda Setting: Information Subsidies and Public Policy*, Norwood, NJ：Ablex.

Goffman, E., 1959, *The Presentation of Self in Everyday Life*, Doubleday & Company.（=1974，石黒毅訳『行為と演技――日常生活における自己呈示』誠信書房.）

――――――, 1961, *Asylums: Essays on the Social Situation of Mental Patients and Other Inmates*, Doubleday.（=1984，石黒毅訳『アサイラム――施設被収容者の日常世界』誠信書房.）

――――――, 1963, *Stigma: Notes on the Management of Spoiled Identity*, Prentice-Hall.（=2001，石黒毅訳『スティグマの社会学――烙印を押されたアイデンティティ』せりか書房.）

Gordon, A., 2002, *A Modern History of Japan: From Tokugawa Times to Present*, Oxford University Press.（=2005，김우영역『현대일본의 역사――도쿠가와 시대에서 2001 년까지』이산. キム・ウヨン訳『現代日本の歴史――徳川時代から2001年まで』イサン.）

Grunig, J. E., 2001, "Two-Way Symmetrical Public Relations：Past, Present, and Future," R. L. Heath ed., *Hand Book of Public Relations*, Sage, 11-30.

―――――― and Hunt, T., 1984, *Managing Public Relations*, Wadsworth/Thomson Learning.

H

Habermas, J., 1962, *Strukturwandel der Öffentlichkeit. Untersuchungen zu einer Kategorie der bürgerlichen Gesellschaft*, Suhrkamp Verlag.（=2001，한승완역『공론장의 구조변동――부르주아 사회의 한 범주에 관한 연구』나남. ハン・スンワン訳『公論場の構造変動――ブルジョア社会の一範疇に関する研究』ナナム.）

河炅珍，2011，「「公報」，ある PR(パブリック・リレーションズ)の類型――1960年代，韓国における政府コミュニケーションをめぐって」『マス・コミュニケーション研究』79：133-151.

――――――，2013a，「パブリック・リレーションズ，消費社会における〈公的ビジネス〉の成立」『AD STUDIES』(吉田秀雄記念事業財団研究広報誌)46：12-16.

――――――，2013b，「パブリック・リレーションズの条件――20世紀初頭のアメリカ社会を通じて」『思想』1070：87-106.

――――――，2013c，「米国パブリック・リレーションズ理論の修辞学(レトリック)――J. Grunig の PR 理論に関する批判的考察」『東京大学大学院情報学環紀要 情報学研究』85：131-146.

――――――，2016，「PR 学の方法論に関する考察――歴史的研究の問題を中心に」『東京大学大学院情報学環紀要 情報学研究』90：15-37.

Hallahan, K., 2002, "Ivy Lee and the Rockefeller's Response to the 1913-1914 Colorado Coal Strike," *Journal of Public Relations Research*, 14(4): 265-315.

濱田逸郎，2008，「行政広報史」日本広報学会広報史研究会編『日本の広報・PR 史研究(2007 年度広報史研究会報告書)』日本広報学会，85-124.

浜野保樹，1991，『メディアの世紀——アメリカ神話の創造者たち』岩波書店.

Hardt, H., 1992, *Critical Communication Studies: Communication, History & Theory in America*, Routledge.

Hardt, M., 2004, *Multitude: War and Democracy in the Age of Empire*, Penguin Press.

———— and Negri, A., 2001, *Empire*, Harvard University Press.

Harlow, R. H., 1976, "Building a Public Relations Definition," *Public Relations Review*, 2: 34-42.

Harvey, D., 1990, *The Condition of Postmodernity*, Blackwell.

————, 2005, *The Brief History of Neoliberalism*, Oxford University Press.

橋本寿郎，1989，「一九五五」安場保吉・猪木武徳編『高度成長(日本経済史 8)』岩波書店，57-96.

Heath, L. R., 2000, "A Rhetorical Perspective on the Value of Public Relations: Crossroads and Pathways Toward Concurrence," *Journal of Public Relations Research*, 12(1): 69-91.

————, 2001, "A Rhetorical Enactment Rationale for Public Relations: The Good Organization Communicating Well," R. L. Heath ed., *Hand Book of Public Relations*, Sage, 31-50.

Herman, E. S. and Chomsky, N., 1988, *Manufacturing Consent: The Political Economy of the Mass Media*, Pantheon Books.

Hiebert, R. E., 1966, *Courtier to the Crowd: The Story of Ivy Lee and the Development of Public Relations*, Iowa State University Press.

樋上亮一，1951，『P. R. の考え方とあり方——公衆関係業務必携』世界書院.

————，1952，『自治体広報の理論と技術』世界書院.

Hogg, M. and Abrams, D., 1988, *Social Identification: A Social Psychology of Intergroup Relations and Group Process*, Routledge.

本田哲也，2009，『戦略 PR——空気をつくる．世論で売る』アスキー・メディアワークス.

————，2013，「戦略 PR は「空気」をつくる」『AD STUDIES』46：22-27.

本間龍，2012，『電通と原発報道——巨大広告主と大手広告代理店によるメディア支配のしくみ』亜紀書房.

Howard, M. and Louis, R., 1998, *The Oxford History of the Twentieth Century*, Oxford University Press.

Hutton, J. G., 1999, "The Definition, Dimension, and Domain of Public Relations," *Public Relations Review*, 25: 199-214.

I

市川紘子，2009，「米国の対外文化政策研究理論の系譜」『東京大学大学院情報学環紀要情報学研究』77：61-76.

井出嘉憲, 1967,『行政広報論』勁草書房.

猪狩誠也, 2006a,「広報の定義を巡って──歴史的考察」日本広報学会コーポレート・コミュニケーションの理論と実際研究会編『現時点におけるコーポレート・コミュニケーションの捉え方』日本広報学会, 16-33.

──────, 2006b,「コーポレート・コミュニケーションに関する文献解題」日本広報学会コーポレート・コミュニケーションの理論と実際研究会編『現時点におけるコーポレート・コミュニケーションの捉え方』日本広報学会, 34-46.

──────, 2008,「日本型広報の始動」日本広報学会広報史研究会編『日本の広報・PR 史研究(2007 年度広報史研究会報告書)』日本広報学会, 31-36.

──────編, 2011,『日本の広報・PR 100 年──満鉄から CSR まで』同友館.

池田喜作編, 1967,『日本の PR 戦略』誠文堂新光社.

猪木武徳, 1987,『経済思想』岩波書店.

──────, 1989,「成長の軌跡(1)」安場保吉・猪木武徳編『高度成長(日本経済史 8)』岩波書店, 97-152.

──────, 2000,『経済成長の果実 1955〜1972(日本の近代 7)』中央公論新社.

井之上喬, 2006,『パブリック・リレーションズ』日本評論社.

K

掛川トミ子, 1988,「アメリカのフリープレスへの一視角──マックレイキングの伝統」荒瀬豊・高木教典・春原昭彦編『自由・歴史・メディア』日本評論社, 243-253.

강준만, 2001,『대중미디어의이론과사상』개마고원.（カン・ジュンマン, 2001,『大衆メディアの理論と思想』ケマゴウォン.）

──────, 2010,『미국사산책』인물과사상사.（カン・ジュンマン, 2010,『米国史散策(4, 5, 6 巻)』人物と思想社.）

Karlberg, M., 1996, "Remembering the Public in Public Relations Research: From Theoretical to Operational Symmetry," *Journal of Public Relations Research*, 8: 263-278.

河内信幸, 2005,『ニューディール体制論──大恐慌下のアメリカ社会』学術出版会.

剣持隆, 2008,「戦後企業広報史」日本広報学会広報史研究会編『日本の広報・PR 史研究(2007 年度広報史研究会報告書)』日本広報学会, 125-200.

김영욱, 2003,『피알 커뮤니케이션：체계, 수사, 비판이론의통합』이화여자대학교출판부.（キム・ヨンウック, 2003,『PR コミュニケーション──体系, 修辞, 批判理論の統合』梨花女子大学出版部.）

──────・차희원, 2002,「문화의 변화와 충돌：한국형 퍼블릭블레이션의 모색」『한국언론학보』46(5)：5-42.（キム・ヨンウック／チャ・ヒウォン, 2002,「文化の変化と衝突──韓国型パブリック・リレーションズの模索」『韓国言論学報』46(5)：5-42.）

貴志俊彦・土屋由香編, 2009,『文化冷戦の時代──アメリカとアジア』国際書院.

北田暁大, 2008,『広告の誕生──近代メディア文化の歴史社会学』岩波書店.

北野邦彦, 2008,「広告会社における PR 関連部門の歴史的展開」日本広報学会広報史研究会編『日本の広報・PR 史研究(2007 年度広報史研究会報告書)』日本広報学会, 37-84.

北澤新次郎，1951，『パブリック・リレーションズ講話』ダイヤモンド社.
小林保彦，1998，『広告ビジネスの構造と展開――アカウントプランニング革新』日経広告研究所.
――――――，2000，『アメリカ広告科学運動』日経広告研究所.
小宮山恵三郎，1999，「日本における広報の導入について」『政経研究』36(1)：219-252.
Kotler, P., 1967, *Marketing Management: Analysis, Planning, Implementation and Control*, Prentice-Hall, Englewood Cliffs, NJ.
小山栄三，1954，『広報学――マス・コミュニケーションの構造と機能』有斐閣.
国枝智樹，2011，「PR の 4 モデルと日本の行政広報――明治から平成に至る発展の 4 段階」『上智大学文学部紀要 コミュニケーション研究』41：35-51.
草場定男，1980，『行政 PR――その変遷と展望』公務職員研修協会.
L
Le Bon, G., 1895, *La Psychologie des foules*.（＝1993，桜井成夫訳『群衆心理』講談社.）
L'Etang, J. and Pieczka, M., 1996, *Critical Perspectives in Public Relations*, Thomson.
이구한，2006，『이야기미국사』청아출판사.（リ・グハン，2006，『物語りアメリカ史』チョンア出版社.）
Lilienthal, D., 1944, *TVA: Democracy on the March*, Harper & Brothers.（＝1949，和田小六訳『TVA――民主主義は進展する』岩波書店.）
Lippmann, W., 1922, *Public Opinion*, Harcourt, Brace and Company.（＝1987，掛川トミ子訳『世論(上・下)』岩波書店.）
――――――, [1927] 1993, *The Phantom Public*, Transaction Publishers.
이수범・권영순，2006，「우리나라의피알연구의지적구조에대한모색적연구：저자동시인용분석을중심으로」『홍보학연구』10(1)：229-261.（リ・スボム／クォン・ヨンスン，2006，「我が国の PR 研究の知的構造に対する模索的研究――著者同時引用分析を中心に」『弘報学研究』10(1)：229-261.）
M
町村敬志，2011，『開発主義の構造と心性――戦後日本がダムでみた夢と現実』御茶の水書房.
――――――，2012，「『開発』を描かない開発映画――『佐久間ダム』にみる開発主義のかたち」丹羽美之・吉見俊哉編『岩波映画の 1 億フレーム』東京大学出版会，123-144.
Maloney, C. J., 2011, *Back to the Land: Arthurdale, FDR's New Deal, and the Costs of Economic Planning*, Wiley.
Marchand, R., 1998, *Creating Corporate Soul: The Rise of Public Relations and Corporate Imagery in American Big Business*, University of California Press.
Marvin, C., 1988, *When Old Technologies Were New: Thinking about Electric Communication in the Nineteenth Century*, Oxford University Press.
McGregor, D., 1960, *The Human Side of Enterprise*, New York: McGraw-Hill.（＝1970，高橋達男訳『企業の人間的側面』産業能率短期大学出版部.）
McLuhan, M., 1967, *Understanding Media: The Extension of Man*, Sphere Books.
Mead, G. H., 1913, "The Social Self," *The Journal of Philosophy, Psychology, and Sci-*

entific Methods, 10: 374–380.（＝1991，船津衛・徳川直人編訳「社会的自我」『社会的自我』恒星社厚生閣，1–14.）
————, 1922, “A Behavioristic Account of the Significant Symbol,” *The Journal of Philosophy*, 19: 157–163.（＝1991，船津衛・徳川直人編訳「意味のあるシンボルについての行動主義的説明」『社会的自我』恒星社厚生閣，15–28.）
————, 1924–1925, “The Genesis of the Self and Social Control,” *International Journal of Ethics*, 35: 251–277.（＝1991，船津衛・徳川直人編訳「自我の発生と社会的コントロール」『社会的自我』恒星社厚生閣，29–74.）
————, 1934, C. W. Morris ed., *Mind, Self, and Society, from the Standpoint of a Social Behaviorist*, Chicago: The University of Chicago Press.（＝1995，河村望訳『精神・自我・社会（デューイ＝ミード著作集 6）』人間の科学社.
Meech, P., 1996, “Corporate Identity and Corporate Image,” J. L'Etang and M. Pieczka eds., *Critical Perspectives in Public Relations*, Thomson, 65–81.
Merriam, C., 1934, *Political Power: Its Composition and Incidence*, Whittlesey House.
Micklethwait, J. and Wooldridge, A., 2003, *The Company*, Weidenfeld & Nicolson.（＝2006，鈴木泰雄訳『株式会社』ランダムハウス講談社.）
Miller, D. L. ed., 1982, *The Individual and Social Self*, Chicago: The University of Chicago Press.（＝2001，河村望訳「社会心理学講義」『社会心理学講義・社会的自我（デューイ＝ミード著作集 13）』人間の科学社.）
Miller, D. and Dinan, W., 2008, *A Century of Spin: How Public Relations Became the Cutting Edge of Corporate Power*, Pluto Press.
Mills, C. W., 1959, *The Power Elite*, Oxford University Press.
南博，2003，『マスコミと風俗（南博セレクション 4）』勁草書房.
三瀬元康，2000，「GHQ と記者クラブ制度」日本広報学会占領期の広報研究会編『GHQ と広報（1999 年度研究会報告書）』日本広報学会，12–17.
三島万里，2008，『広報誌が語る企業像』日本評論社.
————，2009，「電力会社広報誌の研究——『東電グラフ』『グラフ TEPCO』について」『文化女子大学紀要 人文・社会科学研究』17：1–18.
見田宗介，1995，『現代日本の感覚と思想』講談社.
————，1996，『現代社会の理論——情報化・消費化社会の現在と未来』岩波書店.
満田孝，2001a，「松永安左エ門（上）」『東京人』169：98–103.
————，2001b，「松永安左エ門（下）」『東京人』171：98–103.
三浦恵次・阿久津喜弘編，1975，『パブリック・コミュニケーション論』学文社.
宮本又郎ほか，1995，『日本経営史——日本型企業経営の発展・江戸から平成へ』有斐閣.
水野有多加，2000，「占領期における「パブリック・リレーション」概念の日本への導入と広告業——資料の再解釈による「すれ違う意図」と隠された「構図」」日本広報学会占領期の広報研究会編『GHQ と広報（1999 年度研究会報告書）』日本広報学会，55–68.
————，2002，「「共同体」と退社情報共有の矛盾——占領期の社内広報の事例分析，プランゲ文庫所蔵『松下電気産業社内新聞』から」日本広報学会占領期の広報誌・社

内報研究会編『占領期の広報・社内報(2000～2001年度研究会報告書)』日本広報学会，53-63.
水田文雄，1958，『PR――大衆説得の技術』ダイヤモンド社.
――――――，1961，『人間PR』中央公論社.
Moloney, K., 1997, "Teaching Organizational Communication as Public Relations in U. K. Universities," *Corporate Communication: An International Journal*, 2: 138-142.
Moscovici, S., 1981, *L'âge des foules: un traité historique de psychologie des masses*. (＝1984，이상율역『군중의시대』문예출판사．イ・サンユル訳『群衆の時代』文藝出版社.)
Mott, F. L., 1941, *American Journalism*, New York: Macmillan. (＝1983，차배근역『미국신문사』서울대학교출판부．チャ・ベグン訳『米国新聞史』ソウル大学出版部.)
Murphy, P. and Dee, J., 1996, "Reconciling the Preferences of Environmental Activists and Corporate Policymakers," *Journal of Public Relations Research*, 8: 1-33.

N

中村政雄，2004，『原子力と報道』中央公論新社.
中村隆英，1989，『「計画化」と「民主化」(日本経済史7)』岩波書店.
――――――，2012，『昭和史(上・下)』東洋経済新報社.
――――――・尾高煌之助編，1989，『二重構造(日本経済史6)』岩波書店.
難波功士，1992，「広告のフレイム・アナリシス」東京大学社会情報研究所(旧・新聞学研究所，現・情報学環学際情報学府)修士論文.
――――――，1998，『撃ちてし止まむ――太平洋戦争と広告の技術者たち』講談社.
――――――，2010，「広報・広告の公共性」北田暁大編『自由への問い4　コミュニケーション――自由な情報空間とは何か』岩波書店，151-178.
成田龍一，2007，『大正デモクラシー』岩波書店.
Newsom, D., Turk, J. V. and Kruckeberg, D., 2004, *This is PR: The Realities of Public Relations*, Thomson.
日本電気協会・新聞部電気新聞編，1988，『電気事業連合会35年のあゆみ』日本電気協会.
日本経営者団体連盟社内報センター編，1972，『日本の社内報の歩み』日経連社内報センター.
日本広報協会編，1951，『広報の原理と実際』日本電報通信社.
日本証券投資協会編，1959-1967，『PR映画年鑑』日本証券投資協会.
西門正己，1986，「経営学の生成・発展と日本における研究」『岡山大学経営学会雑誌』18(3)：181-200.
野田信夫，1951，『企業の近代的経営』ダイヤモンド社.
野口悠紀雄，2008，『戦後日本経済史』新潮社.
Nye, D., 1985, *Image Worlds: Corporate Identities at General Electric*, MIT Press. (＝1997，山地秀俊ほか訳『写真イメージの世界――ゼネラル・エレクトリック社のコーポレート・アイデンティティ，1890年から1930年まで』九州大学出版会.)

———, 1992, *Electrifying America: Social Meanings of a New Technology, 1880–1940*, MIT Press.

O

오두범, 1994, 『조직커뮤니케이션원론』 서울대학교출판부.（オ・ドボム, 1994, 『組織コミュニケーション原論』 ソウル大学出版部.）

小川真理生, 2008, 「広報は戦前に始まる」 日本広報学会広報史研究会編 『日本の広報・PR 史研究(2007 年度広報史研究会報告書)』 日本広報学会, 12–30.

大澤真幸・吉見俊哉・鷲田清一編, 2012, 『現代社会学事典』 弘文堂.

Olasky, M., 1987, *Corporate Public Relations: A New Historical Perspective*, Lawrence Erlbaum Associates.

오미영・정인숙, 2005, 『커뮤니케이션 핵심이론』 커뮤니케이션북스.（オ・ミヨン／ジョン・インスク, 2005, 『コミュニケーション核心理論』 コミュニケーションブックス.）

Ortéga y Gassét, J., 1930, *La Rebelión de las Masas*.（=2009, 桑名一博訳『大衆の反逆』 白水社.）

Osgood, K., 2006, *Total Cold War: Eisenhower's Secret Propaganda Battle at Home and Abroad*, the University Press of Kansas.

O'Shaughnessy, N. J., 2004, *Politics and Propaganda: Weapons of Mass Seduction*, Manchester University Press.

P

Peake, J., 1980, *Public Relations in Business*, New York: Harper and Row.

Pearson, R., 1990, "Perspectives on Public Relations History," *Public Relations Review*, 16(3): 27–38.

Penix, G. A., 2007, *Images of America: Arthurdale*, Arcadia Publishing.

Perelman, M., 2005, *Manufacturing Discontent*, Pluto Press.

Peters, T. and Waterman, R., 1982, *In Search of Excellence: Lessons from America's Best-Run Companies*, New York: Harper and Row.

Pimlott, J. A. R., 1951, *Public Relations and American Democracy*, Princeton University Press.

R

Raucher, A., 1968, *Public Relations and Business 1900–1929*, The Johns Hopkins Press.

Ries, A. and Ries, L., 2004, *The Fall of Advertising and The Rise of PR*, Harper Business.

Riesman, D., 1950, *The Lonely Crowd: A Study of the Changing American Character*, Yale University Press.（=1964, 加藤秀俊訳『孤独な群衆』 みすず書房.）

Russell, J. and Cohn, R., 2012, *Ivy Lee*, LENNEX Cor.

S

鷺谷克良, 2000, 「我が国における市場調査と CIE」 日本広報学会占領期の広報研究会編 『GHQ と広報(1999 年度研究会報告書)』 日本広報学会, 45–54.

斉藤綾子, 2012, 「劇映画に見る母のイメージ」 丹羽美之・吉見俊哉編 『岩波映画の 1

憶フレーム』東京大学出版会，269-298.

齋藤純一，2000，『公共性』岩波書店.

斉藤貴男，2011，『民意のつくられかた』岩波書店.

――――――，2012，『「東京電力」研究――排除の系譜』講談社.

佐々木吉郎編，1951，『PR の基礎知識』東洋書館.

佐藤卓己，1998，『現代メディア史』岩波書店.

――――――，2000，「ドイツ広報史のアポリア――ナチ宣伝からナチ広報へ」『広報研究』4：17-27.

――――――，2003，「「プロパガンダの世紀」と広報学の射程――ファシスト的公共性とナチ広報」津金澤聡廣・佐藤卓己編『広報・広告・プロパガンダ』ミネルヴァ書房，2-30.

――――――，2004，『言論統制――情報官・鈴木庫三と教育の国防国家』中央公論新社.

――――――，2008，『輿論と世論――日本的民意の系譜学』新潮社.

佐藤俊樹，1993，『近代・組織・資本主義』ミネルヴァ書房.

Schelling, T., 1984, *Choice and Consequence*, Harvard University Press.

Schivelbusch, W., 1977, *Geschichte der Eisenbahnreise: Zur Industrialisierung von Raum und Zeit im 19. Jahrhundert*, Hanser.（＝1982，加藤二郎訳『鉄道旅行の歴史――19 世紀における空間と時間の工業化』法政大学出版局.）

――――――, 1992, *Licht, Schein und Wahn: Auftritte der elektrischen Beleuchtung im 20. Jahrhundert*, Ernst.（＝1997，小川さくえ訳『光と影のドラマトゥルギー――20 世紀における電気照明の登場』法政大学出版局.）

――――――, 2005, *Entfernte Verwandtschaft: Faschismus, Nationalsozialismus, New Deal 1933-1939*, München：Carl Hanser Verlag.（＝2009，차문석역『뉴딜 세편의 드라마』지식의풍경．チャ・ムンソク訳『ニュー・ディール，3 本のドラマ』知識の風景.）

Schram, W., 1973, *Men, Message and Media: A Look at Human Communication*, Harper and Row.

――――――, 1997, S. H. Chaff and E. M. Rogers ed., *The Beginnings of Communication Study in America*, Sage.

Schultz, D. and Tannenbaum, S., 1993, *Integrated Marketing Communication: Putting It Together and Making It Work*, McGraw-Hill.

Severin, W. and Tankard, J., 1988, *Communication Theories: Origins, Methods, Uses*, Longman.

清水幾太郎，1951，『社会心理学』岩波書店.

下川浩一，1990，『日本の企業発展史――戦後復興から 50 年』講談社.

志村嘉一郎，2011，『東電帝国その失敗の本質』文藝春秋.

신입섭・오두범，2002，「한국현대피알사정리의 과제와 쟁점：문제제기적 성찰」『홍보학연구』6(1)：5-38.（シン・インソブ／オ・ドボム，2002，「韓国現代 PR 史整理の課題と争点――問題提起的省察」『弘報学研究』6(1)：5-38.）

白石陽子，2005，「歴史にみる行政パブリック・リレーションズ概念の形成」『政策科学』13(1)：69-82.

Shlaes, A., 2007, *The Forgotten Man: A New History of the Great Depression*, Haper Collins.（＝2008，田村勝省訳『アメリカ大恐慌——「忘れられた人々」の物語(上・下)』NTT 出版.）
証券投資センター編，1968-1970，『産業文化映画年鑑』証券投資センター.
Sloan, D., 1991, *Perspectives on Mass Communication History*, Lawrence Erlbaum Associates.
Smelser, N., 1988, "Social Structure," N. Smelser ed., *Hand Book of Sociology*, Sage, 103-129.
Smythe, D., 1981, *Dependency Road: Communications, Capitalism, Consciousness, and Canada*, Norwood：Ablex.
Snow, N., 1998, *Propaganda, Inc: Selling America's Culture to the World*, Seven Stories Press.（＝2004，椿正晴訳『プロパガンダ株式会社——アメリカ文化の広告代理店』明石書店.）
Susskind, L. and Field, P., 1996, *Dealing with an Angry Public: The Mutual Gains Approach to Resolving Disputes*, New York：Free Press.
鈴木良隆・大東英祐・武田晴人，2004，『ビジネスの歴史』有斐閣.
T
田原総一朗，1984，『電通』朝日新聞社.
武田晴人，1999，『日本人の経済観念』岩波書店.
————編，2007，『日本経済の戦後復興——未完の構造転換』有斐閣.
————，2008，『高度成長』岩波書店.
————編，2008，『戦後復興期の企業行動——立ちはだかった障害とその克服』有斐閣.
————編，2011，『高度成長期の日本経済——高成長実現の条件は何か』有斐閣.
竹前栄治，1983，『GHQ』岩波書店.
Tarde, G., 1901, *L'opinion et la foule*.（＝1989，稲葉三千男訳『世論と群集』未来社.）
Tedlow, R. S., 1979, *Keeping the Corporate Image: Public Relations and Business 1900-1950*, JAI Press Inc.（＝1989，三浦恵次ほか訳『アメリカ企業イメージ——企業と PR，1900-1950』雄松堂出版.）
Thomas, W. I., 1923, *The Unadjusted Girl: With Cases and Standpoint for Behavior Analysis*, Boston：Little, Brown, and Co.
鳥羽耕史，2012，「ダム開発と記録映画」丹羽美之・吉見俊哉編『岩波映画の1億フレーム』東京大学出版会，145-164.
Tobey, R., 1996, *Technology as Freedom: The New Deal and the Electrical Modernization of the American Home*, Berkeley：University of California Press.
Toby, C., 1997, *Art and Propaganda in the Twentieth Century: The Political Image in the Mass Culture*, Calmann and King.
Trachtenberg, A., 1980, *The Incorporation of America: Culture and Society in the Gilded Age*, New York：Hill and Wang.
土屋由香・吉見俊哉編，2012，『占領する眼・占領する声——CIE/USIS 映画と VOA ラジオ』東京大学出版会.

津金澤聡廣編，2002，『戦後日本のメディア・イベント 1945–1960 年』世界思想社.
Turner, J. H., Beeghley, L. and Powers, C. H., 1995, *The Emergence of Sociological Theory* (3rd ed.), Wadsworth Publishing Co.
Twitchell, J., [2000]2001, *Twenty Ads that Shook the World: The Century's Most Groundbreaking Advertising and How it Changed us all*, Broadway Books.
Tye, L., 2002, *The Father of Spin*, Picador. (=2004，송기인외역『여론을 만든 사람, 에드워드 버네이즈』커뮤니케이션북스. ソン・ギインほか訳『世論をつくったひと，エドワード・バーネイズ』コミュニケーションブックス.)

U

内田公三，1996，『経団連と日本経済の 50 年——もうひとつの産業政策史』日本経済新聞社.
植草益編，1994，『電力(講座・公的規制と産業①)』NTT 出版.
上野征洋，2003，「行政広報の変容と展望」津金澤聡廣・佐藤卓己編『広報・広告・プロパガンダ』ミネルヴァ書房，120–146.

V

Van der Meiden, A., 1993, "Public Relations and "Other" Modalities of Professional Communications," *International Public Relations Review*, 16(3): 8–11.
Vogel, D., 2005, *The Market for Virtue*, Brooking Institution Press.

W

Watson, T., Jr., 1963, *A Business and Its Beliefs: The Idea That Helped Build IBM*, McGraw-Hill. (=1963，土居武夫訳『企業よ信念をもて——IBM 発展の鍵』竹内書店.)
Weber, M., 1920, "Die protestantische Ethik und der "Geist" des Kapitalismus," *Gesammelte Aufsätze zur Religionssoziologie*, Bd. 1, S. 17–206. (=1989，大塚久雄訳『プロテスタンティズムの倫理と資本主義の精神』岩波書店.)
White, R., 2011, *Railroad: The Transcontinentals and the Making of Modern America*, Norton.
Whyte, W., 1956, *The Organization Man*, Simon & Schuster.
Williams, R., 1976, *Keywords*, Glasgow: Fontana/Croom Helm. (=2011，椎名美智ほか訳『完訳キーワード辞典』平凡社.)

Y

八木誠，2006，「再確認——パブリック・リレーションズの意義」日本広報学会コーポレート・コミュニケーションの理論と実際研究会編『現時点におけるコーポレート・コミュニケーションの捉え方』日本広報学会，47–56.
八巻俊雄，2004，「企業広報研究——歴史と現代」『広報研究』8：17–33.
山本武利，2013，『GHQ の検閲・諜報・宣伝工作』岩波書店.
山中正剛・吉田勇，1979，『現代パブリックリレーションズ論』日刊工業新聞社.
吉原順平，2011，『日本短編映像史——文化映画・教育映画・産業映画』岩波書店.
吉見俊哉，2004，『メディア文化論——メディアを学ぶ人のための 15 話』有斐閣.
————，2009，『ポスト戦後社会』岩波書店.
————，2012a，『夢の原子力』筑摩書房.

――――――，2012b，「べんきょうするお母さんと占領する他者」丹羽美之・吉見俊哉編『岩波映画の1億フレーム』東京大学出版会，299-322.

ウェブサイト

AD Museum Tokyo, 2016, AD Museum Tokyo HP（2016年8月8日取得）
http://www.admt.jp/introduction/yoshida/gift/public.html

Google, 2016, News Archive Search（2016年8月8日取得）
http://news.google.com/newspapers?nid=1018&dat=19361106&id=DbckAAAAIBAJ&sjid=zA8GAAAAIBAJ&pg=1501, 734632

International Public Relations Association
https://www.ipra.org/

Public Relations Society of America
https://www.prsa.org/index.html

Wikipedia, 2016（2016年8月8日取得）
http://en.wikipedia.org/wiki/William_Henry_Vanderbilt#cite_note-4

注

序章

(1)　本田(2013：22-23).
(2)　本田(2013：23).「戦略PR」は，消費者の「関心テーマ」を開発し，消費経済を動かすムーブメントをつくり上げる活動としても説明される.
(3)　本田(2013：27).
(4)　猪狩(2006b：36).
(5)　猪狩(2006a：21)より再引用.
(6)　八木(2006：49)より再引用.
(7)　民主主義を実現する社会的装置としてPRを考える場合(藤竹1998)，PRはプロパガンダとの断絶を宣言することによってその倫理性を担保する．これに対して戦時体制の連続性を強調する場合(佐藤2000)は，PRはプロパガンダと本質的に同じであるとされる．いずれの視点もPRをプロパガンダという前提から切り離して考えることはできない.
(8)　PRを善意のプロパガンダ(white propaganda)と捉える見方が挙げられる．アメリカの対外文化政策(public diplomacy)はPR理論を導入することで戦争中の悪質なプロパガンダと距離を置こうとした．詳しくは市川(2009)を参照.
(9)　Barsamian and Chomsky(2001＝2002).
(10)　Habermas(1962＝2001).
(11)　今日においてPRと広告は非常に隣接してきているが，独立している．それぞれの専門家が存在し，実践に際して企業が行う予算設定も異なっている．とくにアメリカではPRと広告は完全に異なる産業として発達し，独自の市場を作り上げてきた．このような事実は，PRと広告(そしてプロパガンダ)が，20世紀の歴史を通じて互いを模倣するが完全には包摂しない関係を築き，異なるアイデンティティを保ってきたことを裏付けている.
(12)　河(2013b).
(13)　OXFORD Advanced Learner's Dictionary, Oxford University Press, 2000による.
(14)　Collins COBUILD Advanced Learner's Dictionary, 4th Edition, 2003による.
(15)　*Public Relations News*などによる定義を参照.
(16)　Grunig and Hunt(1984).
(17)　Cutlip, Center and Broom(2000).
(18)　Crable and Vibbert(1985).
(19)　Baskin, Aronoff and Lattimore(1997).
(20)　Peake(1980).

(21) Bernays(1952).
(22) Pimlott(1951).
(23) キム・チャ(2002).
(24) シン・オ(2002).
(25) Harlow(1976).
(26) Hutton(1999).
(27) Hutton(1999)はこのようなコミュニケーションを説明する上で関係経営(relationship management)という言葉を用いる.
(28) Tarde(1901＝1989).
(29) Le Bon(1895＝1993).
(30) 清水(1951：25-27).
(31) 清水によれば，タルドの公衆概念は，民主主義の希望として評価されてきたが，実は群集／群衆に比べて基礎となる思想が似ている．公衆は，理性的で孤立した個人によって指導されるべき対象とされ，マス・メディア／ジャーナリズムにより催眠状態にかけられる受動的な存在として説明されているのである.
(32) Lippmann(1922＝1987), Riesman(1950＝1964).
(33) Heath(2000, 2001)は，関係／コミュニケーションを組織と公衆による意味空間の模索として捉える.
(34) Hutton(1999)は，政府によるPR，NGOなどの市民団体によるPR，企業によるPRが，それぞれ異なる目標と手法を設定すると説明する.
(35) [private]は，「公の生活から離れた」状態を意味するラテン語の[privatus]から由来し，[privatus]は，[privaire](奪う)の過去分詞形である.
(36) 広告において企業は主に個人／私人に向けて話しかける．これに対してPRにおいて行政や企業が話しかける対象は公的価値を表す集団としての「公衆」である．PRの目的は私的な欲望を満足させたり，昂進させたりすることではない.
(37) Marchand(1998)は，企業イメージの構築にかかわる機能としてPRの歴史を分析している.
(38) Bernstein(1984).
(39) リピンコット・アンド・マーギュリス(Lippincott and Margulies)社の創立者の1人.
(40) Meech(1996)によれば，1960年代以降，イギリスでもデザイン・コンサルティング運動(デザインを中心に企業とそのブランドを革新する運動)が行われた．猪狩(2011)などによれば，日本でも1960年代末から70年代にかけて，企業や製品のロゴやパッケージのデザインを改める動きが活発になった.
(41) Williams(1976＝2011：260), Boorstin(1962＝1964)を参照.
(42) Meech(1996：66)は，クエーカー企業の事例を挙げてキリスト教的思想の影響を指摘する．利潤の追求と宗教的解釈については，Weber(1920＝1989)を参照.
(43) Trachtenberg(1980：4-5)によれば，法人は，結束された個人の集まりであり，法律によって身体(corpus)とビジネスを遂行する上での権限が与えられた，株主ではない大規模組織である.
(44) 『現代社会学事典』(大澤・吉見・鷲田 2012)のなかで佐藤俊樹は「法人」についい

て次のように書いている．「法や経済などの制度運営の上で，組織や施設など生物学的に人間でないものに疑似的に「人格 persona」を設定して，所有の権利や損害賠償の責任を付与したものである．法人のもっとも旧い形態は宗教的な神格（たとえば神や仏）に見出される．〔中略〕超-人間である神格の代行者として権利や責任を実質的に有する．その意味で，法人になる．この，現世内のどの人間にも帰属しない点で，法人は社会の原型でもある．〔中略〕法人は近代でも神の代理を演じてきたといえるが，法人に実際に付与される権利や責任は，時間的にも空間的にもかなり変化している．たとえば，会社が会社を所有する持株会社を最初に一般的に認めたのは，アメリカ合衆国の州法だった．〔中略〕法人はヒトでもモノでもなく，制度的な構築物である」．

（45） Goffman（1959＝1974）．

（46） Drucker（1954＝2006）．

（47） PR のはじまりは，ローマ帝国やイエス・キリストの時代まで遡らせる場合もある．Cutlip（1995），Cutlip, Center and Broom（2000）など．

第 1 章

（1） Boton and Hazleton（2006＝2010：28）．

（2） Boton and Hazleton（2006＝2010：30-31）．

（3） リ・クォン（2006）によれば，このような試みによってグルニック理論は PR 研究のパラダイムを形成し，アメリカだけではなく世界各国の研究からも引用され，参照されるようになった．

（4） Cutlip（1995），Cutlip, Center and Broom（2000）を参照．

（5） オ・ジョン（2005）．

（6） 表 1-1 のように，双方向対称モデルの実施率は 15％ に留まっている．

（7） Grunig and Hunt（1984：27-43）．

（8） グルニックは，トップ・マネジメントに助言を行うための「基礎研究」（formative research）と，効果測定に関する「定量評価調査」（evaluative research），両方の必要性を指摘する．そのような主張に基づきながら，双方向対称モデルによる PR 実践をプロパガンダや広告と差別化すると同時に，それが大学における専門教育と研究によって遂行される必要があると訴えた．詳しくは，Grunig and Hunt（1984：41-43）を参照．

（9） Boton and Hazleton（2006＝2010：62）．

（10） グルニックのほかに，Larissa Grunig, David Dozier, John White, William Ehling, Fred Repper が研究チームのメンバーとなった．Grunig（2001）によれば，321 カ所の組織（企業が 148 カ所，政府機関が 71 カ所，非営利団体／NGO が 58 カ所，その他組織，団体が 44 カ所）を対象に調査が行われ，PR 担当者をはじめ，最高経営責任者から一般社員までを対象に，4 つの PR モデルの効果と卓越性を問うアンケート調査およびインタビュー調査が実施された．

（11） Boton and Hazleton（2006＝2010：30-31, 39-40）．

（12） Boton and Hazleton（2006＝2010：34, 36）．

（13） Grunig（2001）．

（14） IABC 財団の意図は，Boton and Hazleton（2006＝2010：41）の次のような言葉か

らも示される.「PR が組織にとって価値のあることを証明するためには，効果的なコミュニケーション・プログラムと機能が組織の効果性に寄与する点を明確に示さなければならない」.

(15)　Boton and Hazleton (2006＝2010：40) の言葉を借りれば，「過去 25 年間，PR の実務家と研究者たちは，PR が組織にとって効果的であり，価値を増大させることを証明する測定基準を開発することに苦心してきた」.

(16)　Boton and Hazleton (2006＝2010：11, 21, 77).

(17)　Van der Meiden (1993).

(18)　Murphy and Dee (1996).

(19)　Susskind and Field (1996).

(20)　Cameron (1997).

(21)　これらの議論は，PR 研究の支配的パラダイムをめぐる利害関係が衝突する様子を表しているとも考えられる．双方向対称モデルが業界と企業の利害を軽視しているという指摘は PR の経済的効果に重点を置いているが，双方向対称モデルが従来の説得理論に比べて劣らない効果と利益を与えることを立証することができれば批判の多くは自然におさまるはずであった.

(22)　Karlberg (1996).

(23)　Gandy (1982) や L'Etang and Pieczka (1996) などを参照.

(24)　L'Etang and Pieczka (1996).

(25)　Moloney (1997).

(26)　L'Etang and Pieczka (1996).

(27)　L'Etang and Pieczka (1996：138-139).

(28)　Chandler (1962).

(29)　Peters and Waterman (1982).

(30)　Drucker (1954＝2006).

(31)　Micklethwait and Wooldridge (2003＝2006).

(32)　西門 (1986).

(33)　西門 (1986).

(34)　Micklethwait and Wooldridge (2003＝2006).

(35)　その 1 つの事例として，1880 年に全米機械技師協会が中心となって展開された経営管理運動が挙げられる．同運動の狙いは，とりわけ南ヨーロッパから移住した低賃金の移民労働者の管理および生産性の拡大であり，作業場の組織・設計，賃金制度，原価計算方式 (会計手法) が発展するきっかけとなった.

(36)　生産の力 (労働力) と消費の力 (資本) を同一線上で捉えたフォードは，労働者の賃金を引き上げ，労働者の生活／消費に関する能力を，企業の生産性を向上させる目標に重ねて考えた.

(37)　Crainer and Dearlove (2003).

(38)　Barnard (1938＝1956).

(39)　Crainer and Dearlove (2003).

(40)　変容の裏面には，ウィリアム・ホワイト (William Whyte) の『組織のなかの人間』(*The Organization Man*, 1956) から描かれた，個人が組織に従属し，受動的に生

きる現代社会の問題が潜んでいた.

(41) Crainer and Dearlove(2003).

(42) McGregor(1960＝1970).

(43) 大前研一は, 経営とは, 3つのC, つまり「企業」(company)と「競争社」(competitors)と「顧客」(client)から成り立つと主張した.

(44) Grunig and Hunt(1984：8-11)の説明によれば, 組織(organization)は, 製造や技術部門を含む生産体系(production subsystem), 人事や雇用にかかわる運営体系(maintenance subsystem), 製品を市場に供給する処理体系(disposal subsystem), 研究開発や企画機能を果たす適応体系(adaptive subsystem), およびこれらの体系における下位体系を統合し管理する体系(management subsystem)の各機能とその連携によって構成される. グルニックは, 組織の性格(縦的構造を有する組織であるか, 横的構造を有する組織であるか)と環境(組織を取り囲む環境が動的であるか静的であるか), そして全体システムの特徴(相互作用する体系であるか, 閉鎖的な体系であるか)によって異なるPR実践が求められると説明する.

(45) Boton and Hazleton(2006＝2010：58-60)によれば, PR研究と広告／マーケティング研究の間では企業のコミュニケーションにおける支配的パラダイムをめぐって様々な議論が頻発するようになった. ここで言っている「マーケティング研究」とは主にIMC論である. IMC論は, 組織のコミュニケーション機能を, マーケティングを中心に統合することを強調するが, その趣旨はPRを軸にする組織コミュニケーションの管理を指摘するグルニック理論と類似している. このような状況でPR研究がその優位を主張するためにはそれが組織／企業にいかに貢献するかを示す必要がある.

(46) このような問題に応じてグルニック理論はマス・コミュニケーションの言説を参照し, PRの目標を設定し, その効果を検証できる手法を模索した. PRの科学性を説明する上で, コミュニケーション・プロセスを段階的に示した「S-M-C-R-E」(Source→Message→Channel→Receivers→Environmentの5段階を経るコミュニケーション・モデル)や「A-I-D-M-A」(Attention→Interest→Desire→Memory→Actionの5段階を経るコミュニケーション・モデル)のほか, マス・メディアに関する研究動向が参照された. さらに, Grunig and Hunt(1984：125-135)によれば, 双方向対称モデルの卓越さを証明する上で統計学的分析が重視され, PR効果を数値データで示し, 数学的思考に基づいて測定・評価していこうとする動向が見られる. これは, Hardt(1992)が指摘したマス・コミュニケーション研究における科学化／数量化の動向とも似ている.

(47) オ・ジョン(2005)によれば, 説得から対話への変化は人々を何かについて考えさせることは不可能であるが, 何かについて考えることを促すコミュニケーションは可能であるという考え方の変化に基づいて行われた. グルニックは, マス・コミュニケーションにおけるこのような認識転換を踏まえ, 組織と公衆における相互理解の達成をPRの効果＝目標として再定義した. Grunig and Hunt(1984), Grunig(2001)を参照.

(48) グルニック理論は, 第1に, 企業にとってPRがどのような役割を担うかを, 広告などと差別的に示すために, 第2に, PRの実施が企業に対していかに貢献できるかを「売り上げ」以外の指標を通じて説明するためにマス・コミュニケーション論,

とりわけマス・メディアの効果をめぐる議論を援用し，PR における専門性とその必要性を正当化している．このような試みによって PR は組織のコミュニケーションにおいて重要な機能として語られるようになるが，PR の妥当性を担保する理論的根拠として借用されたマス・コミュニケーション論は，PR の究極的目標となる経営／マネジメント論の中に埋没してしまうのである．

(49) このような言説は，前項で検討した経営／マネジメントの言説の重点が，他者の管理から他者の創出へ移転したこととも似ている．企業の射程が「生産」という内側の問題から「顧客」という外側にいる他者へと広がっていく様子が浮かび上がる．その結果，企業は，顧客との間にある様々な接点において積極的に対応していかなければならなくなり，顧客の忠誠度を獲得する上で企業コミュニケーションはきわめて広範囲な活動として再定義されたのである．詳しくは，Kotler(1967)を参照．

(50) IMC 論は，拡大されたマーケティング・コミュニケーション下に PR を包摂しようとする．詳しくは Schultz and Tannenbaum(1993)を参照．

(51) Schultz and Tannenbaum(1993)によれば，IMC は，企業の一人語りではなく，消費者との対話を求めながら，消費者の態度に企業が応じていくコミュニケーションである．企業と消費者・顧客の関係を主張する議論は他にもある．例えば，マーケティングにおける 4 つの P(製品，価格，流通，プロモーション)が顧客志向の観点に基づいて 4 つの C(製品ではなく「消費者」(customer)のニーズへ，価格ではなく消費者が負担する「費用」(cost)へ，流通ではなく消費者における「便益性」(convenience)へ，大量訴求のプロモーションから「コミュニケーション」(communication))へ交替されたとする議論が挙げられる．また，アル・ライズ(Al Ries)とジャック・トラウト(Jack Trout)は，消費者の頭のなかにおける製品の位置という意味でポジショニング(positioning)という理論を 1972 年に発表した．彼らは，市場で製品を位置付けるのは企業や広告代理店ではなく消費者であり，消費者の頭のなかにある製品の位置を強化したり，変更させたりする戦略が必要であると主張し，このような観点はケビン・ケラー(Kevin Keller)やデイヴィッド・アーカー(David Aaker)などによって発展され，ブランディング理論を通じてさらに体系化されている．

(52) その裏面には，批判的研究が指摘するように PR 業界の利害関係，すなわち組織内での予算や人員をめぐって広告やマーケティングと競い，資源を獲得する問題や，大学において量産された PR の専門家の雇用を確保する問題などが絡んでいる．

(53) Culbertson and Chen(1996)．

(54) シン・オ(2002)．

(55) 井之上(2006)ほか，同様な観点が国枝(2011)からも示される．

(56) 双方向対称モデルを理想型として設定するとそれに相応しくない実践と歴史は排除されなければならない．初期理論においてグルニックは 4 つの PR モデルを提示したが，後期理論では 3 つの歴史モデルが却下され，1 つの規範・理論モデルへと議論が集中していく．

(57) Boton and Hazleton(2006＝2010：77)．

(58) あえて言うなれば，PR 概念の脱歴史化，超歴史化は，グルニック理論だけでなく，それに対抗しようとする場合にも問題となる．つまり，アメリカで成立した「PR 学」が産業界や大学，研究者をめぐって様々な利害関係と絡み合いながら発展

してきたことを警戒するあまりPRという概念をアメリカという特殊な時間的，空間的地平から切り離し，抽象的に論じることではグルニック理論における限界は乗り越えられないのである．

(59)　4つのPRモデルにおける実務家／専門家は，興行師(Phineas Barnum)からジャーナリスト(Ivy Lee)へ「発展」し，科学的調査を取り入れた技術者兼，準研究者(Edward Bernays)へ，さらに大学に属する研究者，教育者へと「発展」していく．グルニックはこのような歴史を，PRの質的「発展」と結びつけて論じている．一方向コミュニケーションから双方向コミュニケーションへ，非科学的ものから科学へ，非倫理的慣行から中立的技術への「発展」のなかで，双方向対称モデルがもっとも進化した，最高次のPRモデルとして提示されている．同モデルは，他の3つの歴史的モデルとの比較を通じて正当性が導かれているが，同時に歴史を超えた，普遍的PRモデルとして説かれていく．このような議論に基づく，「3つの不完全なモデル対，1つの完全なモデル」という優劣比較関係は，PR概念の本質を理解する上で様々な認識を鈍らせるのである．

(60)　Pearson(1990)．

(61)　Hiebert(1966)．

(62)　Pimlott(1951)および Tedlow(1979＝1989)．

(63)　ピアソンによれば，Smythe(1981)は，アイヴィ・リーが企業における情報公開を求めたとしても基本的には企業の利益を先に考えざるを得ない雇用人／代弁人に過ぎないと批判し，リーのような人々によって遂行されるPRを支配権力の宣伝機能として捉えた．

(64)　Olasky(1987)．

(65)　詳しくは，河(2016)を参照．

第2章

(1)　PRの語りは，Grunig and Hunt(1984)や Cutlip, Center and Broom(2000)などの研究が取り上げる事例からも確認できる．日本の場合，例えば，東京ガス，東京メトロ，JTなどの企業によるCMやポスターなどを通じてもPRの特徴的な語りを読み取ることができる．Baudrillard(1974＝1991：245-247)は，企業が発するメッセージにおける「配慮」の文法を指摘したが，Boorstin(1975＝1980)によれば，そのような傾向は20世紀半ばから商業的広告にも示されるようになった．

(2)　消費社会の成熟に伴って広告の語りは複雑化していき，プロパガンダも，例えば，イスラム国のメディア戦略が示すように伝統的な枠組みに収まらない性格を帯びるようになった．本書は，広告やプロパガンダの語りにおける変化を認めつつ，それらの本質的関係／関係性を，PRの「LOVE ME」と比較するために「BUY ME」と「OBEY ME」という典型的語りを取り上げる．

(3)　国家が主体として浮上してくる前に，プロパガンダの担い手はカトリック教会だった．周知のとおり「プロパガンダ」という言葉は16世紀の宗教戦争における布教活動に由来する．教会を主体とする場合もプロパガンダの語りにおける自己と相手を一体化していこうとする特徴は変わらない．教会は自らを神の代理人とし，信者を教会の一部として捉え，単一の宗教的共同体を築き，そこから離脱しようとする者を排

撃した.
(4)　Snow(1998＝2004)など.
(5)　経営／マネジメントにおける多くの議論が，企業を良き市民(corporate citizenship)として描き，その存続と事業の拡張・維持のためには，顧客だけでなく，地域住民をはじめ，企業を取り囲む様々な利害関係者の言葉に耳を傾け，対話を通じて問題を解決する努力が必要だと提案する．そのような議論については，詳しくはSchelling(1984)を参照.
(6)　このような考え方は，20世紀初頭における労働力の管理と生産性の科学化に重点をおく経営思想とは異なるものである．だが，その基底に流れている観点，つまり他者を排除することから他者を包摂していこうとする動きは，21世紀社会に初めて現れたのではなく，20世紀を貫いて継承され，発展されてきたものとして考える必要があろう．本書の第1章における議論を参照.
(7)　アメリカ社会では19世紀半ばから大型合併運動と特許権の締結などによって主要産業の合併，連合が進んだ．産業と企業の巨大化という現象の背後には，ヨーロッパから移住してきた膨大な移民を中心とする労働者階級の拡張も絡んでいた．労働者／労働力を合理的に管理するための経営技術が求められ，労働者を企業にとって重要な意味を持つ存在と見直す認識も次第に広がり，そのような雰囲気のなかでPRとその初期手法であるパブリシティの必要性が生じるようになった.
(8)　PRの誕生国であり，PRが発達したアメリカは移民社会で，その政治体制は各州の自治と連邦制を採用している．アメリカ社会は，人種と文化が異なり，都市の概念ははっきりしていても国家の概念は曖昧である．そのような社会においてPRの担い手となった企業は，異質な者の間における複雑な利害を，資本主義の精神に基づいて柔らかな形でつなぎ止める役割を担った．これに対してヨーロッパの国家，とりわけ，プロパガンダが世界的に注目されるきっかけとなった第二次世界大戦下のナチス・ドイツやファシズム国家は，プロパガンダの担い手となり，異質な者を排除し，単一民族の純粋性と優越を強調した.
(9)　Coser(1977)やTurner, Beeghley and Powers(1995)の指摘によれば，ミードは，功利主義，ダーウィニズム，ドイツ観念論(ロマン主義哲学)，プラグマティズム，行動主義などに影響を受けていた．さらに，ミードは，独自の理論を完成する上で，ジェームズからはme/selfの概念を，ヴントからはgestureの概念を，デューイからはthinking/thoughtの概念を受け入れ，参考にしたといわれる.
(10)　船津(1991：91-92).
(11)　Mead(1913＝1991：1-3)によれば，意識経験の前提条件となる主我は，自分自身に対して働きかけるものであり，自我についての記憶イメージより構成される.
(12)　Mead(1913＝1991：1).
(13)　客我は，主我に対する「反応」であるともいえる．ミードによれば主我が「話す」なら，客我はそれを「聞く」立場にある(Mead 1913＝1991：3).
(14)　Mead(1913＝1991：5)および船津(1991：93).
(15)　ミードは，自我の形成を説明しながら，内的反応である「自己意識」(self-consciousness)や「内省的自我」(reflective self)という言葉を用いる．「自己意識」や「内省的自我」は，自己の対象化・内省化の上で現れる客我の一部である．自己意識

とは，自分自身の行為に対してなされる反応であり，我々が他者に対して与える社会的反応に基づいて起こる反応である(Mead 1913＝1991：6–7)．内省的自我とは，他者に対する働きかけと一緒に自分自身のなかにも反応を引き起こさせるものとして批判し，承認し，示唆し，意識的に計画を行っていくもう1つの「客我」として説明される(Mead 1913＝1991：7)．後に検討していく「ジェスチュア」が意味を持てる理由は，それを用いて「自分が話すことを自分で聞き，自分がそれに対して答えるという事実によって，まさにこの事実によって，自分自身にとってひとつの対象，ひとりの他者となる」内的会話が可能になるからである(Mead 1913＝1991：8)．

(16) Mead(1924–1925＝1991：72)．

(17) 人間は「自分自身に対して反応する際には，直接的に行為している自分以外の，他者の態度を必然的に取得している」．「他者を一定のタイプにあてはめて，その人の役割や他の人の役割を演じたことがあることを意味する」．Mead(1913＝1991：9)．

(18) 子供の自己意識は，初期段階では「記憶のなかに現れた役者(actor)と，それにともなう合唱団(chorus)とが融合したもの」であり，ドラマ的なもの(内的舞台)に近い．だが，それは徐々に「思考のフォーラムやワークショップ」へ変わっていき，内的会話に重点を置く抽象的思考過程へ発展していく(Mead 1913＝1991：10)．ミードは，このような内的反応の発達を，西洋世界における集団的自己意識のメカニズムが舞台や演劇を中心とするものから小説を中心とするものへ移転している現状に重ねて考えている．

(19) 船津(2000：5)．

(20) Mead(1924–1925＝1991：59–60)．

(21) Mead(1924–1925＝1991：60)．

(22) Mead(1924–1925＝1991：59)．

(23) Mead(1924–1925＝1991：60–61)．

(24) 我々は「他者の主張を想像によって表示し」，「このようにして，われわれは自分の集団のすべての成員の役割を演じるようになる」(Mead 1913＝1991：9)．

(25) 問題的状況は，他者に向けられる自分の働きかけに対する内的反応を一定の形でまとめる必要性が生じる状況である．社会環境が多様になり，他者の範囲が拡大され，自我に不統合(disintegration)が起こり，習慣的な行為が一時停止し，遅延反応(delayed response)が生じる．障害や妨害，禁止などに出会い，従来の行為様式が役に立たなくなる問題的状況は，内省的思考を中心とする内的コミュニケーションによって乗り越えることができる(船津 1991：105)．

(26) 内省的思考は，問題を解決する人間の能力にかかわり，意味のあるシンボルを通じて行われる内省化から生じてくる．それは，他者とのかかわりから生み出される社会的過程の一部でもある(船津 1991：105)．ミードは，このような内省的思考を，現在の行動の問題を過去と未来の両方から照らし，あるいはそれらと関連づけて解決する能力と定義する．詳しくは，Mead(1934＝1995)を参照．

(27) 問題的状況は，自我によって乗り越えられ，結果的には自我の社会性が拡大するきっかけとなる．Mead(1913＝1991：11)および船津(2000：7)．

(28) 「新しい状況に対応する新しい自我は，新しい状況が実現し，受け入れられた後になってはじめて，意識のうちに現れてくるようになる．〔中略〕なぜなら，新しい自

我は，新しい目的が定式化され，受容された後でのみ，意識的に表現されるものだからである」(Mead 1913＝1991：13).

(29)　Mead(1913＝1991：11)によれば，「自我とその対象との間には相互的な関係があり，一方があれば他方があるというものであり，自我の利害関係と評価は，対象の内容と価値にちょうど対応している．他方，しかし，新しい対象とその価値ならびに意味についての意識は，新しい対象に対応する新しい自我よりも早く，意識に現れてくるように思われる」のである．

(30)　「いかなる自我も社会的自我である．しかし，自我はそれが役割取得する集団に制約されている．そして，この自我が放棄されるのは，それ自体がより大きな社会のなかに入り込み，そこにおいて自己を維持していくようになるようになってからである」(Mead 1924-1925＝1991：73).

(31)　「空間と時間における距離，そして，言語や習慣，また社会的地位の壁を越えて，共同の生活活動をともにする他者の役割において，自分自身と会話できるかどうかという問題」が重要な課題となってくる(Mead 1924-1925＝1991：72).

(32)　「ひとは一般化された他者の態度を取得する．しかし，無数の事例の複数性よりも普遍的なものの方が有利であるからといっても，社会的行為に入り込んでくるさまざまな反応の数があまりに多いと，社会的対象を規定するのに不可欠な，個人の役割取得能力が無視されてしまうように思われる．だが，しかし，現代生活は人間の歴史のこれまでの時期に比べて，ずっと複雑になってきているけれども，生活の必要性を充たしてくれるひと，政治的機能を分担しているひと，価格の決定に共に加わっているひと，このような人びとの立場に自分を置くことは，現代人の方が以前の人間よりもずっと容易になってきている」(Mead 1924-1925＝1991：71-72)．ミードによれば，複雑性が高まる現代社会において重要な問題となるのは，他者や機能の「数」ではなく，「さまざまな形態の活動が人間社会の成員に自然に属し，他者の役割を取得する際，他者の活動が自分自身の性質に属しているのかどうかということである」(Mead 1924-1925＝1991：72).

(33)　ミードは，個々人の集まりである国民国家(「国家社会」)や国家の集まりとして構想される「国際社会」に対しても自我を有する存在であると考えた．とくに第一次世界大戦前後のヨーロッパ社会は，ミードが「国家自我」の問題をはっきり意識するきっかけとなった．Mead(1924-1925＝1991：73-74).

(34)　ミードは個人の内面世界を探求しながら，そのような問題が浮かび上がってくる背景となる現実社会の活動にも取り組んだ．ミードは，シカゴにおける諸問題(移民の流入，人種問題，労働問題など)に関心を注ぎ，それらの問題を解決するための実践的，政治的活動に精力的にかかわった．そのような個人史を手がかりに考えれば，社会的問題をより根本的に解決する道として，主体的個人像，すなわち「社会的自我」を描いたミード理論は，当時のアメリカ社会と密接に結びつきながら発展したとも言えるだろう．

(35)　「創発性」という概念の背景には，社会進化論の影響がある．Mead(1924-1925＝1991：39-40)は，社会進化において新しい個体の出現とともに新しい性質，ないしは，新しい内容の経験が必要となると主張したロイド・モーガン(Lloyd Morgan)の「創発的進化」の議論を参考にしている．自我における「創発的内省性」は，自我を

構成する2つの側面のうち，主我 I の中身となるものである．すなわちそれは，自分自身の内側を振り返って他者の反応を考慮する内省性から説明され，自我は他者の反応に対応して他者の役割／期待を取得し受け入れる客我 ME とともに他者や世界を形成できる主体的な自我／主我の両方を通じて成り立つ．創発的内省性を持つ自我は，空間的広がりとともに時間的な広がりを有する．つまり自我は「他者の態度を通じて自己の内面を省みて，過去および未来と関連づけながら，新たな世界を創出する」(船津 1991：106)のである．

(36)　Mead(1913＝1991：12-14)．

(37)　Mead(1913＝1991：13)によれば，「状況の再構成」においては，「すべての個人的利害関心が，新しい社会的状況において適切に認められるようになるかどうか」が問題となる．

(38)　船津(1991：110)．

(39)　Mead(1924-1925＝1991：40-42)の言葉を借りれば，進行中の現在に対するイメージは，進行中の現在か，呼び戻すことのできない過去か，あるいは不確定な未来かの，いずれかに属して，刺激においては過去の内容として，反応においては意味として，創発してくるのである．

(40)　Mead(1934＝1995：6)によれば，コミュニケーションは，単純な態度や感情の表れではなく，シグナルやジェスチュアによって生まれる広い活動である．また，人間は，コミュニケーションを通じて他者を刺激したり反応を獲得したりすると同時に，自らの行為によって他者が引き起こす行為への構えを，自分自身のなかでも引き起こし，同じ反応を求めるのだと説明する．Mead(1922＝1991：22)．

(41)　Mead(1934＝1995：24-28)は，ジェスチュアが単なる情動表現であると考えたチャールズ・ダーウィン(Charles Darwin)の進化論的考察や，それをさらに発展させたヴィルヘルム・ヴント(Wilhelm Wundt)の議論に対して，ジェスチュアとは，個体が行為しようとする構え，または，行為しようとしてまだ行為していない人々の態度であると説明する．

(42)　「有機体が属する集団内に存在する他の生物個体は社会的対象と呼ばれ，自我が生まれる以前からそれ自体存在しているものである．〔中略〕個体がそのようなジェスチュアを用い，それによって他の個体が影響を受けるように自分も影響を受けるならば，その個体は，自分自身の社会的刺激に対して，他の個体が反応するように反応するか，または反応する傾向をもつようになる．そのよい例が〔中略〕音声ジェスチュアである」(Mead 1922＝1991：19-20)．

(43)　Mead(1922＝1991：22)は，ジェスチュアとは，それが向けられる対象において引き起こされた反応であるとし，表示された反応において意味が見出されると説明する．ジェスチュアは対象に反応を引き起こすために存在し，意味とはすなわち他者の反応であるという．

(44)　Mead(1922＝1991：22)の説明を借りれば，「有意味性」は「同じ状況において意味が指示されるすべての他者にとっても存在するような意味」である．

(45)　「対象に対する反応の集合全体に自分自身を適応させ」「反応に適応した態度をとるものとして自分自身を認識できることが必要である」(Mead 1922＝1991：22)．

(46)　Mead(1922＝1991：23)によれば，他者とは，指示が我々に対して持つのと同じ

有意味性をその行為において持つ人間である．我々は他者に指示を与えると同時に自分自身に対しても指示を与え，我々は自分自身の要請に対する他者の反応の態度も取得している．このように自我と他者との間における意味の共有は，他者だけでなく自分自身をも一般化し，対象として捉えることを通じて現れる．自我は，「個体が経験における自分自身の社会的対象となったときに，現れてくるようになる」が，「個体が，他の個体の用いる態度を取得するか，またはそのジェスチュアを用いるかして，それに対して自分自身反応するか，あるいは反応しようとするときに生じてくる」(Mead 1922＝1991：20)．「自分に対する他者の態度を取得でき，そして，他者の態度に反応でき，また実際にそうするかぎり，まさに，そのかぎりにおいて，自我をもつのである」(Mead 1924-1925＝1991：65)．

(47)　ジェスチュアは，自我と他者の間における意味の作用において，ある対象に対してある決まった行為をとることが正式化される．それが表示される他者の観点から他者の期待や態度を取得すると同時に，他者が示す態度と同様な反応を自分自身のなかに引き起こす．自我を持つ主体は「自分自身に対して，対象だけを表示するのではなく，対象に対して一定の仕方で反応する構えもまた[自分自身に対して]表示しなければならない」(Mead 1922＝1991：22-23)．

(48)　「ジェスチュアは，他者に外的に(explicitly)引き起こす(またはそう考えられる)反応と同一の反応を，ジェスチュアを行う人間のうちに内的に(implicitly)引き起こす場合に，「意味のあるシンボル」となる」(船津 1991：100)．有声ジェスチュアと有意味なシンボルについては，Mead(1934＝1995：81-89)を参照．

(49)　「音声ジェスチュアは，少なくとも，他者に影響を与えるのと同じ生理学的な仕方で，ジェスチュアを行う人間の耳にも影響を与えるようなジェスチュアである．われわれは，他者が聞くのと同じように自分自身の音声ジェスチュアを聞く」(Mead 1924-1925＝1991：63)．

(50)　Mead(1922＝1991：25)．

(51)　「意味」は，他者はもちろん，自分自身に向けられることで，内面性と客観性を同時に持つ．コミュニケーションと意味における内面性と客観性という二重の特徴について，Mead(1922＝1991)は，意味は外的なものではなく内的なものであるが，人間の心理世界は個人の内部に閉じた心的過程にあるのではなく，個人と関係する対象に属していると説明する．

(52)　原典は，Mead, G. H. (1912), "The Mechanism of Social Consciousness," *Journal of Philosophy*, 9：401-406．船津(1991：100)から再引用．

(53)　反応／態度は，「現在においては外的に現れていない事柄をあらかじめ予測して作り上げた「未来の行動のイメージ」」を含み，「外的な行動への構えであり，それはのちに外的な行動を生み出すもの」である(船津 1991：101)．

(54)　ミードにとって「態度」は，一方では行為や行動との延長線上にあり，他方ではそれらとは区別される概念として考えられている．このような考えは，コミュニケーションにおけるシンボルの説明からも示されている．「一人の人間が発した音声ジェスチュアが，他者において一定の反応を引き起こすならば，その音声ジェスチュアを行為のシンボルと呼ぶことができる．そして，その音声ジェスチュアが，それを発した人間のうちに同じ反応傾向を引き起こすならば，それを意味のあるシンボルと呼ぶ

ことができる」(Mead 1924–1925＝1991：65).

(55) 「自分に対する他者の態度を取得するかぎり，そして，ある意味では，自分の行為によって他者が引き起こす行為への構えを自分自身のうちに引き起こすかぎり，そのかぎりにおいて，人間はジェスチュアの意味を自分自身に表示する」(Mead 1922＝1991：22).

(56) 「われわれが他者に話しかけるときに，自分自身のうちに引き起こす組織化された態度が，したがって，マインドのうちにあるといわれる観念である」．そして「このような観念をもつために，他者に話しかけることは必ずしも必要ではない．われわれは自分自身に対して話しかけることができる．このことは思考と呼ばれる内的フォーラムにおいて行われている」(Mead 1924–1925＝1991：65).

(57) Mead(1922＝1991：27)によれば，この機能は，刺激としての対象がその反応と分離されたり，また関連づけられたりする内的会話の一部である．

(58) 「反応が意味となるのは，一般化された態度によって自分と他者の両方に対して反応が表示される場合」(Mead 1922＝1991：27–28)である．「そこにおいては，人間は，自分が取得する一般化された態度を通じて，シンボリックなジェスチュア，すなわち，自分自身を含むすべての人間にとって意味のある言葉を使用できるようになる」．

(59) Mead(1922＝1991：28)によれば「反応の対立は個人の内部において生じるが，分析は対象においてなされる．マインドは，したがって，個人に限定された領域でもなく，ましてや脳のなかに位置づけられたものでもない」のである．

(60) 「マインド」，とりわけその「分析」(内省的思考)機能は，「問題的状況」の再構成と密接にかかわっていると考えられる．自我の再形成／修正や他者の創造が促される要因となる「問題的状況」において「マインド」の「分析」機能が刺激されることにより，自我と他者が一般化／対象化される．この過程，つまり「思考」と呼ばれる内的フォーラム／内的会話により他者の異なる期待・役割が調整され，組織化され，抽象度の高いコミュニケーションが可能になる．「われわれは，自分自身と対峙する特定の知り合いの役割を取得している．しかし，普通，われわれが会話しているのは「一般化された他者」と名づけられたものとである．それによって，抽象的思考のレベルに到達することになる．そしてインパーソナル性，われわれの考えるような，いわゆる客観性というものを獲得するようになる」(Mead 1924–1925＝1991：66).

(61) Mead(1924–1925＝1991：48).

(62) 船津(1991：102).

(63) 社会的自我とともに構築される世界は，個体・有機体の内面領域において見出される「共通の意味世界」と相接している．つまり，1つの固定された世界／現在ではなく，個人や有機体によってその自我によって，それぞれ異なる形の多様でダイナミックな世界／現在が存在しうる．

(64) 「共通の意味世界」の多様でダイナミックな特徴を考えれば，PR／コミュニケーションを通じて形成される企業の意味世界も〈企業自我〉の数に比例して多様であると考えられる．他者を組織化し，意味を共有する対象を広げていけば「意味世界」も拡大していく．

(65) だが，企業の行う PR 活動やその特徴を，ある1つの史観／イデオロギーだけに

限って説明することではPR概念をめぐる解釈のバリエーションを制限してしまう.

(66)　ミードの講義は哲学科の学生のほか，社会学科の学生も多く受講し，1920年代のシカゴ大学の社会学科はミードの「前進基地」となった．詳しくは，船津(2000：96-97)を参照.

(67)　シンボリック相互作用論は，言葉などのシンボルを媒介として行われる人間の相互作用とそこにおける意味の解釈過程に注目し，社会を明らかにしようとする社会学，社会心理学理論およびその方法論である．ストラウス，ターナー，ジブタニ，ダンカン，ヒューズ，リンドスミス，ベッカー，ゴッフマンなどがシンボリック相互作用論の主な論者である.

(68)　船津(2000：97).

(69)　Blumer(1969＝1991：79)は，「自分自身を認識でき，自分自身についての観念をもち，自分自身とコミュニケーションでき，自分自身に向かって行為することができる」という．船津(2000：98)によれば，ブルーマーはミードの自我論に影響されつつ，人間の行為を，自己に影響を与える諸要因に対する単なる反応ではなく，状況を支配し，処理し，状況において自己を処理する人間から生み出されるものと捉え，行為の解釈に関する新たな地平を切り開いた.

(70)　船津(2000：103).

(71)　船津(2000：102)によれば，人間の生活における行為が様々な意味／シンボルに媒介され，形成されると考え，人間の行為を生み出す意味がいかに社会的に形成され，解釈されるかに主な問題関心を置いてきたシンボリック相互作用論は，ミードによって描かれた社会的自我をもつ人間を軸としている.

(72)　船津(2000：105-107).

(73)　例えば，Smelser(1988：121-122)は，ブルーマーが社会現象を個人の意味システムのなかで解明しようとし，社会構造を構造化されていない主観的過程へ置き換え，マクロな分析の可能性を自ら閉じてしまったと批判する．だが，そのような批判は，ブルーマーのシンボリック相互作用論を断片的にしか理解していないことに起因するとの反論も提起されている．Blumer(1990＝1995)の編者であるメインズとモリオーネは，このような批判に対してブルーマーの問題関心は個人の領域だけに限定されていたわけではなく，社会構造の問題に焦点を当てて展開されたと反駁する.

(74)　船津(2000：131-133)によれば，シェルダン・ストライカー(Sheldon Stryker)による構造的シンボリック相互作用論やアンセルム・ストラウス(Anselm Strauss)のネゴシエーション論などが展開されてきたが，シンボリック相互作用論を通じてマクロ社会の構造を分析することは十分には解明されていない．むしろ，社会構造の受け入れ方によってシンボリック相互作用論固有の人間の主体性や創発性への問題関心が軽視されてしまうことも考えられる.

(75)　ブルーマーの『産業化論再考』は，1962年に出版された「シンボリック相互作用としての社会」のなかで提起された問題を継承している．すなわち，社会とはその内部で社会的行為(集合的行動)が生起する枠組みであり，それは社会的行為を決定するものではなく，社会の変動は，社会的行為の単位の活動から成る産物であり，行為単位と無関係な「力」の産物ではないという主張から，産業化という現象に迫るのである．詳しくはBlumer(1990＝1995)におけるメインズとモリオーネの「ブルーマー

のパースペクティブの射程と意義――産業化の分析への序」を参照.

(76)　Blumer(1990＝1995：11).

(77)　Goffman(1959＝1974).

(78)　『行為と演技』では，相互行為を通じて行われる自己呈示において一貫性や持続性などを求めない自我／アイデンティティの瞬間性が説かれていることに対して，『アサイラム』や『スティグマの社会学』ではそのような相互行為が他者によって妨害された時，偏見や差別によって自我／アイデンティティがいかに強要されるかを分析している．そのような議論のなかで自我は，構築され，維持されるものというより，他者との相互行為に積極的に関わっていくことを通じて現れたり，またはそのような相互行為から徹底的に排除されたりする受動的属性を持つものとして論じられている.

(79)　例えば，難波(1992)の研究が挙げられる.

第3章

(1)　Cutlip, Center and Broom(2000), Ewen(1996＝2003), Tedlow(1979＝1989).

(2)　Schivelbusch(1977＝1982).

(3)　西部開拓は，当時の大衆雑誌や廉価新聞によって製造された物語である．それが狙っていたのは，国内の若者や海外から来る移民を荒廃な土地に移住させ，国土の開発に動員する人員を募集することであり，ある種のPR戦略でもあった．西部開拓物語は，当時の興行業界に蔓延した手法を巧みに用い，アメリカン・ドリームのイメージをつくりあげ，それにより現実の空間とは異なる「アメリカ」,「西部」が人々の心のなかで見出された．西部開拓を造った男たちについて，Mott(1941＝1983)を参照.

(4)　当時，アメリカ西部地域の開拓村やスモールタウンを結びつけたのは，鉄道ではなく駅馬車や郵便制度であった(Boorstin 1973＝1976).

(5)　Chandler(1977＝1979)によれば，鉄道会社における分化と専門化は，最高レベルの経営においても進められた．所有と経営が分離し，投資家やオーナーに代わり，実質的経営を担う専門的経営者が新たな職業・雇用形態として誕生した.

(6)　当時の鉄道はほとんど単線で，列車の運行に数分でも時差があったとき，最悪の場合，数百人が犠牲となる大型事故が起こる可能性があった．事故の多発を防ぐために，鉄道会社は厳格な時間管理制度を導入し，分単位まで細かく整理した時刻表や緻密なダイアグラムを準備し，それに沿って従業員の作業指針が決まった．この時間の管理制度は，列車の運行だけに限らず，事業全体の損益を計算する上でも用いられ，時間(年，月，日，時，分)と時期(四分期)からなる事業計画体制が組まれ，利益をより効率的に管理し予測する会計手法が発達した．このような時間感覚＝経済観念の変化は，経営技法の考案と労働の合理化，社員教育に用いられ，経営者のみならず，時間枠に沿って働く従業員と列車の乗客，利益を配分される株主にも影響を与えた．詳しくは，Chandler(1977＝1979)を参照.

(7)　詳しくは，Brown(2005：137, 146)を参照．GEの従業員向けPR誌については，Nye(1985＝1997)が詳しい.

(8)　多くのアメリカ人が大陸に伸びる鉄道網を建設する労働者であり，整備する技術者であり，駅長であり，事務レベルの中間管理職となった．鉄道会社の労働者・従業員とその家族は，鉄道会社の被雇用人でありながら同時に鉄道会社の重要な顧客でも

あった.

(9) この過程で，一方では，膨大で，かつ分化した労働者・従業員を能率的に管理し，労働時間を厳格にコントロールしようとする近代的な経営手法(会計管理など)が発達し，他方では，鉄道会社と何らかの形で関係を結ぶ他者(被雇用者，乗客や利用者，株主，地域住民，政府，マス・メディア)の幾何級数的増加を受け，管理する技術が求められるようになった.

(10) Olasky(1987：15-23).

(11) Olasky(1987：19)によればAlfred Leeは，*The Daily Newspaper in America* (1937)のなかで次のように指摘した. For the setting forth of virtues (actual or alleged) of presidents, general managers, or directors, $2 per line . . . For complimentary notices of the wives and children of railroad officials, we demand $1.50 per line . . . Poetry will be made to order at $3 per inch of agate measure. We are prepared to supply a fine line of heptameter puffs, also a limited number of sonnets and triolets, in exchange for 1,000 mile tickets. Epic poems, containing descriptions of scenery, dining cars, etc., will be published at special rates.

(12) Olasky(1987：15-23).

(13) Olasky(1987：15-23).

(14) Olasky(1987：15-23).

(15) この言葉は，強盗貴族の一人として名高いコーネリウス・ヴァンダービルト(Cornelius Vanderbilt)の息子であるウィリアム・ヴァンダービルトが，鉄道経営とサービスに関するインタビューの途中に話したとされる. この言葉が*Chicago Daily News*に報じられるとヴァンダービルト家は世論の注目の的となり，叩かれた. この言葉が発せられた経緯については，下記リンクを参照.

On Sunday afternoon, 8 October 1882, as a New York Central Railroad train bearing W. H. Vanderbilt, President of the railroad, approached Chicago, two newspaper reporters boarded the train and interviewed Vanderbilt on various aspects of the railroad industry. In the course of the interview, Vanderbilt was asked whether he planned to match the "express passenger" service just inaugurated by the Pennsylvania Railroad. Vanderbilt remarked that such service was unprofitable; answering a follow-up question about "the public benefit," he is reported to have replied, "The public be damned." Vanderbilt later claimed that "both my words and ideas are misreported and misrepresented." Publication of the interview caused widespread critical comment.

(http://www.encyclopedia.com/doc/1G2-3401803443.htmlより引用. 検索日：2016. 8. 8).

(16) ヴァンダービルトは*Chicago Times*に"public be damned"は捏造であると反駁する記事を掲載した. Google News Archive Searchより(検索日：2014. 12. 13).

http://news.google.com/newspapers?nid=1018&dat=19361106&id=DbckAAAAIBAJ&sjid=zA8GAAAAIBAJ&pg=1501,734632

だが，鉄道が公衆の利益／公益のために運営されているわけではないという意見には変わりはなく，彼は鉄道事業の目的が，株主への配当金の確保と増大にあると説明

した.

The interview was then published in the Chicago Daily News, but Vanderbilt's words were modified. Several accounts of the incident were then disseminated; The accounts vary in terms of who conducted the interview, under what circumstance and what was actually said. William received bad publicity and clarified his response with a subsequent interview by the Chicago Times. In that interview he was quoted saying: "Railroads are not run for the public benefit, but to pay. Incidentally, we may benefit humanity, but the aim is to earn a dividend" (http://en.wikipedia.org/wiki/William_Henry_Vanderbilt#cite_note-4 より引用．検索日：2016. 8. 8).

(17) Frederick Kimball は，新聞記者に発行するフリーパスを最も安価な広告だと考えた(Olasky 1987：19).

(18) 企業が複雑化・巨大化する前の経営者は，労働者や従業員を「家族の一員」と見なし，宗教的共同体として労働以外の生活に対しても面倒をみた．だが，このような家族主義では，経営者と従業員は父と子の関係にたとえられ，従業員は経営者から教育を受ける訓育の対象である．従業員にビジネスに対して口をだし，経営者と平等な立場で利害を主張する権利は与えられなかった.

(19) Olasky(1987：15-23).

(20) Thomas(1923)は，ポーランド移民を中心に彼らの価値や態度，社会行動がどのように形成されるかを実証的に研究し，新しい経験，安全，承認，反応に対する 4 つの欲求を提示した.

(21) 大型合併運動の背後には，ニューヨークの投資銀行から流入された投機性資本も絡んでいたが，産業界の地殻変動を招いたより根本的な理由は，それまで各産業を固定していた特許権が満了し，競争が激化したことだった．詳しくは，鈴木・大東・武田(2004)を参照.

(22) Chernow(1998＝2000)は，スタンダード・オイルを中心とするトラストの誕生を描いている.

(23) Watson(1963).

(24) Marchand(1998：49).

(25) Marchand(1998：8).

(26) 詳しくは，Marchand(1998：48-58)を参照.

(27) 同広告シリーズは，月 1 回の頻度で主要な全国紙に掲載された.

(28) *World Work* 誌(1900-1932)は，国際社会におけるアメリカの役割，主にはアメリカ式生活様式の讃美に関する記事を掲載した．ウォルター・ペイジ(Walter Page)によって創刊され，1913 年に息子のアーサー・ペイジが編集者となった．ペイジは，AT&T の PR 活動をより科学的，体系的にしたと評価される．Marchand(1998：83-84).

(29) Marchand(1998：58-61)によれば，それらの広告は，主に白人男性(ビジネスマン)をモデルにし，電信電話をビジネスにおける最強の武器に，AT&T をビジネス・パートナーに描いた．黒い受話器と電信柱のビジュアル・イメージに加え，加入者の数などの情報が一緒に提示された.

(30)　詳しくは，Marchand(1998：63-69).

(31)　また，それがプロパガンダならAT&Tはチェーンストア反対運動や独占に反対する世論を攻撃し，自己の立場を押しつけ，無条件に正当化しただろう.

(32)　第一次世界大戦後から1930年代にかけてAT&Tをはじめ，多くの企業が株主を拡大する運動とPRキャンペーンを展開した．Marchand(1998：74-80)によれば，その狙いは，経済的効果(資金調達)による巨大企業に対する肯定的なイメージの構築にあった.

(33)　AT&Tは，自社の株をどのような人々(例えば，人種，性別，職種別)が購買したかは公開したが，全体の株に対する比率(構成比，割合)は明らかにしなかった(Marchand 1998：75-77).

(34)　新聞の商業化，大衆化は，印刷技術という生産技術の革新に起因し，消費の観点からすれば，新聞を購読する読者の拡大が主な原因であり，ニューヨークやフィラデルフィアなどの巨大都市の発展と結びついていた．都市に集まった労働者階級が廉価新聞の読者となることで，新聞市場が活気づけられ，マス・メディアの大衆化が促された．新聞の発達については，Mott(1941＝1983)を参照.

(35)　Mott(1941＝1983)によれば，連合通信社という組織もこのような全国的システムのなかで誕生した.

(36)　教養ある中産階級の知的余暇を楽しませた雑誌は大衆化し，読者を惹き寄せるために刺激的でかつ面白い話題を盛りつけるようになった．大衆雑誌は，新聞のチェーン化に似て全国規模で配布・流通されるようになった．詳しくは，Boorstin(1973＝1976)を参照.

(37)　「イエロージャーナリズム」は，当時大人気だった日曜新聞のコミックストリップをめぐって，新聞チェーンが繰り返した激戦を風刺する言葉に由来し，マス・メディアにおける過度な商業主義を象徴する言葉となった．新聞・雑誌の編集者は特ダネとスクープを探し求め，アメリカ全国に記者を送り込み，誰にも知られていない事件を掘り出し，暴露することを組織的に企画し，指示した．ロックフェラーやモルガンなどの強盗貴族がセンセーショナリズムの的となり，彼らの豪華な邸宅での貴族的暮らしや，夫人・養女のファッション，秘密の私生活までがスキャンダラスに報じられた．カン(2010).

(38)　小林(1998：192-193)によれば，最初の広告代理店は，1841年にヴォニー・パルマー(Voney Palmer)によりフィラデルフィアに設立された．フィラデルフィアは，ニューヨークとボストンに並ぶ新聞業の発祥地であり，初期広告業と新聞業の切り離せない関係が示される.

(39)　取引が成立すれば新聞社は料金の約25％を広告業者に支払った(小林1998：192).

(40)　19世紀末から広告業者は，広告のコピーを作成したり簡単なリサーチを行ったりする業務を並行するようになった(小林1998).

(41)　Sloan(1991)および掛川(1988)を参照.

(42)　Sinclair(1906), *The Jungle*.

(43)　Tarbell(1904), *The History of Standard Oil Company*.

(44)　*McClure's Magazine*をはじめ，暴露記事を専門に扱う雑誌が大衆的な人気を謳

歌した.

(45) 当時の社会改革家，運動家，進歩派知識人のなかには，ジャーナリストも多数，含まれていた．詳しくは，Ewen(1996＝2003：60-65)を参照.

(46) Ewen(1996＝2003：60-65).

(47) スタンダード・オイルの創立者であるロックフェラーは，マックレイカーと暴露ジャーナリズムによって極悪非道な冷血漢として描かれた．イーダ・ターベルは，*McClure's Magazine* にロックフェラーが巨大な石油帝国を築くために地方の零細農家や事業者を騙すなど，どれほど不正を犯したかを告発する記事を連載した．彼女の *The History of Standard Oil Company*(1904)は，ロックフェラーに対する反独占世論が高まるきっかけとなった．だが，同時に，ロックフェラーは，無一文から巨大石油帝国を建設したアメリカン・ドリームの神話的存在でもあった．Chernow(1998＝2000)によれば，このような二重的イメージは，様々なエピソードと噂を通じて膨れ上がったが，ロックフェラーは沈黙し，その私生活はベールに包まれていた．経営に関する情報も「秘密主義」に基づき，固く閉ざされていたが，息子のロックフェラー二世は父とは真逆の路線を取り，パブリシティを取り入れ，積極的な情報公開を進めたのである.

(48) 詳しくは，Chernow(1998＝2000)を参照.

(49) リーの対応については，Raucher(1968)および Hallahan(2002).

(50) Brown(2005：133).

(51) Raucher(1968：20-21).

(52) Ray Baker, "Railroads on Trial," *McClure's*, September, 1905. Olasky(1987：32)より再引用.

(53) すでにマスコミに取り上げられた記事を含む報道資料，顧客側が用意したコラム，また，その他の刊行物から抜粋したリーのオリジナル記事などを掲載した小冊子は，全国の記者，編集長，企業と経済人，著名人宛てに送られた．Raucher(1968)によれば，リーのメーリングリストには約3万人以上の人が登録されていた．リーの小冊子は，1918年に発行されて以来，*Note and Clipping* から *Public Relations*, *Public Affairs*, *Information* へとタイトルを変えながら続いた．顧客に提供するサービスである以上に自らの業績と技術を宣伝する媒体としての小冊子の重要性に気づいたバーネイズも1922年から *Contact* という名前の小冊子を発行した．詳しくは，Bernays(1952)を参照.

(54) リーは「原則宣言」のなかで次のように述べている．「わが社は秘密の新聞局ではない．わが社の仕事はガラス張りである．目的はニュースを提供することである．広告代理業でもない．もし，われわれのニュース材料がでっち上げのものと考えるなら，わが社を利用しなくてもよい．わが社の材料は正確である．提供した記事について必要な際は，詳細な補足的資料を直ちに提供する．また，編集長には喜んで事実であることを直接に証明するよう協力するであろう」．邦訳は，八巻(2004：32)から引用.

(55) 世論に働きかけ，他者を創造し，顧客に結果の告知・報告をすることは，詳しくは後に述べるように，PR専門家が〈企業自我〉の構築過程において担う機能とは何かを浮かび上がらせる．彼らは，〈企業自我〉の構築を委任されたもう1つのPRする主

体なのである．彼らを経由して企業は，他者に話しかけると同時に自分自身に対しても他者に向けられるのと同じメッセージを伝えることができる．つまり，パブリシティという技術を行う専門家たちは〈企業自我〉の構築における「マインド」である．

(56)　この映画では，グレーのスーツがPRマンの特徴として描かれているが，実際にはそれはマディソン街を拠点にする広告代理業に従事した人々を表すシンボルである．

(57)　演説文を代筆するのか，と聞くトミーに対して上司は，演説文は(公式に)社長本人が書くものであり，それを補佐してリサーチを行い，アイディアを提供することが我々PR担当者の役割だと言う．

(58)　Raucher(1968：94)によれば，彼らのなかにはアイビー・リーグ出身者も多数いた．

(59)　リー(Ivy Lee)は，*Journal*, *New York Times*, *New York World* 誌で，バーネイズ(Edward Bernays)は，*Medical Review of Reviews*, *Dietetic and Hygienic Gazette* 誌で，ジョーンズ(John Jones)は，ハーバード大学の記者を経て *Washington Post*, *New York Newspapers* 誌で，後に巨大PR会社，ヒル・アンド・ノウルトンを創立するヒル(John Hill)は *Cleveland News*，*Ohio Journal* で，ボールドウィン(William Baldwin III)は *New York Evening Post* 誌で働いた経験があった．他に，ダンカン(Robert Duncan)，ブルーノ(Harry Bruno)，クレムファス(Harry Klemfuss)，リス(Roger Riss)などの多くのPRマンが記者か編集長として働いた履歴を持っていた．詳しくは，Raucher(1968)．

(60)　Raucher(1968：142)．

(61)　Raucher (1968：140–141) によれば，*World's Work* 誌 (1906) や *Bookman* 誌 (1907)は，パブリシティ・マンが持つ報道資料などの出版・印刷の欲求と編集者のニュース原稿への必要性が打算的な関係を生み出したと述べた．原文は，"the publicity men's desire to have material printed and the editor's need for copy produced a marriage of convenience."

(62)　Raucher(1968：140)．

(63)　民兵隊はあくまでも正規軍の脇役であるように，ジャーナリストとPR技術者 publicist の間には差別意識や格差があり，民兵隊の資格はごく少数に限られていた．Raucher(1968：142)によれば，*Editor and Publisher* 誌(1906)は，"Reputable press agent had a place in journalism." と述べた．

(64)　そのような二重の体制，つまり Agent-Agency System は，広告主と広告代理業の間でも構築されたが，Raucher(1968)や Tedlow(1979＝1989)が明らかにしているように，技術的基盤の類似にもかかわらず，PR業は広告業に吸収されることはなかった．このような歴史は，PRが広告とは根本的に異なる機能，つまり〈企業自我〉の構築を行うものであることを示唆する．

(65)　心理学の拡大については，Ewen(1996＝2003)を参照．

(66)　Raucher(1968：116–117)．

(67)　Boorstin(1973＝1976)および，広告科学運動については小林(2000)を参照．

(68)　心理学を取り入れた科学的調査は，広告業や市場調査の発展を促し，第一次世界大戦以降，全国規模の世論調査や国家政策の一環として行われた社会調査にも影響を与えたと考えられる．白石(2005：76)および Cutlip, Center and Broom(2000)を参照．

(69)　PR マンと心理学理論については，Raucher(1968：115-135)を参照.

(70)　リーは，ル・ボンの影響を受け，公衆概念を「非理性的な群衆行動と心理」psychology of multitude, psychology of irrational behavior を用いて説明した.

(71)　Raucher(1968：123).

(72)　Ewen(1996＝2003：221-241)によれば，アメリカにおける公衆概念はヨーロッパ社会学が注目した公衆，群衆における政治的な力とそれに対する恐怖や不安とは異なる方向に進み，青写真を描いた．ジョン・デューイは，そのような言説に示される徴候がアメリカ民主主義に危機をもたらすだろうと考えた.

(73)　それが敵国の国民と兵士に向けられた時，「降伏しない者に身の安全は保障できない」という脅迫のメッセージに変わる.

(74)　CPI は，フォーミニッツ・マン 4 minutes men と呼ばれる自主組織を立ち上げ，全国の映画館などに集まった人々に対して愛国心を訴えた．また，戦場の医療支援や退役軍人のための募金運動でも愛国主義が強調され，国家と国民を結びつける強力なシンボルとして用いられた.

(75)　Raucher(1968：99)によれば，ハインズは，企業同士の非効率的競争を抑え，産業の安定的(独占的)体制を築き，維持することを戦後も試みた.

(76)　Raucher(1968：118).

(77)　そのような意見は，当時，New York Agency of Counselors of Publicity で働いていた R. H. Wilder と K. L. Buell によって開陳された．2 人は，*Publicity: A Manual for the Use of Business, Civic, or Social Organizations*(1923)を出版した．Raucher(1968：131).

(78)　Raucher(1968：132-133).

(79)　原題は，*How We Advertised America: The First Telling of the Amazing Story of the Committee on Public Information That Carried the Gospel of Americanism to Every Corner of the Globe.*

(80)　Fried(2005).

(81)　Raucher(1968：73).

(82)　デモクラシーを実現させる装置として PR を考える場合(藤竹 1998)，PR はプロパガンダとの断絶・差別化を通じて倫理性と正当性を補う．他方で，戦時体制の連続性に基づいて PR とプロパガンダの本質を同一視する見方(佐藤 2000)もあるが，いずれも PR はプロパガンダという前提から自由ではない．プロパガンダの経験は，戦後，広告や PR 業がさらに発達していく上で大きな刺激を与えたが，それがすなわち「PR のプロパガンダ化」を意味しているわけではない.

(83)　バーネイズは，CPI の南米支局で勤務し，第一次世界大戦の終戦直後には *New York Times* 紙の特派員としてフランスに派遣された.

(84)　Tye(2002＝2004：94-95)によれば，バーネイズは，1920 年前後から約 40 年間，アメリカ産業界や大企業を中心に，政治家や文化人など，およそ 400 件以上を上回る顧客の「PR カウンセル」となった．同時に，バーネイズは，理論家でもあった．1923 年に『世論の結晶化』(*Crystalizing of Public Opinion*)を，1928 年に『プロパガンダ』(*Propaganda*)を出版した．これらの本は，クリールと比べれば，プロパガンダの威力をより素直に(より戦略的に)認めているように見えるが，だが，バーネイ

ズがPRを「プロパガンダ」として呼び続けたわけではない．プロパガンダの威力がさらに世界的に注目されるようになった第二次世界大戦後，バーネイズはそれまで自分が行ってきた仕事を集成した本に「プロパガンダ」ではなく，『パブリック・リレーションズ』(*Public Relations*, 1952)というタイトルを付けた．この変化は，各時代においてアメリカ社会で変容していった他者の概念を鋭く察知した結果だった．バーネイズは『世論の結晶化』のなかでPRを「世論」と近い概念として定義したが，それは戦前から続くパブリシティの観点，つまり公衆を新聞や雑誌の読者として捉え，ニュースの製造を重視する見方とも一致している．戦後はCPIにおける自らの経験を売りにしてPRを「プロパガンダ」として説き，やがて「パブリック・リレーションズ」という言葉を用いるようになった．バーネイズは，自己の行為を，世論とそれに働きかけるパブリシティからプロパガンダへ，パブリック・リレーションズへと次々と定義／再定義した．

(85)　Tye(2002＝2004：90–91)．

(86)　Bernays(1952)のようなPRマンたちは，自己を「世論の法廷」に立つ弁護士にたとえ，法廷で「善人」や「悪人」を問わず，依頼人の利害と勝訴を最優先にして戦う弁護士のような相談役を申し出た．

(87)　Raucher(1968：121–122)によれば，リーは，PR業に対する軽蔑の意味が含まれていたfree publicity, tainted news, press agentなどに対し，1914年からAdvisor in Public Relations(1914, 1916)という言葉を，1916年からはPublicity and Advertising Counsel(1916)という言葉を用いた．

(88)　Public Relationsという言葉がはじめて登場した文献は，1897年に出版された『鉄道年鑑』(*Year Book of Railway*)といわれる．

(89)　「パブリック・リレーションズ」に関する説明は，リーが発行していた小冊子，*Notes and Clippings*, No. 6 (1920) および "The Court of Public Opinion," *Administration*, no. 1 (1921)に掲載された．Raucher(1968：123)より再引用．

(90)　バーネイズの母はフロイトの妹であり，フロイトはバーネイズの父の妹と結婚したため，バーネイズにとってフロイトは，母方の伯父であり，父方の叔父でもあった．詳しくは，Tye(2002＝2004)を参照．

(91)　Raucher(1968：119–126)．

(92)　第一次世界大戦前まで男性の喫煙は葉巻やパイプが好まれた．だが，一刻を争う戦場では時間を節約するために細く巻いたタバコが普及し，第一次世界大戦は結果として男性たちの喫煙行為を変えた．さらに，タバコを吸うこと＝男性的というイメージを造り上げた．戦争中に軍需品を補給したアメリカン・タバコ社は，戦後も細い巻きタバコを大量に生産する体制を維持し，そのターゲットを男性から女性へ拡大していこうとした．詳しくは，Tye(2002＝2004：39–40)を参照．

(93)　Tye(2002＝2004：41–45)．

(94)　Tye(2002＝2004：47–59)によれば，このキャンペーンは，「自由の松明運動」と呼ばれるようになり，「松明」は，女性が公共の場所で自由に火をつけるタバコを意味した．

(95)　Tye(2002＝2004：65–69)によれば，バーネイズは業界関係者や百貨店，小売店に流行情報を提供するために，Color Fashion Bureauという事務所まで組織した．

(96)　Tye(2002＝2004：65-66).

(97)　バーネイズのPRキャンペーンは，アメリカ人の暮らし，とくに健康関連の問題にも及んでいた．タバコと医療に関する話題が医者の言葉を借りて提供され，喫煙が人体に与える害の議論が埋もれていった．バーネイズは，タバコに連想させられる健康の問題を製造工程における衛生問題(唾液による伝染病)や赤外線処理による熱加工方式の安全性の問題に入れ換えようとした．詳しくは，Tye(2002＝2004：76-82).

(98)　Tye(2002＝2004：48).

(99)　Raucher(1968)は，PR専門業の黄金時代が1920年代以降，始まったと説明する.

(100)　そのなかには，自分が今どのようなPRキャンペーンに関わっているか／動員されているかを知らない人も少なくなかった(Tye 2002＝2004).

(101)　PRは製品やサービスではなく，それを享受／消費する他者と社会に焦点を当てるため，そのような活動をいったい誰が行っているかがしばしば明示されない．アメリカン・タバコ社の場合，バーネイズが手がけていくPRキャンペーンが自社の依頼によるものであることを明かさなかった.

(102)　Tye(2002＝2004：73)によれば，バーネイズは，タバコ消費者の範囲をさらに広げ，黒人を吸収していくことをヒル社長に提案したが，アメリカン・タバコ社は時期尚早だとし却下した.

(103)　第一次世界大戦が残した遺産は，プロパガンダそのものというより，アメリカ社会が戦争によって動員され，知識や格差，人種を超えて統合され，その総体が膨れ上がったことを受け，巨大な塊を扱っていく経験だった．戦後は，プロパガンダとPRの担い手は国家から産業へ変わり，対象も国民から消費者へと変わったが，「量」の面で考えれば，戦後，他者／消費者は，国民とほぼ同じ感覚で全国に拡散され，そのような拡散は，次章で説明するニュー・ディール期においてより加速化していく.

(104)　バーネイズを中心に1920年代以降に広がっていた考え方は，今日のPRの一分野となるMarketing Public Relationsの原型とも考えられる.

(105)　このような傾向は，今日も続いている．第1章で検討したように，科学的調査の有無はPRの歴史的変遷を区分する基準とされ，グルニックは，科学的調査に欠けるパブリシティを一方向的コミュニケーションとし，第二次世界大戦後，科学的調査手法が普及したことで双方向のPRがはじまったと説明する．詳しくは，Grunig and Hunt(1984)を参照.

(106)　Raucher(1968：108-109).

(107)　Raucher(1968：107).

第4章

(1)　Ewen(1996＝2003：295-296)によれば，1929年のニューヨーク，ウォール街を爆撃した株式市場の崩壊は，巨大な災難の始まりに過ぎなかった．1931年に債券市場が急落し，1932年には不動産抵当市場が崩壊した．1929年から1933年まで約10万社が倒産し，民間会社の純益総額が84億ドルから34億ドルまで急減し，総産業生産高は51%まで低下し，輸入・輸出額は2/3まで下落した．国民経済の総体的な崩壊により産業労働市場が萎縮し，労働人口の約1/3に当たる1700万人が失業し，国民所得とGNPが1031億ドルから556億ドルへと半分近く下落した．5000を超える銀

行が破産し，その結果，900万の預金口座が消え失せた．家を無くし，腹を空かせた人々が全国の町中に溢れたが，1920年代からすでに不景気だった農村地域はさらに打撃を受け，農業所得は110億ドルから50億ドルに低下した．

(2)　ルーズヴェルトのPRマンたちについては，Ewen(1996＝2003)を参照．

(3)　Ewen(1996＝2003：307-308)によれば，ハウは，ルーズヴェルトの顔が大きく印刷された広告を新聞，雑誌に掲載し，報道資料を配布することを通じてルーズヴェルトに関するニュースが絶えず，メディアで報道されるように手がけた．選挙区内の住民宛てにルーズヴェルトの署名入り書簡が発送され，ルーズヴェルトが海軍次官補を務めていた時，海軍造船所の労働者たちと労働条件をめぐって討論を行った話が話題となったが，このような「民衆との対話」を企画したのもハウだった．ハウの予測どおり，マスコミは名門の家で生まれた政治家が労働者や農民に親しく振る舞う姿を肯定的に捉え，描いた．

(4)　Ewen(1996＝2003：319-320)によれば政府のラジオ・プログラムは，FCCの教育放送枠の大部分を占め，「炉辺談話」のほかに大統領夫人，エレノア・ルーズヴェルトをはじめ，政府閣僚の重要人物が登場するプログラムも多数あった．

(5)　難しい経済問題でも，まるで学校の先生が生徒に教えるように，やさしく説明する手法が工夫された．毎回の話における全体的雰囲気が劇作家によって繊細に演出され，大統領が読み上げる原稿は，平均的教育を受けた人なら誰でも理解できる数百単語以内の語彙を用いた．Ewen(1996＝2003：321-324)およびSchivelbusch(2005＝2009：89-90)．

(6)　Ewen(1996＝2003：322-323)によれば，労働長官フランシス・パーキンス(Frances Perkins)は次のように回想した．「わたしは，実際に談話のあいだ中ひとびとの居間やポーチに座っていた．ラジオの周りに集う男女の中には，彼を好きでないものや政治的に反対な人もいたが，誰もが一体感や友情に満ちた愉快で幸せな感情をもちながら耳を傾けていた．〔中略〕悲劇的なエピソードを語ったとき，わたしは彼らの目から涙が流れるのを見た…それは誠実，承認，共鳴の涙だった．〔中略〕国中でラジオを囲んでいたひとびとの笑いはまったく自然で情愛に満ち，語り手と一体化しているかのようであった」．

(7)　Schivelbusch(2005＝2009：89)．

(8)　この言葉にはもう1つの起源がある．経済的自由放任主義者であったウィリアム・サムナー(William Sumner)は1918年に発表した論文のなかで貧困層の救済のためにお金(税金)を支払わねばならない人々を指してThe Forgotten Manと呼んだ．

(9)　Shlaes(2007＝2008)によれば，The Forgotten Manは，ルーズヴェルトとニュー・ディールが焦点を当てた政策とその対象となる集団を最も象徴的に表す言葉となった．景気がさらに悪化するにつれ，「忘れられた人々」には，中産階級も含まれるようになった．

(10)　Ewen(1996＝2003：336-364)によれば，ストライカーはハインの写真にメロドラマ風の解説を付け，読者の心をくすぐった．ストライカーは，農村の風景写真は全国の写真チェーン店から入手し，工場現場や新しい機械，商品に関する写真は，ゼネラル・エレクトリックなど，企業のPR部門が撮影したものを使った．

(11)　Ewen(1996＝2003：336-364)によれば，再入植庁は，農村地域の再建，土地利

用計画，農民に対する融資補助などを実行する上でPR部署を設置し，ラジオ番組や映画の製作，新聞・雑誌におけるパブリシティなどを実施した．ストライカーが統率する歴史担当部は，戦時情報局（OWI）に吸収される1943年までPR写真の製作と配布を担当した．

(12)　ストライカーは，1938年に行われたペンシルヴァニア州の炭坑地帯における写真撮影に対して，石炭選別場や人工的な廃棄物などが強調される写真を撮るようにと指示し，アルコール漬けになり，絶望する若者たちの心理的な混乱状態がよく描写されていることが望ましいとも注文した．詳しくは，Ewen（1996＝2003：336-364）．

(13)　ウォーカー・エヴァンス（Walker Evans）やドロシア・ラング（Dorothea Lange）など，再入植庁の写真家たちは，農村地域の移住労働者，小屋で生活する黒人，貧しい親と飢えた子供たち，荒廃した町から逃げ出す小作人たちを主に撮影した．

(14)　Ewen（1996＝2003：350-351）によれば，再入植庁の写真は，総天然色の化学顔料を使い，中産階級の理想的な暮らしを描きながら消費社会の夢を促した商業広告に対抗していた．だが，ウォーカー・エヴァンスの写真が合成疑惑に巻き込まれたように，「虚構性」の問題は再入植庁の写真にも指摘される．

(15)　Ewen（1996＝2003：336-364）．

(16)　ストライカーが起用した歴史担当部の写真家たちは近代芸術に大きく貢献したと評価され，新聞・雑誌から撮影契約が押し寄せ，*Life* や *Look* などの創刊を促した．彼らの写真は，*Times* や *Fortune* などの保守的中産階級を主な読者層とする全国紙にも掲載され，さらに『怒りの葡萄』（*The Grapes of Wrath*, 1940）など，ハリウッド映画にも影響を与えた．詳しくは，Ewen（1996＝2003：362-363）を参照．

(17)　マヤ・アステカの古代文明と現代美術の融合によって独特な民族的スタイルを追求し，ディエゴ・リベラ（Diego Rivera）をはじめ，有名な美術家が参加したこの運動は，アメリカの若い芸術家たちにも影響を与え，ヨーロッパ・モダニズムの模倣を拒否し，アメリカの文化的伝統を尊重する主体的創作活動を促した．詳しくは，河内（2005：625）を参照．

(18)　1933年，ルーズヴェルトのハーバード大学同窓生のジョージ・ビドル（George Biddle）は，メキシコの壁画運動をモデルとし，ニュー・ディールの理念を表し，芸術に対する救援を行うと同時に失業者救済と公共事業に対応する計画を提案した．Schivelbusch（2005＝2009：154-155）によれば，メキシコは，土地に戻り，巨大都市に対抗し，自給自足する共同体を計画する上でもニュー・ディールの「モデル」となった．

(19)　河内（2005：626-627）によれば，公共美術事業計画は，1933年11月設立された民間事業局 Civil Works Administration（CWA）傘下の一部門であった．ニュー・ディール初期の公共事業の担い手としてCWAは，建設・土木から道路，学校，空港，競技場，公園，プールなどの公共施設の建設と教育，芸術に関する約40万件の短期事業計画を遂行し，1934年に廃止されるまで約400万人の雇用を生み出した．

(20)　雇用促進局の文化部門は，演劇，絵画，文学，音楽，歴史調査の5つの部門に分かれ，絵画部門は最も大規模プロジェクトとなった（河内 2005：627-628）．

(21)　河内（2005：643-644）によれば，連邦美術計画に雇用された芸術家たちの創作活動は厳格に管理された．芸術家たちは，朝9時から夕方5時まで政府が決めた職場／

アトリエで勤務し，許可なしに職場を離れることは禁じられた．作品のテーマが予め政府から与えられ，納品については作品1点ごと，約2カ月の締め切りが設けられ，完成作品に対する諸権利(作品の配置，整理，保存に関する決定権など)は全て連邦政府に移譲された．すなわちアメリカ政府は，芸術家もまた，政府によって救済される対象であり，公共事業のために作品を「生産」する「労働者」と見なしたのである．

(22) リトアニア移住者で貧しいユダヤ人家庭で生まれたシャーンは，パリ留学当時，ドレフュス事件に深く影響を受け，サッコ・ヴァンゼッティ事件のように社会性の高いテーマを中心に創作活動を行った．

(23) 河内(2005：622-623)．

(24) あえて物事を単純化する手法が用いられ，カリカチュアライズなどによる強烈な印象を与える試みが行われたが，そのような特徴は再入植庁(RA)のPR写真から見られるジャーナリスティックな性格ともつながる一面がある．実際に，再入植庁の写真戦略とFAPの美術行政は緊密に連動していた．FAPの美術作品は，ウォーカー・エヴァンス，ドロシア・ラングなどの写真家によって構築された「ニュー・ディール美学」から深く影響を受け，絵画に対しても客観的，写実的視点を重視するようになった．一方，農業安定局(FSA)と再入植庁は1935年，シャーンを特殊技能班の一員として招き，ニュー・ディールを宣伝するポスターの製作を依頼した．シャーンは，エヴァンスの写真に感銘を受け，自ら小型カメラを持って炭坑や綿作地帯を中心に取材を行い，絵画の素材となる6000枚以上の写真を撮影した．これらの写真は，ニュー・ディールに関するポスター，絵画，彫刻とともに展示された．河内(2005：635)を参照．

(25) 河内(2005：636-637)によれば，シャーンは，1937年から1938年にかけて連邦住宅開発センターのフレスコ壁画を描いた．この壁画は，移民からはじまったアメリカの歴史を振り返り，手工業から機械工業へ，科学と物質文明の発展を辿りながら，その中核として失業者と労働者を描いた．さらにシャーンは1938年にはニューヨーク・ブロンクス郵便局別館のために都市労働者をテーマにしたフレスコ画を，ワシントンの社会保障会館のために宗教，言論，出版，選挙の自由をテーマにしたフレスコ画を制作した．

(26) この計画には5000人以上の芸術家が動員された．詳しくは，河内(2005：629)を参照．

(27) 河内(2005：628)．

(28) Schivelbusch(2005＝2009：167)によれば，自給農場局は1935年に解散され，その事業の多くがレックスフォード・タグウェルが統率する再入植庁に移転された．Maloney(2011：151)によれば，自給農場を建設する計画は再入植庁(RA)に引き継がれ，1939年までに全国に200カ所以上の農場が建設され，1万4000人以上の所帯が入植した．

(29) Schivelbusch(2005＝2009：164)．

(30) Schivelbusch(2005＝2009：141-146)．

(31) Schivelbusch(2005＝2009：161-163)．

(32) 都市と緑地の有機的調和を重視する田園都市は，戦中には軍需産業に従事する労働者たちに住宅を提供するために，戦後はさらに多くの人口を受容する住宅団地の建

設のために開発対象とされた．詳しくは，Schivelbusch (2005＝2009：161-162) を参照．

(33) Schivelbusch (2005＝2009：163-165).

(34) Conkin (1959：239-240) によれば，自給農場局は，産業施設が不在のアーサーデールに郵便局工場を建設した．町は議会政治を通じて自治が行われ，主婦たちが手芸を学んだり，余暇を楽しむことができるコミュニティセンターが建設された．

(35) Schivelbusch (2005＝2009：166) は，アーサーデールが「現実的な政策」とは程遠い，ニュー・ディールの宣伝のための「展示場」であったと批判する．

(36) Maloney (2011：107-111).

(37) Maloney (2011：109).

(38) Maloney (2011：110).

(39) Maloney (2011：169, 173).

(40) Maloney (2011：161).

(41) "It seems to me the time has arrived . . . a human experiment station is being established. We are doing a laboratory job which will be useful and far-reaching in its ultimate results." (by Eleanor Roosevelt on Arthurdale, 1934) Maloney (2011：151) より再引用．

(42) Maloney (2011：160).

(43) Maloney (2011：152, 164-165, 170).

(44) 詳しくは，Maloney (2011：120) を参照．

(45) Maloney (2011：118).

(46) Schivelbusch (2005＝2009：198).

(47) TVA のルーツについては，Schivelbusch (2005＝2009) を参照．

(48) Schivelbusch (2005＝2009：196-197) によれば，トーマス・エジソン (Thomas Edison) はフォードの構想を支持し，自動車の大衆化と電化が切り離せない関係にあることを強調した．

(49) Schivelbusch (2005＝2009：198).

(50) Schivelbusch (2005＝2009：202).

(51) リリエンソールは，1944 年に発刊された *TVA: Democracy on the March* のなかで，TVA が人間の苦役と負担を軽減する電気エネルギーの創造に関する物語であると訴えた．

(52) ノリス・タウン，ノリス・ダムとリリエンソールの関係については，Schivelbusch (2005＝2009) および，Shlaes (2007＝2008) を参照．

(53) Schivelbusch (2005＝2009：207).

(54) Schivelbusch (2005＝2009：206).

(55) 観光客の動線は徹底して組織され，科学技術と宣伝の分岐点を一般の人々が見極めることはできなかった．詳しくは，Schivelbusch (2005＝2009：209-210) を参照．

(56) Schivelbusch (2005＝2009：208).

(57) Schivelbusch (2005＝2009：179-183) によれば，TVA は「共産主義とは，ソビエト権力プラス全国の電化である」と言ったウラジーミル・レーニンが率いるソ連の公共事業，とりわけドネロフ・ダムの建設に影響を受けた．ソ連の公共事業は，ドイツ

やイタリアの全体主義に対してもモデルとなった.

(58)　Schivelbusch(2005＝2009：205)によれば，ノリス・タウンにおける「電気のユートピア」は，ゼネラル・エレクトリックの首席エンジニアであったチャールス・スタインメッツ(Charles Steinmetz)が構想した理想都市に近かった.

(59)　詳しくは，Nye(1985＝1997, 1992)を参照.

(60)　Schivelbusch(2005＝2009：204)によれば，そのような世論の先頭に立っていたジョージ・ノリスは，「電力トラスト(Power Trust)は，私的な貪欲のために組織されたもっとも大きな独占事業体である．州議会から農業，宗教組織，全ての家庭まで，電力トラストによって統制されなかった人間の活動は一つもない．青少年と子供の心までを堕落させた」と批判した.

(61)　Schivelbusch(2005＝2009：199-200)は，第一次世界大戦の戦雲が漂う1917年に法律により定められた「公社」をきわめて独特な組織であると説明し，次のように定義している．国家が経済企業に関与することを禁じていたアメリカの法体系，憲法を迂回した連邦政府の発明品が公社であり，ルーズヴェルトはTVAを「政府権力を付与されたが，私企業のような柔軟性と創意性を持つ企業体」として捉えたという.

(62)　Schivelbusch(2005＝2009：119-128).

(63)　詳しくは，Tedlow(1979＝1989)を参照.

(64)　Tedlow(1979＝1989：79)によれば，バートンは「問題は，いったい誰が1億3,000万人のアメリカの所有権者に，最も影響力を持とうとしているかである」と言い，公衆を手懐らす者が社会を代表するのだと主張した.

(65)　Tedlow(1979＝1989：79-85).

(66)　Tedlow(1979＝1989：94, 96).

(67)　Tedlow(1979＝1989：84-85)によれば，ワイゼンバーガーの補助役としてジェームズ・セルベージ(James Selvage)というジャーナリスト出身の「PRディレクター」がついた.

(68)　PR委員会は40名から50名の会員社の代表から構成され，ワイゼンバーガーの諸案を評価するために結成された．ほかに，NAMのPRキャンペーンの後援資金を調達するために情報委員会も組織された．Tedlow(1979＝1989：85, 102)によれば，NAMのPR予算は，1934年には3万6500ドル，1935年には11万2659ドル，1936年には46万7759ドル，1937年には79万3043ドルへと飛躍的に増加した.

(69)　Tedlow(1979＝1989：85).

(70)　Tedlow(1979＝1989：93).

(71)　「アメリカ家族，ロビンソン」は，『ヘラルド』紙の編集長のルーク・ロビンソンと，万能薬の行商人からアルカディア社を築いたブロードベルト教授という人物を登場させ，それぞれ世論と経営者の立場を代表して企業に対する大衆の誤解を解くことを狙った．詳しくは，Tedlow(1979＝1989：87)およびEwen(1996＝2003)を参照.

(72)　Tedlow(1979＝1989：88).

(73)　Tedlow(1979＝1989：86).

(74)　Tedlow(1979＝1989：89)によれば，NAMのPRキャンペーンは労働者だけではなく，アメリカ市民なら誰もがアメリカ企業の「経営者」になれる平等の機会を持つと力説し，アメリカ社会の繁栄がニュー・ディールの統制ではなく，この平等な機会

に感謝する労使の協力と調和からもたらされると主張した.

(75) Tedlow(1979＝1989：93).

(76) 1940年代半ばにNAMの会員社は1万2000社に上っていた.

(77) Tedlow(1979＝1989：96-97)によれば，そのような動きは*Printer's Ink*誌のような業界誌からも支持を受けた．同誌は1937年5月号のなかで「役に立たないどころか事態を悪化させることがわかっている労働スパイ，催涙ガス，その他の方法に使う金の10分の1を広告費に投資する」だけで従来よりはるかに大きな大衆の支持が獲得できると書いた．ワイゼンバーガーとNAMのPR部局はこの記事を切り抜き，会員社に配布した.

(78) NAMのPRスタッフは，会員社と経営者を相手にある種の「再教育」を行ったのである．企業と経営者は，公衆に働きかけ，自己の立場を正当化するためにPRの専門家を雇用したが，PR専門家たちによって啓蒙される立場に置かれるようになったのだ．Tedlow(1979＝1989：107)によれば，このような実態を鋭く捉えた*Harper's*(1957年)は，“Public Relations：The Invisible Sell”という記事のなかで企業が「初めは大衆に売る積りだった商品の勘定書を自分自身に押しつけてしまった」と書いた.

(79) Marchand(1998：162)は，ルイ・ガランボ(Louis Galambos)の言葉を引用し，1920年代のアメリカ社会において中産階級が巨大企業を自己の生活に永久不滅的にかかわる存在として認識するようになったと説明する．ガランボによれば人々がそう思うようになったのは，洗脳の結果ではなく，株を所有し，消費財を購入するなど，巨大企業とともに暮らすことが当たり前となったからであった.

(80) Nye(1985＝1997：9-33)によれば，1889年，数多くの小中規模会社の合併を通じて，エジソン・ゼネラル・エレクトリック社Edison General Electric Companyが誕生した．他にも，買収と合併を繰り返して1887年から1890年にかけてウェスティングハウス・エレクトリック社Westinghouse Electricが，1888年から1890年にかけてトムソン・ヒューストン・エレクトリック社Thomson-Houston Electric Companyが設立された．これらの3つの企業は，電気事業における3大企業となった．そこからさらに，エジソン・ゼネラル・エレクトリックとトムソン・ヒューストン・エレクトリックが合体し，1892年にはゼネラル・エレクトリックとウェスティングハウスが技術開発をめぐる対立と競争から発生する費用をはじめ，生産設備，法的装置，価格戦争に費やされる諸費用を軽減するために，特許の共有契約を締結した．こうして電気事業における独占的システムがつくられた.

(81) 詳しくは，Chandler(1977＝1979)を参照.

(82) 19世紀末から1930年にかけてGEは4つの社内報・PR誌を発行した．最初に，電力産業の産業誌を重ねた*General Electric Review*が刊行された．同誌の読者層は，技術者や重装備機械を購買する企業であった．続いて，第一次世界大戦直後に労働者の政治的力が拡大したことを受け，*Works News*が発刊された．さらに，1922年にはホワイトカラー従業員や中間管理職を読者とする*Monogram*が製作され，海外販売担当者やディーラーに配布する目的から*Digest*という雑誌も出版されるようになった．詳しくは，Nye(1985＝1997：9-33)を参照.

(83) Nye(1985＝1997：20-26)によれば，NELAは経営権を各企業に残したまま，科

学実験や技術的援助を行った．とりわけそのような支援活動がマスコミに報道されるようにPR／パブリシティ活動に重点を置いた．当協会は，1914年時点で37社を抱える大きな組織となった．

(84) 連邦政府は1911年にシャーマン法違反としてGEとNELAを起訴した．裁判が長引くと，NELAとの関係が大衆に知られることを憂慮したGEは，判決を即，受け止め，NELAを解体し，その加入社を全て買収した．加入社とその経営者たちは裁判が起こる前までGEがNELAの株を75％以上所有していた事実を知らなかった．判決の後もGEはNELAの商標をそのまま使い，人々はGEとNELAが，別の会社であると考えつづけた．Nye(1985＝1997：20-26)．

(85) GEがNELAという疑似組織を発明したのは，PR／パブリシティの目的だけではなかった．NELAという組織の必要性は電気事業における市場の独占と経営合理化を進めていく上で生じた．Nye(1985＝1997：20-26)によれば，NELAの設立には，製造機器のカテゴリーに沿って市場を仕分け，管理していこうとする目的が働いていた．すなわち，電球やプラグ，電線など，大量生産できる品目と一般家庭向けの配線事業はNELAに集中させ，GEは大型のタービンやモーター，水力発電機，変圧器などの重装備電気機械の製造に注力する方針だったのである．ある種の「分業」体制でもあるこのようなシステムを通じて，20世紀初頭からGEは，一般家庭という消費者を手放さないで，重工業設備分野に集中し，路面電車や地下鉄，発電産業をより安定的に攻略することができた．

(86) そのような決心の背後には市場の変化があった．アメリカ家庭における電気革命は，家電製造業の消費者争奪戦を激化させた．「我が社」の優れた製品とサービスを，誰にも負けないほど巨大な組織の偉大さを通じて保証し，消費者の信頼を獲得するためには，従来のようなパブリシティでは無理があった．1922年に，理事会のトップとなったオウェン・ヤング(Owen Young)は，ウェスタン・エレクトリック社のジェラルド・スウォプ(Gerard Swope)を引き抜き，会長に任命し，市場中心主義の新しい経営体制を整備することを注文した．詳しくは，Marchand(1998：149-150)．

(87) バートンは「広告マン」として知られているが，編集長を経て戦時中にはアメリカ政府のプロパガンダに携わった経歴の持ち主で，1930年代の産業界と政府のPR合戦を導いた「PRマン」でもあった．バートンは，1915年から1918年まで*Every Weekly*誌の編集長として働きながら，著名人の伝記や小品などを大衆雑誌に寄稿する作家としても活動した．戦時期には，United War Work Campaignの広報委員を務め，The Victory Loan Campaignsを手がけた．そのほかにInterchurch World Movementにもかかわり，「キリスト教の勝利」のために募金運動を展開するなど，宗教心とビジネスの関係にも注目した．詳しくはFried(2005)を参照．Marchand(1998：134-135)によれば，宗教と大衆社会のかかわりに興味を持ったバートンは，日曜に教会に行く人々が平日には企業の従業員や株主であり，大衆誌の読者，都市の市民，中産階級の消費者であると捉えた．つまり，バートンも同時代のリーやバーネイズと意見を共有し，戦後の消費市場に現れた膨大な人の集合体が，アメリカ社会の宗教的共同体意識を母体にしながらも，様々な条件に応じていくらでも集散可能な集団となると考えたのである．

(88) Marchand(1998：161)．

(89)　同キャンペーンは，Marchand(1998)が指摘するように，巨大組織の労働者・従業員を組織人間として定義／再定義する企業意識に関するキャンペーン Corporate Consciousness Campaign でもあった．キャンペーンを通じて GE は，消費者だけでなく，内部従業員，労働者をはじめ，株主や地域社会，宗教や人種指導者に対しても信頼できる企業ブランドを築こうとした．

(90)　それまでバラバラに使われていた商標が統一され，GE の単一ロゴが生まれた．Marchand(1998：154–155)によれば 1923 年に PR キャンペーンを実施して以来，友情のイニシャル The initials of a friend と名付けられたロゴが使われ，各製品に張り付けられ，全国広告に掲載され，工場の飾りにも用いられた．

(91)　詳しくは，Marchand(1998：150–163)を参照．

(92)　Electrical Consciousness Campaign は，Any Woman Campaign とも呼ばれ，1926 年にハーバード広告賞を受賞した．

(93)　Marchand(1998：159)．

(94)　Marchand(1998：150–163)．

(95)　Marchand(1998：150–163)．

(96)　Tedlow(1979＝1989：90)．

(97)　Tedlow(1979＝1989：91)．

(98)　National Cash Register や IBM は，多くの企業が労使問題に武力で対応していた頃から家族経営を重視し，従業員を安定的に包摂することで生産性を高めようとした．NCR については Marchand(1998)を，IBM の福祉政策については Watson (1963＝1963)と青野(1972)を参照．

(99)　GM のマーケティングについては青野(1972)を参照．

(100)　Boorstin(1975＝1980：106–119)を参照．だが，Marchand(1998：130)によれば，GM は華やかな年次モデルと豊かな生活だけを強調したのではない．「企業精神」(corporate soul)や「企業団結」(corporate cohesion)を強調する PR キャンペーンを展開し，ビジネスはすなわち公共奉仕であることを主張し，GM が「規模」の面でいかに卓越しているかをアピールした．

(101)　青野(1972)によれば，合併を繰り返しながら巨大化してきた企業は，マネジメントにおける意思決定を中央に集中させながらも，各事業部門を分離，独立させ，権限を与える政策をとるようになった．このような方針は，一見，矛盾しているようにも見える．だが，これと非常に類似した政策が後にニュー・ディールを通じて，アメリカ政府によっても推進されるようになった．ニュー・ディールの重大な決定はルーズヴェルトを中心にホワイトハウスで中央集権的になされるが，草の根民主主義の主体は，Lilienthal(1944＝1949)が主張したように地方自治とされ，地方分権主義的性格も見られた．

(102)　Marchand(1998：160)．

(103)　家庭農場電化公社は，大統領職権により 1933 年 12 月に設立された．その機能は，1935 年に農村電化庁 Rural Electrification Administration に移転された．Tobey (1996：113)．

(104)　Tobey(1996：123)によれば，GE は 1934 年から TVA の提案に応じて低価格の普及型冷蔵庫を生産した．当時，もっとも手頃な冷蔵庫は，シアーズ・ローバック

（Sears, Roebuck and Company）が販売していたもので，価格は 94.50 ドルだった．GE はそれよりも約 20 ドル安い冷蔵庫を市販し，まもなく GE のライバル社であったウェスティングハウスも 61.25 ドルの廉価モデルを販売しはじめた．こうして冷蔵庫の「T 型」モデルが，大衆市場向けに続々，売り出されるようになり，各家庭における電気の消費量を増加させる役割を果たしていった．

（105）　Tobey（1996：113）.

（106）　1937 年にルーズヴェルトとノリス上院議員は，全国の主な河川，すなわちカンバーランドのオハイオ川，ミズーリ州のレッドリバー，アーカンソー州のレッドリバー，メキシコ国境地域のリオグランデ川，コロラド川，西部のコロンビア川，カリフォルニアとオレゴン州境界に流れる河川を対象に，TVA を複製していく計画を議会に提出した．詳しくは，Tobey（1996：114）を参照．

（107）　Tobey（1996：121）.

（108）　Tobey（1996：116）.

（109）　Tobey（1996：126）.

（110）　Tobey（1996：123）.

（111）　*Business Week* 誌によれば，リリエンソールは「TVA は，製造業者や電力産業がこの「量のゲーム」から得られるものがあると信じている」と語り，ニュー・ディールの金融実験が「全国における家電製品の使用を促進するだけでなく，この国の他の部門における類似したプログラムに対しても私的資本が流れ込むのを助けるだろう」と主張した．Tobey（1996：119-120）より再引用.

（112）　Tobey（1996：120）.

（113）　産業界の内側から TVA に学ばなければならないという主張が広がった．Tobey（1996：122）によれば，1935 年に *Electrical World* 誌は安い電気料金がもたらした家庭電化に伴い，産業界の関心が全国の家庭に集中するようになったと書き，消費者は家電製品をより安く購入することができ，メーカーは製品を売りやすくなった変化をもたらしたとし，TVA の役割を高く評価した．

（114）　Ewen（1996＝2003：372-373）.

（115）　Ewen（1996＝2003：373）によれば，ロスは *The Public Relations Problem of Industry, American Management Series*（1937）のなかで，いかなる会社でも完全に独立した経済組織となることはできないと述べ，会社は産業や社会の一部分に過ぎないと説明した．

（116）　他に，ルーズヴェルトの頭脳集団の 1 人だったレーモンド・モーレー（Raymond Moley）は産業側に対して，企業の経営と民主主義が切り離せない関係にあることを力説するためにも PR キャンペーンの実施が欠かせないと助言した（Ewen 1996＝2003：375）.

（117）　Ewen（1996＝2003：375）によれば，グリズウォルドは，*Public Opinion Quarterly*（1937）に掲載した“Professional Service”（vol. 3, 126-131）のなかで，アメリカ社会の福祉を保障しているのは政府ではなく企業であるという事実を，具体的証拠を挙げて説明しなければならないと主張した．彼は，大衆の福祉について労働者・従業員とコミュニティ，株主などを 1 つに束ねていく活動の重要性を指摘した．

（118）　“Business and Government,” *Fortune*（August 1938）. Ewen（1996＝2003：374）

より再引用.

(119) Corporate Americaは，ルーズヴェルトが再選された1937年，全米24州に跨る数十万を超える会員社を抱える巨大組織となったNAMを中心に，GM，クライスラー，USスチール，GE，デュポンなどの企業が参加したPRキャンペーンのスローガンでもあった．Ewen(1996＝2003：384)によれば，同キャンペーンは，アメリカ社会の福祉資本主義の成功が，政府ではなく産業と企業の手にかかっていると訴えた.

(120) そのような傾向は，1937年にコロンビア大学の経営学教授だったポール・ナイストロム(Paul Nystrom)が実施した調査結果からも示された．ナイストロムは，他の社会領域に比べて，産業界が統計的調査を重視する傾向が高いことを明らかにした. Ewen(1996＝2003：376).

(121) アメリカ政府の社会調査については，Cutlip, Center and Broom(2000)や白石(2005)を参照.

(122) Ewen(1996＝2003：372–374).

(123) Ewen(1996＝2003：376).

(124) Ewen(1996＝2003：379).

(125) Ewen(1996＝2003：436)によれば，*Printer's Ink*誌は，労働者に「命令」するのではなく，彼らをも「商品」として扱い，売り込んでいかなければならないと指摘した.

(126) Ewen(1996＝2003：436–447).

(127) Ewen(1996＝2003：441–442)によれば，ローパーは，世論を「客観的」に抽出することより，依頼主である企業にとって役に立つ「予測」を行い，「調査対象となる人々の意識や感情を方法論的に分類して提供」することに重点を置いていた.

(128) Ewen(1996＝2003：442–445).

(129) Ewen(1996＝2003：445).

(130) ニューサムは，公衆のイメージを明らかにし，シンボルなどを用いて世論を形成する戦略をとった(Ewen 1996＝2003：446).

(131) Standard Oil Company (New Jersey) and Affiliated Companies (1945) *Public Relations Conference, Proceedings* (Rye, N. Y., November 19–20, 1945). p. 37. Ewen(1996＝2003：448)より再引用.

(132) 第二次世界大戦における対外PR戦略については，Snow(1998＝2004)などを参照.

(133) Ewen(1996＝2003：434)によれば，戦時中の広告は産業界が戦争にいかに貢献しているかをアピールし，戦後訪れるはずの豊かな社会を先取りした.「スミス家」や「ブラウン家」など，アメリカ家族を主人公とする広告シリーズが多数，製作され，あらゆる素晴らしい新消費財，テレビ，皿洗い器のような家電製品が描かれ，アメリカ人の権利であり，アメリカ的生活の基盤であると説明された.

(134) Ewen(1996＝2003：437).

(135) そのような考えは，*Printer's Ink*(1945)の記事からも示された．Ewen(1996＝2003：437)によれば，同誌は，"Business Must Continue to Tell Public It Is Trying to Do the Right Thing"という記事を通じて，戦争の必要から企業と個人が統制や制限，規制を受け入れてきたが，そのような考え方は，企業の自由経営を通じて実現で

きる経済システムへと復帰すべきだという意見に変わる必要があると主張した．

(136) War Advertising Council (1945), ***From War to Peace: The New Challenge to Business and Advertising.*** Ewen (1996＝2003：437–438) より再引用．

(137) Ewen (1996＝2003：437–438)．

(138) ロビンソンは，ニュー・ディールが立ち上がらせた民衆 grass roots がアメリカ社会をどう理解するかによって，アメリカ社会が変わるのだと主張した．民衆の声となる「世論」が，アメリカ社会を左右するものとされたのである．リンクは，自由企業そのものより，それが象徴する価値，つまり個人の自由が大事であると主張し，資本主義を「アメリカニズム」として定義する必要があると考えた．詳しくは，Ewen (1996＝2003：454–455) を参照．

(139) Ewen (1996＝2003：452–453)．

(140) Ewen (1996＝2003：437–438)．

(141) "Treat the Individual as Consumer and Citizen," ***Public Relations Journal***, no. 1 (November, 1945), 25–26. Ewen (1996＝2003：452–453) より再引用．

(142) Ewen (1996＝2003：458)．

(143) Russell Davenport, "A New Field for Private Initiative," ***Public Relations Journal*** 7 (July–August 1951), 4–5. Ewen (1996＝2003：460–461) より再引用．

(144) そのような変化を受け，***Fortune*** 誌は，「資本家が民衆を利用しているのではなく，民衆が資本家を利用している」と説明した．同誌は，所得が少ない人々でもラジオ，電気ミシン，冷蔵庫，電気洗濯機，自動車が買えて，生命保険や医療ケアが受けられるのはアメリカ社会の豊かさのおかげであり，そのような便益が政府の公的ルーツではなく，「私的なチャンネル」を通じて入手されると説明し，「労働者の世論が資本家の考えを改めさせ」，「アメリカの消費者がついにキングやクィーン」となり，企業が彼らの「忠実な下僕になった」と主張した．Ewen (1996＝2003：471) より再引用．

(145) Ewen (1996＝2003：437–445) は，経営者の言説が「理解不能な変貌」であり，ニュー・ディールからの攻撃を防ごうとした試みであると解釈し，企業の PR 依存を「強迫観念」と呼んでいる．ユウェーンによれば，政治家だけでなく，産業と企業，経営者が社会と他者に常に関心を持ち，人々の考えや感情を絶えず調べ，理解しようとすることは，世論の操作をめぐる技術と期待がアメリカ社会に澎湃として現れたことを示していた．ユウェーンは，このような変化により企業の信念が PR に対する盲目的依存へと変質したと批判する．

(146) このような傾向は，1950 年代以降，アメリカ社会の尺度が，高賃金と豊かな暮らしという消費社会的価値に移行したことにより，さらに加速化した．このような変化を，***Fortune*** 誌は 19 世紀以来，資本と労働の間に続けられてきた「永久革命」のように見えていた葛藤に終止符が打たれたと解説した．Ewen (1996＝2003：470) より再引用．

第 5 章

(1) 山中・吉田 (1979)．

(2) 藤竹 (1998)，八巻 (2004)．

(3)　佐藤(2000).

(4)　山中・吉田(1979)などを参照.

(5)　山中・吉田(1979：100)は，三池鉱山など，国営施設の払い下げの際に政府向けの活動が活発に行われたことを指摘している．他方で工場が拡大し，従業員の数が急増し，労使紛争が頻発するにつれ，労働者・従業員向けの活動も行われるようになった．1886年，日本初のストライキとも言われる甲府の雨宮製糸場でストライキが起こり，会社側は「就業者規定」を定め，「機織りの歌」をつくり，普及した.

(6)　猪狩(2008：32)によれば，会社の運営に関する社員や職工の意見を投稿することを奨励する趣旨から「注意函」という制度が設けられた．だが，投稿内容は社側の判断から有益であると思われるもののみ公開され，投稿者には報酬が与えられたという.

(7)　1890年に旧商法が成立し，株式会社は決算期ごとに貸借対照表を官報または新聞に公告し，会社の重大事項を商業登記簿に記載し，公表するなどが義務付けられた．山中・吉田(1979：96–97)は，株式会社は，私企業であっても多数の株主，取引先，投資家，製品・サービスの受益者・消費者，原材料の供給者など，様々な利害関係者と密接にかかわっており，旧商法を企業の社会的責任を法律に定めようとした試みとして解釈している．鐘紡のような企業は，法律上の義務事項以外に，「会社財政および営業の方針」，「会社財産の保全」，「会社の職工に対する設備および待遇」などに関する情報を積極的に公開した．明治時代における公告制度は，第二次世界大戦時，新聞用紙の不足などを理由により中止された.

(8)　倉敷紡績は，1911年に倉紡工手学校を設立し，翌年から『倉紡婦人の友』を発行しはじめた．詳しくは，山中・吉田(1979)および，日本経営者団体連盟社内報センター(1972)を参照.

(9)　詳しくは，日本経営者団体連盟社内報センター(1972)を参照.

(10)　小川(2008：21)によれば，1918年に建てられた大連図書館をはじめ，満鉄は地域住民のために各地に30カ所の中小規模図書館を建設した．小川は，靹谷純一(2004)「満鉄図書館と大佐三四五」『日本大学大学院総合社会情報研究科紀要』(5号)を参照しながら，満鉄図書館が当時の日本国内における図書館施設に比べて劣らなかったと書いている.

(11)　弘報組織の構成と機能については，小川(2008：18–21)を参照.

(12)　小川(2008：17)は，満鉄の弘報係設立において高柳保太郎の影響が大きかったと指摘する．高柳は，1918年，シベリア出兵の時，陸軍情報係(新聞班)と連携し，弘報班を組織し，宣撫活動を行った.

(13)　『満鉄会報』に「大陸弘報物語」を連載した石原厳徹は，弘報とは「宣伝」の別称であると説明した．石原によれば，「日本では「宣伝」というと，一種の詐術，ゴマカシの意味にとられがちの傾向が強く感じられ，「あれは宣伝だ」と言えば事実と違うことのように思われるのが普通になっていた．そこで，これは正しい仕事として認識させるために「弘報」というシカツメらしい言葉を案出した」．小川(2008：19)より再引用.

(14)　小川(2008：27–28).

(15)　内閣情報委員会は，後に「内閣情報部」(1937年9月25日)，「内閣情報局」(1940年12月6日)へと改編・改称され，1945年12月31日に廃止された(山中・吉田

1979：100-101).

(16)　詳しくは，難波(2010).

(17)　難波(1998)が詳しく分析しているように，在野のコミュニケーション技術者，専門家たちが招集され，戦争と国策にかかわる重要事項を国民に効果的に伝達するための手法が模索された．大東亜共栄圏構想を宣伝する上で「撃ちてしやまむ」，「ほしがりません勝つまでは」などのスローガンが考案され，流行歌や美談，英雄談がつくられ，流布された．週報が発行され，懇親会と称した非公式集会，情報局推薦映画上映会，日本文学報国会などへの参加が呼びかけられた．山中・吉田(1979：101-102)を参照.

(18)　山中・吉田(1979：102)によれば，1939年，内閣情報部は，レオナード・ドゥーブ(Leonard Doob)による『宣伝の心理と技術』を翻訳し，そのなかでPRを「公共関係」と訳したが，一方で『米国の言論指導と対外宣伝』(1941)ではPRを「渉外」と訳すなど，概念が定着していなかったことがうかがえる.

(19)　世論調査課は，1945年11月，内閣情報局の企画資料部傘下に設置され，1947年，内閣情報局の解体と新憲法の施行に伴い，総理庁審議室傘下に移行された．その後，1949年に設立された国立世論調査所が世論調査を統括することになった．詳しくは，濱田(2008：93-95)を参照.

(20)　広聴は，行政機関が国民や住民の行政に対する意見と要望を収集する活動に重点を置く言葉であり，行政側の主張を国民と住民に伝達する広報と相互的機能をなす．戦後PR，とりわけ行政PRはこの「広聴」と「広報」の両機能から捉えられてきた．濱田(2008)は，GHQが行った世論調査も「広聴」の一種であり，GHQの指示を受け，地方行政が行ったPR活動は「広報」に近いと書いている.

(21)　具体的には，「新聞の政府よりの分離」(1945)，「新聞および言論の自由についての追加措置」(1945)，「禁止図書その他の出版物に関する覚書」(1946)，「映画事業の政府統制解除」(1946)が挙げられる．詳しくは，南(2003：13-34)を参照.

(22)　南(2003：21-24)によれば，「公安を害するような事項を掲載してはならない」「連合国に対し，事実に反し，またはその利益に反する批判をしてはならない」をはじめ，10カ条からなる「日本の新聞規約」Press Code of Japanが作られ，新聞をはじめ，全ての刊行物に適用されるようになった．ニュース放送，娯楽番組，教養情報番組，商業放送の諸分野に対する「日本のラジオ規約」Radio Code of Japanもプレス・コードとほぼ同じ趣旨内容を含んでいた.

(23)　民間検閲局の位置づけについては，山本(2013：4)を参照.

(24)　CIE調査情報課スペシャル・リポート「官公庁の記者クラブ」(新聞，出版調査班作成)．三瀬(2000：13-14)より再引用．GHQと記者クラブの関係については，山本(2013：31-34)を参照.

(25)　占領期における世論調査，新聞，雑誌の統制と検閲は，一方では，アメリカ／米軍による文化政策と関連付けられ，議論されてきた．例えば，貴志・土屋(2009)，土屋・吉見(2012)の研究は，統治権力と社会，文化的変容をメディアとコミュニケーションを通じて分析することに焦点を当てる．これらの研究によればGHQのPR／広報において「民主主義」は占領統治を遂行するためのイデオロギーであり，実際の政策が必ずしも民主的だったわけではない.

(26)　1945年9月22日付一般命令第193号によって設立された民間情報教育局(CIE)は，情報，教育，宗教，文化，芸術，世論調査および社会学的調査分野で占領目的を達成することを任務としていた．その任務は，日本人の「頭の切り替え」および「再教育」であり，山本(2013：28)はCIEが日本の軍国主義排除と民主化を至上命令とするGHQの宣伝組織であったと指摘する．

(27)　有山(1996：244-245)．

(28)　なかでも戦争有罪に関するキャンペーンは，戦争責任の覚醒と罪悪感の形成を狙い，新聞，雑誌，ラジオ，映画，ブックレットなどのメディアがフルに使われた．「日本の全ての新聞はこの歴史の連載を命じられる．それは完結した毎日特集形式とする」こと，「すべての部数の多い雑誌がその歴史を特集する」こと，「歴史の日本風の「時の動き」特集が日本のすべてのラジオに定期的に流される」ことが求められた．学校，大学，組織，図書館で歴史ブックレットが配布され，軍部指導者の残酷性を告発する資料，戦争犯罪人の逮捕，裁判，有罪判決に関する情報が公開された．詳しくは，山本(2013：29-30)を参照．

(29)　新聞，雑誌，書籍，映画，娯楽メディアのなかで，アメリカ民主主義(政治制度と政党組織)に関する特集が行われた．詳しくは，有山(1996：245)および山本(2013：30)を参照．

(30)　南(2003：25-27)．

(31)　1945年9月に発表された映画製作に関する指令は，(1)日本の軍国主義の撤廃，(2)日本の自由主義的傾向および運動の促進，(3)日本が再び世界の平和と安全を脅かさないことを保証する諸条件の設定を占領下映画における諸目標として挙げ，これに協力するために映すべき内容を次のように示唆した．「連合国の捕虜となっていた日本人が，正常な社会生活に復帰して行くことをあらわしたもの」，「人権尊重を達成するもの」，「あらゆる人種および階級間における寛容と尊敬を増進するもの」，「日本歴史において，自由および代議政体のために奮闘した諸人物を劇化すること」．また，ニュース映画に対しては「ポツダム宣言の実行に寄与する，あらゆる事実を記録すべきである」ことが強調された．詳しくは，南(2003：26-27)．

(32)　1946年3月からアメリカ映画の上映が許可された．貴志・土屋(2009：19)によれば，CIEは1948年から文部省の協力を得て全国で教育啓蒙用の映画(通称，CIE映画)の上映をはじめ，文化・教育を通じて米国型民主主義を普及させる計画を進めた．

(33)　『東京タイムズ』(1948. 8. 17)はCIE映画について次のように述べた．「総司令部では，アメリカ文化映画を通じて日本の民主化を促進するため各都道府県に一六ミリ発声映写機千三百台と，フィルムを貸与することになり，都関係では，関東視覚教具本部の手で関東甲信越一都九県の割当数が決定した．〔中略〕この講習会の終了をまって廿二種のアメリカ文化映画をもって都下を巡回する予定である．東京軍政部では今回の措置は日本人にとって食糧放出に次ぐ大きな精神的プラスとなるであろうといっている」．南(2003：34)より再引用．

(34)　井之上(2006)，猪狩(2011)などを参照．

(35)　GHQは，間接統治(諸命令を日本政府を通じて与え，日本政府がその命令の施行を代行する形)を行い，各府県に置かれた軍政部が日本政府を通じて伝達された命令を各地方官庁がいかに実行しているかを管理・監視する役割を担った．占領のシステ

ムについて竹前(1983)など.

(36) 上野(2003：121).

(37) GHQ の統治は「総司令官のメモランダム」「指令」「命令」「セクション・メモ」「口頭命令」「サゼッション」など，様々な形式とランクからなっていた.

(38) 南(2003：12-13).

(39) 1937 年の日中戦争以降，内務省主導で国民への施策を周知させるために「隣保組織」が利用された．隣保組織は「町内会」や「部落会」などの地域組織を「情報媒体装置」として活用する制度であり，国民の行動を統制する機能を併せ持ったが，1946 年，GHQ によって解体された．上野(2003：126).

(40) 樋上(1951, 1952)および上野(2003：126, 145).

(41) 富山県は 1948 年に「公聴室」を設置し，埼玉県では 1946 年に設置された「県政調査室」を経て，1947 年に「報道室」が発足した．なかには群馬県のように，PRO が知事の宣伝機関となることを憂慮した軍政部の反対を受けたところもあった．濱田(2008：87-88).

(42) 濱田(2008：96)によれば，埼玉県の PR キャンペーンは，「県庁の声を県民に，県民の声を県庁へ，理論的には，県の施策と方針とを県民へ普及浸透せしむると同時に，広く県民の所見や感情等を公聴して，之を県政に反映せしむる」ことが目的であった．その上で壁新聞(月 2 回，2000 部)や写真壁新聞(月 1 回，2000 部)，広報小冊子(B5 判，12 頁，1300 部)を製作・発行し，拡声器と映写機を搭載した「埼玉メガホン号」という移動車を運営し，案内放送や映画会を行った.

(43) 埼玉県報道室室長・武田熈は「毎日新聞社だったか，メガホンカーというのをまわしていたが，それにヒントをえて，ニュースカーをつくったが，おそらくそれは埼玉県が最初ではなかったろうか．第一回の全国研修会には，その車を持ってきて，皆さんに見てもらった．当時はメガホンカーと呼び，GHQ からもほめられ，全国にも紹介してくれた」と述べた．このような成果に刺激を受けた愛知県と東京都でもニュース・カーを用いた PR 活動が展開されたという．濱田(2008：96)より再引用．草場(1980)によれば，神奈川県では 1950 年から PR 映画の製作がはじまり，群馬県では有名人を利用した PR 活動も行われるようになった.

(44) 猪狩(2011：91)によれば「広報」や「弘報」のほかに，香川県，富山県，愛知県，大分県では「広聴」や「公聴」が使われ，岐阜県，長崎県，宮崎県では「報道」が，山形県，佐賀県，新潟県では「情報」が，茨城県では「情訪」が用いられた.

(45) 都道府県のみならず，各省庁でも PR 機能の強化が求められ，1949 年に「各省庁広報主管課長会議」が開かれた．濱田(2008：97)によれば，同年の広報予算は 3 億 6000 万円，広報担当者は 181 名だった.

(46) 『朝日新聞』(1949. 7. 13)は「弘報技術の重要性～総司令部員講習会で強調」という記事で「総司令部民政情報局では日本政府ならびに主要団体の弘報関係者に対し弘報技術，渉外活動その他の指導を行うこととなり 12 日午後 1 時半から東京放送局で第一回弘報技術講習会を開催した」と報じるほか，ドン・ブラウンの講演内容(「政府弘報部存在の意義」)の一部を掲載した．濱田(2008：90-91)より再引用.

(47) 濱田(2008：90-92).

(48) 濱田(2008：92).

(49)　1942年から1951年まで存在した企業．日本最初の電力会社東京電燈の後身，現在の東京電力の前身．
(50)　全13回の講演のうち，第1回目と13回目を除いて11回の講演の司会は，最高検察庁情報部長，労働省婦人少年局長，農林省広報課長，日本放送協会会長，厚生大臣官房総務課広報係長，日本銀行広報課長，労働省広報課長，日本電報通信社外国部長，アストラ広告社社長，電気通信省調査部，証券処理委員会庶務部長など，各分野のPR／広報担当者が務めた(濱田2008：91-92)．
(51)　前述した『朝日新聞』(1949. 7. 13)の記事によれば，同講習会には，各省次官，広報担当官および日本銀行，関東配電，自由人権協会などの関係者，約120名に加え，大手広告会社からも20名ほど，関係者が参加した．
(52)　占領改革の骨子については，雨宮(2008)を参照．
(53)　Gordon(2002＝2005：424)によれば，1946年末まで労働組合員の数は500万人近く増加し，労働組合に加入した賃金労働者の比率は1949年に最高潮に達し，全労働力の56％以上を占めるようになった．
(54)　そのような傾向は，主に1945年から1947年にかけて強くなったが，1947年以降，占領政策が民主化から経済復興に焦点を当てるようになった後，経営側の力が回復された(Gordon 2002＝2005：424)．
(55)　Gordon(2002＝2005：430-431)によれば，冷戦が国際政治の前面に浮上した1946年，ヨーロッパとアメリカでは穏健改革の支持層が広がり，1947年から日本の占領政策にも影響が生じるようになった．そのような影響から「逆コース」がはじまり，1948年，財閥企業に属する子会社の解体計画が縮小され，1949年には戦争と関連する補償金の要求が取り下げられた．とりわけ，1948年には新しい戦後労働法が改定され，公共部門労働者のストライキが不法化され，勤労基準の保護が緩和された．
(56)　1947年1月，GHQは，戦争指導者の追放を実施し，戦時に大企業経営にあたった人々が要職から追い出され，部長クラスの人々が経営の前面に出るようになった(猪狩2011：73)．
(57)　猪狩(2011：73)によれば，経済同友会は日本再建における経済産業界の役割を強調し，経済人の自覚と努力を訴えた．中堅経済人，若手経営者が中心となり，当時，メンバーの平均年齢は43歳だった．
(58)　猪狩(2011：74)および井之上(2006：74)を参照．
(59)　野田(1951)．
(60)　佐々木(1951)．
(61)　剣持(2008：126)によれば，日経連が導入したヒューマン・リレーションズは，1920年代にアメリカで行われたホーソン実験を通じて理論化されたものである．
(62)　猪狩(2011：66-67)．
(63)　同研究会は，日経連弘報特別委員会の下部組織として，全国50社の人事・労務管理者，社内報担当者から構成され，毎月1回のペースで行われた．詳しくは，猪狩(2011)および剣持(2008)を参照．
(64)　水野(2002)．
(65)　剣持(2008)．
(66)　GHQ証券担当官は，証券民主化とは全ての国民が株主となることであり，経済

民主化の絶対的条件であると語った．有沢広巳監修(1976)『昭和経済史』日本経済新聞社．剣持(2008：125)より再引用．

(67) 日本PR懇談会編(1980)『わが国PR活動の歩み』日経連弘報部．剣持(2008：126)より再引用．

(68) 同上．剣持(2008：126)より再引用．

(69) 『パブリック・リレーションズ』1951年3月号附属の小冊子より．

(70) 興国人絹パルプ社長・金井滋直をはじめ，東日本重工社長・李家孝，本州製紙常務・福原千二，神岡鉱業常務・杉山三郎，日清紡社長・桜田武，日本郵船社長・浅尾新甫，NHKアナウンサー・館野守男，野田経済研究所長・野田豊などが講演者を務めた．

(71) 第1期証券民主化運動では，日産自動車，片倉工業，朝日ビール，昭和石油，石川島重工，鐘紡，味の素，十条製紙，昭和電工などの工場見学が実施された．

(72) 当時のPR学については，猪狩(2011：76–78)．

(73) 創刊号は，1950年10月に発行され，編集兼発行人は野中淳，定価は30円だった．同誌は，1959年以降，『総合経営』に改名・改編された．

(74) 『パブリック・リレーションズ』1950年創刊号「発刊のことば」より．

(75) 『パブリック・リレーションズ』1951年1月号に取り上げられた座談会，「これからの経営とPR」には，三菱電機の取締役調査部長，日本冷蔵副社長，興国人絹パルプ常務取締役，白木屋専務取締役，関東配電取締役調査部長が出席し，証券投資協会専務理事であった飯田清三が司会を務めた．

(76) 『パブリック・リレーションズ』1950年創刊号の「PRの籠」は，PRを「信愛建設」という言葉から説明した．

(77) 『パブリック・リレーションズ』創刊号掲載の「日本型PRの性格」を参照．

(78) 例えば，『パブリック・リレーションズ』1951年2月号には，日本世論調査研究所による「株主の実態(世論調査)」という記事が掲載され，「PRエレメンツ」という連載コーナー(1951年6月号)では世論調査が「PRのバックボーン」として説明された．さらに各号の「PR教室」という連載コーナーでも世論調査の効果と手法が取り上げられた．

(79) 『パブリック・リレーションズ』1951年3月号および4月号の「PR教室」，「PRエレメンツ」参照．

(80) 例えば，『パブリック・リレーションズ』創刊号に掲載された「アメリカ通信」は，小額株主を重視するアメリカ企業の雰囲気や株主大会の様子，株主調査の実施などが取り上げられている．そのような記事の反応は，同誌1951年2月号の「読者の声」からも確認できる．

(81) 猪狩(2011：87)．

(82) 鷺谷(2000：45)における元電通社員・増山太郎の証言を参照．水野(2000：55)もCIEのPR指導と電通PRの間で直接的かかわりを見出すことができないと書いている．

(83) ADMT(http://www.admt.jp/introduction/yoshida/gift/public.html)2016. 8. 8アクセス．

(84) 猪狩(2011：85–86)および北野(2008：48–52)．

(85) 鷲谷(2000：45).

(86) 田中は，若手社員を集め，週2回，2時間ずつ勉強会を開いた．当時，電通社員の初任給は約3800円だったが，勉強会1回の手当として200円が支給された．ADMT(http://www.admt.jp/introduction/yoshida/gift/public.html)2016.8.8アクセス．

(87) 電通広報室編(1997)に掲載された全文は，次のとおり．「個人なり，企業体なり，団体なりが，社会との関係を良くするということ．言い換えれば，個人なり，企業体なり，団体なりが，自己について第三者に説明し，第三者の好意と，好感の産物であるところの自己に有利な行為を招来しようとする一切の行為を言う．また，すべての企業体は，一般社会の認容がなければ存立し得ない．すなわち一般社会がその企業が存在することが望ましい――もっと正確に言えば望ましくなくない――と考える時，その企業ははじめて存在し得る．企業が社会の認容を得るためには，社会の利益福祉の線に沿って経営されなければならない．これが根本の問題である．しかしそのように経営されていることは，企業自身が社会一般に知らせなければ分からない．そこで第二の問題として，知らせるという仕事が必要である．根本の問題と第二の問題が実行されて，はじめてその企業体は社会の認容を得，存在可能となる．この全過程がPRというのである」．水野(2000：60)より再引用．田中のこの演説には「PRの理論と実際」というタイトルが付けられた．

(88) 水野(2000：66)より再引用．

(89) 猪狩(2011：88-89)によれば，小谷は『PRの理論と実際』(1951)の出版を手がけ，上智大学新聞学科で関連講座も担当したが，PR部門を離れ，1960年に国際局長，1961年に米州総局長に就任した．

(90) 1948年1月，全国の日刊紙に掲載された大蔵省の納税促進広告は，戦後，電通が手がけた初のPRキャンペーンだった．詳しくは，電通広報室編(1997)．

(91) 電通広報室編(1997：4)．

(92) 猪狩(2011：84-85)によれば，1947年6月，電通社長に就任した吉田秀雄はPRISAの中核的な役割を担った．PRISAは，準備段階では「弘報連絡協会」と呼ばれ，設立目的は「官民の弘報宣伝関係の専門家を打って一丸とし，特に技術と社会的地位の向上を図り，併せて相互の親和をはかる」ことであった．初代会長は戦前は商工大臣を歴任し，日本貿易会会長などを務めた中嶋久萬吉が務めた．合わせてADMT(http://www.admt.jp/introduction/yoshida/gift/public.html)を参照(2016.8.8アクセス)．

(93) 水野(2000：57)によれば，吉田がPRISAの2代目会長に就任した後，電通の外国部のなかにPRISAの事務局が置かれ，電通が事実上，PRISAの窓口となった．

(94) 猪狩(2011：82)．

(95) 水野(2000：57-58)によれば，「都市美」の面では，ネオンサインやアドバルーン，彫刻物などが注目され，都市の景観を美化する企画が行われた．「貿易」の面ではPRISAの事務局となった電通外国部が外国商社と日本国内を結びつける役割を担い，『ジャパン・トレード・マンスリー』が発刊された．経済だけではなく日本社会と文化を海外諸国と企業に知らせる活動も行われた．

(96) 猪狩(2011：83-84)．

(97)　詳しくは，鷲谷(2000)．

(98)　猪狩(2011：83-84)．

(99)　例えば，戦後，電通本社のラジオテレビ局長を経てラジオ東京の編成局長となった金沢覚太郎は，元満州放送総局副局長であった．ちなみに金沢覚太郎は，『パブリック・リレーションズ』にもラジオ放送に関する記事を多数，寄稿していた．他に，満州国弘報を総括した国務院総務庁弘報所長・市川敏，大陸新報専務理事・森山喬，満鉄弘報課長および満州日報理事長を務めた松本豊三，満州日報編成局長・森崎実，満州製鉄・市江雄次などが，戦後，電通に入社した．猪狩(2011：84, 87-88)．

(100)　猪狩(2011：85)．

(101)　水野(2000)によれば，『電通報』は *Printer's Ink* の記事をよく取り上げていた．

(102)　北野(2008：53-54)．

(103)　猪狩(2011：85-86)．

(104)　平和な国家の建設に協力する日本人，市民生活へ復員した軍人，国民生活の諸問題を解決するために各自率先して実行する住民，平和的で建設的な労働組合，政治問題に対して自由に討論する市民，などを描くことが命令された(南 2003：26-27)．

(105)　GHQ とニュー・ディーラーについては，竹前(1983)など．

(106)　CIE 映画と冷戦期における USIS 映画は，民主主義と豊かな生活を軸に，学校教育，スポーツ，衛生思想，原子力の平和利用などの広範囲なテーマを描いた．詳しくは，土屋・吉見(2012)．

(107)　南(2003)によれば，当時の新聞は，アメリカ文化映画／CIE 映画，すなわち，占領の究極の目標である日本社会の民主化の実現とその「モデル」となるアメリカ社会の民主的生活を描く映画が，食料放出に並んで精神面における救援に大いに役立つと評価した．

(108)　言うなれば，戦後日本における〈PR する主体〉の立ち現れに対して決定的要因となったのは，GHQ という超越的存在，とりわけその超越的存在が立ち上がらせた他者であった．水野(2000：67)は，戦後の PR に対して「結局日本における「public とは何か」という視点が欠落していたこと」が戦後 PR の失敗理由(とりわけ，電通 PR が継続しなかった理由)であると指摘する．だが，本研究の視座からすれば，「public とは何か」という問いの欠如こそ，戦後日本の PR を理解する上で重要な鍵となる．すなわち，戦後日本における〈PR する主体〉は，GHQ から「民主主義の主体」として再定義された国民を対象としたため，改めて公衆 public とは誰かを問う必要がなかったのである．

(109)　日経連の渡米視察団に加わった東洋製罐人事課長・加藤禮次は「従業員 PR は，終戦後，労働攻勢が激しくなり，経営者の労務管理に対する関心が強くなったので表面上は比較的たやすく受け入れられたが，それは PR の本質を理解した上でのことではなく，なにやら労務管理に役立ちそうなものらしいという程度の認識に基づいての上であることが多かったようだ」と述べた．剣持(2008：126)より再引用．

(110)　猪狩(2011：74-78)および上野(2003：126-132)によれば，そのような雰囲気のなかで経済産業界の PR に関する興味と関心が高まり，PR の専門書籍が急増した．小山栄三の『広報学』(1954)をはじめ，日高六郎編『現代社会とマス・コミュニケーション』(1955)(うち，樋上亮一による「PR」という章)，井出嘉憲『行政広報論』

(1967)，山中正剛と三浦恵次による『広告・広報論』(1969)などが出版され，PRの体系的知識を求める学会も設立された．

(111)　井之上喬は『週刊金曜日』(1034号)のなかで，戦後日本においてPRが宣伝や広告と誤解されるようになったのは電通の影響が大きいと指摘している．

(112)　『電通報』は，自社の優れた能力をアピールすることに焦点を当てていた，アイヴィ・リーやエドワード・バーネイズの「小冊子」とも類似した機能を果たした．水野(2000：56)によれば，電通はGHQとの親密な間柄を強調する記事を多く掲載し，GHQの権威と名声を利用して「マスコミ関連の仕事なら電通に頼むべき」というメッセージを売り込んだ．

(113)　『パブリック・リレーションズ』1951年3月号の「PR広告をさぐる」という記事のなかで，小谷はアメリカのPR専門家の言葉を引用し，PR広告が取り上げるべき問題，すなわち大衆がとくに関心を持つはずの問題として次の3点を取り上げている．(1)自分たちの仕事の補償に関連する問題，(2)自分たちの収入や自分たちの投資に関係する問題，(3)自分たちの収入で購入し得る品物の価値に関連する問題．これを踏まえて小谷は，各問題がPR広告におけるメッセージの抽出につながると主張した．〈PRする主体〉(電通にとっては顧客となる企業)の〈問題的状況〉を，社会と他者の問題として定義／再定義することで企業と公衆の間で信頼関係を構築することが示唆されていたのである．

(114)　そのほか，国による世論調査機関として国立世論調査所(1949)，文部省統計数理研究所(1944)が組織された(鷺谷2000：49)．

(115)　鷺谷(2000：48)．

(116)　『行政広報論』(1967)の著者である井出嘉憲は渡米経験に基づきながら，アメリカにおける行政PRの神話と現実の間でギャップがあると指摘した．

(117)　詳しくは，猪狩(2011：102-103)．井之上(2006：72)は，『政策広報30年史』の「1952年サンフランシスコ講和条約が締結・発効し，GHQが去ると，占領政策の再検討の機運と財政の窮乏のために広報活動は行政機構の簡素化や予算の縮減が求められた」との記述を引用し，PRブームが1952年頃から急にしぼんでしまったと書いている．

第6章

(1)　1973年には13倍の3200億ドルとなった．資本形成比率(新しい技術と工場建設などに投資する費用)も年平均22％以上に維持された．詳しくはGordon(2002＝2005：442-443)を参照．

(2)　Gordon(2002＝2005：445)．

(3)　Gordon(2002＝2005：446)．

(4)　Gordon(2002＝2005：447)．

(5)　1948年に発表された「5カ年計画」は実質的な拘束力を持たなかったが，政府の企業に対する配慮が示された．Gordon(2002＝2005：448-449)によれば，この計画は，政府が特定産業分野の育成に関心を持ち，資金を貸す主体となって，外国為替，原材料，特許使用などに関する企業の便益を調整し，問題発生時には解決役を担い，経済産業界に介入する体制を整えるということを公開する上で効果があった．

(6)　当時の市場成長と企業間競争の激化については，橋本(1989)など.

(7)　政府(通産省)は，投資が特定企業に過剰に与えられた場合は調整を行い，産業界全体が協約を結び，一部企業だけでなく，産業全体が保存され，育成されることを目指して不況カルテルを組織した．詳しくは，Gordon(2002＝2005：450).

(8)　Gordon(2002＝2005)によれば，通産省は製鉄企業が塩基性酸素溶鉱炉(basic oxygen furnace)技術の使用権をオーストリアから共同で購入し，かかる費用と得られる利益を共有し，分担することを指導した．このような政策の結果，日本の製鉄産業と各企業はアメリカの競合社が払った金額のごく一部だけを支払い，重要技術を入手することができ，余裕分を製品開発と生産に集中させることができた．猪狩(2011：121)によれば，このようなカルテルは繊維産業でも組織された．1953年，東洋レーヨンと帝人はイギリスの化学会社ICIからポリエステル繊維の製造権を共同で取得し，帝人の「テ」と東洋レーヨンの「ト」をとって「テトロン」と名付けた合成繊維を供給しはじめた.

(9)　戦前からの経済政策，さらには軍部の指導による戦中期のそれを連想させる一面もある.

(10)　行政PRの予算が大幅に削減され，濱田(2008)によれば，政府PRは総理大臣個人の国内外における宣伝活動に重点が置かれるようになった.

(11)　吉原(2011).

(12)　デジタルコンテンツ協会(2002：194-209).

(13)　吉原(2011).

(14)　同協会は，PR映画鑑賞会も開催した.

(15)　それぞれの映画祭，映画賞については，吉原(2011).

(16)　前章で説明したようにPR誌の歴史は戦前まで遡る．戦後の大きな違いは，それを扱う企業が化粧品や百貨店のような消費財だけではなく，電力，建設，製鉄・鉄鋼，道路，鉄道，石炭，石油，繊維，造船，化学など，開発と成長を主導する基幹産業に広がったことである．三島(2008)によれば，これらの産業が発刊したPR誌のなかには，当時の週刊誌と比べても劣らない配布部数を持つものもあった.

(17)　そのような兆候は，1950年代から見られた．東洋レーヨンは「テトロン」を人々に周知させる活動を展開するために1956年に広報課を設置し，1958年には日本橋高島屋でテトロン商品展を開催した．1959年には冬季オリンピック三冠王となったトニー・ザイラーの来日時にテトロンで作ったスキーウェアーを協賛し，1967年にはイギリスの有名モデル，ツイッギーを招き，ミニスカートの流行を主導するなど，数々のイベントを企画した．猪狩(2011：120-121)によれば，東洋レーヨンは海外から繊維の技術だけでなく，マーケティング活動に関して多くの示唆を受けた.

(18)　東洋レーヨンの広報課長であった遠入昇は，この種のコンビナート・キャンペーンを「宣伝と販売の二人三脚」と呼び，広告と販促機能に重点を置く企業と，PR活動に焦点を当てる企業のコラボレーションに期待を寄せた(猪狩2011：122).

(19)　猪狩(2011：123-124)によれば，1業種1社のコンビナートを目指した「ダーリン・ユニオン」の設立趣旨は，各業界のトップとなる企業が協力して社会的責任を果たし，社会に役立つ活動をより組織的に展開することだった．「ダーリン・ユニオン」各社は，1年に数回ほど，生活向上に関するPR誌，『ダーリン』を共同で発行し，

読者会員に無料機関誌『ダーリン・レポート』を配布するほか，各社に関する注文や希望を受け付けた．

(20)　電通は，マス・メディアの多様化に応じて1961年にPRセンターを設立した．

(21)　例えば，サントリーはトリスウイスキーの発売とともに，東京や大阪にあったトリスバーを拠点に『洋酒天国』というPR誌を配布し，「アンクルトリス」のテレビCMをはじめ，西部劇など人気番組のスポンサーになるなど，広告販促機能とPRを網羅するキャンペーンを展開した．ちなみに，『洋酒天国』はB6判50-60頁の雑誌で有名写真家と文壇人が大勢かかわり，1956年に発刊されて以来，大都市のサラリーマンを主な読者層として確保した．日立製作所は，カラーテレビ市場を攻略する上で，巨大飛行船を飛行させ，列車仕立てのショールームを運行するなどのイベントを企画した．猪狩(2011：118-120)．

(22)　池田は，『日本のPR戦略』(1967)のなかで，東洋レーヨンのバカンスルック・キャンペーンをはじめ，不二家のペコちゃんやオバQなどのキャラクター・キャンペーン，三洋電機のアイビー・キャンペーン，ソニーのパブリシティ活動，ヤマハのアメリカ市場攻略戦略，NCRのフレンド・ナショナル・キャンペーン，住友銀行の青色名刺運動，日本ユナイトの007キャンペーン，自動車工業振興会のモーターショーなどの事例を紹介し，それらの成功ポイントが異業種間の連合，広告・販促・広報を網羅するマーケティング戦略にあると説明した．

(23)　詳しくは，Nye(1985, 1992)を参照．

(24)　詳しくは，Schivelbusch(1992＝1997)を参照．

(25)　吉見(2012a：107-110)．

(26)　競争については，志村(2011：180-184)を参照．

(27)　志村(2011：169)によれば，1936年時点で五大電力の市場独占率は，発電出力に対して60.8%，取り付け電灯数に対して78%だった．

(28)　中村(2012：300-301)．

(29)　志村(2011：169)．

(30)　吉見(2012a)．

(31)　志村(2011：170)．

(32)　7つのブロックは，北海道，東北，関東，関西，中国，四国，九州．

(33)　松永安左エ門は福博電気を設立し，福沢桃介の関西電気との合弁を通じて五大電力の1つとなる東邦電力を設立した．関東大震災後の東京電燈の拠点である東京に進出し，東京電力という会社を設立した．戦後，過半数以上の委員が日本発送電を縮小し，残す案に賛成したが，松永だけは日本発送電の解体を強く押しつけ，9つの配電会社に電源を割り振り，発電から販売までを一貫する電力会社を設立する案を主張した．松永案は，大都市における電源を確保するために，木曽川，庄川，黒部川水系を関西電力に，信濃川，猪苗代水系を関東電力に与える内容を含んでいた．詳しくは，志村(2011：187)および満田(2001a)．

(34)　満田(2001b)によれば，松永は，GHQへの答申が終わり委員会が解散された後，虎ノ門に「銀座電力局」と呼ばれる事務局を構え，9電力体制の実現に向け，様々な活動を行った．9電力体制の発足によりGHQの公認を受け，電力産業が安定し，その結果，朝鮮特需に対応することができた．9電力体制は，2000年に沖縄電力が加わ

り，10社となった．詳しくは，満田(2001b).

(35) 松永は，オハイオ州電力会社の会長であり，日本の電力再編の顧問としてGHQに招聘されたケネディと親密な関係を築いた．公益事業委員会の委員長には，東京帝国大学教授，法制局参事官を経て敗戦後，国務省で憲法問題を担当した松本烝治が任命されたが，電力に関してはほぼ素人だった松本を補佐し，松永が委員長代理を務めるようになった．詳しくは，志村(2011：172, 188).

(36) 松永は，9電力の新会社発足にあたり，採算可能な電気料金を算出して調べ，平均67％の値上げが必要だと結論を導いた．電気料金の値上げは，マスコミに大々的に取り上げられ，主婦連，労働組合，政治家などから激しい批判を受けたが，松永は電気事業の自立なしに日本の復興はないとし，値上げ計画を撤回しなかった．満田(2001b)および志村(2011：190)を参照.

(37) 吉見(2012a：115-118).

(38) 猪木(1989：103-104)によれば，最大出力80万kWの生産が計画された佐久間ダムは，全国の電源開発のモデルケースとなり，十勝川，十津川，紀ノ川水系などにダムの建設が広がった.

(39) 1957年から大規模貯水池式水力発電所を火力発電所と組み合わせ用いる運用案が計画されたが，このような政策は，石油火力の経済性を高く評価する一方で，火力発電所の負荷の変動に備えるためだった．1960年以降，石炭から石油へと転換した後も，電源開発は石油だけに依存することを警戒し，若松火力発電所をはじめ，横浜磯子，兵庫県高砂，広島県竹原などに石炭火力発電所を建設した．1964年の時点で日本の電力消費量は，イギリスを追い越し，世界第2位となった．猪木(1989：104-105).

(40) 電事連は，9電力各社の出向委員から構成され，設立当時，社員数は50名だった.

(41) 日本電気協会・新聞部電気新聞(1988：53-54).

(42) 初代調査部長には，参議院経済安定専門員であった渡辺一郎が着任した．渡辺のほか，東京電力，中部電力，関西電力のスタッフが調査部に招かれた．日本電気協会・新聞部電気新聞(1988：58).

(43) 1953年，電事連は9電力各社の社長団と連携し，発電コスト高騰対策として税金，金利，石炭価格の引き下げを産業の緊急課題として掲げ，実態調査の分析データに基づき，大蔵省や通産省，各政党に陳情書を提出した.

(44) 電事連は，料金制度に関する調査遂行の上で，海外諸国の事例を参考にするほか，調査・研究の専門性を高めるために1958年に「海外電力調査会」を発足させた．当時，発展途上国に対する日本の技術協力の機運が高まるなか，経済援助の一環として政府企画による集団研修・専門家派遣にも協力した．日本電気協会・新聞部電気新聞(1988：108).

(45) 日本電気協会・新聞部電気新聞(1988：89)によれば，広域運営は「水・火力電源の立地条件や需要構成の両面から考えて，密接な関連を有する会社が相互に協力し，電源開発，送電連繋，電力融資，設備運用，給電運用を行い，広域におけるその経済効果を最大ならしめることにより，各社の経済性を高度に発揮せしめ，料金原価高騰の抑制に資するとともに，安定せる供給力を確保する」ことを目的とした.

(46)　日本電気協会・新聞部電気新聞(1988：97)によれば，調査団の目的は，「米国の関係金融機関と広く接触し，わが国の電力事業の現況と意向を周知させるとともに，外債発行を中心とする外資導入策の企画立案に資する」ことであった．

(47)　開銀融資削減反対運動(1955)，電力債消化促進運動(1956)など．

(48)　炭価引上げをめぐって石炭産業と協力した重油ボイラー規制法の撤廃運動(1958)をはじめ，原子力発電連絡会議の設置(1955)，長期燃料油対策(1960)，国の石炭対策への協力(1961)，新電気事業法のための電気事業審議会の立ち上げ(1962)など．

(49)　渡辺一郎・電事連調査部長は，日本の電気事業の実態を説明する『電力』という新書を，1954年に岩波書店から出版した．

(50)　日本電気協会・新聞部電気新聞(1988：74-75)より再引用．

(51)　初代広報部長には，東京新聞論説委員の三神寿夫が着任した．東京電力，中部電力，関西電力からスタッフが出向，後に東北電力，四国電力からの人員が加わった．日本電気協会・新聞部電気新聞(1988：120)．

(52)　電事連は，『ダイヤモンド』，『東洋経済』，『エコノミスト』などの経済誌をはじめ，新聞社系の週刊誌，出版社系の『週刊文春』や『週刊新潮』の週刊誌，また『文藝春秋』などの月刊誌に電力産業に関するパブリシティを提供し，文化放送にCMを行った．このような活動を通じて電事連は，電力債，融資などの資金調達関連問題や各企業の業績を積極的に訴えた．詳しくは，日本電気協会・新聞部電気新聞(1988：121)を参照．

(53)　日本電気協会・新聞部電気新聞(1988：65)によれば，電事連は，設備復元により地域別発送配電一貫経営の合理性が崩れ，供給力が不足している現状において電力需給調整上の障害，電気料金原価の高騰，電気料金の不均等などの問題が生じる可能性を指摘し，国民経済に重大な影響を与え，電気事業の使命達成が困難になるとの趣旨内容を発表した．

(54)　同文のなかで松永は，電気事業法改正をめぐる政府の統制を批判し，電力産業が民間企業としての利益を追求することを提案した．具体的には，合弁会社・電源開発の海外進出，原子力発電所の建設を通じて電力事業を拡大することが勧められた．日本電気協会・新聞部電気新聞(1988：114-117)．

(55)　太田垣は，電気事業法改正時には「一体われわれは私企業としてどの程度自由が許されるのかどうかはっきりさせる考えでいる」と述べた．

(56)　9電力各社のPR活動が，各々の地域内における各需要家，つまり「特定多数」の公衆を相手にしてきたのに対して，1970年代以降は，広域事業や原子力事業が本格化し，PR活動の範囲も広がるようになった．需要家だけではなく，社会全体の「不特定多数」をターゲットとする，ある種のマーケティング的展開が見られるようになった．志村(2011：56-61)．

(57)　本間(2012)は，電力産業と大手広告代理店の関係に注目にした．

(58)　当時の東電PRを受容した側(PR誌の読者やPR映画の観客)，または，製作した側(PR誌の編集部，PR映画の製作者など)をインタビューすることも考えられるが，1950年代を経験した当事者たちの証言を得ることは現実的に難しい状況にある．そこで本書は，「生の証言」に代わり，PR誌などに掲載された読者や編集者の声，PR映画を見て感想を寄せた観客の意見などを材料にして，同時代の東京電力と公衆

が相互にどのように影響を与え合い，意味を共有していたかを分析する．

(59)　各社は，それぞれの地域／サービスエリアに対して独占事業を形成した．電力産業全体に関するPR活動については電事連を軸とする方針に従いながら，サービスエリアを対象にする個別のPR活動を実施したが，その方針は，会長会議，常務会議などの連絡会議を通じて各社の間で共有された．

(60)　志村(2011：60)．

(61)　植草(1994)によれば，1991年の時点で東京電力はフランス電力公社(EDF)に次いで世界2位となった．当時，7位とされたアメリカのTVAを規模の面では越えていたのである．

(62)　東京電力は，電事連の中核機能を担った調査部をはじめ，後には広報部に出向委員を積極的に送り込んだ．前掲した『朝日新聞』の記事は，東京ガスを，東京電力と比較しながら「東京ガスは案外，社内機構はまとまっていない．民放三社に“お義理で”スポンサーになっているほかは，専らガス器具の宣伝チラシばかり．領収書にガス使用法などを印刷している程度で，需要家目当ての定期刊行物も別に出していない．有難いことにはガス需要家は電気と違って“程度が良い”せいか集金人なんかとのゴタゴタが少いので“郊外にガスを引いてほしい”という根本問題以外の苦情は少いらしい．しかし社内に近くPR委員会を作って，一本で強力な運動を起こすことになっているという」と述べた．

(63)　同記事によれば，「「広告宣伝」は，いまや商売人ばかりではなくお役所や公益事業会社でもこぞって乗り出し，その名もハイカラに「PR」という．そこで旧冬，都が連絡役で，これらPRに熱心な都庁などの官庁，東電，ガスなどの公益会社，計十八団体を集めて東京PR連絡協議会を作り，来る十二日に初顔合わせをすることになった」．このPR連絡協議会の加入団体は，都庁をはじめ，都電，水道，電気，ガス，電話，郵便，東鉄，国税局など，都民の日常生活にかかわる事業体が多く，参加団体同士で設備や刊行物を利用し合い，少ない経費でより多くの効果を挙げることが期待された．このような試みを，同記事は，「一方には新聞社の“もの申す”ばやりに対抗，苦情処理機関を設けはじめたところもあって，今年はお役所PR攻勢の年となるらしい」と評価した．

(64)　とくに東京電力については，次のように書かれている．「独占企業の割には感心なのが東電だ．サービス関係を一本にまとめた公共課を本社において，年間六千万円の金をつぎ込んでのPR．もちろん電気が余っているわけではないから宣伝の主力は専ら“電気知識の普及”と“苦情水わり”．このため銀座のサービス・センターをはじめ，サービス・ステーション，委託取次店など一千カ所を都内に網の目のように配置，都民が自宅から徒歩十五分以内でどこかの東電事務所にゆけるようにしてあるという．そして例えばサービス・センターにいけば，東電関係のことならたちどころにナンデモ分るし地方の自宅の電気料金支払いもここでOKといった万能ぶり．委託取次店は，酒屋やタバコ屋に頼んであり，ここに苦情を申し入れても，たちまち自動車が御用をうかがいに行くそうナ」．同記事は，東京電力がこれほど念を入れてPRを行っていても「新聞にお客さんからの文句の投書が絶えない」と，東京電力・公共課長の言葉を取り上げた．

(65)　それらの活動は，メディア形態からすれば，(1)パビリオンや展示施設などの空

間を利用した活動，(2)PR誌の発行をはじめ，新聞・雑誌における広告，パブリシティ掲載など，紙面を使った印刷メディアを利用した活動，(3)PR映画，テレビCM，ラジオ番組など，映像と音を中心とする活動に分類することができる．電気という財を扱う特徴から「売り込み」ではなく，需要家・利用者に対する「奉仕」や「サービス」がPR活動の主なコンセプトとされた．

(66) 「電力値上げの内幕　開発費のカラクリ　東電だけでも“遊び重役”二三名」(『読売新聞』1951. 6. 3朝刊)や，同紙の「大衆は怒る電力値上げ　NHKの街頭録音にひろう　一家心中が増える」(1951. 6. 17朝刊)の記事から電気料金値上げに反対した世論がうかがえる．

(67) ほかに，「電気0.7%値下げに主婦連怒る　家庭の大半置去り　三割頭打案に会社も難色」(『読売新聞』1955. 3. 24朝刊)など．

(68) 『読売新聞』は「東電職場放棄スト」(1951. 11. 13夕刊)，「東電労組スト宣言」(1951. 11. 8夕刊)，「公益事業令85条／電産賃金争議」(1951. 11. 15朝刊)，「東電，デモ行進／電産賃金争議」(1951. 11. 24夕刊)，「電産関東，座り込みスト」(1954. 12. 11夕刊)などを報じた．

(69) ほかに「[女性のこえ]勝手な電気料集金日」(『読売新聞』1957. 11. 6朝刊)など．

(70) 停電に関しては，次にあげる『読売新聞』の記事以外にも多数の報道があった．「停電，世論を悪化　“公益事業”ストの限界／解説」(1951. 12. 4夕刊)，「緊急停電始まる　きょうからまた輪番制」(1952. 3. 7朝刊)，「家庭は2時間半　11日の電源スト／停電」(1952. 10. 9夕刊)，「全国的な電力危機　東電　“家庭停電は避ける”」(1954. 11. 18夕刊)など．

(71) 『読売新聞』の「東電の外資導入認可／外貨審議会」(1954. 6. 16朝刊)など．

(72) 詳しくは，次の『読売新聞』記事と広告が挙げられる．「浅草で電気記念の催し映画や街頭相談」(1953. 3. 26朝刊)，「23区に6支社を増設　東電，あすからサービス機構」(1954. 4. 4朝刊)，[広告]「東京電力株式／大和証券」(1954. 11. 18夕刊)，「浅草に電気サービスセンター／東京電力」(1954. 12. 1朝刊)，[広告]「高利廻りの安定資産株東京電力／野村証券」(1954. 12. 3夕刊)，「福島に原子力センター計画　東電が発電所建設へ」(1960. 11. 30朝刊)，[教育映画評]「「炎」風変わりな記録映画」(1961. 2. 6夕刊)，「配線の点検や展示会　きょうから東電サービス週間」(1964. 11. 16朝刊)．

(73) 「[街の声]親切な電気料集金人」(『読売新聞』1956. 1. 15朝刊)，「[街の声]わからず屋の集金人」(『読売新聞』1956. 2. 17朝刊)，「電力，夏のピンチ　家庭へ巡回指導員　東電，切抜けに緊急処置」(『読売新聞』1957. 7. 8朝刊)など．

(74) この記事は，『東電グラフ』の愛読者婦人による新東京火力発電所の見学会を取材した．見学が終わった後，銀座の東京電力サービスセンターで開かれた座談会で，ある主婦は「建設費が廉いとのお話ですが，それでも約77億円もの資金がかかる，ときいて驚きました」と述べた．

(75) 同記事は，「送電線の建設は難事業である．けわしい山を越え，深い谷をわたる測量で送電塔の建設地点を決め，土地を掘さくし，コンクリートを打ち込んで基礎をつくる」と現場の様子を説明しながら，建設に費やされる巨額の費用を強調している．

(76) 『東電グラフ』96号(1961)に掲載された「東京電力10年のあゆみ」という特集記事は，それまで建設された発電所やダムを次々と紹介し，最後に「電気料金改訂の

申請について」という案内文をつけ，原価上昇や電源開発にかかる資金調達などを理由に挙げながら，読者＝需要家の協力を求めた．

(77) そのような試みは，東京電力と電力産業だけでなく，読売新聞，朝日新聞，日本経済新聞など，新聞各社の論評や記事を通じて「世論の声」として語られた．『東電グラフ』95 号(1961)は，「新聞に見る最近の公共料金論評」というタイトルをつけ，電力産業の主張に賛同して使用料金値上げが必要だと書いた記事，論評，社説の切り抜きを掲載した．

(78) 本文中で分析材料とする『佐久間ダム』は，総集編である．電源開発・企画，岩波映画製作所・製作．演出は高村武次，撮影は小村静夫ほか．上映時間は 96 分．映像は，丹羽美之・吉見俊哉編(2012)『岩波映画の 1 億フレーム』東京大学出版会に収録されたものを用いた．

(79) 演出は衣笠十四郎，撮影は広川朝次郎．上映時間は 18 分．記録映画保存センターの協力を得て，フィルムのデジタル化を行った．

(80) 詳しくは，斉藤(2012)および吉見(2012b)を参照．

(81) 社会と社会構成員(個人)の中間地帯である「家庭」の変化，すなわち大家族制度の解体と核家族化は，農業社会から工業社会／産業社会へ進んでいく戦後日本の構造的変動を示す．詳しくは，見田(1995)．

(82) その姿は，吉見(2012b)が指摘する占領期の教育改革とともに浮上した「勉強するお母さんたち」に重ねて見えるところもある．「勉強する」みち子は，家庭の問題を解決するためには女性／主婦／お母さんがまず変わらなければならない，というメッセージを含んでいる．

(83) サービスセンターという空間は，映画的想像力がつくり上げた虚構の施設ではなく，当時，東京都内をはじめ，首都圏各県の主要都市で運営されていた総合施設である．家庭や農家，事業体における電気使用に関する各種の問合せに応対し，必要な工事についてコンサルティングを行い，新宿や池袋にあったサービスセンターはモデルハウス展示，主婦や子供向けセミナーも実施した．

(84) 映画全体の上映時間は，18 分である．

(85) 伊藤三雄は，家庭電化を進めようとするみち子をめぐって，太郎とある種の競争・対立関係にあるのだが，太郎が示す男性／夫も，将来的には東京電力が包摂していくべき公衆であるため，そのような構図は前面には描かれていない．

(86) もしこれが広告 CM だった場合，消費者の夢を叶える者は広告主とその製品・サービスのみであり，第三の企業やそのシンボルが登場する可能性は，きわめて低いだろう．

(87) 前者が神々の分身であるとすれば，後者はその神を助ける妖精に近い．家電メーカー各社は，電力会社という主婦の「助力者」をさらに助ける．

(88) この一連のシーンは，映画のなかでもっとも重要である．観客を東京電力が描く世界，つまり電気の世界に吸引するのは，この夢のホーム以外には，みち子が配線工事を行った結果，古い家がどれほど変わったかを描く場面くらいだ．前者が究極の電化住宅であるとすれば，後者は，そのような理想に近づいていく一歩として，より現実的な電化住宅を映している．

(89) 詳しくは，町村(2011, 2012)．

(90) 物語のなかで「みち子」という主人公の成長，つまり「家庭電化の主体」となる過程は，現実にいる主婦たちを東京電力の〈意味世界〉のなかに吸収し，「みち子化」させていく．東京電力は，彼女たちの「助力者」，または「理解者」，「支援者」となる自己を呈示する．このような〈企業自我〉を通じて，主体は他者とその人生において重要な意味を占める存在となる．

(91) 『東電グラフ』37 号(1956)の読者の欄には『みち子の夢』を見て感銘を受けたという杉並区に住む主婦，神戸政子の声が紹介されている．神戸は，「私もみち子の夢を持って，一つ一つ実現していきたい」と語った．

(92) 町村(2012)．

(93) 『佐久間ダム 第 3 部』は 1957 年につくられ，1958 年に『佐久間ダム 総集編』が完成した．本書は，この『佐久間ダム 総集編』を分析材料として用いた．

(94) 主婦は，社会的文脈では料金値上げに反対する他者であるが，PR 映画が織り成す〈意味世界〉ではみち子に象徴され，暮らしの向上を目指し，電気を家庭に取り入れる電化の主体として想像＝創造された．

(95) 町村(2012：127–129)は，佐久間ダムの堰堤を施工した間組が英映画社に発注した PR 映画，『佐久間ダム建設記録 第 1 部』と電源開発・岩波映画製作所の『佐久間ダム』の映像比較を行い，前者が後者に比べて労働者やその家族を共同体として取り上げ，「人間の手と足による苦労と勝利」を描いたと説明する．それに対して電源開発・岩波映画製作所版の『佐久間ダム』には現場の労働者がほとんど登場しないこと，ダムの湖底に水没する村や，移転を余儀なくされた約 300 世帯の人々，仕事を失った伐採業者など，言わば「開発の犠牲者」が全く映像化されていないことを指摘する．だが，犠牲者を描く／描かないということだけで「PR 映画」であるか，「反ダム」，「反開発映画」であるかを判断することはできないと町村は説明する．犠牲者たちを開発を受け入れた勇気ある存在として描く場合でも，彼らの犠牲を尊いものとして描く場合でも，他者が開発の「公衆」として想像＝創造されたこと自体に変わりはない．

(96) そのような特徴は，町村(2012：129)が『佐久間ダム』に登場しない第三グループとして説明する「恩人」，すなわち企業人，政治家，皇族，文化人のような権力者に対しても同じである．

(97) 町村(2012：128)によれば，『佐久間ダム』の発注者である電源開発側にとって重要なのは，あくまでも建設の結果であり，建設過程はそのような結果をもたらす技術的工程として意味を持っていた．

(98) 人間の姿は，壮大な土木工事と機械の行進に埋もれ，その一部として捉えられる．

(99) 導入部では，天竜川流域に佐久間をはじめ，山香，秋葉，船明の 4 つのダムと発電所を建設する国土総合開発計画が，模型や図表を通して簡略に説明され，当該地域における開発が戦前から試みられてきた課題であることが取り上げられ，ダム建設の正当性が主張されている．

(100) 映画の最後では，佐久間ダムがもたらした成果が報じられている．画面には建設された佐久間ダムの全貌が美しい自然を背景にして浮かび上がり，年間 13 億 5000 万 kW/h の電力が生産されるようになり，計画当初の目標がクリアされたことのナレーションが挿入された．

(101) 想像を絶する土木工事の規模は量(トン)，距離(メートル，キロメートル)，面

積(平方メートル)から詳しく説明され，これらの単位を用いた数字の列挙は，圧倒的技術力を強調し，科学の偉大さが際立つ役割をした．例えば，「20年かかる工事をたった3年で終わらせるために思い切った近代的方法が導入された」，「何日もかかる作業を50分で終わらせた」などの表現は，具体的作業年，日，時間を数値化している．また，「4トン積みトラックの1万2千台分の岩石」，「東京～大阪区間に幅80 mの道路をつくる量のセメント／コンクリート」などの表現は，距離と面積の数値化を通じて工事規模を強調する．

(102)　科学技術の勝利は，自然と人間の対立構造が立てられたプロットのなかで，すでに予見された結果であり，映画固有の力によって実現された．

(103)　穴を掘り，その中にダイナマイトを埋め込むシーンの次に，事務室で爆破スイッチを押すシーンが配置され，その後，岩壁や谷間，洞窟が轟音を立てながら爆発するシーンが続く．このような演出・編集は，きわめて簡単な操作を通じて自然を服従させる科学技術の力を際立たせ，強調している．

(104)　エンディングシーンにおいて自然は，科学技術の力から建設された佐久間ダムの全景が広がる完全な背景となっている．

(105)　それらのシーンは，さらにダムの建設を歓迎する人々と，去っていく人々を対象的に描く．第1湛水を控え，水没する国鉄飯田線の一部区間の経路が変更され，新たに大原トンネルを通り抜け，運行するようになった列車に向け，旗を振りながら歓迎する見物客の顔々の後に，住み慣れた家を壊し，家財道具をまとめて村を去っていく村人の顔々が映されている．

(106)　町村(2011：132)によれば，映画のなかで機械を使いこなすオペレーター(operator)としての「大卒の技師たち」が比重の大きい役割を担っているが，実際には，オペレーター層は，佐久間ダムの建設現場における労働者の約2割しか占めていなかった．町村によれば，大卒の技師たちがつくり上げる「独特な小世界」は，佐久間ダムに限らず，関西電力が建設した黒部ダムの言説・表象のなかでも現れた．

(107)　映画のなかで技師たちは，重機の操作以外に，機械が正常に作動するための手入れや管理を担う存在として描かれる．1日の仕事を終え，技師たちが小屋で機械を整備するシーンがそうである．

(108)　町村(2012：136)．

(109)　『婦人公論』2月号に掲載された清水幾太郎の「佐久間ダム」より．町村(2012：130)より再引用．

(110)　現実世界の加工＝〈リアリティ〉の再構成において映画製作者の主体性が全く排除されたわけではなかったが，電源開発側の影響力は圧倒的だった．町村(2011)によれば，企画する側と製作する側の間で温度差があったにもかかわらず，映画の質を高めようとする製作者側の純粋な努力は，転じてスポンサーが望む結果をもたらした．

(111)　町村(2012：134)によれば，トンネルジャンボを描くシーンについて「ドリルだけ人間全部けずる」という要請が電源開発側からあった．

(112)　これらのシーンは「自然と科学技術の偉大なる戦い」の一部分としても読み取れるが，同時に総力戦体制の記憶を呼び起こす側面がある．重機・機械から連想される戦争の記憶は，町村(2012：131)によれば，工事現場近くに暮らす住民たちにとってはより強烈なものとなった．

(113)　『佐久間ダム』の基底に流れる「戦争」という記憶は，時間軸を広げれば，地域性ともう1つの〈PRする主体〉とのかかわりから検討することができるだろう．佐久間ダムの建設地域は，戦前から開発対象とされた歴史がある．国土復興計画を担う電力産業は，軍国主義のシンボルから戦後は9電力体制となり，高度経済成長を支えた．電力産業の依頼を受けて数々のPR映画を製作し，「「大ダム建設時代」の広報部」(町村 2012：135)となった岩波映画製作所をはじめ，短編映画産業もまた，戦前，戦中期，戦後を通じてプロパガンダ映画から教育映画，産業映画へと移行してきた歴史がある．

(114)　町村(2011, 2012)および吉原(2011)．

(115)　吉原(2011：207-208)によれば，『佐久間ダム』の製作段階で高価なカラーフィルムの使用をめぐって，製作者と電源開発幹部との間で意見対立があったが，TVAのPR映画の試写後，カラーフィルムによる製作が許可された．

(116)　鳥羽(2012：154)．

(117)　北澤(1951：135-153)．

(118)　町村(2012：131)．

(119)　町村(2012：131-132)．

(120)　何度も述べたように，この映画の大筋は人間と自然の戦いを描くもので，自然を征服する科学技術，とりわけ重機群の働きに焦点が当てられている．つまり，観客の関心が，重機・機械の働きに集中されるようにデザインされており，わずかな部分的露出ではあるが，重機に示された「アメリカ」の存在に気づかない可能性は低いと言える．もし観客が積極的に認識できなかった場合でも，このような描き方は，サブリミナル広告のように無意識の水準で人々のマインドに情報を注入する効果があったとも考えられる．

(121)　町村が指摘するように表面上ではアメリカと開発の強い結びつきを描いていないが，逆に映画のなかでアメリカの存在を完全に消し去り，隠蔽することが技術的にできたにもかかわらず，それをせず，非常に曖昧な形で描いていることに注目すべきである．

(122)　「アメリカ＝豊かさ」の等価関係は，対米戦争と敗戦，占領と復興を通じて明らかになったが，言い換えれば，それは「豊かさ＝戦争」の延長線上にある思考である．『佐久間ダム』は，戦後の平和時において開発という豊かさのための戦争を正当化する側面があったとも言える．その物語と映像の分析を通して，電力産業が推進した国土開発(電源開発)という目標と科学技術への信仰が，戦前と戦後をつなぐ戦争体験を基盤として結びついていたことが示唆される．

(123)　前者では他者の創造とそれを鏡とする自我の構築において，後者では自我と他者の共通反応を呼び起こすコミュニケーションを条件として，それぞれアメリカというシンボルが抽出される．

(124)　アメリカにおける意味合いの変化は，電力産業が女性／主婦という他者を想像＝創造する上で，「戦後民主主義の主体」を参考にしつつも，そのまま受容せず，再解釈し，再創造したことからもうかがえる．

(125)　実際に1950年代半ば以降，電力産業が進めてきた様々なPR運動は，『佐久間ダム』と『みち子の夢』の比較から示される電力生産と電力消費の2つの柱を軸にし

ていた．電力産業にとってPRは，開発主義の手法だっただけでなく，電源開発と家庭電化の両面から電力生産と電力消費を永久に循環させる〈意味世界〉を築き上げるためのシンボリックなコミュニケーションだった．

(126)　1950年代に，産業社会と消費社会が両立・共存していたとする見方はPR映画の分析から得られたものであり，実際の戦後社会で検証していくためには別に議論が必要であろう．だが，PR／コミュニケーションが織りなす〈意味世界〉は，社会的文脈とは異なる次元で，戦後日本を捉え返していく上で重要な手がかりを与える．

第7章

(1)　1950年代において，とりわけ社会的インフラを取り扱う企業にとってPRは，「サービス」とほぼ同意語として使われた．定期的に実施された東京電力の「サービス週間」は，代表的なPR運動／キャンペーンであった．新宿，池袋など，都心の主要エリアおよび，首都圏各大都市に設けられたサービスセンターは，電力／電気に関するあらゆる質問と相談に対応する総合的PR施設であり，電気に関するイベントを展開するPR館でもあった．

(2)　『東電グラフ』は，後に『グラフTEPCO』，『TEPCO GRAPH』に誌名が変わった．

(3)　各号によって若干の違いはあるが，『東電グラフ』は基本的には「カメラ・ルポ」，「フォト・ストーリー」など，写真・グラフを中心とするコーナーが全体の1/3を占めていた．これらの「グラフ型」コンテンツのほかに，著名人や一般主婦，学生などを招いた座談会，電気と科学知識を教えるコラムなどの「学習・情報型」コンテンツ，家電製品の使い方と家電メーカーの製品紹介などを行う「カタログ型」コンテンツ，クイズや連載漫画，料理レシピなどを掲載した「娯楽型」コンテンツがあった．各号の巻末には，読者の声と編集部からのメッセージも紹介された．

(4)　創刊時は8頁だったが，1962年からは平均12頁となった．誌型は，1965年まではA4サイズだったが，その後，B5サイズに変わった．『東電グラフ』の製作・編集・配布は，PR映画の企画・製作もあわせて担当した奉仕課，広報部が担当し，主な配布地域は東京電力のサービスエリア内にある各家庭と公共施設であった．その他の地域に対しても購読を希望する場合，郵送を行った．

(5)　『東電グラフ』120号(1963)より．

(6)　三島(2009)．

(7)　三島(2008)によれば，企業広報とは「当該企業の存在，その目的と活動内容を内外に公開・発信し，他方，企業に対する内外からの要望，批判を受信して経営陣がそれを意識し，時には自己改革を行う活動である」．三島は，企業の広報誌／PR誌の条件として，刊行目的とターゲットの明確化，情報内容の斬新性，情報の長期的な発信，読者との双方向コミュニケーションなどを挙げている．

(8)　第1期：創刊号〜1973年12月号(平均8頁)，第2期：1974年1月号〜1987年9月号(平均10頁)，第3期：1987年10月号〜2005年3月号(平均16頁)，第4期：2005年4月号〜2008年3月号(平均16頁)．機能とコンテンツの面からして，第1期と第2期は「情報伝達」「世論形成機能」が重視され，第3期では「生活情報」「文化伝承」が強調された．第4期は「オール電化住宅」にターゲットを絞った「おしゃれ

情報誌」としてリニューアルされた．2007年に起きた新潟県中越沖地震および柏崎刈羽原子力発電所の運転停止により休刊になったが，三島(2009)によれば休刊の理由は経営状況の悪化と資金不足だった．

(9)　三島の時期区分と各期の分析は，オイルショックやバブル崩壊など，社会経済的事件と原子力発電，オール電化など，電力産業の事業変容に関連づけ，『東電グラフ』の約半世紀の変遷をいくつかの段階に整理し，特徴を摑もうとした点は評価できる．だが，各号の内容分析は，第1号と第2号を除いてカテゴリー別に，部分的に簡略に取り上げられている．

(10)　三島の時期区分において重点が置かれているのは『東電グラフ』の形態的特徴である．三島(2009：5)によれば情報内容，および社史等に見られる時代背景の3点から全651号を4つの時期に区分し，社史・新聞雑誌記事などを中心に各期の業容，経済社会環境，『東電グラフ』『グラフTEPCO』の数量・内容分析を通じて企業広報の機能を明らかにすることが目指された．

(11)　猪狩(2011)によれば，産業PRは，1970年の大阪万博で頂点に達した．その後，PRは，開発の精神を広めることより，高度成長の影の面がもたらした社会問題に対応する活動としての側面が強調されるようになった．このような説明が示唆するように，1960年代と1970年代は産業界とそのPR活動ではもちろん，戦後日本の社会的変動の面でも大きく異なっている．自我と他者の構築を検討する本書の視点からすれば，反公害運動が高揚し，高度成長の影が社会問題として本格的に浮上する1960年代末から70年代初頭は，それまで行われてきたPR活動と，根本的に異なる性格を帯びていたと考えられる．

(12)　見田(1995)は「現実」に相応する「理想」，「夢」，「虚構」の3つの言葉から現代日本の感覚変容を「理想の時代」から「夢の時代」，「虚構の時代」への変遷を通じて説明する．現実と理想が混じった「理想の時代」は1945年から1960年まで，現実が夢に塗り替えられた「夢の時代」は1960年から1970年代前半まで，現実が虚構へ入れ代わる「虚構の時代」は1970年代後半から1990年までとなっている．

(13)　理想の時代においては，アメリカン・デモクラシーとソビエト・コミュニズムの政治的立場の差異を越えて「理想」が貫かれ，大衆にとって「生活の向上」，物質的な豊富化が日本の経済復興の駆動力となった．一方で夢の時代は，農村共同体の解体と全国土的な産業都市化が推し進められた時代でもあった．

(14)　見田(1995：23-25)によれば，世界的反戦運動，若者の反乱が起きた1960年代末から「あたたかい夢」の時代は，「熱い夢」の時代へと変わっていく．

(15)　見田(1995)は「理想」の時代を「プレ経済高度成長期」と，「夢」の時代を「経済高度成長期」と，「虚構」の時代を「ポスト経済高度成長期」と関連付け，それぞれの時代が高度成長の経済的側面とともに戦後日本の政治，社会，文化における変容とかかわっていたことを論じている．

(16)　経済産業界のPR運動は，産業社会と消費社会の価値を循環させていく上で，理想と夢を重要なシンボルとして用いた．

(17)　この俯瞰図は，1953年から1965年までの『東電グラフ』(第1号，第2号を除く)を分析して作成した．

(18)　町村(2011)および吉見(2012a)．

(19)　『東電グラフ』76号(1959)の「電化ブームの生態——女性は電化で解放された」の主張によれば，女性の家庭内位相と社会的地位の向上の面から考えれば，本当の意味での「女性解放史」がはじまったのは家庭電化以降である．同記事は，家事労働からの解放の歴史を，電気釜(炊事の電化)，電気ポンプ(水くみの電化)，電気洗濯機，電気掃除機，電気冷蔵庫，電気こたつの歴史と普及率を通して説明した．

(20)　労働強度指数(R. M. R)とは，労働に費やしたエネルギーを労働しないでいる時のエネルギー消費量で割ったものである．上記記事はこの労働強度指数を用いて，水くみの場合，手押しでポンプの労働強度はおよそ4.5で稲刈りの仕事と同じくらい重労働だが，電気ポンプなら0.5に減り，都市水道と同じ便利さ．しかも，電気代は月80〜90円くらいで済むと説明した．洗濯については労働強度は2.3から3くらいで，カロリーで表せば，1時間に約150カロリー(卵2個分)の労働だが，これを電化すれば労力は半分以下の1.0(労働強度)で済み，時間も半分以下になり，楽にできると書いている．

(21)　たったの10円で「驚くほどよく仕事をする」電気の仕事ぶりが次のように説明されている．一家のだんらんに欠かせない「電灯，白熱灯ならのべ9時間30分」，「主婦の労働で一番苦労な仕事を，洗濯機なら1回30分使うとして約15回」，「自動温度調節器がついているので安全で経済的な電気こたつは，普通の状態でのべ6〜7時間」，「世界中のニュースや，遠くでやっている野球や演劇をみることができるテレビは，のべ6時間30分」，「忙しい家庭の主婦にとって能率のよいミシンならのべ12時間」，「衛生的な生活を助ける掃除機は，1日1回30分使うとして6日分」，「電気のムダが少ない電気釜は30分で炊けるとして3回」，「ドアの開け方によって相当違うが冷蔵庫は約1日分」，「アイロンなら1日1回20分使っても10日間」，「白熱灯にくらべて約3倍も効率がよい蛍光灯はのべ38時間も使える」．

(22)　『東電グラフ』28号(1955)の「生活様式の合理化——電気を上手に使うには」は，東京文化短期大学教授・沼畑金四郎と農林省農業改良局普及部生活改善課長・山本松代の対談を取り上げ，アメリカ社会の電化生活と日本の現状を比較した．2人の話を聞き，東電営業部次長は本文に掲載したコメントを行った．

(23)　『東電グラフ』76号(1959)の「電化ブームの生態——女性は電化で解放された」は，「生活の合理化，生活の享楽化」が可能になったのは，「文化生活の香り高い電気器具，夢に描いていた家庭電化の採用」があったからだと主張した．

(24)　戦後日本の「女性解放史」が家庭電化によって達成されたと評価した『東電グラフ』76号(1959)の「電化ブームの生態——女性は電化で解放された」は，生活の合理化，享楽化の背景に「もはや戦後ではない」日本経済の立ち直りと個人所得の増加など，経済的要因があると分析し，そのような社会的，経済的環境の変化を踏まえ，主婦たちに「勤倹節約というカビの生えた古い美徳」を捨て，物を買って生活を豊かにし，「みずから楽しもうとする精神」，いわば先進消費意識を身につけることを呼びかけた．

(25)　『東電グラフ』122号(1963)は，家庭電化が急速に進み，最近では，単に便利で珍しいから家電製品を買い求めるのではなく，「電化により生活が改善し，余暇を生み，新しい生活環境をつくり出すという考え方」に変わっているとの説明文とともに，専業主婦，農工高校生，日本女子大学奥田富子教授の3人の女性によるインタビュー

を取り上げた．「家庭生活と電化」というテーマから秩父農工高校に通う女子高生は，農家の家庭電化のおかげで自由時間が増えたと語った．彼女は，電化のおかげで農家の重労働から解放されただけでなく，一時に多くの仕事が並行できるようになった「電化の恩恵を味わう」ことはとても喜ばしいことで，今後も電化生活の基礎を立派に築いていきたいと述べた．

(26) 『東電グラフ』129号(1964)に掲載された「電気器具のちしき――美容器具」編は，ヘアドライヤーを「ご家庭美容のよきアシスタント」として紹介し，「他の家事をしている間に美しく」なれるバイブレーター，「滑らかな肌をつくる」美顔器のほかに，電気パフ，温風タオル，美容赤外線ランプ，殺菌ランプなど，様々な電気美容器具を取り上げた．「電気があなたを美しくする」，「能率的」，「赤外線ランプは光のマッサージ師」などの文句が使われ，電気／家電器具が美容ばかりでなく，健康増進に役立ち，治療に効果をもたらすとの説明も行われた．さらに，「運動不足の方におすすめ」とされ，電気髭剃，電気肩叩き器などを中心に男性に対する美容・健康用の電気器具が勧められた．

(27) 森繁の考え方は，主婦というカテゴリーに限らず，女子大学生や女子高校生など，潜在的主婦の声を通じても表れた．『東電グラフ』122号(1963)に掲載された「家庭生活と電化」のなかで女子高生の中島尚子は，家庭電化とは「単なる見栄えの道具」として家電製品を買うのではなく，まずは「何のための電化か」を考え，その次に「電化の恩恵を味わう」ことが可能な環境を整える――例えば，屋内配線を改めるなど――ことだと語った．

(28) 座談会の参加者一同は，宣伝や流行に影響され，電気製品を買い込んでしまう前に，それぞれ家庭の生活内容に合わせ，買う側も勉強をする必要があるといった朝日新聞社出版部記者の発言に賛同した．

(29) それらの座談会ではしばしば電気の基礎知識と経済観念／消費精神に関する啓蒙と教育の必要性が指摘された．前述した「電気器具のちしき」などのプログラムを含め，『東電グラフ』の各記事は，「電化マダム」となる主婦の育成に焦点が当てられていた．

(30) 『東電グラフ』は，24号(1955)の「新東京名所――新東京火力見学」，30号(1955)の「電気に寄せる私達の期待――楽しい家庭生活のために」，36号(1956)の「家事の合理化のために――家事の「雑」と「用」について」，77号(1959)の「社債が生み出す電気と貯蓄」，109号(1962)の「街を明るく」，112号(1961)の「電気からみた世界お国柄」など，数々の座談会を行い，その様子を紹介した．

(31) サービスセンターのほかに，サービスステーションがあった．『東電グラフ』154号(1966)の「くらしの智恵――サービスを利用して」によれば，当時，138カ所のサービスステーションが運営されていた．サービスセンターとステーションの職員は，各家庭を訪問し，電化や修理相談を受ける電化相談員――同記事の表現を借りれば，「電気を上手に安全に使うコツを普及するスタッフ」――の役割を担うほか，農業電化を助ける農電相談所，工場経営者の相談に乗ったり生産工程の合理化・企業体質改善に関する企画を提案したりする産業電力コンサルタントの業務を行った．

(32) 『東電グラフ』144号(1965)の「電気のコンサルタント」より．

(33) 『東電グラフ』127号(1963)に掲載の「東電ニュース」は，銀座のサービスセン

ターで開催された主婦による縫いぐるみ人形展,「童謡集」を紹介し，展示会の売上金が養護施設に寄付されたと報じた.

(34)　上述した「東電ニュース」というコーナーが新設され，東京電力という企業に関する情報が発信されるまで,『東電グラフ』の各コーナーは，東京電力でなく,「日本社会」,「電力産業全体」，そして「家庭電化の主体」の立場からなる声によって埋め尽くされていた.

(35)　『東電グラフ』の編集部は，主婦をはじめ，読者の要請を積極的に反映し，それに応じて雑誌の構成やプログラム変更を行った．例えば,『東電グラフ』の巻末に連載された電気調理器を利用した料理レシピは，女性読者の要望に応えて設けられた．レシピの頁は，単色調の他のコーナーと違って，ほぼ毎号，カラーが用いられ，内容は主に欧米の家庭料理が中心であった．このようなレシピ・コーナーは，主婦たちの「聖地」である台所と食卓に浸透し,「食」から豊かな生活を物語ることを狙っていたとも言える．このような試みは,『東電グラフ』61号(1958)に掲載された「満5才をむかえた東電グラフにのぞむ」のなかで，家庭電化文化委員から高い評価を受けた.

(36)　『東電グラフ』122号(1963)の「家庭生活と電化」という記事のなかで，奥田教授は，家庭電化を「使用し得ぬ製品をリビングキッチンに陳列して文化生活品の展示をするための虚栄品」と批判する声に対して弁護を行った．彼女によれば，電化によって「一時に多事処理が可能」になり,「家事労働も解消され」,「家事の分担協同化が抵抗なく遂行でき」，自動化器具の登場から「頭の経済をももたらしてくれるなど2重，3重の恩恵が家庭電化によって与えられ」，それによって主婦が賢くなるのであった.『東電グラフ』30号(1955)のなかで紹介された座談会,「電気に寄せる私達の期待——楽しい家庭生活のために」には，奥田教授が在職していた日本女子大学の学生たちが参加しており，協力関係を推測することができる.

(37)　教授，大学関係者，記者，アナウンサー，出版関係者，評論家などの文化人や放送人をはじめ，家電メーカー各社，証券業界の関係者，地方自治体，警察庁，小中高等学校など，きわめて多様な個人と組織が「仲介者」としてキャスティングされた.

(38)　氏家はアメリカの電化社会に対して「人間のエネルギーを，かえられるだけ電気のエネルギーに代えようとしている」,「オトギの国をさぐる思いがした」と語り，全て電気じかけのディズニーランドにたとえた.

(39)　これらの記事は，欧米社会における電化の具合を批判的に捉え，社会の隅々まで電化が進んだアメリカ社会の素晴らしい電化ぶりを褒めた.『東電グラフ』99号(1961)の「電気にみるフランス人の気質」は，慶応大学・イリノイ大学で図書館学を学んだ国際文化会館図書課司書・今園子とヨーロッパ総局長として2年間パリに滞在した日本放送協会経営部長・吉田行範による対談を紹介した．今と吉田はフランスの住宅現状や都市計画，街灯による夜景照明などを褒めながらも，アメリカは電化の国であり，家事の全てが電化されていることに対し,「中世的な古いしきたりをまもっているということと，フランス人の生活の合理性との間には，矛盾がある」と指摘した．2人は，日本における電化製品の普及やテレビ視聴率などをアメリカ社会と比較しながら,「生活の合理化といえば一般的に新しい様式の家に住んで，電化をすることだ」と思われている日本社会の現状を楽天的に展望した.『東電グラフ』97号(1961)の「ドイツ人の生活と電化」でもほぼ同じ議論が展開され，日独協会常任理

事・小島秀雄はドイツの合理的精神や計画性，住宅設計などを高く評価しつつも，他方で一般家庭における家庭電化が「日本ほどのはげしさはない」と述べた．「電化の国」，アメリカに追いつこうとする日本の家庭電化とその進展をめぐる議論は，『東電グラフ』112号(1962)の「電気からみた世界お国柄」という記事のなかでさらにエスカレートしている．ソ連を訪問して帰った評論家・秋山ちえ子，三菱商事サンフランシスコ駐在員夫人・塩田妙子，イギリスをはじめヨーロッパを視察してきた東電企画室・遠藤課長が参加した座談会では，「電気が家庭で一番普及しているのは，アメリカ」(評論家・秋山ちえ子)という議論をはじめ，ヨーロッパでは電気の使い方が「ケチ」であり，「新しい器具が家庭にどんどん入っているという点では，日本はヨーロッパよりずっと進んでいる」(東電企画室・遠藤課長)と話が進み，アメリカ暮らしの経験話に基づいて台所の電気オーブン，電気レンジ，電気ボイラーなど，アメリカ家庭でいかに電化が普及しているかについて，統計資料などが示された．

(40)　『東電グラフ』112号(1962)の「電気からみた世界お国柄」の東電企画室・遠藤課長の言葉より．

(41)　『東電グラフ』99号(1961)の「電気にみるフランス人の気質」の国際文化会館図書課司書・今園子の言葉より．

(42)　前掲の「電気からみた世界お国柄」のなかで東京電力企画室・遠藤課長は，外国では電力会社が「お客様の必要のとき，必要なだけ良質の電気をお送りする」ことをサービスだと割り切っていると述べ，イギリスの電力会社(ヨークシャー電力局)の事例を取り上げ，電力会社のPR活動も「電気にマッチはいりません」，「電気は皆さまの召し使いです」など標語が入ったマッチ箱を配布するなどに留まっていると言った．

(43)　アメリカというモデルは，家庭電化のレベルではもちろん，電源開発においても重要な参考や模倣の対象とされた．『東電グラフ』の各号は，アメリカのダムや火力・原子力発電所に関する特集記事を組み，実物写真や模型を掲載した．

(44)　「手製の器具を使った電気実験室」というタイトルが付けられた同記事によれば，物理班の生徒たちは学年が進むにつれて電話，ラジオ，テレビ，テープレコーダーなどの構造模型の製作を行い，それをきっかけに理工系の上級学校へ進学する子も多かった．

(45)　新東京火力発電所の見学は，年間5万人の客が訪れると紹介されたサービスホール1階の展示室からはじまり，グラフや図，模型を用いて発電技術や電源開発，電力需要などが説明された展示室を経て，建設記録映画などを上映する2階の映写室へ移動．1回の上映につき，180名が観覧できる大規模の劇場が備えられた試写室を経て，見学者たちは見学の華とも言える中央操作室を見学後，参加者の1人(中学生)は発電所という生の電気教室において学んだことが「非常に合理的」であるといい，「電気というものが石炭から作れるなんて想像もできなかったと思います．それが日本の技術と文化で作られている」のは喜ぶべきことだと述べた．

(46)　電気と電力生産・消費に対する総合的な知識の教育を図ったこれらのコーナーは，当該分野の専門家の協力を得てつくられた．例えば，早稲田大学の高木純一教授は，子供たちと東京電力を結ぶ仲介者となって，何度も登場した．高木は「電気のA, B, C」や「電気のX, Y, Z」の定期連載を担当し，92号(1961)には「夢はもうすぐそこに」という未来の電化生活を描いたフィクションを寄稿した．130号(1964)には「エ

ジソンと私たち」という座談会の司会を務めた様子が紹介された．同座談会は，第8回国際エジソン生誕記念祭と国立科学博物館特別展に際して開催され，駒込東中学校の生徒3人が参加した．参加者たちはエジソンの青年時代における電球，蓄音機，映画の発明から話をはじめ，原子力発電や海水発電など，未来における電力生産について意見を交わした．

(47)　子供読者を狙い，目に見えない電気の性質をイメージとして表現し，電気に対する親近感を持たせる効果があった「ピカちゃん」は，三島(2009)によれば，『東電グラフ』の読者を対象にした公募からその名前が選ばれた．ピカちゃんのほかに「ピリリ夫人」というキャラクターもあった．「ピリリ夫人」は「もっと面白い読み物を」という読者の要望からはじまった4コマ漫画で，主人公の「ピリリ夫人」を中心に家庭生活や日常生活における様々な出来事を電気と関連させ，ユーモラスに描いた．

(48)　東京電力の自我，つまり「子供たちの良き先生」は，さらに幼い未就学児童に対しては「絵芝居」という形式を借りて表された．『東電グラフ』101号(1961)および104号，106号(ともに1962)に連載された「動物村のものがたり」は，紙芝居の童話を真似て動物の村で起こる様々な事件を，電気製品の正しい使い方や発電設備の大切さなどに結びつけ，寓話調で説明した．低学年や未就学児童向けに行われたこの教育プログラムは，読書の学習をめぐって主婦と子供の相互的な学びを射程に入れていた．物語の末尾に小さな子供たちと読書体験をともにする，つまり，小さな子供に物語を朗読するお母さんたちへのメッセージが掲載され，少年少女や幼い子供だけでなく，子供たちと一緒に物語を読むことで学ぶお母さんたちにとっても「優しい先生」となる〈企業自我〉の一面がうかがえる．

(49)　『東電グラフ』は，電気に興味関心を持ち，関連知識を一生懸命に学ぶ「電気の少年少女」を想像し，子供たちを軸とする一家のネットワークを想像した．『東電グラフ』の「読者の欄」には，『東電グラフ』が「我が家の「教育本」」として読まれているとの声が紹介された．最初に子供が『東電グラフ』を読み，その後，お母さんが，最後にお父さんが読む順で読書体験が共有されていたことがうかがえる．

(50)　『東電グラフ』31号(1955)の「読者の声」には東京学芸大学側の要請が紹介されている．

(51)　同記事には，PR映画，『野を越え，山を越え』(1954，東京電力・岩波映画製作所)における主要場面と思われるスクリーンショットが掲載されている．

(52)　1960年代に入ると，保安，建設，都市美観などの問題から高圧送電線を地中に埋め込む工事が集中的に行われた．工事に関連して『東電グラフ』の各号は，地域住民の理解と夜間工事に対する協力を求める様々な記事を掲載した．地中送電線の工事種類(直埋式，管路式，洞道式)が詳しく説明され，地下を走るガス，水道，下水，電信電話線，地下鉄，ビルの地下室や地下駐車場などを避けて高圧送電線を布設する作業の難しさを訴える図や写真が掲載された．「都会の下をゆく動脈」(94号，1961)，「地下にもぐる送配電線」(107号，1962)，「地下の配電線」(143号，1965)などの記事は，「近ごろ東京オリンピックをひかえて，その道路計画などから，都内の送配電線の地中線化が話題になっていますが，これを実現するには270億円――東京タワーを8基建てることができる――という莫大な費用がかかります」，「(地中線は)架空線にくらべて数倍から十数倍の費用がかかり洞道式においては1m当り数10万円にも達

する」などと説明し，便利で奇麗な都市生活のために東京電力が負担する高額の費用が強調された．

(53)　『東電グラフ』は電化住宅を紹介する記事のなかで，写真のほかに間取り図や配線図・照明配置図などを添付し，読者が家庭電化を進める上で参考にできるモデルを与えた．

(54)　例えば，『東電グラフ』84号(1960)は，渋谷区に住む会社員夫人，目黒区に住む教員夫人，茨城県北相馬郡に住む農業夫人の3人の夫人をインタビューし，「ごく平凡な電化家庭」を紹介した．インタビューのなかで主婦たちは，「家庭電化をはじめたきっかけと受入順序」，「電化三種の神器という高価製品を買うための計画や方法」，「電気器具の購入方法と選び方」，「屋内配線設備」，「電化による生活変化」，「中でも最もよかった器具など」の質問に答えた．「自宅訪問」，「インタビュー」は，他人の生活と家庭をモデルとして参考にすることを促し，同時に読者の「わが家」も家庭電化の空間として捉えていた．

(55)　例えば，『東電グラフ』110号(1962)に掲載された「農業電化センター」という記事は，「農村の近代化と農業生産が高まり，家庭電化の波は農家の居間にも台所にも押し寄せる」と紹介し，農村電化に関する写真を掲載した．また「住宅」というカテゴリーを超えて，商店や工場における電化も取り上げられた．89号(1960)の「商店と工場の照明教室」は浅草サービスセンターにある「すまい，商店，工場の三つの照明モデルルーム」を紹介し，70号(1959)は，商店の商品陳列，工場の作業環境における照明の効果を実験できる照明実験室を紹介した．

(56)　電源開発と発電・送電施設の建設と運営にかかる巨額な費用の問題が『東電グラフ』のあらゆる記事を通じても強調された．100号(1961)の「送電塔誕生」という記事は，新潟～福島県境の建設現場を取り上げながら「送電線の建設は難事業である．険しい山を越え，深い谷を渡る測量で送電塔の建設地点を決め，土地を掘削し，コンクリートを打ち込んで基礎をつくる．この鉄塔一基を建設するには約800万円もかかる」と書いた．ほかにもダムや発電所と各家庭の茶の間をつなぐ〈電気のパイプライン〉が，実は巨額の資金を求める〈資本のパイプライン〉に基づいていることを訴え，電力産業の「犠牲」と「苦労」をアピールする特集が組まれた．96号(1961)の「東京電力10年のあゆみ」の文末には「電気料金改訂の申請について」という案内が掲載され，料金値上げの必要性が説明された．資金の問題は，露骨に語られる場合もあれば，間接的に示されることもあった．例えば，24号(1955)の「新東京名所――新東京火力見学」は，愛読者婦人を中心とする新東京火力発電所(建設中)の見学と銀座のサービスセンターで開かれた座談会の様子を取り上げた．この記事は，東京電力が負担する費用について「建設費が廉いとのお話ですが，それでも約77億円もの資金がかかる，ときいて驚きました」と述べた主婦読者の言葉をピックアップしている．また，95号(1961)の「新聞に見る最近の公共料金論評」は，『読売新聞』，『朝日新聞』，『日本経済新聞』などの記事，論評，社説を紹介し，使用料金値上げの必要性を社会の声／世論として取り上げた．

(57)　自ら発行しているPR誌であるにもかかわらず，電源開発に関して「東京電力」という自社名の代わりに各発電所やダムの名前が使われ，家庭電化に対しても東京電力という企業独自の働きかけというより社会全体の運動として描く傾向があった．

(58)　同記事は「借金で発電所を造る」厳しい状況を説明する上で「今年の工事費が629億円，現在借金が1,900億円，今年返す分が395億円」など，具体的数字を用いた．

(59)　山本は，社債と株券の差を比較する上で，「いい球は逃さない，悪い球には手を出さない」と野球の試合にたとえた．証券業界は東京電力の協力者として〈自我〉の構築を助ける役割を担った．

(60)　座談会では，参加者の夫(野球選手)の職業寿命が短いことを考慮して引退後の資産運用に関する計画をきちんと立てる必要があることなどが指摘された．

(61)　同記事によれば，定期預金に比べて社債は利子が高く(定期預金の利子は6分，東電社債の利子は7分8厘3毛)，株券と違って無記名での購入が可能であった．そのため，購入制限がなく，またいつでも売却できることがメリットとされた．東電の社債を6回買うことで，年2回の利回りで12カ月の所得を生むことなどの提案が行われた．

(62)　『東電グラフ』77号(1959)の「社債が生みだす電気と貯蓄」の座談会司会を務めた青木元NHKアナウンサーの言葉より．

(63)　電気が貨幣となる世界を構築することができれば，東京電力の社債はセールスの力を借りなくても自然とその価値が高くなるはずである．

(64)　2人は，先天的近視に対して「学校近視」と呼ばれる後天的近視の原因が，日本家屋の非合理的構造と目に負担をかける複雑な漢字と縦書き文化にあると指摘した．

(65)　同記事は，青木NHKアナウンサーが司会を務め，警視庁防犯課・石川三郎，東京電力奉仕課・渡辺，相良副長および，一般主婦2人が参加した座談会の内容を取り上げた．

(66)　125号(1963)の「くらしを明るく──防犯と電気」によると，警視庁を中心とする「犯罪のない明るい町づくり運動」に東京電力も協力し，約4万個の防犯灯が寄贈された．

(67)　125号(1963)の「くらしを明るく──防犯と電気」のなかで，東京都のゴミ追放運動にちなんで電柱の掃除運動が提案され，住民たちの自主的活動に基づく街の美化が強調された．

(68)　109号(1962)の「街を明るく」では，より多くの防犯灯を設置し，犯罪を減らすための社会教育運動の必要性が訴えられた．警視庁防犯課の石川は，「街を明るく，くらしを明るく」というスローガンを掲げ，東京電力のサービス週間に街灯の設置を東京電力の主導下，集中的に行うことを提案した．

(69)　125号(1963)の「くらしを明るく」より．

(70)　連載が終わった後，『東電グラフ』137号(1964)の「読者の欄」には，『東電グラフ』のなかでも「オリンピックと電気」がもっとも記憶に残るとの感想が寄せられた．

(71)　98号(1961)の「ごぞんじですか？ 最近の私鉄電車」，151号(1965)の「僕は，交通信号です」など．

(72)　例えば，105号(1962)の「カメラ・ルポ──ホテルのマンモス台所拝見」は，帝国ホテル地下5階の巨大台所を取材し，高性能皿洗機，調理室のミキサー，スライサー，大型皮むき機などの最新電気設備を紹介し，都市を動かす電気の力を描いた．

終章

(1)　このような〈他者＝公衆〉の想像＝創造は，まさに個人の場合とも似ている．我々は，日々のなかで自分にとって重要であろうと思われる他者を想像し，自分にとって重要な存在として組織化する．他者は，主体の動機と状況に応じて創造され，そのイメージは常に修正されるのである．企業は，このようなプロセスをより制度的に行い，科学的手法を用いる．〈他者＝公衆〉の抽出が〈PR する行為〉においてきわめて重要な問題とされた 1930 年代以降，〈自我〉の鏡となる〈公衆〉の「科学的」組織化とその技術は PR の主要な関心事となった．

(2)　言い換えれば，他者を鏡としない自我，つまり公衆の友や助力者となることに失敗した〈企業自我〉は，意味の獲得ができなくなる．逆の関係も成立する．〈PR する主体〉にとって友や助力者となるに値する対象と見なされなかった他者は，〈公衆〉として想像＝創造されない．

(3)　〈PR する行為〉を通じて浮かび上がる〈意味世界〉は，〈リアリティ〉の再構成に向けた試みであり，社会的文脈をそのまま反映したものではない．

(4)　パブリシティは，本来は社会問題を告発し，民衆を啓蒙するために社会調査を行い，その結果を出版する進歩的知識人たちの活動に由来するものであった．だが，この技術は，企業にとっては商業化したマス・コミュニケーションに対応する武器とされ，用いられた．

(5)　新聞や雑誌に示された世論に，社会に実在する他者の意見が直接的に反映され，表れたとする見方は，世論＝公衆の声が科学的に抽出できるという考え方に変わっていった．

(6)　イギリスとドイツの企業形態については，Micklethwait and Wooldridge (2003＝2006) を参照．

(7)　鉄道は，アメリカ社会全体の人々の利益と結びつく基盤産業であったが，その建設と投資費用を負ったのは企業であり，政府は補助的役割を担った．このような産業構造により鉄道事業は，一部では公共的性格を帯びながらも，同時に投資資本と私的利益を優先せざるを得ない矛盾する性格を帯びるようになった．

(8)　アメリカ社会を PR の成立条件として捉えることができれば，PR をアメリカ社会の形成条件として問い返すこともできるかもしれない．PR という概念がきわめてアメリカ的であるならば，アメリカはきわめて PR 的であるという言い方もできる．

(9)　当時，労働組合運動が産業と企業を悩ませていたが，左翼化しすぎた結果，経済成長の夢に引き寄せられた人々の共感を獲得するには力不足だった．戦争と占領という暗い時代を通り抜け，復興と再建がはじまったばかりの時代において，人々が豊かに暮らしたいという夢を経済成長の目標に重ねたことも不思議ではない．

(10)　労働組合運動のほかに，主婦連などが企業に対抗する集団となったが，争議の中心は，経済成長そのものの見直しではなく，利用者の便益にかかわる問題であった．

(11)　PR はこのような関係に支えられ，またこのような関係を支えるために行われたとも言える．

(12)　他者の歪曲は，問題的状況の歪曲でもある．東京電力にとって〈公衆〉は，労働者ではなく，都市に住む人々，つまり電気の利用者／消費者であったが，これは，当時の政治的状況，つまり冷戦体制に対抗する政治的運動や労働運動とかけ離れている．

問題的状況と他者の歪曲を通じて，東京電力の〈企業自我〉はより安全な形で他者の期待，役割を捉え，社会性，公益性を獲得することができた.

(13)　アメリカは，高度成長のモデルであっただけでなく，豊かな社会の夢そのものであった．占領期の絶対権力／GHQ から高度成長期における欲望の対象への変化は，アメリカというシンボルの内在化を意味しているのではないだろうか．東京電力のPR 言説のなかで，アメリカ社会というモデルは，日本社会の電化が進んでいくにつれ力を失っていったが，それが象徴する欲望だけは色褪せることなく，戦後日本という〈リアリティ〉を支えた．アメリカというシンボルを通じて再構成される戦後日本という〈リアリティ〉を通じて，アメリカナイゼーションの問題を読み返すことができるかもしれない.

(14)　日本的変形は，〈企業自我〉の内発的形成条件の不在に加え，「アメリカ」というシンボルを通じて〈企業自我〉が構築されたことに特徴がある．民主主義をはじめ，社会の様々な価値に根ざして形成されたアメリカの〈企業自我〉を完全に移植しようとしたことに，失敗の要因があったのである.

(15)　「誤読」は今も続いている．あれほど隆盛したPR ブームが一気に弾け，PR がマーケティングに吸収されていく背景には，PR が消費を促進する機能という認識，つまり宣伝や広告の一種と見なす認識の拡散があった．広告やプロパガンダなど，各時代の顕著なコミュニケーション様式に影響を受けながらも，それらに吸収されず，独立した分野として発展してきたアメリカの PR 専門業と対照的な特徴である.

(16)　詳しくは，河(2011).

(17)　1970 年代以降，〈企業自我〉が PR というコミュニケーション様式と結びつかなくなってしまった可能性が指摘される．1970 年代，80 年代以降の〈企業自我〉の問題を考える上では，「PR」という言葉に限らず，むしろその代替概念を念頭に置く必要があるのだ.

(18)　ピーター・ドラッカーが人類文明の発展段階の最後に現れると説明した組織社会は，企業社会を母体としている．現代経営／マネジメントの宗主国であるアメリカがPR の誕生国でもあり，いち早く〈企業自我〉が現れたのも偶然ではないだろう.

(19)　〈企業自我〉の構築は，「他者の管理学」に焦点を当てた伝統的経営学の議論を超え，近年の社会的企業論などに通じるところがある．また，PR／コミュニケーションとしての特徴は，マス・コミュニケーションが他者の大量生産を行うだけでなく，〈他者〉と他者を鏡とする〈企業自我〉を含む〈意味世界〉の創造と流通にかかわってきたことを示唆する.